解码万吨站

标杆加油站扩销增量之道

石杏茹◎主编

中国石化出版社
HTTP://WWW.SINOPEC-PRESS.COM

内容提要

本书从包括国有、民营、外资等10万座油站中精心筛选出年成品油销量超过1万吨的30多家油站，采用多种形式全方位分析其成品油销量超越万吨的经营、管理之道，从中找出可以复制的经验，并邀请业内专家帮助其寻找可以提升的空间，及其未来发展方向。

本书适合加油站经营、管理、服务人员，以及关注加油站业务发展的研究机构和相关院校的专家、学者阅读参考。

图书在版编目（CIP）数据

解码万吨站：标杆加油站扩销增量之道 / 石杏茹主编.
—北京：中国石化出版社，2021.10
ISBN 978-7-5114-6472-9

Ⅰ.①解… Ⅱ.①石… Ⅲ.①加油站–经营管理–研究 Ⅳ.① U491.8

中国版本图书馆CIP数据核字（2021）第196355号

中国石化出版社出版发行
地址：北京市东城区安定门外大街58号
邮编：100011 电话：（010）57512500
发行部电话：（010）57512575
http：//www. sinopec-press. com
E-mail：press@ sinopec. com
北京艾普海德印刷有限公司印刷
全国各地新华书店经销
*
710×1000毫米 16开本 26.25印张 413千字
2022年1月第1版 2022年1月第1次印刷
定价：78.00元

《解码万吨站》编委会

序　言

进入新零售时代，加油站3.0的总目标和路线图已经明晰。如果将传统功能加油站定义为1.0，引入“加油站＋互联网”、经营非油商品及服务定义为2.0，那么加油站3.0就是以加油站为平台，借助互联网、大数据、云技术等，通过融合、共享、跨界，实现“加油站＋互联网＋N”，全面建成“人·车·生活”生态圈。

目前全国有超过10万座加油站，但年销量超过万吨的并不多。“万吨站”不仅仅只是一个量的指标，它更是一个油站在管理、质量、价格、服务、安全、环保等方面取得了综合优势之后的结果。也就是说，在加油站高黏性、高价值、高互动的消费场景下，能够实现油品销量突破万吨的油站，各方面表现都是非常突出的，是以顾客为中心、不断提升顾客消费体验的加油站。

优胜劣汰是“放之四海皆准”的铁律，本书所收集的“万吨站”就是经过激烈竞争，占领了市场“高地”的加油站。它们有的位于经济发达地区如北京、上海、广东以及江浙一带，有的位于欠发达地区如甘肃、云南、青海以及新疆等地；它们既有国有企业，也有民营新锐，还有外资先锋；它们或靠地理位置取得优势，或靠打造环境形成特色，八仙过海，各有精彩。

通过学习这些加油站如何挖掘单站活力、单站创造力，如何更好地服务加油客户、更好地打造高效现场、更好地实施数字化专项，如何实现油非互促的方法，对迫切寻找油站上量方法和路径的加油站经营者会有很大的启发。

对于年成品油销量已经超过万吨、双万吨、三万吨甚至更多的加油站而言，这也仅仅是一个起点，继续提升品质、打造品牌才是王道。

前　言

来不及回味，2021年转眼间还剩下最后几天。在这个年终岁尾的时刻，由《中国石油石化》杂志社与中国石化出版社联合出版的《解码万吨站》一书准时付梓，希望这缕温暖冬日的书香能够成为加油站经营者前进路上的一道微光，照得天地更加广阔。

出版《解码万吨站》一书的根本原因是杂志社身上肩负的责任感和使命感。作为业内的权威媒体，《中国石油石化》杂志希望通过“深度解析行业新闻，深刻解剖企业案例”，起到为行业提供决策参考和信息沟通的作用。

在杂志社发展的20多年里，我们的采编人员走访过数不清的加油站，与许多优秀的加油站经营管理者有过很深的交流。有时候在采访过程中谈及某个问题时，许多加油站经营者会问：“你们采访过那么多油站，关于这个问题别的油站是怎么解决的？”“我们油站的管理办法与别的油站相比是什么水平？”“我们每天忙忙碌碌的，也不能出去，你们杂志如果能把这些优秀油站的经营管理方法汇集在一起给我们看就好了……”

基于此，从2019年开始，《中国石油石化》杂志社派遣最优秀的记者，历时一年半之久，深入加油站一线，采访了全国22个最优秀的加油站便利店，于2020年夏天出版了《从百万到千万——21座标杆站非油飙升之道》一书。让我们没有想到的是，这本书出来后因为实用性大受读者喜爱，被大家称为“诚意之作”。有读者反馈：“我们加油站管理者虽然有充电的需求，但是都怕看大部头的经营管理理论书籍。你们这本书都是优秀便利店案例，有理有据、有故事有情节，使我们在轻松愉快的阅读过程中，不知不觉就学习了先进的管理理念。”有些销售公司为自己的每个油站都配备了一本后又给编辑部打电话：“油站有了，但是机关办公室没有，大家都四处找着看，你们编辑部还有剩的吗？”

还有读者反馈说：“非油业务确实是我们关心的，是油站转型的落脚点之一。但目前油站最关心的还是油品的扩销增量。希望你们再出一本关于如何多卖油的书……”

的确如此，从1905年，世界上第一座加油站圣路易斯汽车加油站在美国诞生以来已经有100多年了。一个多世纪以来，油站硬件不断改进——外观越来越亮丽，加油越来越便捷高效；服务与管理软实力也在不断提升，开始朝着“人·车·生活”一体化、产品价格市场化、营销渠道多元化、销售管理一体化、交易媒介智能化、购物过程娱乐化、传统管理与精益生产相融合的方向发展。但是不管如何发展，加油站存在的商业目的都没有改变，那就是最大限度地多卖油、卖好油，提高零售拓市增效能力。

做强零售最重要的手段之一，就是发挥骨干油站尤其是年销量达到万吨以上油站在基础管理、品牌提升方面的标杆示范作用。

鉴于此，《中国石油石化》杂志社又利用一年多的时间，走访了全国32家万吨站，对其先进管理理念、拓销增量方法、人才培养机制进行了深入采访，集结成这本《解码万吨站》。这些站有的借两微改造、一站一策改造之际，统筹完成万吨站经营、生活和配套服务改造升级；有的根据站点地理位置、营销活动安排、客户群体、销售规律和竞争对手情况，实施“一站一策”优化排班，提升现场通过率和服务质量；有的以客户画像为支撑，以场景为依托，基于客户、车辆识别技术，实现对特定行业、目标社群、大型社区客户的精准触达和互动营销，主动开展“顾问式服务”“社交式营销”，在优化客户服务体验的同时，进一步提升企业品牌形象与影响力；有的建立市场化薪酬和晋升机制，真正做到万吨站站长能上能下，万吨站员工能进能出。同时积极探索万吨站站长年薪制，完善万吨站培育的激励机制……

当前，销售企业库存高企，国际油价的震荡走势给油品销售带来了很大的不确定性，短时间内市场形势不会有根本性逆转。虽然国家严管进口原油倒卖、严征成品油消费税、地方税控系统上线等一系列利好市场的政策措施出台，但市场整治见效需要一个长期的过程。国内成品油资源供大于求的基本面长期存在，市场激烈竞争长期存在，零售业务任重道远。

读完这本书希望能对读者朋友们有所助益，也希望大家一如既往地关注我们即将出版的下一本油站管理丛书。

《中国石油石化》杂志社社长兼总编辑

目录 CONTENTS

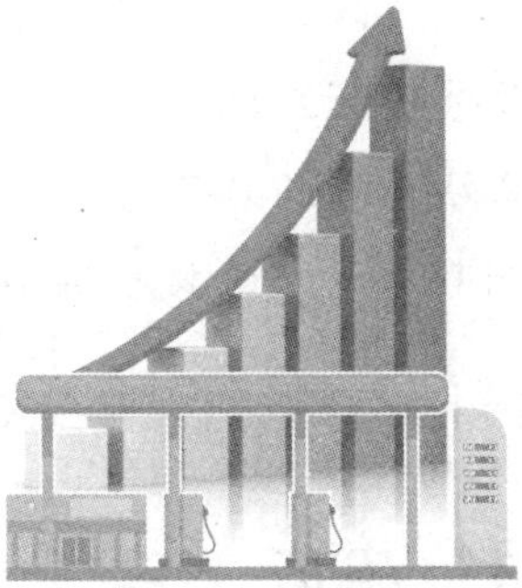

03 柴油站变“财”油站

与煤矿结缘的喀拉亚尕奇加油站，打出经营创效“组合拳”，成为伊犁石油首座万吨站。

04 幸福“215”

“新合伙制”“双向选择”“网格化管理”……215加油站是中国石化山东青岛石油分公司在机制“创新创效”成果方面的缩影和受益者。同时，从这里诞生的很多新的工作方法及营销策略也被推而广之，在中国石化山东青岛石油分公司其他加油站中得到了应用。

05 开挂的“金沙江”

成为智慧型的金沙江加油站开启了销量开挂模式，连续两年年销量超过万吨，疫情期间销量更是不降反升。未来，南京分公司的万吨站将更加注重“量利双收”。

01

通盛站：同声同胜

有一种开发区内唯一一座中海油加油站的压力；
有一群同心同力、同声同气的员工队伍；
有一位有责任心、进取心，带领员工开创品牌和市场的站经理……
中海油华东销售南通公司通盛加油站成为万吨站的故事由此开始……

营销现场

通盛站的“五好”

服务好、形象好、价格好、质量好、体验好，通盛站用“五好”点靓海油品牌。

文/郑　丹

5月的南通，满目苍翠。偶来的一阵细雨，把一片片苍翠妆点得更加欲滴。这里，因“一山一水一人一城”而闻名。

而记者此行的目的地——中海油华东销售南通公司（以下简称南通公司）

通盛加油站，同样是有诸多可圈可点之处的一座油站。

通盛站位于南通市开发区小海镇通盛大道310号朝阳路口北，是开发区内唯一一座中国海油的加油站。该站筹建于2014年7月，同年12月投入运营，2016年即以仅差200吨的成绩奏响万吨站的前奏。

投运一年时间就离万吨站近在咫尺，是有先天优势，还是有独门绝活？

“其实，刚建站时，这个站的位置并不是特别好。”说起地理位置这一加油站的先天优势，南通公司副总经理瞿新国如是表示。

通盛加油站站经理李清告诉记者，建站伊始，开发区还没有发展得像现在这样全面，通盛站开业时日均单向车流量只有2000多辆。

那么，通盛站的独门绝活是什么？

“服务好、形象好、价格好、质量好、体验好，这是中国海油加油站的‘五好’，也是我们通盛站的‘五好’。”南通公司QHSE与零售管理部经理赵志刚表示。

➢ 服务好

“给对方想要的，而非你想给的。”这句话对于服务行业来说，知易行难。

让人感叹的是，通盛站就是这样对顾客的。

通盛站的会员日最开始时定的是每周一和周五。“周一和周五是加油的高峰，这一点开始还不明显，后来有客户跟我们反映会员日来加油遭遇拥堵和不便。”之后，李清带领员工在站内做了一些调整和优化，但客户反映还是觉得不太方便。“后来，我们就把会员日改成了每周二、四。”他说。

会员日改为每周二和周四，很好地解决了每周一和周五会员日和加油高峰日重叠的问题。但是，顾客又有进一步的诉求了。

“客户又跟我们反映说周二、周四是上班日，有时候没时间来加油，周六就好一些。于是，我们又申请增加了每周六作为会员日，尽量满足他们的要求。”通盛站便利店店长鲍金凤说。

位于南通市开发区，又是中国海油在开发区内的唯一一座加油站。为了给开发区内的上班族提供便利，通盛站不断地做出改变和优化。

一开始，通盛站的交接班时间定在早8点。“其实时间也不长，就3～5分钟我们就能完成交接班了。”李清说。但是，这3分钟的时间却造成早高峰时段来加油的车辆时而大量积压。为了不让车主遭遇焦虑心理和上班路上的拥堵，李清他们经过商议，申请把交接班时间延后1小时。通盛站的上班时间也因此定为白班早9点到晚8点，晚班晚8点到第二天早9点。

“加油员上两个白班、两个夜班，再休息两天。”李清说。

在常人眼中，加油站工作确实是非常辛苦的。但辛苦归辛苦，通盛站的服务不打折。

赵志刚告诉记者，不管是“神秘顾客”还是南通公司领导来到通盛站，都对站里的优质服务印象深刻。在他看来，通盛站员工的“加油六步曲”“收银四部曲”做得非常到位。“作为新进入者，我也觉得我们确实做得比有些竞争对手的很多站还要好。”

每一次为顾客加油，都要从“您好，欢迎光临中国海油”开始，这已经成为中国海油加油站服务的标配。

“有的车主可能不一定有时间全面感受到我们的加油员‘六步曲’，但每一位来加油的顾客一定会听到我们来有迎声、走有送声。”南通公司零售管理部培训经理徐卫平说。

据李清介绍，每年通盛站都举办加油技能比赛，大家都在比拼如何把服务做得更好。眼下，站里还在备战一场大赛。

在通盛站二楼会议室，右边最后一排座位上的几位员工一直在低头看资料。

“他们正在准备参加中海炼化公司9月份的加油工技能比武大赛。”赵志刚说。

疫情前，这场全国范围内中国海油加油员的技能大比武每两年举办一次，理论考试占40%、实操占60%。过去几年，通盛站的许多员工都参加过这个大赛，徐卫平和鲍金凤还取得了很不错的成绩。此次，通盛站的邢春梅和几位员工正在备战大赛。

“加油业务理论和实操，都应该没问题了吧？”记者对已经加入南通公司近7年的老员工邢春梅说。

“还有一些细节方面的问题要仔细复习一下。这个考试有一些具体项目的评分标准，所以我们要按照扣分点一项一项地对照着来练习。现在我们是在书面准备，后期我们会进行实操演习，包括进行真实的灭火演练。”邢春梅说。

他们还建了一个技能比武的微信群，准备参赛的每一位加油员每天在学什么、练什么、需要怎么做，都会发到群里去，相关资料和信息也会在群里共享。

“每天晚上，我们几个教练都会出20～30道题发到群里，要求他们几分钟答好之后拍照发到群里去，所以他们每天晚上都要刷题、答题。”培训他们的教练之一鲍金凤说。

具体的考试内容分为加油、量油、灭火、商品推销、顾客投诉几大项。“他们今年的所有假期都没有休息，就是不停地练。”赵志刚说。“从我们的角度说，希望他们尽量争取在比赛中取得较好成绩。这样的集中培训对他们也是一种锻炼和促进，他们会在今后的工作中将优质服务的意识和技能传递给每一位一线员工，让我们所有员工的服务做得更加规范、标准。”

不断地优化服务，变着法地为客户着想，加倍努力让服务更加标准，通盛站所以能够以服务制胜。

➤ 形象好

南通公司有“三美”。哪“三美”？外观美、陈列美、形象美。

外观美，是指加油站的形象；陈列美，是指加油站便利店内的商品布置；形象美，是指员工统一着装、仪容仪表规范、文明用语、注重服务礼仪。

“你们可以看到我们的加油员自信、阳光、靓丽，年轻又有活力，热情又大方，他们体现了通盛站的形象。”赵志刚说。

其实，通盛站的形象远不仅仅存在于以上“三美”，它已经融入日常的加油工作、现场服务、助人为乐、排忧解难、公益活动的细细微微和点点滴滴。

“形象就是价值。”赵志刚表示。

在通盛站，员工们会把现场所有地方的环境卫生做好。因为，顾客不仅是来加油的，还可能进便利店，去洗手间。当顾客夏天到便利店里，会觉得空调很凉爽，冬天觉得很温暖；到卫生间去，会感受到打扫得很干净、无异味。

当去到通盛站里的每一个地方，顾客都感觉到又舒适又整洁。形象好，就体现在顾客的感受中。

形象好，还体现在顾客真挚的感谢中。

“真的是太谢谢你了！我的证件都在这个钱包里，要是丢了，还真是麻烦了！”通盛站客户施兆晖带着一面锦旗，紧紧地握着加油员朱雪梅的手感激地说。朱雪梅是通盛站的一名加油员，那天她照例去打扫卫生间时在洗手台上发现了一只钱包，她赶紧拿给站经理清点。站经理通过客户钱包里的海油卡查询到客户的联系方式并立即联系上客户……

一次，一位女车主把手上戴的宝格丽镯子丢失在了加油站，一位员工捡到了。通过监控查看，这位车主也是海油卡的客户，李清立即联系她，把手镯还给了她。这位女车主非常感谢通盛站，先是送来现金表达感谢被婉拒了，之后她又买了十几箱苹果送到站里来。

还有一次，一位女车主驾驶中因为操作不当把加油站门口的一棵树撞倒了。“当时，我们看到冒烟了，鲍金凤、于辉等当班人员立即拿了灭火器奔赴现场，帮助把火灭了。那个时候，女司机已经完全被吓傻了。员工们把她扶到站里面的休息室，还帮助她报了警……”李清说。“第二天，她买来星巴克给站里的员工，以示感谢。”

在李清的记忆里，这样的事，自通盛站建站以来有很多很多。助人为乐，帮助客户解决问题已经成为他们工作的一部分。

一次，一位客户车里装的物品撒了，员工们立刻帮他捡起来放回车上。于是，这位以前不经常在通盛站加油的顾客办了一张海油卡；还经常有车主的车还没开到加油站就没油了，员工们就一起帮他推过来……

除了做好日常工作，通盛站每年还参加南通公司举办的公益活动。

赵志刚介绍说，南通公司定期资助当地一些学校的贫困学生，零售管理部领导和这些学生面对面地交流，把书包、书本、球、鞋子等礼品送给他们，孩子们发自内心地高兴。每年到了6月8日“海洋日”，南通公司还会组织去海边捡垃圾这样的环保行动，彰显国有企业的责任和担当。

细微处见真情，点滴处显形象。用真心换真心，用真心塑形象。通盛站所以能够以形象制胜。

➢ 价格好

“明天正好是中海石油炼化有限责任公司组织的全国视频会议，我们南通公司也要参加，这‘四个一’也是我要汇报的内容之一。”赵志刚说的“四个一”是南通公司2021年的费用控制目标，即“多卖一升油，多赚一毛钱，多推一张卡，多省一分钱。”

“每个人都要去创效，都要去为公司做贡献。又要开源又要节流，把费用省下来，把油品也要卖出去。”他说。

费用省下来给谁？很大一部分给了消费者。因为，他们要做到价格好。

对于通盛站来说，在进入南通市场之前，中国石油和中国石化两大国有企业已经在此布局零售网络。在许多人看来，国有企业加油站的油品价格相对比较高，不轻易降价或者降价幅度有限，给人一家独大，消费者爱加不加、爱来不来的感觉。

“其实，是因为成品油销售由国家限价，我们不可能高于国家的最高限价。相对来说，民营企业让消费者感觉在价格方面更灵活一点，降价幅度更大一些。”赵志刚说。

考虑到国家限价是对最高价的制约，但面对成品油市场汽柴油批零价差较大的现实以及少数竞争对手不当低价倾销的情况，赵志刚也明白，“只有客户感觉到一个加油站油品的价格好、更优惠，才会每次都选择来这里加油。”

为了在南通成品油零售市场更多地占有份额，促销和营销活动成为必须。为此，通盛站制定了3个阶梯的客户优惠政策。

一是挂牌价较国家最高限价调低0.05元/升；二是对所有海油卡客户长期实行0.25元/升的优惠措施；三是每逢周二、四、六会员日再优惠0.1元/升，即会员日综合最高给予0.4元/升的优惠。

“较竞争对手频繁调价的情况，我们的优惠政策长期稳定有效，所以很受大部分顾客的肯定和欢迎。”赵志刚表示。

更为重要的是，在他看来，央企和国企在发展过程中要考虑让利于民，让顾客也能分享国家强大的红利，这体现了央企和国企的担当精神。当然，作为国有企业，他们也积极主动和另外两家国企进行协调和协商，共同遵守市场秩序。

所以，在通盛站，理性竞争，不打盲目的价格战成为竞争法则。

据李清介绍，长期以来，他们已经和周边几个中国石油和中国石化的加油站达成了理性竞争共识。尽管有时中国石油和中国石化加油站优惠的幅度比通盛站还要大很多，但长期以来通盛站依靠稳定的价格政策、优质的服务和方方面面的付出，已经锁定了较为稳定的客户源。

价格好，不仅蕴藏在让利于民中，还体现在对环保工作的支持上。

南方的夏季，炎热又多雨。如非必要，很多人会尽量选择晚间出行。加油，也是一样。

“避开白天高温时段加油的消费者不仅避免了最炎热的时候等待甚至排队，而且还因为可以减少油气发生光化学反应，降低转换成臭氧的速度，从而对环保做了贡献。”在通盛站的海报上，这个环保知识的普及还真的是很有说服力。

南通公司的通盛站和兴远站正在开展这一活动，6月10日~9月30日20点至次日早5点，凡是下载和注册海油行APP且绑定海油卡的会员客户，每天可领取200元减5元油品优惠券一张。

“夜间加油优惠多，错峰加油利环保，同时人人都可以为减少VOCs（挥发性有机物）排放出一份力，我们何乐而不为。”赵志刚表示。

价格是优惠的，促销政策是稳定的，并且辅以灵活的促销方式，通盛站所以能够以价格制胜。

➢ 质量好

交接班刚结束，老谢就戴着他标志性的鸭舌帽出现在通盛站营业厅。老谢是一名退休驾驶员，也是通盛站的忠实客户。在过去的这些年，不仅他自己的车，连单位的车也被他推荐到通盛站定点加油。

“你们中国海油的油，质量有保障，我开了二十几年的车，就加你们家的油跑得有劲！”老谢一边付款充值，一边乐呵呵地说。

通盛站一直致力于油品计量、质量管理工作，从源头抓起，每一车进站油品都要求油库提供产品质量检测报告书。加油站每季度都将本站油品送南通市产品质量监督检验所检测并取得相应合格检测报告。“在历年的政府部门产品质量抽检中，通盛站全部合格。”赵志刚表示。

中国海油的油品质量在通盛站获得了大多数客户的认可，这让赵志刚感到很欣慰。有客户向他反映，加中国海油的油，车辆抖动改善了；同样多的油品，中国海油的油让车辆行驶里程增加了。

油品质量，相当于一个油站的生命线。每一位客户的认可，都是对他们极大的信任和激励。

打响油品“质量好”的品牌优势，通盛站获得了相关部门的嘉奖。

2017年，获得省级计量示范单位称号，还获得了1万元奖金；

2017~2018年度，获得诚信门店称号……

为了提升站内员工的油品计量专业知识和技能水平，通盛站经常选派管理人员和员工参加相关部门举办的培训，目前有数名管理人员和员工经过培训获得了计量质量员证书。其中，2016年11月，鲍金凤获得国家大容量第一计量站颁发的油品计量专业石油计量员证书。

对油品质量的高度重视，还使通盛站获得了南通市计量所的肯定。

“+0.3‰，合格！可以回罐了！”南通市计量所负责加油站计量检定的季主任记录完数据，回头对李清说道：“你们中国海油的加油站强检工作，我们最喜欢做了，合格率高，大大降低了我们的工作量啊，马上给你们更新计量合格证。”

“为了每一笔交易都能保质保量，我们每个月都会进行一次自检呢！”一旁的班主管抢着说，“我们中国海油可是国有企业，要承担社会责任的，绝对不搞缺斤少两的伎俩！”

据李清介绍，通盛站的每车入罐油品都要经过查看底油，通过一看、二闻、三摸、四摇看等方式检测油品质量。同时，站内每月还会用20升标准罐进行自检，确保加油枪正负偏差在国家规定的合理范围内。

牢牢把住油品质量关，通盛站所以能够以质量制胜。

➤ 体验好

通盛站的办公区有一个柜子，这是建站伊始他们替附近小区代收菜鸟快递时设置的。如今，附近的小区有了丰巢储物柜，他们又帮着附近工地上不方便接收快递的工人接收和暂时存放快递。

“附近施工工地的车队，现在基本上都已经被我们发展为客户了。”李清笑着说。

客户为王，体验为王。在通盛站，你会看到，加油，只是万里长征走完了第一步。

“客户体验好，首先应该是建立在形象好、服务好的基础上。”李清表示，“我们对进站来的客户不仅提供标准化的服务，还有增值服务，像很受客户欢迎的轮胎打气、站外送油、信息服务、小件寄存，等等。”

有些车到了油站后，因为电瓶没电打不着火了，加油员们会帮助车主把车辆发动起来。就因为时常帮车主这样的忙，站里最后决定买一台专门设备。“我们先帮车主把车推到站外去，原先一般是搭个线就能解决了，但有一次一辆捷豹车就是启动不起来，于是站里专门购买了一台移动式启动电源。”李清说。

还有的加油员在为车辆加油时看到车胎没气了，就告诉车主要及时去补胎或者充气。“最多的一次，我们的员工在一个上午就看到好几辆车的车胎快没气了，员工们经常开玩笑地说充一次应该收50块钱。”

在通盛站，还有一些细致入微的服务，比如提供热水、创可贴和小医疗用品，都让车主们提升了体验感。而这些增值服务，在通盛站，都是免费提供的。

通盛站每年还组织一系列既能体现通盛站特色，又能加强与顾客互动的活动。

2018年和2019年，通盛站连续两年举办了“草莓节”。

“南通地区的乡下有好多农户的大棚种植草莓。春暖花开的时候，我们的加油站会提前联系好种草莓的农户，等到‘草莓节’时把客户带到大棚里采摘草莓。”瞿新国说。

“很多客户的小孩和家人都很乐意一起去采摘，但参加活动的人数又不能太多。所以，我们每次会在客户群里先发布通知让客户报名，报满为止。再在其中选择50组家庭100人，这样可以控制活动的规模。”李清说。

通过举办“草莓节”活动，通盛站和客户之间建立了很好的情感沟通渠道，很多客户成了他们的“铁杆客户”。

“草莓节”的活动还在一定程度上促进了通盛站的油品消费。“有的客户因为离得比较远，所以开车过来到通盛站先加个油，再过去采摘。”瞿新国说。

夏天，通盛站举办的“啤酒节”活动同样收到了很好的效果。

虽然因为2020年的新冠肺炎疫情，“草莓节”“啤酒节”的活动暂停举办，但通盛站的客户们还是对这些特色活动相当期待。“确实是，很多客户参加了一次，表示还想参加下一次的活动。”李清说。

加油服务、一系列增值服务和特色活动，让顾客觉得通盛站确实让他们感觉体验好，通盛站所以能够以体验制胜。

服务好、形象好、价格好、质量好、体验好，通盛站用“五好”点靓海油品牌。

“通盛站的成功让客户最终认可了中国海油的加油站，说中国海油真的好，中国海油确实不错。”赵志刚如是表示。

随着南通市的扩建和格局的不断变化，2020年，通盛站所在地区被划入南通市的中央创新区。“现在，这个站的位置变得相当好了，特别是中央创新区的旁边还新建了一所九年一贯制学校，这对油站未来销量的提升会形成很大的推动。”瞿新国说。

管理秘笈

通盛站的“两季”

努力就是旺季，不努力就是淡季，通盛站把人生四季浓缩成两季，澎湃着营销的激情。

文/郑　丹

“人生没有四季，只有两季。努力就是旺季，不努力就是淡季。”

这，是中海油华东销售南通公司（以下简称南通公司）的营销金句。这，也是通盛加油站成立7年的真实写照。

2014年12月，通盛站投入运营；

2016年，年销量9800吨，离万吨站近在咫尺；

2017年，成为名副其实的万吨站，发出万张海油卡。当年9月29日，日销量达到创纪录的54吨；

2018～2020年，继续保持万吨站地位，截至2020年海油卡发卡量3万张。

南通开发区内共有加油站52座，包括中国石化10座、中国石油4座、中国海油1座和中燃、南通石油以及民营的36座加油站，竞争相当激烈。

作为中国海油在南通开发区内的唯一一座加油站，通盛站单枪匹马做成万吨站并且连续保持4年，可谓不易！

“持续营销，持续努力，就是旺季。”通盛站站经理李清表示。

“每个人都要努力，去开发新的客户，因为这个市场是千变万化的。”南通公司QHSE与零售管理部经理赵志刚表示。

让我们一起见证通盛站在过去7年中的努力！

➢ 四次开发创品牌

世上本没有路，走的人多了也便成了路。

但是，通盛站的路在哪里？建站伊始，赵志刚就开始考虑这个问题。

难题很多。

首先，南通开发区内当时尚无中国海油的加油站，通盛站和早已进场的中国石化、中国石油的加油站如何比拼？其次，区域内很多大客户已经被“两桶油”绑定，通盛站的客户哪里去找？更为让人头疼的是，有许多人并不知道中国海油还有加油站……

赵志刚先做了一份详尽的市场调研报告，把加油站附近5公里内的企业全部找出来、梳理好。虽然万事开头难，但有了这份企业清单，通盛站就有的放矢了。根据调研报告，他们又划分出不同的区域，再带领员工们分别到不同区域进行宣传。

“我们印了很多宣传单，差不多每次要印3000张左右。我们拉着音箱，拿着宣传单和宣传册发给客户，再赠给他们一些礼品，告诉他们通盛站是央企中国海油的加油站，油品质量稳定，计量精准，来充值办卡还有优惠。”赵志刚说。

当时，站经理、加油员包括所有休息的员工全体出动，一家一家地到客户单位去，一张一张地发放宣传单。

"这是通盛站的一次开发。"赵志刚表示,"就是在加油站发展的初期,采取广而告之的方式宣传品牌、开拓市场。"

初期的市场开拓,让赵志刚和李清他们至今印象深刻。

赵志刚找出了一张图片说:"这是我们在'扫街',就是发传单。所有的员工穿着工作服、披着绶带、拉着音箱,音箱中播放着中国海油和通盛站的简单介绍以及相关促销活动,还穿插播放一些歌曲。各个小区、街道和各个地方,我们都去过。"

各个小区、街道和各个地方都去过,这样的"扫街"得有多辛苦!

"走街串户,只要有开着门的店铺我们就走进去发宣传单,介绍中国海油和通盛站,不管多热的天,太阳有多晒。有车辆停在路边的,我们就一个个地去和司机交流,车内没有司机的就把传单留给车主。"赵志刚说。

一次开发之后,他们还接续采取了二次、三次、四次开发,逐步把中国海油加油站的品牌之歌唱响。

二次开发,就是定向开发大客户。通盛站早期开发的大客户有携程信息技术(南通)有限公司(以下简称携程公司)、南通副产品物流中心、南通市开发区环境卫生管理处、仁爱渣土公司等。

三次开发,就是采取建立客户群的方式。在客户群中,他们经常会发布通盛站的促销活动和相关信息,客户也可以和他们在群里及时交流。

"目前,我们有4个大客户群,简称VIP一群、二群、三群、四群。我们通过现代化的手段,把加油的相关信息第一时间传递给客户,用微信群、QQ群等方式跟客户进行互动,增加客户的黏性。"赵志刚说。

四次开发,就是瞄准周边的村庄开拓品牌市场。开拓乡村市场,这个听起来不奇怪,但有意思的是他们采用的方式。

据赵志刚介绍,通盛站经理去找村主任协调沟通,让他们把站里制作的网络音频宣传内容,比如加油站现在有什么促销商品在村里面的喇叭里一天早晚播放两遍。"为什么早晚播放呢?因为白天时间基本上老人在家、孩子们出去上班了,只有早上和晚上大家都在村里能听到喇叭。"赵志刚说。这样,通盛站周边农村的一部分消费群体也被吸引过来。

四次开发创品牌,硕果累累。目前,通盛站的海油卡发卡量超过3万张。

"开卡量可以衡量我们创品牌的效果。2015年品牌初创期,我们办了

2000～3000张海油卡；2016年开始，品牌市场慢慢打开了，小海镇周边居民对我们也开始认可了，那一年我们共发卡4000多张；2017年，发卡迎来了井喷期，当年发卡1万多张。3年累积下来，发卡将近2万张。”李清表示。

➤ 发展客户筑品牌

在去通盛站之前，在南通公司零售管理部发来的资料中，记者看到几张非常引人注意的图片——通盛站的加油员们似乎是在暮色朦胧中和客户在交谈。这是怎么回事？

据介绍，照片拍摄于2015年夏一天凌晨两三点，这是通盛站开业初期开发南通副产品物流中心时的情景。

经过对客户和市场的调研，赵志刚发现通盛站北边1.7公里的地方有一个大型商品物流中心即南通副产品物流中心。这个物流中心虽然离他们只有1.7公里，但开车到那儿去的司机都不知道附近有一个新开业的通盛加油站。赵志刚觉得，这是一个好机会，去宣传一下肯定会有效果。

他们还调查到，基本上南通所有的农贸市场都要到这儿批发农产品、蔬菜和水果。这里的水果市场每天凌晨2点让车辆进场，上午10点就结束了。这对通盛站来说又是一个好消息，因为运送水果的车辆往往是大车，这些运输车所属的物流公司是他们潜在的大客户群体。

于是，一天凌晨两三点钟时，他们到现场去等着，等运水果的车一来，他们就来一个车给一个司机发传单、做介绍，让司机们到通盛站来加油。

“那个时候真的是很辛苦，但是收到了很好的效果，特别是柴油销量猛增。来水果市场的70～80辆车成为我们的固定客户，他们只要加油就会来通盛站。”赵志刚表示。

“当时，我还是赵经理的助理。因为这个物流中心开业时，周边还没有加油站。我们向司机们介绍了通盛站之后，他们觉得离得有些远。因为他们开车从北面就可以直接上高速了，而我们加油站在南面，需要特意绕过来。”李清说。

最后，他们靠着诚意一遍一遍地和客户沟通和交流，最终打动了客户。十几家客户同意把通盛站作为他们的定点加油站，他们说：“宁可绕点路也要到通盛站来加油”。其中，最大的一个客户——绿海果业还与通盛站达成深度合作，成为加油站便利店冬季时水果的供货方。

谈及经验，李清表示："罗马大厦也不是一天建成的，只能慢慢去积累。"

后来，2017年通盛站附近限制大车通行，导致他们流失了一部分柴油客户。但他们还是给客户做了很多的工作，让他们尽量继续和通盛站合作，来通盛站加油。

通盛站发展的另一个大客户携程公司，李清也是记忆犹新。

毗邻通盛加油站，共有车友300余名……通盛站经过调研后，开始了两年多与该公司的接触。开始，携程公司的很多人认为通盛站离他们比较远，跑个两三公里去加油不划算。针对这个情况，李清决定把工作做得细致一点。他细细地算了一笔账——客户到通盛站多远、花多少油钱、通盛站能给予客户多少优惠、优惠后一升油多少钱、和其他加油站相比客户能获得多少实惠……

"他们把这些都印在了宣传单上，客户拿着宣传单一看，一目了然，觉得来通盛站加油还是很划算的。"赵志刚说。

2017年7月26日、28日，南通公司零售管理部人员和李清带着通盛站员工专门来到携程公司驻场宣传，办理海油卡。"我们在用餐时间到携程公司的食堂，现场给公司员工发宣传单，效果明显，共办理海油卡309张，汽油月销量超过20吨。"赵志刚说。

携程公司，成为通盛站最大、最为稳定的客户群体之一。

在通盛站，这样辛辛苦苦发展来的大客户还有很多。

经过长期合作，客户们都非常认可和信赖通盛站，对中国海油加油站的品牌认知也增强了，中国海油加油站的品牌价值也在这个过程中得以提升。

➤ 自有品牌展风采

从客户对品牌一无所知，到对中国海油的加油站有了认知度，通盛站的知名度打响了，客户黏性也增强了。此时，南通公司提出在旗下加油站打造四大品牌——"南通大讲堂""争当店小二""安全啄木鸟""惠通四季"。

2017年，通盛站开始打造四大品牌。

"南通大讲堂"。这个大讲堂的讲授者是南通公司所有的管理人员、站经理，聆听者是南通公司加油站的其他人员。站在通盛站会议室的讲台前，赵志刚对记者表示："现在，和李清一样，所有的站经理都要写课件，然后站到讲台上来讲，讲他工作中的经验、熟悉的情况和遇到的问题等。员工们听完讲授之后要去总结、提炼，还要进行实际操练，让自己的工作得到更高层次的提升。”理论和实操相结合，通盛站的员工都在这个过程中提高了自己的理论水平和加油技能。

“争当店小二”。是南通公司推出的党建品牌。“我们要求本部人员下沉基层，做好相关服务工作。”南通公司副总经理瞿新国表示。这是指南通公司的机关人员要服务基层、基层要服务员工、员工要服务客户，整个服务形成一个循环，不能脱节。“就是不管是在哪一个岗位，所有人都要‘争当店小二’。大家都要动起来，促进南通公司的销售工作。”赵志刚说。

2021年春季，通盛站开展了尿素销售活动。刚开始的时候大家都觉得很难，李清给员工们开了好几次会做动员，让大家发挥潜能，发动所有人的智慧想办法。

“你家里还有没有人在开车？还有没有朋友在开车……”通盛站便利店店长鲍金凤脑洞大开，把自己的亲戚、朋友和每个熟识的人都问了一遍，想方设法联系潜在的客户。最后的结果让鲍金凤感到很意外，她竟然一天一个人就卖了99桶尿素。“这是很大的一个数字，不仅她的提成上去了，她自己也感觉到很高兴。”赵志刚说。

在瞿新国看来，“争当店小二”作为南通公司的党建品牌真正落到了实处。在通盛站每个月最忙、最需要人帮忙的时候，比如成品油涨价的前一天晚上，排队加油的车辆经常排到大马路上。这时候，南通公司零售管理部人员都会到加油现场引导车辆，维持秩序和帮忙处理问题。“加油、卸油……我们零售管理部没有哪个人不会的。”他说。

“安全啄木鸟。我们要求加油站管理人员和员工每天都要在油站内仔细去找，发现哪个地方有问题及时报告，之后我们会尽快安排整改，把安全工作做得更细、更好。”赵志刚说。

在通盛站，每个人都是一只小啄木鸟。他们不仅每天紧盯日常油站运营中可能出现的安全隐患，定期排查，而且越到过年过节期间，他们越要盯紧安全。

李清说：“我们加油站这条路对面有个居民区，直线距离大约500米左右，每天春节放花放炮能从晚上7、8点放到12点。”所以，虽然他心里也很想陪家人过年，但每年都选择留在站里。“我们李经理从2014年建站到现在，大年三十和春节假期都没在家里过过。”鲍金凤说。

“惠通四季”。就是每个季度甚至每个月都会制定与这个时间相匹配的促销措施，举办促销活动。

细数通盛站一年之中的活动，着实不少，这让“惠通四季”品牌名副其实。元宵节、女神节、母亲节、六一节、端午节……都有相应的活动。元宵节猜灯谜、吃汤圆；端午节送小粽子，小粽子上面粘贴着中国海油的二维码，促销宣传两不误。此外，春天“草莓节”、夏天“啤酒节”、冬天点赞赠“水果礼盒”活动，让客户感觉到通盛站从来没有忘记过他们。

“母亲节、情人节、妇女节，不像春节、中秋节这样很容易让人记住的节日，如果我们能给客户一种小的惊喜，如妇女节给所有来加油的女士送一朵玫瑰；六一儿童节给带着小孩来加油的顾客一个小玩具……虽然力度不是很大，但是能让客户感觉更温暖、更贴心。”南通公司总经理蔡权说。

战略规划

扬长补短，差异化打造竞争优势

——专访中海油华东销售南通公司总经理蔡权

“三个加强”“四个提升”，努力打造中海油华东销售南通公司竞争优势。

文/郑　丹

有人说，加油站行业就是拼服务的。

有人说，市场蛋糕就这么大，先到先得，后至无食。

中海油华东销售南通有限公司（以下简称南通公司）总经理蔡权表示：“中国海油作为加油站经营的后来者，虽然我们的品牌与其他主营相比可能不具有明显优势，但服务确实是我们的一个优势。”

为了打造服务优势，南通公司特别注重规范服务用语和动作，秉承“客户至上”的服务理念，紧贴客户需求，提供个性化服务，加强“神秘顾客”检查和考核，努力夯实从站长到加油员的队伍建设……

在加油站行业奋战多年，蔡权在工作中总结出“三个加强”“四个提升”。在他看来，加油站经营管理，没有最好，只有更好，要不断地学习借鉴、扬长补短，持续优化和提升，差异化打造南通公司加油站的竞争优势。在上任南通公司总经理两个月之际，蔡权接受了记者的专访。

➤ 三个加强

Q 记　者：蔡总，您好！作为在加油站行业奋战多年的老兵，您提出的“三个加强”“四个提升”有怎样的背景？

A 蔡　权：“三个加强”“四个提升”是在我来南通公司之后，在对所有加油站进行深入调研的基础上，结合加油站经营管理现状和华东销售“补强五项基础，提升五种能力”的工作要求提出的。

当下成品油零售行业的市场竞争日趋激烈，其他主营的网络布局已经比较丰富，留下的空间少之又少，而中国海油的加油站业务又起步较晚、开发的站点较少、自有资产站也不多，租赁站和加盟站相对多一些，还有部分站是合作经营性质的。在这种严峻的形势下，如果想在零售行业做得更好一点或者保有一席之地，必须得有一些自己的想法或者措施。而这些想法和措施必须是不同于“两桶油”的。这也是我一直在思考的，就是我们的优势体现在哪里？

Q 记　者：结合中国海油加油站的发展，请您谈谈“三个加强”具有怎样的重要性？

A 蔡　权：“三个加强”是指切实加强队伍建设，提高执行力、凝聚力、战斗力；切实加强安全管理，确保油站安全平稳运营；切实加强信息化建设，提高效率、防控风险，助推业务发展。

加强队伍建设，指要对从站经理到一般员工的加油站所有工作人员的培养更加关注和重视，即从人员招聘开始就要提高标准。加油站员工最主要的是综合素质，这不是说加油站经理一定要是本科生，是要求综合素质高，比如能说、能写、情商智商高、比较活跃、沟通协调能力强，处理和解决问题的能力强。站经理还要具备较强的责任心和执行力，这对加油站管理人员来说很重要。一个站经理的素质直接会影响加油站的经营，所以，要对加油站经理的招聘、培养、选派和考核更加重视。在工作中，我们会尽可能地选择综合素质高的人来做站经理，因为这样的站经理能够带动整个加油站的经营、管理和服务等方方面面的提升。在经营管理的众多因素中，人才是第一生产力。

加强安全管理，首先是要加强安全文化建设。加油站是危险品经营场所，客户复杂，员工流动性大，员工培训、现场管理难度大，安全风险高，如何在加油站有效贯彻集团公司“五想五不干”理念，全面落实安全风险防控一直是南通公司积极探索的课题。为此，南通公司打造了“啄木鸟”的安全文化品牌，旨在将“五想五不干”理念延伸至加油站工作的各个环节，将安全风险提示形象化，将安全管理要点浓缩，便于员工理解记忆，增强培训效果，使“五想五不干”真正落实到加油站日常工作中去，这是南通公司在安全管理中的一次大胆探索。

加强信息化建设，是指当今互联网+、大数据、云计算这些现代信息科技手段在加油站的应用，现在叫作智能化或者人工智能。智能化对于一个加油站的经营意味着两方面：一是便捷便民，另一个是智能，提高工作效率。当我们能够实实在在地让顾客觉得新颖、方便、快捷的时候，觉得我们真的是在为他们考虑的时候，加油站的进站率就会有所提高，客户对我们的接受度、认可度就会有所提高，油站经营业绩也会有所提高。依靠智能化的应用，我们将逐步做到智慧支付、精准营销、自动反馈，提高获客能力，增强营销效果，提升油非互动，通过系统的运用和优化，信息化建设将成为中国海油加油站的优势之一。

➢ 四个提升

Q 记　者：请您再谈谈“四个提升”对中国海油加油站发展的意义？

A 蔡　权：“四个提升”是指进一步提升基础管理，实现油站管理定置化；进一步提升服务质量，实现油站服务优质化；进一步提升油站形象，实现油站形象靓丽化；进一步提升销量能力，实现油站效益最大化。

提升基础管理。加油站要持续提升基础管理，加强人工智能化应用。加油站基础管理涵盖的内容很多，如人员、设备设施、油站环境卫生、站容站貌、报表台账、定置化管理等，这些都是一个加油站的硬件和软件，都会给消费者带来一种直观的印象。一个加油站的基础管理如果做到位的话，能够让油站的经营更规范，同时能够有效防范风险，在一定程度上还能够提升油站的形象。我们要看到，同行业中，有一些企业在这方面做得很好。对于基础管理，我们要持续提升，提升管理没有止境，没有最好，只有更好。

提升服务质量。中国海油对加油站服务质量的要求是蛮高的，可以说这方面我们一直比其他石油公司更加重视和关注。例如，我们的加油站员工年龄相对比较年轻，对服务的用语、动作都有严格的要求。虽然中国海油加油站的品牌与其他主营相比可能不具明显优势，但是服务确实是我们的一个优势。对于一个加油站来说，能够吸引客户进站加油再稳定住客户常来加油是至关重要的。除了营销活动，就是我们的服务要做得比别人好。对于服务质量，我们日常有许多检查，包括“神秘顾客”检查，还制定下发了相关的激励政策。对于服务质量好的加油站，我们会给予相应的奖励，对于做得不好的则给予适当的处罚。

提升油站形象。不管主营还是民营企业，现在都很注重油站形象的打造。一个油站要有好的形象、外观漂亮、干净整洁，例如，一个加油站你从远处看就感觉形象很好，到站里边再一看各方面也比较“高大上”，就会给顾客一个直观的好印象。现在，中国海油的加油站正在根据VI3.0手册逐渐地做一些改造，这是结合不同加油站的地理位置、销量以及公司对每一个油站的定位来进行的。当然，具体想打造成什么样的加油站，每家公司可能都会有不同的考虑，旗舰站或者标杆站的数量也会有规划，这些都是为了最终提升油站的形象。

提升销量能力，包括油品和非油品。如何提升油品销量，我们想了很多办法，例如我们一直保持办油卡给员工奖励，同时给客户一定优惠的政策。具体来说，加油员动员顾客办一张海油卡，会告诉顾客日常消费多少、有什么优惠，办卡的同时会给予返券或者赠送礼品。充值和办卡的这种赠礼活动能够激发客户办卡的积极性。而且，顾客一旦办了卡，哪怕只是最小面值1000元，也肯定会消费完。这样，我们就在短期内绑定了客户。客户在消费这张卡的过程中，就有一段时间来加油站体验中国海油的优质服务和优质的油品质量，慢慢地会在消费过程中潜移默化地形成一种消费习惯，我们也就把这个顾客彻底地稳定住了。另外，我们通过对站经理、后备人员的培训，提升加油站管理人员的市场开拓能力，促进站经理“走出去、请进来”，确保加油站市场份额的逐步扩大。

如何促进非油销售，我们也采取了一些措施，而且取得了一定的效果，如丰富非油供应商和优化商品结构。只有供应商多了，可选择的商品、能提供的商品种类才能更多。当然，不能为了丰富商品而丰富商品。如果进了好多商品，结果都卖得不好也不行。所以，要贴合客户需求和消费习惯，采购适销对路、受客户欢迎、流动快的商品，以促进非油销量的提升。有了丰富的商品，还要进行合理的陈列以及策划相关的营销活动。对于非油促销做得好的员工，我们还会给予奖励，我们把非油品销售一半的毛利用来奖励员工，鼓励开口营销、多劳多得。

➢ 持续发力

Q 记　者：在您看来，南通公司的加油站如何贯彻“三个加强”“四个提升”？

A 蔡　权：南通公司有部分加油站是通过收购、租赁和委托经营获取的，由于一些历史原因，加油站建设标准、设备设施、功能布局和外观形象都参差不齐，有些地方不符合中国海油对加油站的形象要求。在对加油站进行调研的过程中，我重点考察了油站形象和功能布局，感觉个别加油站的许多方面还是需要进一步提升和加强的。

例如，优化便利店布局，提升油站形象。有的加油站便利店墙上挂着营业证照、企业文化、相关制度和宣传画、员工照片等，还有的加油站便利店墙上装有员工手机存放盒、微型消防站等。这使便利店有些“四不像”，又浪费了仅有的便利店空间。近期，我们正在进行一系列的整改，要求便利店里边除了吧台、货架就是货，合理优化布局、合理使用便利店的每一寸空间，让便利店发挥商品销售的全部功效。

“三个加强”“四个提升”虽然说起来就是一句话，但是这几项工作里面涵盖的内容很多，所以下一步要做的事情也很多。持续加强和持续提升是永不过时的。目前，南通公司已经制定了“三个加强”“四个提升”行动方案，下一步会逐项抓好落实和执行，使加油站经营管理工作得到全面提升。

Q 记　者：南通公司自2017年起连续4年保持利润超4000万元，未来公司有什么目标？

A 蔡　权：南通公司的“十四五”发展规划是“立足金三角，力拓崇通海，深耕三市一县，紧盯两场三站”。我们深入贯彻落实中海油华东销售“深耕江浙上海”的发展布局和“1316”发展目标，对“十四五”期间控制加油站数量、成品油年零售销量、非油品年销售额和年度利润目标都有明确的规划。

我坚信，在炼化公司和华东销售的坚强领导和大力支持下，南通公司定将不辱使命、不负重托，努力保持公司健康、稳定、可持续、高质量发展。我们已经制定了详细的工作计划和措施，力争加油站的数量逐年增加，油品销量和非油销量逐年提高，公司利润也逐年提高。

未来，加油站行业的发展会面临更大的压力，特别是新能源的冲击将会非常厉害，方方面面的竞争也会比较激烈。像北京、上海和苏南一带这样政府执行力强、注重环保的地方，加油站行业受到的冲击可能会更大一点。我们将抱着乐观、积极的心态，化压力为动力，积极应对一切可能发生的变化。虽然现在我们还没有多少新能源业务，但是我们愿意积极地跟地方政府合作，配合布局新能源相关业务。

02

“打卡”新牌坊

紧随中国石油重庆销售公司改革发展脚步，新牌坊加油站成为一座能加油、能充电、能换电、能洗车、智能化十足的加油站3.0试点站，同时也是仅开业一年多的万吨站。未来，结合新牌坊加油站的创新理念。打造综合能源销售服务商或将成为中国石油重庆销售突出重围的关键所在。

营销现场

新牌坊，有销量够时尚

新牌坊加油站是一座能加油、能充电、能换电、能洗车、智能化十足的加油站3.0试点站。

文/周志霞

说到重庆，最先想到的就是魔幻3D立体空间的建筑，比如洪崖洞，一排排吊脚楼在夜色中非常迷人，一度成为网红打卡地，就算不是节假日也是人山人海。

同样，在重庆江北区很多私家车主的心中也有一个网红打卡地——中国石油重庆销售江北分公司新牌坊加油站。

这是一座带电梯的加油站；

这是一座三层的加油站；

这里能加油、能卖非油、能充电、能换电、能洗车，是重庆销售紧随中国石油集团步伐，探索打造的加油站3.0试点站。

这座加油站绝不逊色于吊脚楼的美。白天看着高端大气上档次，到了晚上，上站和下站交相辉映，远远望去，犹如一座宫殿，光彩照人。

顾客喜欢去，这座站也冲进了万吨站的行列。

➢ 业态多，顾客都愿意来

4月的重庆，大部分都是阴天，走进新牌坊加油站那天也不例外，但丝毫不影响记者一行人的心情，因为对于这座加油站3.0试点站，早想一睹为快。

一下车，记者就发出感慨，若不是“中国石油”醒目的大字，怎么也不会相信这是一座加油站。

展现在记者面前的新牌坊加油站有三层。重庆人将这座加油站形象地比喻成打开的抽屉，分别对应上、中、下三个区块，站房面积大大超过了普通的加油站。

新牌坊加油站拥有最新型加油机，加油站上岛（第三层）有6台加油机，三排两列依次排开。加油站下岛（第二层）放置3台加油机，非常宽敞。

根据顾客的需求，9台加油机中有3台设置98号汽油，其余均是92号、95号汽油。

如此设置是基于该加油站周边的客户群体。新牌坊加油站周围有很多住宅小区，紧临商业中心广场，一天有上千辆私家车进站加油，目前每天的加油量在30余吨左右。

走过了加油站的最前端，靠近加油站入口处，“长安新能源换电”字样吸引了记者的注意。原来这是一座换电站，虽还未正式“接客”，但全部设备已到位，只待“开门迎客”。

“这是我们与长安、奥动合作建设的换电站，换电车辆进入换电房，车辆被抬起，旧电池被卸下，满电的新电池迅速地被移入底端安装，整个过程耗时不到30秒。”加油站站经理给记者介绍，相对充电，换电就快太多了！

相较于换电站占据的显著位置，充电站倒显得低调很多，在加油站站棚斜对着的角落里。虽然位置不太显眼，仍有两辆车在充电，充电枪插入汽车车身，两位车主很是悠闲正在聊天。

平移几步，就是加油站里的便利店了，150平方米便利店千余种商品，陈列整齐，丝毫不显得拥挤，想买什么商品，轻松找到。这时记者还注意到，便利店一角的两台自助收银机。

“遇到节假日时，或者店里有重大促销的时候，便利店里会出现排队的现象，这就好像超市里的‘多点’扫一扫，手机就可以直接付款了。”便利店员工告诉记者。

说话间，记者来到便利店的另一角，这就是电梯的所在位置。几秒钟，电梯将我们带入了负一层。

这是汽车美容中心，几个工友正围着一辆高端汽车在忙碌着。这是重庆销售与“豪杰奔宝”合作的，汽车美容、贴膜，都可以在这里完成。

看过这些，记者又来到负二层。

这里主要是洗车、维修、保养业务。三四个人围着一辆车正在“洗刷刷”。

与绝大多数将手工洗车改成全自动洗车业务不同，新牌坊加油站将此前的全自动洗车业务改成目前的手动洗车业务。手动洗车，在这里被称为“精洗”。

“全自动洗车虽然效率高，但‘精洗’更受高端车车主的欢迎。”正在为顾客洗车的合作方员工说。

2020年虽然受到疫情的影响，但新牌坊加油站的汽服业务依旧可以进账150万元左右，这个数字极大地带动了油品的销量。

能加油、能卖非油品，还能换电、充电、为车美容，诸多业态在新牌坊加油站彰显，顾客感到便捷了，不由自主地都来了。

2020年，不平凡的年份，新牌坊加油站销量不太平凡，保持每天30余吨的销量，全年达到1.1万吨。

➢ 加油站3.0，拥抱智能化

一走进加油站便利店，代表中国石油优品、优质、优享的机器人“优优”，正在唱着欢快的歌曲，一旦顾客从身旁走过，优优便向顾客问好：“欢迎您的到来，有什么可以帮到您吗？”

智能机器人“优优”，对新牌坊加油站的智能化来说，只是代表。

奥迪车主刘先生缓缓地将车停在加油机旁，加油员熟练地为其加油。这时车主打开车门，来到加油站便利店，便利店员工便拿着两瓶武夷山矿泉水递给车主，车主连声说谢谢。

这时，那边的奥迪车已加完油，车主点开手机，就在便利店里对加油机屏幕上的二维码轻轻一扫，完成支付。

正在记者困惑时，加油员告诉记者，新牌坊加油站使用的是智能加油机，加油站将部分畅销商品植入加油机界面，只要顾客在屏幕上选择好想要购买的商品进入便利店，就可以直接扫码支付。加油员会快速将其购买的商品送到顾客手中，别提有多方便了。

接着，记者来到了便利店一角的站经理办公室，一进门，六七十英寸的电子屏正对着门口放置着。

这就是新牌坊加油站的重头戏——智慧眼平台，大家都管它叫“智慧眼”。智慧眼是将加油站静态的监控摄像头变成“智能眼睛”，让油站可以随时了解“眼睛”看到的内容和发现的问题。该系统通过目标检测、行为识别、图像识别等AI技术，结合物联网、大数据分析技术，实现了加油站现场危险行为的自动检测、操作流程合规性的自动判定、员工行为规范的自动识别等功能，可以满足加油站在安全监管、客户服务、流程监控、资源采集、油站管理五大模块的智能化需求，从而有效提升公司智能化管理水平。

说着，站经理划到“智慧眼”的监控界面向记者介绍，智慧眼安全监管功能可以对加油站风险区域进行实时智能监控，自动识别危险源、危险行为、作业违规现象等，并做到自动报警，实现对加油站安全行为的智能监管。比如加油站有抽烟、打电话、火灾的现象，或是办公区域、收银区域有未穿工作服的人员进入的现象，“智慧眼”都会进行安全提示。

“智慧眼”的作用远不只这些。对于重庆来讲，基于历史原因，社会加油站达到七八百座，对重庆销售的六百多座加油站形成一定的冲击。如此大的竞争压力，以后还会通过“智慧眼”等智能系统进一步提升管理及服务水平，由此进一步提升销量。

比如，智慧眼对加油站整体服务行为进行实时监测分析，从客户车辆进站到车辆驶离全过程，统计分析加油现场车辆等待服务时长、车辆加油时长以及客户进入便利店后等待服务时长、支付时长等各项数据，有助于提升工作人员的工作效率以及为顾客提供优质服务的意识，同时为管理者合理评估员工提供数据支撑。

➢ 促销，通过率也是关键

记者来到新牌坊加油站时，加油站前面宽阔的马路被蓝色铁皮挡板围住了一大半，只有三分之一的马路漏出来，能数得过来的私家车从马路经过，所到之处尘土飞扬。

如今，新牌坊加油站每天30余吨的销量，远远没有达到饱和，不用说，修路对销量造成了特别大的影响。

即便如此，新牌坊加油站优越的地理位置带来的优势还是非常明显。

一方面周边单位非常多，包括政府机构；另一方面周边有很多高档社区，社区群体非常成熟。两大优势，促使新牌坊加油站机构客户特别多。

一般的加油站只有一两百个机构客户，300个算是非常多的，而新牌坊加油站具有机构客户1100个，也是整个重庆销售拥有机构客户最多的一座站。

如此多的机构客户，是新牌坊加油站销量不会大幅下降的底气。然而，不得不说，周边新建成的社会加油站也会为其带来不小的冲击。

对此，为了维护老客户，同时也为了增加新客户，新牌坊加油站时不时也会策划一些促销活动。

“现在每周一、周四、周六是会员日活动，会员日里会员顾客通过APP绑定个人卡实付满100元每升可以省4毛；满200元每升可以省6毛；满300元每升可省8毛。”便利店员工说，“然而，离我们最近有一家社会加油站，开业的时候，策划了加150元可以省50元的活动，相当于每升降2元钱。”

竞争对手给新牌坊加油站带来巨大压力。对此，新牌坊加油站并不盲目跟从，积极探索精准营销，并针对会员客户开展一系列促销活动。

新牌坊加油站的每名员工配了一个胸牌，加油员在为顾客加油的过程中，都会引导顾客添加企业微信，添加微信以后，加油站一旦有什么促销活动，加油员会通过朋友圈进行推送。加油员还积极推荐顾客下载“中油好客e

站”APP，指导其绑定加油卡成为会员。一旦成为会员客户，优惠活动更加丰富多彩。

通过这样的举措，新牌坊加油站会员客户不断增加，APP绑定客户已经达到17%，加油站卡销比也能占到32%。

宽大的加油站现场，一般的会员日也不会拥挤，最主要的原因，三层的新牌坊加油站进出口设计得都非常合理。上岛加油站有两个进口、一个出口，下岛同样有进口和出口，负一层也有进口。

“三进三出的加油站，车主对这个加油站就算不太熟悉，也可以非常方便地找到出口，而且每个进站口任何角度都可以清晰看到‘车位引路牌’，哪个加油机有空位也是一目了然。”站经理说。

管理秘笈

理念先行，加油站3.0版

结合激励政策的充分运用和选人用人机制的改革，新牌坊加油站更加充满活力。

文/周志霞

2018年11月8日，中国石油宣布全面开启加油站3.0时代，并将加油站3.0定义为“加油站+互联网+N”模式的“人·车·生活”生态圈。

重庆销售敢于尝试，大胆创新，本着最大限度利用每一分土地的原则，在新牌坊加油站完成了从单一加油站功能转换成商业体的蜕变。再结合公司激励政策的充分运用和选人用人机制的改革，新牌坊加油站会更加充满活力。

➢ 单一油站功能向商业体转变

在新牌坊加油站的顶层，代表重庆销售加油站形象的卡通公仔“优优”正在悠闲地钓鱼，在下岛的草坪上，同样有一个卡通公仔“优优”和另一个拿着加油枪卡通公仔“加加”，日夜守护加油站，为新牌坊加油站增色不少。

然而，2018年之前新牌坊加油站可不是这个样子。

虽然也分为上站和下站，但只是零散布局，下站是加气站，上站是加油站，只是一座油气混合站。

当时，只有4台加油机，加油纵向间距小，横向车道也窄，作业区挤成一团，无论是油和气的销售都无法发挥其应有的能力。

2018年11月8日，中国石油宣布全面开启加油站3.0时代。基于加油站3.0思维，中国石油重庆销售公司的新牌坊加油站迎来改建的契机。

山城重庆，坡多坎多。上下高差7.2米，在改造的过程中，新牌坊加油站将原来上站的站房拆除，在中心区域设置三层站房，这样一来，原本500平方米营业区扩展到4500平方米，放大了8倍。

设置了9台6枪加油机，36个加油工位，29个铺助工位。土地利用率较常规加油站提升了3倍，站房面积大大超出了普通加油站，达到1100平方米，是原有站房的5倍。

“在改造的过程中，新牌坊加油站最大限度地利用每一分土地，土地利用率从原来的40%左右提高到直接利用率达到了95%。”重庆销售副总经理艾永厚说。

不仅如此，考虑到“雾都”重庆是中国日照时间最少的城市之一，每年秋末到春初超过100天不见阳光。新牌坊加油站棚顶部增设透光窗，让阴暗压抑的加油现场亮起来，透起来，员工心情舒畅起来。

同样，结合地域特点，新牌坊加油站打造“无围墙”加油站，无边界、零隔离，无限服务，无限可能，消除了客户对“危隔区域”的传统认知，拉近了与客户的心理距离。植入大量绿色元素和品牌元素，让生命和生活的气息融入加油站的每一个角落。站房外立面采用铝单板镂空外墙造型，局部根据商业业态点缀不同的装饰材料和商业广告，正立面安装大幅透明显示屏，给人强烈的视觉冲击和情感满足。

“我们进行加油站3.0试点，不仅要拉近与顾客的距离，在功能上，我们把单一油品功能转变为商业设计的思维，就是从原来单一加油站转换成商业体的理念，真正打造成‘人·车·生活’的生态圈。”艾永厚说。

由此，今天重庆销售新牌坊加油站建立了完整的商业生态，包括加油、非油、换电、充电、洗车，还能为车美容。

“这样一个商业体就像商场一样，一方面我们要挑选具有吸引力的品牌进来；另一方面我们通过这些品牌供应商把客户群体黏合过来，满足顾客的需求。”艾永厚说。

当然，实现这种商业的重构，必须要有强大商圈作为基础。新牌坊加油站地理位置非常优越，旁边就是新光天地、恒大中渝广场等商圈。

如此重量级商圈，当然离不开智能化。智能化的终极目的更在于人的解放。如今，新牌坊加油站已经实现车辆智能引导系统结合车辆智能识别，加油过程监测和车位配置，引导车辆行至最佳车位。

目前，新牌坊的智慧眼已经融入50余种自动识别模型及算法，当加油、卸油、服务、办公等指定场景有违反安全操作规程、服务标准的情况时，系统就会自动触发，并通过穿戴设备提示管理者和工作人员。智慧眼将传统的加油站现场巡查和神秘顾客访问等长流程管理、上级管理、事后管理调整为“即时管理”“自我管理”，充分赋能员工。

理念先行，结合智能化，新牌坊加油站仅开业一年便成为万吨站，但在重庆销售来看，未来更加可期。

“近些年，成品油消费增速逐年放缓，重庆市场每年电动车数量也在逐渐增长，新牌坊加油站的意义更在于代表石油行业的能源转型，即便有一天顾客对汽油没那么需要，非油、换电、充电、洗车一样可以撑起另一片天地来。”艾永厚说。

➤ 员工激励是重头

新牌坊加油站从2018年开始改造，2019年8月重新开业，到现在有一年半的时间。

与大多数加油站一样，在江北分公司的精心指导下，新牌坊站根据江北分公司制定的激励政策，结合全年的奋斗目标，将全年的油品销售任务进行分解，再将每月的油品销售任务分配到每个班组。为了最大限度激励员工销售油品，加油站制定吨油奖励政策。比如，销售92号油品每吨奖励16元；销售95号油品每吨奖励19元；销售98号油品每吨奖励31元。

相对于油品，非油品的奖励更多。每件重点商品公司都会制定相应的奖励政策，比如夏天中国石油自有商品中的饮料就要加大力度进行销售。每名员工每天销售多少，都有详细的记录。员工每天完成多少任务，相应的奖励每天就要兑现，新牌坊加油站最大限度调动员工积极性。

激励政策发挥了作用，员工干得也比较顺心，新牌坊加油站的员工每个月收入都可以达到三四千元。激励政策不仅会让员工对客户有进一步精准营销的动力，在服务方面也会有大幅的提升。

“以前大家在卸油方面可能不会那么规范，现在有了‘智慧眼’的提示，大家卸油的过程都严格按照10步法来进行操作。”站经理说。

如今新牌坊加油站，无论销量、服务、管理方面均有了较大提升。即便如此，对于重庆销售来说，未来还会有较大的提升空间。

据了解，重庆销售高度重视人事制度改革，结合企业实际积极探索建立职业经理人机制。年初制定了加油站职业经理人管理办法，强调建立“市场化选聘、契约化管理、差异化薪酬、制度化退出”的职业经理人管理模式，主动创新选人用人机制，竞争择优公开选聘加油站经理人，提高选人用人的科学性、实效性。

为将新牌坊加油站打造成为一流综合性能源销售服务站，重庆销售首先从人力资源上给予强有力支持，决定在新牌坊加油站开展加油站职业经理人改革试点，配备一名市场充分认可的职业经理人。

重庆销售通过前程无忧网站和APP发出“招贤榜”，短短6天时间，就吸引了480人应聘。应聘人员有的来自石油销售行业，也有的来自其他零售行业。重庆销售严格对照应聘条件实行4轮筛选，确定55人进入笔试；综合笔试成绩、应聘人员资格条件，筛选15人进入面试。面试环节实行无领导小组面试和半结构化面试“双结合”，分别考察应聘人员在给定情景下的临场应对应变，在经营思维、市场开拓、团队管理等方面的表现。最终壳牌公司四川泸州某加油站经理李鹏脱颖而出。

6月2日，是重庆销售新牌坊加油站职业经理李鹏上任的第19天。近20天，他一边熟悉加油站的全面情况，一边带领员工紧盯市场，全力提升销量，扩销增效。虽然经营管理效果需要通过一段时间来验证，但经过近期的相处，站上的员工都觉得，李鹏抓工作很认真，也很在行。

5月19日下午，集团公司党组书记、董事长戴厚良来到重庆销售新牌坊加油站调研，深入了解油站生产运营、销售和新能源业务，专门叮嘱李鹏要学习好的运营管理经验，努力提高油站销量效益，进一步提升加油站运营管理水平。

“这完全出乎我们意料之外，但也给我们极大的信心，一座3.0试点的智慧加油站，我们也希望融入外部的管理理念，在加油站管理、服务方面全面提升。”艾永厚说。

重庆销售人事部门负责人表示，当前，公司正处于推进改革攻坚和创新发展的关键时期，需要以推行职业经理人制度为突破口，改革创新现行人事管理体制机制，破解选人用人深层次难题，发挥“鲶鱼效应”作用，进一步激发人才队伍活力，为全面建设一流综合性能源销售服务商奠定人才基础。

战略规划

从新牌坊看重庆销售

——专访中国石油重庆销售分公司总经理吴恩海

重庆销售“十四五”时期的发展方向，就是要打造一流综合性能源销售服务商。

文/周志霞

要把新牌坊加油站作为一个点，来看中国石油重庆销售。

区域的独特性，造就重庆有1700多座加油站，竞争激烈成为必然。

重庆销售如何应对这种竞争压力？新牌坊加油站对于重庆销售的示范意义又在哪里？未来重庆销售主要战略有哪些？记者专访了中国石油重庆销售分公司总经理吴恩海。

➢ 竞争激烈带来了冲击

Q 记　者：吴总，您好！通过采访深刻感受到相对于别的省市，重庆的竞争形势异常激烈，请您介绍一下这方面的情况？

A 吴恩海：重庆作为交界市场，铁路、公路、水路都比较畅通，油品资源进入的渠道非常多样。由此，整个重庆有1700多座加油站，中国石油有600多座，中国石化有300多座，社会加油站比较多，几乎占到整个重庆的一半。

另一方面整个重庆区域面积是8.24万平方公里，但70%是山地，只有30%是经济建设的核心地带。也就是说，1700座加油站大多集中在这30%的面积上，加油站的密度已经达到北上广的水平。

资源的多元化和加油站密度加大，就会造成市场竞争越发激烈。油品本身已经进入微利时代，对于我们国有企业经营者来说，生存越来越严峻。

Q 记　者：竞争激烈，对我们重庆销售万吨站也会形成一定的冲击？

A 吴恩海：是这样的。重庆销售万吨站最多的时候有76座，这两年略有下降。主要原因刚才提到，密度一大，势必会造成一定的分流。我们知道，万吨站产生的地理位置一般是人口密集、物流发达的地方，这些地方客户比较集中，需求比较旺盛，竞争对手也会在这些地方抢占布点。与此同时，近两年社会加油站的品牌化推广、形象的提升也在明显加强，势必对我们造成一定的冲击。

➢ 延伸服务是主旋律

Q 记　者：社会加油站竞争如此激烈，那我们如何平衡服务与价格的关系？

A 吴恩海：中国石油在重庆市场属于主渠道，在这个市场范围内，我们600多座加油站覆盖了所有的区县网点，重庆市的消费者对于中国石油的品牌、质量、网络还是比较认可的。我们优先发挥的是品牌优势和网络优势，而不是依靠大幅度降价，搞低于成本价的恶性竞争。那样的话，商家只能在产品质量和服务上大打折扣，最终损害的是消费者的利益。

从另一个角度来看，加油站又是一个服务窗口，重庆销售一直以来秉持“绿色发展、奉献能源，为客户成长增动力、为人民赋新能”的价值追求，按照上级公司“打造强大现场，服务创造价值”的理念来强化加油站的管理水平和服务水平。我们认为，好的服务加上好的宣传是吸引顾客的主要方法。在这个前提下，我们适当对会员顾客策划一些促销活动，让顾客得到一些实惠，也是一种服务的提升。

Q 记　者：提升服务是重中之重，未来我们如何从满足顾客需求方面继续提升服务？

A 吴恩海：加油站发展到今天的样子，其实已经非常成熟。1.0时代，加油站只卖油品；2.0时代，2007年开始增加了非油品。发展到今天，消费群体已经感受到了在加油站购买商品的便捷性。目前我们加油站的米面油，还有香烟、包装饮料、汽车服务类的商品都销售得非常好。近两年，我们又不断深入拓展多种业态，积极打造“人・车・生活”生态圈，提升老百姓和加油站的黏性。

下一步，我们要依靠互联网、大数据这些智能化的手段进一步满足顾客的需求，让顾客感受更加便捷，体验感进一步加强。我们江北分公司在牵头打造后备厢计划，正在开展顾客需求调研，如果顾客周末要去郊游或者走亲戚，事先了解到这些信息，加油站就会提前把所需商品配齐，分几种形式体现在APP上，顾客只需出发前选一个菜单给加油站，过来加油时，加油站会把这些东西直接放在后备厢。当然要做到这种程度需要一定的时间，目前已经开始尝试，未来应该可以实现。

➤ 向综合能源服务商迈进

Q 记　者：新牌坊加油站无疑是比较时尚的，结合重庆销售整体，您觉得新牌坊加油站可以复制吗？是否有推广的价值？

A 吴恩海：新牌坊加油站比较特殊，地理位置非常优越，现场面积也非常大。顶层设计是将单一的加油站功能放大到整个商业体来设计，很多加油站不具备这样的条件。所以从这个角度来说，这座站不可复制。但是这座站作为一座样板站，如何服务顾客、如何差异化营销，这方面可以辐射到其他加油站，包括这座站的激励措施，都值得其他站好好学习体会。

我们在新牌坊加油站试点，面向社会公开选聘职业经理人，一位原壳牌加油站经理脱颖而出，成为这个加油站的经理。这是公司深化人事制度改革的重要举措，也是公司“改革三年行动”重要内容，通过选拔破解选人用人深层次难题，激发人才队伍活力，让更多有能力的加油站经理脱颖而出。

Q 记　者：将单一的加油站功能转变成商业体的理念，是否也可以说是重庆销售未来的一个发展方向？

A 吴恩海：今年年初，我们已经明确了“十四五”时期发展方向，就是要打造一流综合性能源销售服务商。显而易见，加油站未来肯定不光卖油。要打造一流综合性能源销售服务商，就如新牌坊加油站一样，首先要看周围商圈的消费需求；其次看加油站是否具备这样的条件，就是我们常说的“一站一策”，根据实际情况来实施。

近些年我们大力推广了洗车业务，现在有100多个网点。充、换电业务现在正在推进，加油站在营的充电桩已经近60台。新牌坊是中国石油首座“加油+换电”站，2021年我们规划了几十座。LNG站规划了10座左右。

Q 记　者：加氢站是否也有实施？

A 吴恩海：政府已经批准了6座，之前的2021年4月8日已经开工了2座，计划2021年要投入使用1座。加氢站是清洁能源的一个趋势，现在市场不成熟，需要靠政府补贴，即便这样我们也要尝试这样的转型，相信五到十年以后，技术有了突破，加氢站也会像今天的电动汽车一样，铺天盖地发展起来。

当然目前来看，加油站油品还要占主导，所以我们要多条腿走路，油品方面还要进一步提升服务、做差异化营销来满足顾客的需求；另一方面，我们要打造多种业态的加油站，一旦未来几十年以后，油品真的不那么重要，我们的绿色能源也能撑起一片天来。

03

柴油站变“财”油站

与煤矿结缘的喀拉亚尕奇加油站，打出经营创效“组合拳”，成为伊犁石油首座万吨站。

营销现场

文 / 齐铁健　黎新新

中国石化新疆伊犁石油喀拉亚尕奇加油站，位于伊宁县218国道潘津乡路口至喀拉亚尕奇乡20公里处的西侧。该站是伊宁市通往伊宁县煤矿仅有的三座站之一。油站地理位置优越，周边有4家煤矿企业、2家煤场、13家运输公司、3家事业单位。

虽然受两次疫情的影响，但新疆伊犁石油喀拉亚尕奇加油站以同比增幅26%的优异成绩提前28天完成万吨站的目标。2020年，该加油站年销售

1.0732万吨，其中柴油销量9000多吨。总销量同比增长26%，汽柴油销量同比增长18.3%，非油销售同比增长25.2%。

由此，新疆伊犁石油喀拉亚尕奇加油站顺利成为伊犁石油首座万吨站。

➢"煤灰"站焕然一新

"白天一身黑煤灰，晚上一身酸臭汗，雨里一身黑泥巴。"这是每天来往拉煤的货车司机对喀拉亚尕奇加油站站长和员工形象的表述。

喀拉亚尕奇加油站周边有4家煤矿和2家煤场，这些煤矿向周边的热力公司供应煤炭。2020年大年三十，站经理王鹏从市区环城东路加油站调到喀拉亚尕奇加油站。那时候，喀拉亚尕奇加油站的硬件简陋、卫生条件很差，从加油站的加油机到卫生间，到处是黑乎乎的煤渣。由此，这座加油站被戏称为乡村"煤灰"站。当然，大家也习惯了加油站的这种状态，加油站员工也不愿意打扫卫生。除了卫生问题外，刚接任伊宁县喀拉亚尕奇加油站，王鹏还面临周边的大客户煤矿停工、道路修路运输公司车辆限行的不利局面。由此，加油站销量下滑，员工工资直线下降，员工情绪低迷……

四年的军人经历，造就了王鹏雷厉风行、吃苦耐劳、敢打硬仗的作风。作为一名党员，一名退伍军人，王鹏充分发挥党员的先锋带头作用，要求员工做到的自己首先要做到。王鹏带领大家擦拭加油机、清扫加油现场、打扫卫生间……加油机被擦拭一新，加油站环境让人豁然开朗，加油员和顾客都惊喜于加油站这样的变化。

卫生虽搞上去了，但当时对加油站要为顾客提供服务，加油员不理解。"油加完就行了嘛，为啥还打招呼、聊天。"这是当时员工经常说的一句话。

"和顾客打招呼交流的过程，就是一个搜集信息的过程。只有了解了顾客的需求，加油站的生意才能好。我们要把加油站当成自己的生意。加油站生意好了，卖的油品和非油品多了，我们的工资就领得多。"王鹏不给员工讲大道理，而是算实账。"卖一瓶燃油宝能提成15块钱，每天卖10瓶燃油宝，一个月就能多赚4000元。"

很长一段时间，喀拉亚尕奇加油站员工主要靠柴油销售拿工资。由于销售思路不灵活、营销技巧缺乏等因素，该站非油品销售开展较为艰难，员工收入不高，流失率较大。王鹏针对这一问题，一方面积极与公司人事部门进行沟通，从公司层面加大人员引进力度，保证油站人手和高效率、高质量服务；另一方面，积极与油站骨干分析、商议增效措施。大家一致认为，只有业绩提升、收入增加，才能留住人、稳住人。该站柴油销售一直比较稳定，非油销售是短板，因此有巨大的增量空间。

在王鹏的带领下，加油员工学会了算实账。每次便利店活动细则发下来，维族员工努热亚·阿布都西提就会认真研究非油销售方案。在加油站工作之前，她是一名小学教师。认真爱钻研的努热亚·阿布都西提把非油商品的优惠活动研究得非常透彻，然后介绍给周边的亲戚朋友。自然，她的非油销售取得喜人的成绩。其他员工看到了，就向她咨询。她就给其他员工认真细致地讲解非油优惠销售具体的方案。

在加油站多年的工作中，努热亚·阿布都西提和很多维吾尔族老板成为了朋友。一天，努热亚·阿布都西提在朋友圈发现经营物流公司的李老板买了6辆半挂车。她赶忙在朋友圈给这个物流老板点赞。她还给老板发私信："老板，生意越来越好了，欢迎来加油站加油哦。"没过几天，这个老板真的来加油站加油了。努热亚想起最近正在进行尿素促销，便马上向老板推荐尿素。"老板，现在加油卡有积分兑换尿素活动，你的半挂车正好需要。""优惠是挺诱人的，但我还是需要的时候再买吧，需要多少买多少。""利用加油卡积分，每桶尿素优惠30元。优惠力度很大，而且这个优惠活动只限于这个季度，您买的尿素存在加油站，需要的时候随用随取，能节省一笔不少的开支呢。"

通过算细账和详细分析优惠活动，最终这个物流公司的老板一次性在加油站购买了100桶尿素。通过不断开发非油销售思路，努热亚·阿布都西提每个月的工资从3500元提高到了5000多元。

➢ 暖心驿站

"货车司机常年跑在路上，路上很难洗澡。在这儿不仅油价亲民，还能洗澡洗衣服，赠送非油品优惠券，这个加油站把我们外省人都吸引过来啦！"一位驾驶甘肃牌照的客车司机对站内的服务十分满意。他将10元换购的一箱卓玛泉搬进车厢，并表示今后将定点在该站加油。开展竞争活动以来，该站加强宣传与走访，将头回客培育成回头客，再将流失的客户找回来。

针对喀拉亚尕奇加油站以长途货车为主要客户群体这一特点，该站以打造服务货运司机的“暖心驿站”为抓手，为货车司机提供休息室、免费洗浴、贴心便当等便民措施，坚持“冬有姜茶夏有凉茶”的温暖服务。有时遇到错过饭点，司机只要提前打个电话说一声，到站就可以吃上热乎乎的可口饭菜。“就冲这服务，哪怕要绕道、路程远点我也愿意来这里加油。”喀拉亚尕奇站的老客户，司机王先生一边在休息室喝着暖姜茶一边与旁边的司机交流。

喀拉亚尕奇站方圆5公里内的竞争站点有4座，市场竞争激烈。竞争对手采取下调价格、返现、赠送洗车券等措施，年初该站柴油量出现了“跌跌不休”的经营窘境，形势不容乐观。“为了提高喀拉亚尕奇加油站的增量，建议改造加油站现场，增加淋浴房、洗衣机、微波炉。这都能吸引更多的货车进站加油。”在片区经营分析会上，站经理王鹏提出了加油站硬件改造是提高加油站销量的建议。片区立即对加油站进行硬件改造，实行油非互动、柴油降价销售、持卡加油优惠等政策。

好服务，吸引了更多顾客来到喀拉亚尕奇站加油。加油站内加油的车辆，大多数是十六七米长的大货车。加油站内经常是拥堵不堪，有时候排队加油的车甚至把马路都堵了。这可愁坏了王鹏。他在加油站现场蹲守了几天，琢磨到底是什么原因。通过观察发现，问题出在顾客圈存加油卡的这个环节上。一个司机去便利店圈存，大概需要10分钟。为了减少圈存时间，王鹏让加油员负责圈存。这样一来，只需要1~2分钟的时间。由此，加油站的通过率提高了，油品销量也随之提升了。

不仅如此，喀拉亚尕奇加油站为进一步做好经营工作，还与当地政府协商，根据客流量梳理了该站的营业时间。油站将营业时长由原先的12小时调增到17小时及以上营业，安排员工24小时进行值班，为突发状况急需用油的顾客提供24小时服务，向延长营业时间要销量。

营业时间延长，就要做好人员保障。伊犁石油公司在保证人员足够的情况下，合理优化员工定编及排班，推行“站经理带班制”，由站经理王鹏靠前指挥，根据加油高峰、低峰期，合理补入人员排班，强化加油高峰期的现场管理、服务提升，有效提高了加油站运行时率。

“尊敬的顾客，中国石化喀拉亚尕奇加油站17个小时为您服务，已送您20

元非油品优惠券，注意查收哦。”为做好延长营业时间的油站营销推广，喀拉亚尕奇加油站加大了目标客户的宣传推广力度。站经理王鹏将目标客户进行梳理，并制定了相对应的营销措施，通过信息发送到客户本人，及时将相关信息告知客户，让客户前往加油，取得了良好的效果。

➢ 开发客户

一天，加油站依然忙碌，王鹏刚为一辆卡车加完油，一转头看到不远处一辆货车司机坐在驾驶室里吃囊。王鹏赶忙将泡好的一盒方便面送给这位司机，司机有点不好意思非要付钱。王鹏说：“5月，天气也凉。尽量吃点热乎的暖暖胃。这次我请老大哥。”这个卡车司机叫热合江，他是为一位私人货车老板开车的司机，经常拉一些散货。平时他总精打细算，在外面能凑合就凑合一顿。因为这一碗热面条，热合江和王鹏成为了老朋友。从此，他就固定在了喀拉亚尕奇加油站加油。每次经过加油站，就算不加油热合江也会来加油站坐坐，有时候带来水果。赶上饭点，他还和加油员一起吃。

像热合江这样的货车司机，都有自己的交流群。他们的货车给附近的煤矿拉煤。他们经常在群里交流：“今天煤多不多？”“拉煤车排队排到哪了？”“哪个车能去排队了。”这个群里大概有30多名货车司机，在热合江的介绍下，其中17名货车司机开始在喀拉亚尕奇加油站加油。

喀拉亚尕奇加油站靠着煤矿，加油站的销量受煤矿的影响非常大。随着疫情的暴发，拉煤货车进站加油，车门上贴封条，司机不能下车。进站的车辆明显减少了，给加油站的油品销量带来了致命的打击。

第一次复工复产期间，加油站销量呈直线下滑。站经理王鹏说：“销量是等不来的，与其被动接受不如主动出击。”王鹏将销售触角延伸到更广的区域，不但通过建立客户专属微信群和上门走访等措施维护老客户，还组织站上员工进车队、进村庄、进工地挖掘200名新客户。第二次复工复产期间，王鹏又第一时间带领站上的员工连续走访加油站周边的5家煤矿和30多家运输车队，充分利用“一站一策”的营销活动，为客户量身定制购油方案，成功挖掘了6家施工单位成为新客户。

王鹏积极利用“地摊经济”到加油站附近的乡村巴扎开发新的加油卡客户，

将更多私家车客户引入了站内，站内的油品销量得到了明显提升。

2020年由于疫情的缘故，“地摊经济”成了喀拉亚尕奇加油站开拓客户的主要战场。一开始，出门的人少了，用油量自然骤降，这可急坏了王鹏他们。怎样才能把更多顾客引进加油站呢？休息时，王鹏就去加油站附近溜达，走到周围的农贸市场，突然有了主意。他向油站员工说：“政府提倡摆摊，我们完全可以主动走出去，拉拢顾客。”

于是，王鹏带着加油站员工，和农贸市场管理员多次沟通，带着商品进了农贸市场。当时正是疫情肆虐期间，中国石化自产的口罩是最受欢迎的产品。王鹏他们把口罩往小区地摊上一摆，便吸引了不少顾客。得知是“国字头”中国石化生产的，顾客们多了几分信任感。王鹏和其他员工趁机留下他们的地址、电话、微信等信息，告诉他们有需要可以随时找加油站。

口罩让喀拉亚尕奇加油站再次叩开了顾客的大门，拉回了一批顾客。由于大力推进“地摊经济”新尝试，活动2天来，喀拉亚尕奇加油站就成功办理油卡120张，带动顾客充值额近7万元。

如今，喀拉亚尕奇加油站的非油品业绩蒸蒸日上。员工们坚持开口促营销，大力向进站顾客宣传售卖节日期间热门、特有商品。全员共同出力、创新创效，确保非油品稳销扩销。“非油对油品销售的带动是很明显的。有些顾客可能原本进来买一箱水，但最后又办了卡，长期在这里加油了。”王鹏说。

04

幸福“215”

“新合伙制”“双向选择”“网格化管理”……215加油站是中国石化山东青岛石油分公司在机制“创新创效”成果方面的缩影和受益者。同时，从这里诞生的很多新的工作方法及营销策略也被推而广之，在中国石化山东青岛石油分公司其他加油站中得到了应用。

营销现场

我们的“215”

收入高、受人尊重，人人是站长，人人是员工，在“215”站工作很幸福。

文 / 石杏茹　李汶佳

加油员是一个什么样的职业？

很多人觉得工作环境风吹日晒，技术含量低、待遇一般，受尊重程度不高。可对中国石化山东青岛石油分公司“215”站却不然。

“215”站位于青岛市胶州老城区与新城区接合处的一条通行主干道边上，是远近闻名的汽油万吨站。在“215”站工作的员工普遍感觉非常幸福。

“平时朋友同学聚会，大家都羡慕我能在215站工作，收入高，受人尊敬。”加油员赵娜说。

“在这里工作每天都面临挑战，每天都在进步。46岁的我，刚刚考取了高级技师。”站长潘淑彦说。

“在这里工作很幸福。我们干的事情很简单，怎么说，怎么卖，领导都教给我们，我们执行就是了。”每月平均卖300多瓶燃油宝的李芹这样说。

幸福的员工创造了惊人的业绩。

在成品油市场竞争压力与日俱增的时候，2016年至2020年五年时间内，“215”站年均销量突破一万吨。

幸福的员工也创造了惊人的收入。

2020年，215站人均薪酬增幅达69%；发卡员，收入最高员工月均收入破万元，其中非油收入均占有一定比例。

215站的业绩为何这么不一般?

➢ 每个人都是站长

215站背靠胶州区政府，左邻繁华商圈，方圆五公里内皆是商业住宅小区，地理位置非常优越。因为地理位置优越，是兵家必争之地。这不，在“215”站对面200米距离内就有一座金盾石化旗下的加油站。

金盾石化绝对不是传统观念中的民营站，而是成品油市场飞速发展的新生力量。1993年，金盾石化在青岛市即墨市建成了第一座加油站之后，2014年开始飞速跑马圈地，到2016年两年间全国范围内已发展到了23座，再到2017年超过了80座，一年增加了50多座加油站。

据青岛胶州分公司现场经理庄璐介绍，在目视所及范围内，215站旁边还有多座民营加油站，如小海豚等。除此之外，隔壁路段上有中国石油、中国海油、中国中化等其他公司的站点。这些站的油品质量、服务水平并不弱于中国石化，客源争夺相当激烈。

既如此，那么215站如何能从中脱颖而出呢?

庄璐说："很大程度上得益于我们在215站试点通过优化合伙制改革，辅助岗位价值评价体系，完善站级考核方案，提高了员工销售积极性。"

所谓"合伙制"即人人是站长，人人是员工。通过站长员工双向选择，从站内人员构成、岗位融合、薪酬分配、站内氛围、站务公开等方面优化重组站内各项工作，引导员工转变思想，一岗多能促进员工收入和加油站经营管理水平双提升。

所谓"双向选择"，就是站长可以选择哪些员工到自己站来工作，员工也可以选择跟着哪个站长到他负责的加油站去工作。这种做法打破了由青岛分公司调派员工到加油站点的传统做法，让人员按照自己的意愿真正"流动起来"。

2020年疫情刚有缓解，胶州分公司经理仇光明就在215站贴上了招贤榜，在全区招聘站经理。

同年6月，经验丰富、执行力强的潘淑彦竞聘成功。之后，她又通过"双向选择"机制迎来了两位新的员工。潘淑彦说："这两名员工原来都是在其他加油站点工作的，因为考评成绩靠前，主动选择来人员整体水平更高、效益更好的215站工作。与此同时，两名业绩相对落后的员工被优化到别的站点。"

庄璐说："这种优秀站长与优秀员工的'强强联合'，也是215站在改制后能够长期保持销量过万最大的促因。"

强强联合，产生的能量是巨大的。

近期，因周边商圈、基干道路正在升级改造，来此加油的车辆日均有所滑落，215站的效益受到了一定影响。为了稳定销量，215站优秀的站长和员工两三个人一组利用下班时间或者轮休日，对自己周边三公里，北起中州路，南至澳门路，东到温州路的大片商户及企事业单位按照门牌号、按路段进行拉网排查式的上门服务。

门难进、脸难看是正常现象，215站员工不怕拒绝。李芹说："通过一次次上门，与客户面对面地交谈，了解对方的实际需求，同时也把中国石化在本地区的一些政策、优惠讲解清楚，大多数商户都已同我们站建立长期的合作关系。"

强强联手还会激发经营方式的创新，战胜一切对手。

2020年，针对社会油站出现一次质量问题的契机，青岛石油分公司趁热打铁推出了油品质量公示，彰显中国石化"每一滴油都是承诺"的品牌理念。11

月18日，山东省加油站油品质量创新监督观摩会在215站顺利召开。这是首次在一座油站展开的全省的油品质量公示。

通过线上线下大力进行油品质量宣传，让客户了解油品质量对车的重要性，增加了客户信任度，彰显了国企的责任担当，进一步巩固了“放心加油，加放心油”的客户消费环境。

在提升销量的同时，215站通过规范仪容仪表、形体动作、7S打造，为顾客提供了舒适、温馨、信赖的消费环境，在市公司服务评先创优样板站打造竞赛中，取得了第一名的好成绩。

➢ 干简单事、明白事

“这个月我们的重点工作是做好营销！”

“你们几个接下来要去跑客户。”

“大家要做好开口营销。”

……

对于领导下达的这样笼统的简单化指示，相信别的加油站员工都习以为常。而包括215站在内的青岛石油加油站则不是这样。

“让片区干明白事儿，让员工干简单事儿。”青岛石油分公司经理吕广宁提出这样新颖的管理理念，“也就是说，公司管理层通过现有的技术手段，把当下的市场行情、变化趋势调查清楚，然后解构，告诉所辖的片区接下来的工作重点，具体在哪几个方面下功夫，应该怎么一步步来做。”

2020年4、5月份，因为疫情的原因，215站同比降量12%，公司下发了片区流失客户回流指导意见，要求员工创新四进客户开发与商圈客户维护以提量增效。

李芹并不是一个很健谈的员工，但对这个“四进”活动一点也不发怵。她说：“原本我是两眼一抹黑，不知道怎么办，但是领导把新老客户的地址、联系方式都给了我；把见了客户后应该如何沟通，第一句说什么，第二句说什么，客户问起这个问题来应该怎么回答，问起那个问题该怎么解释等等这种基本营销方法也事无巨细地告诉了我。原本很难的事情一下变得简单起来。”

员工能够做最简单的事情，是因为领导把复杂的事情一步步分解后简单化了。仇光明和青岛石油主管领导利用边界猎手、企查查，通过数据化分析，精准锁定了215站3公里范围内的新的目标客户。同时，精准筛选流失客户的名单，加强与市公司沟通，提前筹划回流方案，然后制定了标准化的客户走访话术和沟通技巧。

为了更有效地开展各类营销活动，针对片区下发的规定动作清单，庄璐和潘淑彦总是第一时间学会弄懂领悟要领，然后逐名员工手把手指导，让员工做最简单的事。这次也不例外，她带领员工认真学习流失客户回访话术，组织员工对片区筛选的流失客户进行回访，通过此方法回流率达57%；电话走访了解客户流失原因及回流意向；设置营销规则，通过短信引导客户回流，对未回流的客户通过电话逐户回访。片区管理员每日落实进度跟踪和问题分析，确保执行效果。通过努力，215站实现回流比例达46%，月带动汽油销售50余吨。同时，也实现了新客户的开发，2021年6~7月份汽油同比增长6.9%。

因为人人都成了多面手，青岛石油分公司的加油员特别受欢迎，有许多社会油站想高薪聘请该公司的员工，但是没有成功的。这几年青岛石油分公司员工除正常离退休外，入职大学生员工流失率为零。

➢ 为自己工作更要主动

青岛215站虽然是一个万吨站，但场地狭小，加上是双侧进入、双向加油，高峰期停车稍有不慎易造成场地拥堵，加油效率低，客户体验差。记者到达215站的时候，虽然是临近下班高峰期，但是引车、加油、收款、出站，车流非常顺畅，没有一点阻滞。

通过估算，平均每天每人要为100多辆车加油，能够如此有条不紊是因为215站根据本站情况优化了加油枪布局，调整班次轮转。

首先是硬件设施上，215站优化油枪、油品、胶管，解决了因油机型号导致的98号油枪与销量不匹配问题，最终实现全场地同时加油的油枪由14把提升到20把；优化地面画线，解决了员工先询问油品再引车到位问题，实现了岛位的全油品加注，车辆即停即加，提高了车辆通过率。

在人员安排上，则是合理利用有效劳动力，减少闲时用工数量，增加高峰期人员。

仇光明说：“因为夜间加油车辆非常少，潘淑彦优化用工，夜班留下三名员工兼顾便利店和加油现场所有工作，腾出来的人手补充到白班，这样早晚高峰期加油现场加油员由4人优化到6人。”

员工人数虽然不多，但因为人人都是多面手，可以岛间配合，室外与室内联动，实现了加油服务与非油品销售、电子钱包推广同步提升。潘淑彦说：“如今我们站高峰期车辆通过率提高近一倍，同比增长47%，核心商品销售同比增长十余万元，增幅16%。”

对这样的成绩，胶州分公司并不满足，潘淑彦认为，随着员工技能水平的日臻提高，加之运行这一段时间的实际体验，在人员安排上还存在改进的空间。“夜间工作并不如之前预计的那么繁重，3位正式员工当中的两人还可以提到白天来，空出来的位置可以招聘一名钟点工顶替。我们计划把精干的员工放到白天的高峰期，这样就可以不光顾着加油，还能为客户做推销，这样215加油站的整体收入可以上一个台阶。”

站长在绞尽脑汁降本增效，员工也在努力。赵娜说：“我们站，站长在不在我们都一个样，大家都是在为自己工作，所以主动性很强，不会因为有些活儿跟收入不挂钩就没人做。哪儿的家具脏了，或者哪儿有杂物、垃圾没收拾干净，不需要谁去具体安排，都会有员工站出来，主动处理掉这些非经营类的工作。”

看到加油现场车辆多起来，原本在便利店的赵娜迅速跑出来帮客户加油，一边加油一边根据客户的群体进行非油品推销：“哥，天这么热，来件易捷水吧，现在搞活动。”“姐，现在加高标号油有优惠，算一笔账下来能省不少呢。”

对于推销产品，赵娜有一套自己的方法，要培养客户的消费习惯，就要“勇敢地替客户做主”。“有很多时候顾客不知道自己需要什么，选择商品时犹豫不决，这个时候我就会非常肯定地对客户说，‘你就选这个’，不要说模棱两可的话。顾客大多就相信我的推荐。”

之所以得到顾客的信任，是因为她相信易捷便利店“万店无假货”的产品质量，是她把各种优惠政策明明白白地告诉顾客。公司下达促销措施的时候，她总是挨个打电话，一个个告知。她的经验和心得被分公司总结为“赵娜工作法”，到各个兄弟站去传授经验。“虽然脚像个陀螺一样转个不停，嘴巴也说得口干舌燥，但是我喜欢这份工作，愿意跟着领导好好干。”

不一样的青岛石油

三年时间，青岛石油分公司从省公司末位成功逆袭。改革是动力，思想改变是支撑。

文 / 石杏茹　李汶佳

215站员工不仅收入高，工作条件也越来越好。

李芹说："冬天天气冷，鸭绒服、发热鞋垫优先给我们加油员配备。夏天热，各种解暑降温用品也早早地给我们配好了。尤其是去年冬天的鸭绒服，质量特别好，机关员工都没有，特别羡慕我们。"

值得羡慕的不仅是215站的员工，整个青岛分公司的员工都是幸福的。一个最有说服力的例子是，"以前我们公司新进大学生，流失率是百分之百，现在是零。"中国石化山东青岛石油分公司经理吕广宁自豪地说，"青岛石油分公司这几年有了一个质的改变。"

业绩迅速提升，离不开青岛分公司近三年在经营管理机制上的改革转变及创新创效。

➢ 权力下放　上下联动

2017年以前，青岛石油分公司在中国石化山东石油里面是一个落后单位。

"内忧外患"，是吕广宁到任后组成的新领导班子对当时青岛石油分公司的第一印象。面对业绩上的巨额亏损，现场管理营销手段的大幅落后；看着账面数字的日益萎缩，整个市场占比的持续下降；再加上员工由于收入低士气低迷，"改革"已迫在眉睫。

可是"改革"不是换几个人、改几项条陈就能一蹴而就的，"改革"需要的是系统化和执行力，需要所有人共同参与，上下联动。

纵向贯通，横向联动。

为实现齐抓共管、全员经营、全员管理理念，青岛石油分公司对以往的联动机制进行了优化，提高各线条及上下级之间的信息传递效率。

落实四会制度，每天开晨会，每周开视频调度会，月度开策划会和分析会，类似的制度化沟通措施进一步强化了各职能部门的相互支持。这极大地减少了过往职能部门彼此之间存在的“扯皮”“踢皮球”现象，缩小了管理层与基层之间的信息不对称性，让过去很多在青岛石油分公司不好干、干不成的事情得到了妥善的处理。

值得一提的是，在月度分析会上，青岛石油分公司除了让区县公司对当月总结、对下月预判外，还设立了落后片区发言席，让落后区县说说为什么会落后。红脸出汗之余，落后的区县会发现问题，找到短板，不断思考解决办法。

“我这里有个这样的客户，我们攻克不下来，领导想想办法吧？”

“这里有个业务，你们谁合适去跑一下？”

“用什么样的方法能把这个新渠道成功拓展出来？”

包括215站员工、站长和现场经理在内，所有油站、区县公司遇到难以拓展的客户、不好处理的问题，都会通过融合联动机制的沟通反馈，通过领导班子的重视部署安排最终实现难题的化解。

在青岛石油分公司，各层级管理人员始终保持着高频度的沟通，无论是找人还是处理问题，都能立竿见影。零售管理部主任孙鹏说：“我们管理团队每天都想，我们给领导安排了什么工作，而公司又给油站做了什么工作。”

为了提高管理人员的担当引领意识和团队执行力，在青岛石油分公司，不仅“员工给领导安排工作”成为一种日常，管理团队向基层员工述职，基层给管理团队打分也是一种基本制度。

胶州分公司经理仇光明说：“每年我们做了什么工作，取得了哪些成绩，基层员工都看得明明白白。如果空口说白话，底下人会大声说‘不’。”

➢ 薪酬激励　过程监督

孙鹏说：“为了把大家的积极性调动起来，我们建立了严格的督查考核体系。”

青岛石油分公司投入几十万元把原来的视频监控室改造成视频监控中心，

设备进行更新换代，模拟信号变成高清探头，实现经营管理场所全覆盖。同时，成立专门的督察队。每天督察队包括其他的相关职能部门都参与现场监督管理，对所有的油站进行24小时实时监控。特别是在加油高峰期，位于监控中心的督察队成员会着重留意现场的服务通过率。孙主任说：“发现哪个油站出现问题，包括卫生甚至员工工作服穿着不规范等，随时都可以在站长群进行通报点评，对站内人员进行调动和整改。这样变事后督导、结果评价为过程督导，现场管理的有效性得到了很大提升。”

考虑到督导指令在各层级传导过程中有可能出现执行力的落差或衰减，青岛石油分公司引入职业经理人的概念，设立“现场经理制度”，把过去8个县区公司所管理的200多个油站按照地理远近划分成25个小片区实行现场经理管理。可以令每一个现场经理具体督导到站、到人，从而加深过程督导的穿透力。孙主任说：“青岛石油分公司所辖油站如今切分成25个片区，现场经理可以不间断地在所管油站进行巡视指导。他们虽然没有职级，但享受相应待遇，对他们采取竞争上岗、末位淘汰机制，以提升他们的执行力。”

庄璐是在2019年通过竞聘成为胶州分公司现场经理的。215站是他分管的比较大的油站。他最大的感受是：“因为有完善的站级薪酬考核，多劳多得，人人有目标，人人有压力，员工时刻有紧迫感，时刻有被追赶、被淘汰的压力，同时我必须不断地提升巡视和指导方法。”

督查考核体系“更新”以来，各加油站的通过率得到了显著提升，加油员现场服务、工作效率也有了大幅改观，中国石化的品牌形象也得到了恢复。同时员工的收入大幅提高。

为了鼓励员工创效，青岛石油分公司想了很多办法。

在电子钱包推广活动中，胶州分公司下发了《一键加油操作流程》，215站结合龙虎榜竞赛方案，将各项指标分解到每天、每个班组、每一名员工，集中力量提高高峰期转化率。通过规定动作落实、班组竞赛、现场经理到站指导、县公司短信引导、辅助员工现场引导老客户再消费等措施，员工积极性大幅提高。

然后每日利用班前会，潘淑彦还要对前一天的工作进行简单总结点评，利用龙虎榜排名激励员工，并开展站内对标竞赛，最终实现客户电子钱包消费占比达45%，高峰期转化率52%，位居青岛市公司第一。

仇光明说："我们片区一线员工工资近几年来实现近4倍的提升，以'215'站员工收入为例，他们的平均收入已达万元。"

➢ 服务员工　服务客户

青岛石油分公司经理吕广宁说："我们企业的效益都是加油员一枪枪加出来，员工是我们企业的根基，我们也必须把员工当甲方，真心关爱他们。"

潘淑彦在交接班的时候跟员工说："大家快去选一选，这个季度的劳保用品想要什么？"

劳保用品选什么，一线员工最有发言权。青岛石油分公司从不会想当然地购买员工劳保用品，而是列出十几项名单让员工自己投票，然后选择得票数最高的几项进行购买。

2020年的冬天特别冷，防寒鞋垫和防寒羽绒服就成了最受加油员欢迎的选择。

零售管理部副主任朱崇辉说："因为防寒羽绒服非常漂亮，有加油员想在不当班的时候也穿，就给我们提意见'把羽绒服的LOGO变成暗花的'，我们后来也进行了改进。"

除了劳保用品发放外，215站员工赵娜说："领导经常与我们拉家常、交心谈心，关注我们的思想动态和心理变化，疏导思想压力，让我们快乐工作。因为我们是一个大站，非常繁忙，公司还为我们建立了中心厨房，解决了我们在高峰期无法正点吃饭的问题。今年端午、五一节当天全程高峰，日加油量达到五十多吨，我们也吃上热乎饭，真心感受到家的温馨。"

企业服务好员工，员工才能更好地服务顾客、更好地增量增效。

因区域政府的限制，215站不能加注散装汽油。2020年4月底，片区为215站协调安装了散装汽油人脸识别仪。215站立即制作醒目的广告进行站内、站外宣传，全站员工转发朋友圈宣传，并与美团、饿了么的当地骑手积极沟通，成立了摩托车骑手微信群，实现散装汽油日均加油60笔，月带动汽油销售5吨。

除了加油外，215站还承担着政府机关事业单位的充值、加油业务。政府单位的网上采购成交书需要青岛公司零售打印。2020年下半年油款审批流程有变，需要先拿到成交书，网上公示后再打款。急顾客所急，想顾客所想，215站将此反映给片区经理，片区立即申请了市公司县片区打印权，当天就能把成交书送到客户手上，节省了时间，得到了政府部门的赞许。

战略规划

思想脱困　青岛腾飞

——访中国石化山东青岛石油分公司经理吕广宁

员工为客户服务，领导为员工服务，除了过硬的产品外，青岛石油分公司通过提升高品质的服务逐鹿市场。

文 / 李汶佳　石杏茹

青岛“215”加油站仅仅是青岛石油分公司三年多转变的一个缩影。

地方炼油厂集中，民营加油站林立的山东省和青岛市，青岛石油分公司只用了三年时间实现增效，从2018年扭亏转盈几千万元到2020年盈利近2亿元，各项经营指标名列山东石油前列。

青岛分公司是如何“突出重围”，如何通过变革来大幅度提高营业收入的？记者专访了中国石化青岛石油分公司经理吕广宁。

➢ 困难重重

Q 记　者：吕总，您好！经过实际走访我们也深刻感受到，山东省特别是青岛市的市场竞争态势异常激烈，请您介绍一下这方面的情况？

A 吕广宁：山东省由于地理、政策等原因，地方及民营石化企业非常多，像山东石化、东明石化、京博石化、宝塔石化、金城石化、大桥石化等一批行业界俗称的“地炼”都很有名。不限于在山东省内，在全国其他地方也拥有不少客户。油品来源的丰富自然也带动了社会加油站的发展，只青岛一个地级市就有近七百座加油站，而社会加油站占比已经超过了一半。诸如鲁油、金盾这类加油站起步早、资金雄厚，发展到今天已经拥有了非常高的社会知名度和认可度，也形成了相对固定的用户群体。

另外，油品又是一个对价格非常敏感的特殊消费品。尽管中石油、中国石化在油品品质上有保证，但每升油，社会加油站比我们便宜三毛、五毛，有的甚至可以便宜到一两块钱，那对于一般民众来说，很多人也会觉得这些社会加油站更具吸引力。

正是由于油品来源的多元化，社会加油站近20年的快速发展，导致我们青岛整个油品销售市场的竞争达到了白热化；油品价格差距所造成的劣势，令我们这些国有企业经营者倍感压力。

➢ 思想脱困

Q 记　者：在如此复杂的内外环境下，青岛石油分公司在短短三年时间内就大幅减亏，营业收入甚至占到了中国石化山东地区总量的三分之一。是如何实现这一转变的？

A 吕广宁：思想脱困！就是全体员工在观念上、理念上的转变！社会在前进，思想固执不变这件事本身就是落后。只有观念、理念变了，行动方式才会改变。长期以来，我们陷于固化思维之中，正缺乏了长三角、珠三角地区所形成的商人思维。青岛石油分公司从市场角度来看，本质上就是一个销售企业，而销售行业已经是非常成熟、极端市场化的行业，看的就是销售业绩，而员工们比的就是销售收入。

怎么创造或提高销售收入？除了过硬的产品，还需要高品质的服务。青岛石油分公司这三年做的最大的转变正是培养这种服务意识。

其实，我们所说的培养服务意识不仅仅是针对基层的加油员，让大家提高对客户的服务质量，满足客户的需求，还包括市公司各层级管理人员，我们也要为基层的加油员做好服务。我们的企业效益是基层的加油员一次一次加油挣回来的，我们理应也必须要为基层员工、为公司服务。

我经常对公司的各层级管理人员说："不是我给你们提要求、下命令，而是你们要根据实际面临的营收或者生活上的困难来给我提要求、下命令。毕竟，你们大部分是从基层上来的，你们应该很了解基层需要什么。”所以我每周都要听公司中层的要求，带队集中解决困难问题。

同理，领导也要为基层员工服务。要让基层创收，让企业创效，不能简单依靠给基层下“硬”指标。因此，青岛石油分公司提出“让片区做明白事，让员工做简单事”的理念，各线条管理人员做到将任务明确化、措施详细化、要求简单化，形成明晰的章程，通过一张明白纸，让基层知晓做什么以及怎么做，这样他们能正确做事，做正确的事，才会把客户的意见、想法如实地反馈回来，为后续抓住客户奠定基础。

➤ 文化强企

Q 记　者：青岛石油分公司近年扭亏为盈，领导和基层员工收入也大幅提高，机制改革也日趋完善，请问下一步中国石化青岛石油分公司要怎么走？

A 吕广宁：随着业绩的好转，员工的收入提高，部分员工难免会滋生“小富即安”的思想状况。什么叫“小富即安”，举个例子，“我原来一个月拿两千，现在一个月拿四千，我觉得挺好！我就干这些就行了”，可这种想法从根本上与市场化的运作和发展是相违背的，作为一个企业，青岛石油分公司仍然还是需要创效的。所以近段时间以来，我们开始着重关注企业文化建设，着手建立公司特有的企业文化。

比如荣誉文化。今年开始我们逐步对职能部门扩展岗位价值评价体系，给员工创造一个相对较好的晋升通道。我们给每一个加油站进行等级划分，对每一个岗位也会形成一个评价，评价涵盖一些日常的工作，包括服务质量、销售额度等维度。通过加权变成可视化数据。如果某位员工在B级加油站拿到了高评价，你就可以进入到A级加油站工作，A级站加油量高，薪酬也高。如果在A级站干得更好，就会被列为后备人才，下一步可以做站长，站长后期可以升任现场经理，现场经理还可以再往上提；但同时，也存在末尾淘汰制，每一个档次的最后一名，就可能下降，从A级到B级，到C级再到D级，继续往后便可能会被淘汰。

我们还会举办一些竞赛活动，穿插激励员工。对于一些优秀人才，我们就大力表彰，这里面也包括领导班子成员。评选出的王牌销售员、服务标兵或者优秀加油站，我们都会为他们组织颁奖仪式，并通过视频向全公司员工进行直播。

作为驻青国企，青岛石油分公司始终坚持党的领导不动摇，坚持党建引领，守一方土，尽一份责，牢牢抓住群众路线这条生命线，积极承担企业社会责任，推动“我为群众办实事”落地落实。譬如青岛石油分公司一直招有一批外地农民工，这几年我们想办法，从工资总额的资金池子里挤出一部分给他们上了住房公积金，解决了公司长期存在的历史遗留问题。

我们就是要通过这些文化建设，培养起公司自己的企业文化体系，给员工分享利益，增强员工的归属感，让员工把公司当成一个大家庭，最大限度地调动员工的积极性，从而减少公司在改革转变过程中所遇到的阻力。

05

开挂的“金沙江”

成为智慧型的金沙江加油站开启了销量开挂模式，连续两年年销量超过万吨，疫情期间销量更是不降反升。未来，南京分公司的万吨站将更加注重“量利双收”。

营销现场

智慧油站成万吨站

智慧型加油站开启了销量开挂模式，连续两年年销量超过万吨。

文/周志霞

打开手机银行预约加油，使用“一键导航”顺利到站、加油机屏幕显示信息、加油服务马上到位。

全程只需3分钟，不用下车、不用接触、不用开口。无感加油，就是这么简单！

金沙江加油站，位于江苏南京秦淮河西的新城区，是中国石化江苏南京石油分公司（简称南京分公司）全力打造的新一代智慧加油站。

AI无感加油、智能控制系统等黑科技，2020年金沙江加油站汽柴油销量实现13500吨，比2019年增加了1000吨，真正实现了疫情期间的逆势增长。

➢ 智能油站真智能

阳春三月下江南，记者一行驱车来到南京金沙江加油站时正是3月，这时的南京，不冷不热，甚是让人喜欢。

一下车，记者环顾四周，这个加油站除了现场空间比较大，似乎也没什么特别，记者心里想着。

说话间，一辆奥迪车缓慢地驶进加油站，顺利地将车停到空闲加油机旁进行加油。加油员将相应的油枪插入车内，片刻又收起油枪，很快车主悠然驶离。整个过程不超过3分钟。

记者一脸惊讶，车主与加油员没有任何语言交流，就完成了加油的全过程。

看出了记者的困惑，金沙江加油站站长叶永林笑着说："这就是南京分公司打造的新一代智慧型加油站，真正实现了无感加油！"

出门前，车主打开手机银行APP，在"AI无感加油"页面预约加油，并使用"一键导航"功能顺利抵达金沙江加油站。进站后经人工智能系统自动识别，并运用AI技术跟踪车辆行驶轨迹，金沙江加油站精准地对车主车辆停靠位置和对应的油枪做出判断，并将车牌信息显示在对应加油机的显示屏上。

加油员根据车主的预约信息，从系统获知车主需要加油的品种、升数后，立即提供加油服务。加油结束后，系统直接从车主绑定的银行卡扣款。

叶永林告诉记者，2020年疫情期间，站里推出的"一键加油"也很方便，但与目前的"无感支付"最大的区别在于，"一键加油"前期通过手机进行绑定，但来到加油站关于所加油品类型、数量还是需要和加油员进行沟通，而"无感支付"前期在手机里设定好，来到加油站加油全程不用下车、不用接触、不用开口。

位于金沙江东街与黄山路交界处、南京奥体与河西CBD之南，毗邻国际金融城和国际博览中心，被诸多小区簇拥其中的金沙江加油站，主要的客户群体是私家车车主。

地理位置好，金沙江加油站每天进站加油的车辆至少有1500辆左右，相对柴油客户比较少，只是一些物流车队的客户，汽油销量占到该站总销量的90%左右。

虽然柴油客户少，但每台加油机上不仅可以加汽油，也可以加柴油，金沙江加油站为客户提供最大的便捷。

➢ 提升现场加油效率

一座加油站地理位置固然重要，但销量的进一步提升与现场加油效率紧密相关。

虽然金沙江加油站场地比较大，足有五六百平方米，现场也有三条加油通道，但每天要接纳1500辆车，遇到上下班高峰期、节假日，加油站现场还是会拥堵。

如何让加油站效率提升？如何让顾客快速地加油，愉悦地离开？

早在2019年，金沙江加油站根据江苏石油公司“一站一策”要求，提出加油站要提升“进店率、通过率、加满率”。这几年，金沙江加油站也一直在这些方面不断挖潜。

由于金沙江加油站的进站路口较窄，且紧挨交警四大队路口，进口与交警四大队门口并排，道路两旁和进站路口也没有道路引导提示牌，再加上一到夏天郁郁葱葱的植被很容易将狭窄的油站入口挡住，导致一些陌生客户经常走错路或直接开过油站。

由此，金沙江加油站经常联系相关绿化部门对植被进行修剪，后来又与政府部门积极协商，增加了道路指示牌，终于解决了这个问题。

进站率解决了，加油站早晚高峰期车辆通过率也很重要。

“一方面在入口处加专人进行引导，引导加油车辆走外侧车道，清洗车辆走内侧车道；必要时加油现场安排一人负责一机进行引导，让加油车辆养成优先停靠进出口泵岛加油的习惯。”叶永林说。

遇到大型柴油车过来加油，效率更要提高，一般加油员稍闲的时候，都会过来帮忙，使其快加快走。

相对而言，调价之前更能体现一座加油站的通过率。“如果今天零时开始涨价，下午6点左右高峰时段就开始了，这时候无论是管理人员、加油员、便利店人员全部要到现场，该引导的引导，该加油的加油，该处理突发事件也要及时处理。”叶永林说。

叶永林告诉记者，这两年销量提升的压力比较大，加油员都有这样的意识，越到高峰期，越要争分夺秒，不仅顾客体验好，加油站销量也会大幅提升。

➤ 疫情期间销量不降反升

提起2020年疫情期间，叶永林变得有点低落。

“太惨了，2月和3月两个月的销量加起来只有500吨，那时候别说能不能保住万吨站，疫情什么时候过去，销量什么时候恢复都不知道。”叶永林说。

好不容易熬过了最艰难的时期。4月初，各行各业开始逐渐复工复产，这让叶永林看到了希望，但紧接着他又进入新一轮的焦虑。

“眼看着都过4月了，很多大客户没有过来加油，其中最大的客户就是某单位下面三个外包单位，每个月加油至少有5万吨。”

与此同时，3月中旬，中国石化集团开展“百日攻坚创效”行动，各个加油站更加努力地提升销量。

叶永林别提压力多大了。他一边带领员工加强现场消毒，现场服务；一边带领员工重新梳理客户，一遍遍与客户打电话联系，很多客户告之还没有复工，一旦复工就过来加油。

“即便这样心里还是不踏实，现在竞争这么激烈，万一复工了人家去别的地方加油，这都很难说。”叶永林说，所以还要一遍遍告知客户，站里消毒、防疫措施都很到位，可以放心加油。

为了争取更多的销量，叶永林在维护老客户的基础上，带领员工开发新的客户。

在南京分公司看来，金沙江加油站是一个潜力比较大的加油站，因为位于河西区CBD周围还有几个小区正在建设。

叶永林紧盯相关工程队用油情况。“小区刚刚起建，他们对周围也不了解，所以这些客户靠我们自己寻找。”

找这样的客户要不断上门不厌其烦地说，一方面告诉他中国石化品牌优势，另一方面告诉他们金沙江加油站一流的服务，必要时油站还可以上门服务。

最重要的，超过1000升，加油站可以打3%的折扣，而且针对销量大的客户还可以月结。

压力大的时候，动力也是惊人的。叶永林在那个阶段，带领员工一起开发了几个新客户。

熬过了那个阶段，5月份，一些大客户开始逐渐回流，包括一些IC卡、会员客户。

说到这，叶永林松了一口气。

➢ 全力打击“自流黑”

多年来，受多重因素影响，各个省市自流黑（自备油罐、流动加油车、黑加油站点）现象屡禁不止，一度被人称为“野火烧不尽，春风吹又生。”

特别是近两年，各种乱象呈抬头趋势。去年开始，中国石化江苏石油主要领导多次向政府领导汇报，希望多部门联动，加大“自流黑”的打击力度。

南京分公司也积极行动，首先从分公司层面进行排查，建立“自流黑”排查网点。其次，各加油站以5~10公里范围划分责任区，要求每日一报。

“你看，我们也有打击‘自流黑’的微信群，各个加油站相关人员都在里面，对于加油站来说，都要求大家积极提供线索。”叶永林说。

打击“自流黑”乱象，金沙江加油站的员工积极性非常高，因为与金沙江加油站做邻居的刚好是南京市交警第四大队。

与交警第四大队做邻居，有很多便捷。一方面平时金沙江加油站的员工与交警大队的人交流比较多，都很熟悉；另一方面员工一旦发现情况，取证给交警大队，他们相对离得近出警也快，有时几分钟就赶到了。节假日有时更方便，金沙江加油站路口有时遇到拥堵的时候，交警会及时出来维持秩序，而员工一旦发现“自流黑”现象，他们出警更快。

开春时期是“自流黑”乱象严重的时候。因为这个时候工地都开始施工，施工项目对柴油质量要求不高，都会选择加“自流黑”的油。

金沙江加油站的员工无论白天或者夜晚都会有计划地去蹲点，在上下班的途中也会格外留意，一旦发现情况，立即拍照取证，先上报到站里，得到确认后，站里再上报给交警大队。

员工们的积极性还来自于打击“自流黑”乱象的同时，也是寻找客户的过程。上报给交警大队，这个违法窝点被取缔了以后，员工还会将这个加“自流黑”油的客户争取过来。

从2019年开始，金江沙加油站打击了四起“自流黑”乱象，为油站争取460升柴油；2020年打击“自流黑”现象11起，争取到柴油1980升。

“挽回的油品数量可能不太多，但关键我们通过这样的打击力度，使‘自流黑’乱象好了很多，环境好了就会带动我们站里油品销量的提升。”叶永林告诉记者。

管理秘笈

智慧型万吨站成样板

样板站的背后，靠提升服务、队伍建设、健全的激励机制。

文 / 周志霞

借着双层罐改造的契机，金沙江加油站摇身一变，成为新一代智慧型加油站。

智慧型加油站如何将销量提升？靠服务、队伍建设、健全的激励机制。

做到这些，金沙江加油站一路走来，各项荣誉集于一身：2019年荣获南京分公司先进加油站称号；2020年荣获中国石化销售公司样板站长站；2020年荣获江苏石油先进集体……

➢ 打造智慧型样板油站

“金沙江加油站的客户综合支付比例达到92.7%，也就是这个站的忠诚客户达到92.7%，这个比例非常高，在南京分公司排第一。”南京分公司西片区经理张林芳说。

综合支付比例如此之高，与金沙江打造智慧型加油站有着直接的关系。

早在2010年，金沙江加油站还只是一个便利型加油站。加油站只有两台加油机，一天的汽油销量也只有五六吨。

2013年，金沙江加油站将加油机扩建成六台，但每天销量也不是特别高。

真正让金沙江加油站大变样的是2018年，借着双层罐改造的契机，南京分公司将金沙江加油站改造成规范标准的智慧型样板加油站。

在硬件方面，金沙江加油站告别了原有的四枪加油机，全部改成目前最先进的八枪加油机。同时，加油站加油岛包装处还设置了智能油品指示牌，高亮LED屏幕可以直观显示当前油品信息、油枪占用状态，顾客根据引导屏显示的油品空余状态，能够快速驶入空闲车位。

此外，金沙江加油站现场还利用多媒体互动营销系统，结合站内多媒体加油机、收银台广告屏、全彩LED显示屏等进行统一管理，提升营销场景与客户体验，增强站内的氛围烘托，达到良好的品牌宣传效果。

除了硬件设施，在软件方面，金沙江加油站追求多种支付终端集一体，全方位让客户满意。“以前只有加油卡、微信支付，2020疫情期间增加了‘一键加油’，同时南京分公司‘无感支付’开始试点，目前南京分公司有60多座加油站具备了‘无感支付’功能。”南京分公司零管经理徐林说。

“这几天有一组综合支付比例数据出来了。”说着，张林芳拿出手机点开一张表格让记者看，金沙江加油站加油卡的比例为45.9%，“一键加油”的比例为40.4%，“无感支付”的比例为6.4%，合计比例是92.7%。

虽然顾客采用的支付方式不同，但都需要不同程度的绑定，由此，92.7%也是金沙江加油站忠诚客户所占比例。

硬件过硬，支付方式比较多，再加上金沙江加油站还可以办理加油卡充值、加油送洗车等业务，便利店的种类也比较多，咖啡、水果都有，顾客到这个站几乎所有事情都可以办，客户满意了，忠诚度就非常高。

➢ 提升服务是根本

加油站设备设施是提升顾客消费体验的基础，而提升服务永远是硬要求，金沙江加油站一直追求服务水平更上新台阶。

为了吸引更多的顾客，金沙江加油站定期都会举办一些营销活动。比如站里设定每周五会员日，只要星期五充值，充值不同金额会送不同数额的大礼包，还可以参加抽奖活动，一次最高奖项可达888元。

“有一次我自己充了1000元钱，就抽到了888元的大奖，特别实惠。”张林芳说，但由于这两年，金沙江加油站周围商圈、小区扩建的不少，很多顾客都不知道，所以我们要让顾客知道，让顾客也得到这样的实惠。

由此，金沙江加油站陆续开展一些类似“三定五进”的活动，围绕竞争站点、空白市场、潜在客户开展走进医院、机关、学校、企业、社区等活动，积极与客户进行沟通，告诉顾客加油站近期要举办的活动，让顾客积极参与进来。

相对加大宣传，加油站里需要提升服务的地方更多。

“之前没出现疫情的时候，引导顾客进站时，只要喊话就行，现在都戴口罩了，从去年开始增加了手势动作进行引导。”叶永林说，一些熟悉的顾客看到我们做手势，也都亲切地与我们打招呼。

除此之外，金沙江加油站为了让顾客消费体验更好，要求加油员在为顾客加油时要做到“加一、看二、照顾三”。加一，就是加好你正在服务的这辆车；看二，就是同时看一看后面的车来没来，如果有车过来，马上要进行引导；照顾三，就是看第三辆车是否也来了，至少要打个招呼。

“就是要求加油员不仅要加好你面前的这辆车，同时要服务意识最大化。”叶永林说。

服务好不好，从顾客满意度就可以看出来。

在金沙江加油站，顾客结完账准备离开加油站时，在中国石化手机APP里，也会跳出一个“请您对加油站的服务做出评价”的字样。

主要评价内容包括‘三有一无’，即有微笑、有问候、有营销、无投诉。全部满意就给五星，如果有一项不满意，或者都不太满意就会体现出差评。

满意率高了回头客也多了。根据满意率，油站大约一个月筛查一下，看看一些会员客户来没来，如果没有来打电话询问一下是什么原因。

有服务，有点评，有考核，金沙江加油站客户满意率年年提升，今年的客户忠诚度达到92.7，与去年相比略有提升。

➤ 带好队伍是关键

叶永林，金沙江加油站站长，中等个头，南京本地人，与记者一谈就是两个小时。

别看他是80后，但在加油站一干就是21年，期间2016年1月开始从事加油站站长，类似桥北、青田、大厂这样的万吨站叶永林都带过。

“他的加油站经验特别多，特别是城区站，主要干道站他都特别了解。”张林芳说。

有这样一位站长，带队伍的经验一定很多，何况大家还不知道，金沙江加油站还是一个站长培训站。

“公司会定期组织培训，包括本片区的一些后备站长，定期过来培训，有时是我来讲，有时是张林芳来讲，有时还会请其他片区的经理过来讲。”叶永林说。

在员工内部培训上，叶永林利用月度会议、周例会、班前会进行一个培训，特别在每周例会上，还会对员工进行理论加实操的培训，以此相互学习，提升现场业务技能。

除了注重提升员工的业务技能，叶永林平时受张林芳的影响较大。因为他们同是党员，不仅如此，张林芳还是南京分公司零管第三党支部书记。

在张林芳看来，带好一支队伍首先要将员工的思想凝聚在一起。对此，第三党支部每月要开一次党支部会议。

每次的主题都不一样，比如说持续攻坚创效的时候，就要求党员下基层帮扶员工，帮扶油站，全体党员都要有这样的觉悟。

张林芳告诉记者，最让她感动的是，2020年疫情期间，加油站都在抢销量，每天大家都非常关心加油站的销量，想知道我们什么时候才能把损失的销量抢回来。真正能感受到，大家心往一处想，劲往一处使。

随着员工凝聚力的提升，党员模范带头作用发挥更是特别突出。除了叶永林，领班长和后备站长均是党员。遇到加油站高峰期间，党员肯定冲在前面。不仅如此，疫情期间员工情绪有波动的时候，党员还要对员工进行思想安抚。

员工在工作中遇到一些瓶颈，党员们第一时间为其解决。还要加强对员工的引导，“比如这个员工服务很好，但销量就是提不上去，我们就要帮她一起分析，看哪里出了问题。”叶永林说。

➢ 激励机制不能少

在金沙江加油站，员工工作的积极性普遍比较高，还有一个重要的原因，那就是激励机制非常到位。

金沙江加油站15名员工中，除了3名员工已经接近退休年龄，其他全部是年轻人，都是大专以上文化水平。

南京分公司目前招聘加油站员工最低要求也要大专文化水平，主要是从储备后备力量的角度考量。

“这些大专生，在加油站里只要想学，我们会毫无保留地教他们，整个片区值得培养的人才我们心里也有数，如果他足够优秀，而这个站没有相应的位置给他，我们还可以将其推荐到其他的站里。”张林芳说。

在这里工作能够感受到公司对自身的重视，员工工作起来也都特别努力。

加油站员工小张这几天家里有点事情，耽误了几天，一来到站里，就在现场忙着，特别是高峰期，她的身影随处可见。

“快到月底了，这几天得多加油，要不这个月就完不成任务了，如果排在后面有点不好意思。”小张说。

叶永林告诉记者，现在和过去不一样，过去更多的是加油现场进行考核打分，现在公司出台了二次考核机制，为了体现公平公正公开，全员开会进行商讨，包括服务、量效均要进行考核。

在销量方面，比以前更加细化，无论是油品还是非油品，均按照加油站全年的任务量算出每个月的任务量，然后再进行分解。

这样一来，每位员工一天完成多少任务量，心里都特别清楚。如果今天任务没完成，明天就要有意识地努努力。

“如果快到月底了，一计算完成任务有点困难，还要发动自己的客户群，想方设法做点业绩出来。”叶永林说，业绩完成得好，按完成的百分比给予相应奖励，完成不好排名靠后，自己觉得脸上无光。

除了物质奖励，精神鼓励也很重要。每个月加油站还会评出服务明星、油品明星、非油明星。

都会在公众号平台进行公布，物质奖励不一定很高，但对于员工来讲荣誉非常重要，能体现他们的价值。这几年激励员工的各种奖项特别多，员工工作积极性也特别高，有的业绩做得好的，工资加提成有时可以拿到上万元。

战略规划

万吨站不仅有量还要有质

——专访中国石化江苏石油南京分公司经理谭建国

未来南京分公司在打造更多万吨站的同时，将更加注重“量利双收”。

文/周志霞

作为江苏省会南京，在加油站网络规模方面，中国石化有着显著优势，目前南京市中国石化包括轻资产的加油站网络占比达到72%。不仅网络占比高，年销量达到万吨的站也有63座，占油站数量28.3%。

南京分公司打造万吨站的秘笈是什么？未来实现更多万吨站的潜力在哪里？针对这些问题，记者专访了中国石化江苏石油南京分公司经理谭建国。

➢ 网络占比高达72%

Q 记　者：谭经理您好！据我了解，咱们南京分公司223座加油站中，有63座年销量超过万吨的加油站，您觉得我们的优势在哪里？

A 谭建国：首先作为省会城市，像南京这样的城市只有310多座加油站，在全国来讲都是相对少的。其次，对于中国石化来讲，省、市两级公司多年以来对网络发展高度重视，与政府沟通协调到位，成就了今天的好局面。目前中国石化含合作的轻资产在南京市的网络占比达到72%，在全省排名第一。

也就是说，相对来说南京作为一个省会城市加油站数量相对较少，而中国石化占比又高，南京又具有较大的经济总量，消费群体比较多，几个因素加在一起，南京分公司万吨站是比较多的。

Q 记　者：外部环境方面我们具备一定的优势，对于我们自身来讲，在打造万吨站方面付出了怎样的努力？

A 谭建国：主要还是围绕提升客户满意度着手。借着2018年和2019年省公司陆续进行双层罐改造的契机，南京分公司对部分加油站进行了硬件和软件的投入。硬件方面，比如把原来汽油四枪机增加为六枪机、八枪机，再加上安装道路指示牌、门前绿化修剪、安装高杆灯、提升贯标罩棚亮化、打造个性特色油站，以此吸引更多的客户进站加油，提升客户进站率。软件方面主要围绕满意率、定点率做工作，以客户为中心，解决客户痛点，近两年我们增加了更多的支付手段，现在不仅有加油卡，还有一键加油、无感支付，无感支付是最新智慧功能，今年在南京分公司计划增加到100座。

➢ 精准营销量利双收

Q 记　者：以后万吨站应该不止63座，这方面具有怎样的潜力？

A 谭建国：我们要在全面开展加油站销量提升计划的基础上，抓好大站销量提升行动。一方面要将1万吨油站发展成1.5万吨或者2万吨，另一方面再把具备八九千吨销量的油站向万吨站方面进行培养。我们也正在筛选这些有潜力的加油站。

想要销量提升，锁定客户是硬道理。实际上南京分公司这两年一直在这方面进行努力。怎样锁定客户，最有力的办法就是发展更多的会员，目前南京分公司会员数量是最高的，汽油方面大概有70%的消费者都是我们的会员客户。

此外，我们还要争取更多的客户，要全面发挥我们南京分公司的主导地位。一方面去争取一些政府机构方面的用油，因为中国石化具备品牌优势，再加上南京分公司的网络优势和规范的管理，在我们这用油会更加便捷和放心。另一方面我们不断拓展个人客户，主动进行上门服务，解决单位、个人客户的用油需求，单位、个人客户同步发展，不断提升销售量。

Q 记　者：随着万吨站越来越多，我们在确保量的同时，怎样确保质量？做到“量利双收”？

A 谭建国：“量利双收”这是我们一直在做的，效果也比较好。主要方式就是要根据客户的需求做到精准营销，有效控制营销成本，提高营销成本投入产出效益，以最低的营销成本创造最好的效益。

一方面我们用增值服务取得最好营销的效果。目前南京分公司的会员客户能够达到72%，就是因为我们采取一些增值服务来增加客户的黏性。比如洗车业务，加一元钱的油送一个积分，400个积分可以洗车一次，计算下来，我们的成本也就十五元钱，但为客户省下了三四十元钱，因为社会上洗车点价格普遍都要五十元。

另一方面，营销方式方面，我们更加注重引用外部资源。比如南京分公司通过与银行合作，银行会推出类似信用卡充值、满立减、最红星期五等营销方式，我们利用这种合作方式把更多的客户引流过来。当然，这是一个多赢的合作，对合作方有利，对我们也有利，消费者同样也节约了成本。

➢ 精细管理练好内功

Q 记　者：2020年形势很不好，我们的业绩还是不错。今年形势会有好转，但一季度出现的“九连涨”，会不会加大我们的压力？

A 谭建国：销售公司给省公司下了指标，省公司分解到南京分公司，我们今年零售任务量比去年多了6.6万吨，压力比较大。

近期油价出现了“九连涨”对我们来说是非常不利的，油价上涨抑制消费，很多客户能不开车就不开车了。但这是宏观的形势，我们左右不了，公司能做的就是做好自己的事，继续练好内功，提升能力。

比如今年我们开展的站域领先计划、竞争站能力提升行动、“新一站一策”、服务提升行动、“司机之家”打造和“厕所革命”等，就是要不断提升加油站市场竞争能力。同时我们还坚持以人为先，打造高效的一线团队，不断提升加油站人员的业务水平和管理水平。今年2月底到3月上旬，我们对加油站人员进行了一轮培训，效果非常好。通过培训让员工真正把顾客当成上帝，坚持以客户为中心，只有员工业务水平提升了，企业实现创效、增量的同时，员工收入也会增加，由此进一步激发员工的内生动力，真正实现员工和企业的生命共同体。

06

富民，幸福如花绽放

“富民是我家，幸福靠大家。”这是中国石油辽宁销售沈阳分公司富民加油站提出的治站口号。作为一座万吨旗舰站，富民加油站的油品质量优、非油品类全，汇集了一批忠实的粉丝。

营销现场

航母级油站，很有范儿

中国石油沈阳销售分公司富民加油站，一站办齐加油、购物，堪称“人·车·生活”驿站。

文/曲绍楠　曹君华　敦心旸

加油、加气、洗车、洗衣、便利店、药房、家电、美团……所有这些，在一家加油站就可以实现，这就是堪称“人·车·生活”驿站的富民加油站。

中国石油辽宁销售沈阳分公司富民加油站，位于辽宁省沈阳市浑南区浑南中路朗云街10号，毗邻奥体商业圈，周边高档小区较多，加油群体素质普遍较高。

在富民加油站，从加油到加气，从洗衣到洗车，从家电到药店，从米面油到日用品，可以说是应有尽有，堪称加油站中的航空母舰。

➢ 高端大气范儿

加油现场5700平方米！

堪称旗舰的富民加油站，占地面积5700平方米，共有24把加油枪（95号10把，98号4把，92号8把，柴油2把）、5个油罐。

富民加油站，当前油品日销量37吨左右。其中，98高标号汽油日均销量4吨左右，95号汽油日均销量19吨左右，CNG日加气量达到3500立方米。

超级“211”！

2005年建成的富民加油站，2007年跻身万吨站行列，到2018年更是实现“三个超”，即油品销量超双万吨，非油品销售超千万元，IC卡充值超亿元。

室内营业面积270平方米！

这是富民加油站便利店的营业面积。因周边缺少大型商超，富民加油站便利店相当于周围小区的社区超市。店里品类齐全，米面油、牛奶饮料等基本可以做到商超同价。

除商品品类丰富外，富民站内的昆仑洗衣店同样收获了一大批忠实客户。

据洗衣店店长陈曦介绍，富民洗衣店于2017年开业，是辽宁销售分公司唯一的昆仑洗衣店。

“我们是通过环评、安评等相关资质部门审核的高端洗衣店，采用的是环保洗衣设备。”每周，陈曦都会对周边客户群体进行走访、宣传。她说，既然是高端洗衣店，就要保证高端的服务质量。富民洗衣店现在日均洗衣量20余件。

富民加油站所在的沈阳浑南区域板块，周边有很多新开发的高档小区。听说周边有很多新入住业主有采购家电需求时，站经理冯玲玲立即向上级公司反映情况，有意申请增加电器设备销售。

沈阳销售分公司了解到实际情况后，给予了大力支持，既铺货了一批戴森、摩飞、添可等网红小家电商品，又将云米全屋定制引进富民站。周边的业主可以直接在加油站内体验和预订。

现在，富民站很多家电十分受欢迎，如戴森系列吹风筒、添可洗拖一体机，还有售价1万多元的智能冰箱、售价2万多元的云米高端电视、168元/平方米的全屋定制窗帘，等等。

➢ 热情周到范儿

富民加油站周边客户群体消费能力较高，十分看重服务质量。冯玲玲常说：“只有让客户感受到高质量服务，拥有良好的消费体验，才能成为回头客。”

近两年来，辽宁销售分公司每月“10惠”活动的品牌影响力越来越大。记得有一次“10惠”活动日当天，有位阿姨因手机故障一直没有及时注册成功有车认证，心情很低落。当晚9点，她来到富民站找到站经理冯玲玲，把情况和她一说。冯玲玲立即安抚阿姨的情绪，并快速地帮助阿姨解决了问题。虽然只是一件小事，但阿姨非常感动，对中国石油的员工素质大大称赞，还为她写了表扬信。

此后，这位阿姨加入了富民加油站的微信客户群，并向身边的亲朋好友推荐富民加油站的高质量服务，真正成为了站里的忠实粉丝。

冯玲玲常说，我们一直用心对待每一位进站消费的顾客，注重服务品质是富民站的“法宝”。在富民站的微信客户群里，冯玲玲经常会发送促销信息给大家，也会秒回客户提出的问题。

“我们站现有两个微信客户群，每个群接近500人。每名员工还有自己单独的客户群。”冯玲玲说，她在群里的名字叫“美丽”。有事儿时，她会在群里留言：“‘美丽’离开半小时，请您耐心等待！”客户觉得这位站经理风趣幽默，很喜欢她和富民站这个大群体。

2020年初，国内突发疫情，很多顾客苦于无处购买口罩。富民加油站的便民小药店正是在这期间完成了各种经营手续，正式营业。这也是辽宁省唯一开在加油站里的便民药房。

“富民站的便民药房24小时营业，疫情期间重点经营口罩、体温计等商品。顾客到富民站加油的同时，可以顺便买回家，既安全又便捷。”富民站便利店店长陶晓菲说。

疫情期间，富民加油站共售出了12000个口罩，充分体现了国企的担当与社会责任。

同样是在疫情期间，为了解决周边居民的洗衣问题，富民加油站与附近社区合作，开展上门收衣服务。洗衣店店长陈曦说："业主只需把衣服放进写好姓名的袋子，我们会上门取送、清洗并消毒。"

未来，富民站还将免费为顾客配送商品上门，节省顾客时间，进一步提升服务品质。

➢ 管理创新范儿

站经理冯玲玲说，富民站服务品质高的一个关键因素是引入单站价值管理体系，站内人员分工配比科学，比较有章法。

现在，站内有员工22人，除去正副站经理、店长外，其他人员分为3个班组，充分负责各班组的加油、加气、洗车、洗衣及便利店管理等相关工作。

每个班组之间建立了竞争规则，每月开展"销售之星""服务之星"等评比活动，在班组和员工之间营造了良好的争先评优氛围。

"站内有8人是共产党员，设立的'共产党员先锋岗'对所有员工起到了很好的表率带动作用。富民站是沈阳销售分公司万吨加油站党支部之一，这本身既是一种荣誉，也是一份督促。"冯玲玲很自豪地提到了富民站的销售冠军班组。班组长叫唐维，是深悟单站价值管理体系精髓的一个人。他把班组员工安排得井井有条，怎样开口营销，怎样挖潜增效，大家既有分工又有合作。

单站价值管理体系，是辽宁销售分公司借鉴阿米巴经营理念，结合加油站管理实际创新设计的经营管理模式，旨在让加油站拥有更多的自主权（包括用工选择权、定价订货权、薪酬分配权、费用使用权、应急处置权等），让加油站自主核算费用支出与收入权益，让员工人人会算账、懂经营，从而实现加油站运营的自驱动。

在6月的油品和非油品销售排名中，唐维带领的班组在沈阳销售分公司均排名第一。为此，这个班组得到了沈阳销售分公司额外薪酬奖励5400元。由于表现突出，唐维已入选后备站经理。今年初，他还提交了入党申请书。

其他班组看到冠军班组的优异成绩，纷纷表态要以他们为榜样，奋起直追。"这也是富民加油站一直提倡的'富民是我家，爱护靠大家'的结果。"冯玲玲说，要想提高全站的销售业绩，就要鼓励每个班组比学赶超，全员提质增效。

➢ 相得益彰范儿

家住附近的李先生到富民站加油，加油员提示他："加满300元油品，可29元换购北京三元牛奶1箱；加满168元，可领取一张25元洗衣券或免费洗车券一次。""这样的促销活动，真是太贴心了。"李先生表示。

据陈曦介绍，目前，洗衣店洗一件短款羽绒服40元，减掉加油送的25元优惠券，相当于15元就可以洗一件羽绒服了。如果客户办理了昆仑洗衣卡并充值300元的话，可以再打9折。"周围很多顾客办了洗衣卡，加油的时候就把衣服送到店里，下次再加油时顺路就能把衣服取走。"她说。

"加满一箱油，夏天送洗车、冬天送洗衣，出租车加满58元天然气赠送一次洗车。客户每次来到富民加油站，都有不一样的优惠活动。"冯玲玲说。

说到油非互促小技巧，冠军班组组长唐维最有发言权。

一位顾客进站要加168元油品，可以免费洗车一次。唐维听后便告诉他，如果您加到200元的话可以再加14元换购一提洁柔手纸，更划算。顾客听后立刻加注了200元油品，并对唐维的提醒表示感谢，说真是一举两得。

目前，站内正在推广98号高品质汽油。有一天，一位女顾客到站要加注400元的油品。唐维建议她加到500元，这样可以享受两个促销活动。女顾客了解后得知，原来站内加满300元可以换购酸奶1箱，加满200元可以换购手纸1提。听了唐维的介绍，她竖起了大拇指。这样的营销小技巧，在富民加油站随时可见。

"顾客满意了，加油站也带来了额外100元的油品销售，真正实现了油非互促。"唐维说。现场加油时，有很多顾客会选择现金支付，不想下车进店。为此，他会让员工提前把换购的手纸、酸奶等商品搬到加油现场做成促销堆头，一边加油一边推荐，抓住了现金支付的客户。

春节期间，富民便利店的伊利金典牛奶和安慕希酸奶销售价格都是两箱99元、昆仑自有品牌大米20斤装的仅售60元。同时，顾客可以享受"10惠"充值优惠券，如满100-20、100-30的优惠活动，比商超还划算。

为了方便顾客购物，富民站的便利店内准备了购物推车。每晚7点，随着晚高峰来临，便利店内的客流量随之增多。

冯玲玲说，在富民站经常会看到顾客加油时，进店推着购物车选购商品，之后直接推到后备厢装好离开。加油又购物，两全其美。

2020年由于疫情影响，富民加油站的日均销量为34吨。开展洗衣、洗车等油非互促活动之后，油站日均销量提升了3吨多，增量显著。

➢ 引客来栖范儿

富民加油站虽以汽油销售为主，却有两位难得的柴油客户。

“目前，富民站主要服务两家柴油客户：顺丰快递公司物流车和某部队干休所。”冯玲玲说，年用油60吨的部队干休所客户，是她刚谈妥的。

说起这段经历，她锲而不舍的精神着实令人钦佩。

2019年12月25日，冯玲玲刚刚调任富民加油站任经理。为了提升站内的销量，她对油站周边3公里范围进行了走访调研。可令她失望的是，周围并没有什么大的企事业单位，缺少固定用油大户。这可愁坏了冯玲玲。

没有大的单位，只能从小处着手。冯玲玲找到了附近的一个小物流园。但在开发过程中她发现，物流车加油不固定，一般是开到哪里就在哪里加油。

冯玲玲并不气馁，继续想办法。一天，一条新闻吸引了她的注意。消息的大意是部队要支持地方经济发展，车辆可以到驻地加油。她马上找到附近的部队干休所，第一次主动与门卫攀谈，拉近彼此距离，后经多次沟通终于见到相关负责人。可对方拒绝了她。冯玲玲锲而不舍，加了对方微信，时常问候。

第二次上门，冯玲玲通过沟通得知对方共有30台车，年用油量在60吨左右。不过，这些车分散在沈阳各区，没法集中到富民站加油，浑南区的14台车数量较少无法申请优惠政策。

第三次上门，冯玲玲继续沟通，向对方介绍了站内洗衣店的活动，保证可以帮忙送洗、熨烫军装，且中国石油的油品质量值得信任。即便如此，对方依然不为所动。

第四次上门前，冯玲玲做足了功课。她帮对方算了一笔账：如果在富民站加油，能够办理“八一卡”，每升优惠0.2元，省下的钱可以购买玻璃水等车辅商品，非常划算。

多次登门拜访加之设身处地为对方着想，终于打动了干休所的负责人。他说，之前很多人来谈用油业务，可从没有人站在他的角度去设想，帮他省钱。

最终，对方决定将单位30台车固定在富民站加油，并同意将原来在其他站的卡充值业务转到富民站来。就这样，每周二下午15时30分，富民站都会迎来30台部队用车，可以享受专属服务，免于排队等待。

冯玲玲说，这是她到富民加油站后签下的一个大客户。为了开拓业务，她最多时一天要接90多个来电。作为一座万吨站的带头人、大家长，身为党员的冯玲玲始终冲锋在前、率先垂范。

另一家小额配送客户，也是她抓住机遇开拓来的。那是一家金属材料生产企业。一天，该企业负责人到富民加油站充值IC加油卡，冯玲玲便询问对方为何不选择小额配送服务，并承诺亲自送油上门。客户听了很感动，每个星期都会从富民加油站购买1000升的油品。后来熟悉之后，客户将公司的年货也选在了富民加油站购买。

接下来，冯玲玲又将目光瞄准了附近的一所小学。她要争取给该校72名教师办理"恩师卡"，锁定在富民站加油，每升可以优惠0.2元，同时可以参加站内换购活动。这样算下来，老师们在富民站加一车油可以节省12元，一年算下来也是一笔不小的开支。

冯玲玲是一个典型的东北女孩，性格爽朗，非常热心。她说自己特别喜欢帮客户算账，让对方知道来富民站加油可以得到哪些实惠，可以省多少钱。正是这样一个性格豪爽的人，赢得了客户的心，很多头回客变成了回头客。

如今，富民加油站拥有中国石油集团公司先进加油站、中国石油成品油销售百座示范加油站、辽宁工人先锋号等诸多荣誉。未来，将有更多优秀的人才从这里出发，带领更多加油站迈进万吨、双万吨站的行列。

战略规划

单站优化，打造综合生态圈

——专访中国石油辽宁销售沈阳分公司副总经理梁洪涛

贯彻阿米巴理念、用好单站价值管理体系，沈阳销售分公司管理方式优。

文 / 曲绍楠

中国石油辽宁销售沈阳分公司富民加油站，持之以恒地打造“人·车·生活”驿站。好成绩不是一蹴而就的，需要在具体工作中将既定目标科学分配。富民加油站一直致力为顾客提供衣、食、住、行等一系列服务，吸引顾客频繁光顾，最终成为消费者的“宠儿”。

那么，富民站取得辉煌成绩的动力源泉在哪儿？记者就此专访了中国石油沈阳销售分公司副总经理梁洪涛。

➤ 用好单站体系

Q 记　者：梁总，您好！富民加油站作为沈阳销售分公司的一座万吨站，有哪些突出特色？

A 梁洪涛：2020年，沈阳销售分公司跟东北制药合作，专门打造了辽宁省内首家24小时药店，进驻富民加油站。同时，站内引进了云米网红家电卖场，迎合顾客的需求。目前，站内的洗车业务一天在230台左右，高峰期可以达到300台。加上之前就有的加油、加气、便利店、洗衣等多种业务，富民加油站可以说是沈阳销售分公司创新打造的一座综合型“人·车·生活”驿站。

近年来，沈阳销售分公司通过不断尝试新领域的配合，将现有产品资源进行有效整合，改变了客户心中加油站服务单一的印象，将加油站打造成了真正的一站式服务平台，开启了从“油品经销商”向“综合服务商”转型的新征程。

Q 记　者：据悉，富民加油站在贯彻公司管理政策方面比较突出。请问，具体是指哪些政策？

A 梁洪涛：不仅是富民加油站，整个辽宁销售分公司2020年开始，积极响应集团公司贯彻践行阿米巴经营理念的号召，将其真正落到实处，入脑入心。

在此基础上，辽宁销售分公司结合自身特点，于2020年5月提出了一套新的管理体系，即单站价值管理体系，用以指导员工日常经营管理工作。为此，辽宁销售分公司组织省内加管、财务、人事相关负责人深入学习了这套体系，由公司总会计师亲自授课3期。

2020年7月开始，这套体系在辽宁销售系统内广泛践行。可以说，在富民加油站践行得非常到位。

以前，遇到竞争对手降价促销的时候，加油站经理会第一时间找到市公司申请价格政策。贯彻执行单站价值管理体系后，员工更多地将关注重点落实在商品毛利上，并通过积极协调沟通，取消了竞争对手间的站内让利。

通过落实单站价值管理体系，2020年，辽宁销售分公司在多年亏损的经营局面下实现了盈利1.4亿元。

➢ 转变思想观念

Q 记　者：整个辽宁销售分公司是如何贯彻落实单站价值管理体系的呢？

A 梁洪涛：2020年可以说是非常艰难的一年。国际油价下跌加之疫情影响，整个市场需求仍然没有恢复到正常水平。在这样一个大背景下，集团公司提出了提质增效和阿米巴经营管理理念。辽宁销售分公司又结合阿米巴提出了单站价值管理体系，提高单站效益。我认为，这种意识转变非常有现实意义。

之前，我在省公司营销处工作。每月底，营销处都会上报三套营销方案到省公司营销策划会上审议，内容包括下个月计划销售油品数量、营销支出预计、预期毛利和利润等等。这些内容以前都没有涉及过。

最终确定的方案将在下一个月落地实施。实施过程中，每旬都要进行优化，每个月末都要进行复盘，审核落实效果，发现偏差及时调整。

这套管理模式已经在辽宁销售分公司实行一年多了，目前非常成熟，从顶层设计层面保证了公司的运行效率整体可控、更加精准。接下来，就是各个地市公司的逐步落实。

省公司会通过轮训的方式，帮助各地市公司转变观念，从单纯要量向要效益转变。如今，各个地市公司都在自己算账，讲究量效平衡、精准营销。

Q 记　者：沈阳销售分公司在推广单站价值管理体系方面有哪些尝试？

A 梁洪涛：目前，沈阳销售分公司在经营过程中，全员都在转变观念，落实算账意识。以前，我们可以依靠中国石油的品牌资源。市场放开后，我们现在能依靠的就是服务好市场，抓住客户，抓住效益。从现在开始，我们就要转变坐商观念为行商观念。

沈阳销售分公司逐渐杜绝油品价格直降。公司所属168座加油站中，让利的站点正在逐步收窄。可以说在营销的组织上，公司做了很多工作。最直观的体现就是，公司一季度汽油的价格到位率达到98.5%，比2020年同期增长了0.5个百分点。

不过，虽然收窄了价格直降的油站范围，但是公司在油非互促方面下了一些功夫。比如用自有品牌的武夷山矿泉水、昆悦纸等商品做一些让利活动，从而提高了客户加满率。通过这种方式，增强了客户黏性，提高了自有品牌商品的市场认知度，最终实现了整体的量效平衡。

目前，为了把这些营销手段做好、做扎实，真正产生效果，我们的核心是提高员工的开口营销能力。以往，员工是被动等待客户来加油，加油过程中基本无交流。现在公司要求员工必须开口，让客户感觉到对自己有好处，才能淡化价格因素，从而实现非油品的销售。

对于各个二级单位来说，目前在转变员工思想观念之后，要让员工敢于开口。因为在当前的考核体系下，只有做好开口营销工作才能获得业绩和收入。

➢ 配套激励到位

Q 记　者：如何激励员工贯彻落实单站价值管理体系？

A 梁洪涛：针对这套体系，配套有薪酬激励考核办法。我们要让员工知道，卖出一升油品、卖出一元非油品能有多少收入。人人都要学会算账。

首先，非油激励方面，以瓶装水销售为例，员工按照销售毛利提成，每挣得1元利润可以有3种奖励标准，从0.3元到0.5元不等。这个标准，取决于地市公司给加油站下达的当月预算完成情况。如果没有完成的话，只能得到0.3元提成；如果完成预算甚至达到120%以上的话，可以得到0.5元提成。这些奖励都是实名制的，公开透明。这就从激励层面鼓励员工多开口。

其次，油品销售激励方面，公司在探索将客户的消费贡献与员工本人薪酬挂钩，促进员工用心服务客户。在这个过程中，站长的服务观念也在不断转变。以往，站经理主要负责维护10吨以上的消费大客户，但现在散户才是消费主力。那么，我们应该跟散户进行联系，有感情的交互，这样才能赢得议价权。所以，目前公司在探索油品实名奖励，即加油站员工开发出一个新办卡客户或者挽回了流失客户，这个客户在沈阳销售分公司消费每一滴油都会对应员工实名制奖励。鼓励员工与客户建立一对一联系，主动发送促销信息给客户，从而对口服务好每个车主。

Q 记　者：如何具象考核举措？

A 梁洪涛：下一步，我们在探索跟沈阳联通公司开展异业合作，成为全面战略合作伙伴。

未来，可以让联通近4000名员工办理中国石油的加油卡，而沈阳销售分公司的2000名员工办理中国联通的电话卡。沈阳销售分公司1名员工将对接服务联通公司2名员工，这样可以直观地看到联通客户的用油情况，从而了解员工的开口营销能力，以此作为量化考核指标。通过这个抓手，促进员工做好服务和开口营销工作的提升。

目前最核心的工作就是在零售环节实现员工观念的转变，认真贯彻落实阿米巴经营模式，让大家学会算账、有效益意识，从而有主观能动性去做好销售和服务工作。

Q 记　者：在单站价值管理体系当中，是否包括预算管理方面的创新尝试？

A 梁洪涛：以往，公司的预算分解都是从省公司到市公司，到经营部，再到加油站，自上而下一层层下达的。践行单站价值管理体系以后，这种方式正在发生变化，开始实行预算互动管理模式。如在富民加油站，我们会根据站内92号、95号和98号汽油的提枪次数，确定站内的进站率和转化率，结合客单价就能算出富民加油站的基础预算值。

加油站方面，会根据自身情况评估客流量、客户性质、各项业务能带来多少收入等因素，得出一个预算值。沈阳销售分公司将与加油站进行预算对接，共同商讨一个可行的经营思路。这种变化，加油站是非常欢迎的。目前我们也在摸索阶段，先从富民这类大站进行试点，逐步在全部加油站推广实施。

➢ 精准营销上量

Q 记　者：沈阳销售分公司的整体经营情况如何？采取了哪些有效营销手段？

A 梁洪涛：目前来看，沈阳销售分公司的汽油销量比较稳定，柴油方面受价格影响较大。

具体来讲，汽油方面销售目标是日销量稳定在1600吨，整体策略是稳量推价。要把销量细化到每一天，让员工对每一天的销售指标有明确的认识。

柴油方面，因受价格影响波动较大，公司便提出了面上稳、点上狠，重点抓住102、203等4条国道线路和点位的策略。

所谓面上稳，是指整体不让利、少让利。点上狠，包括两个层面：一个是在这种重点国省道点位上的加油站要打点；另一个是对于一些重点户，比如一些物流企业，实行点对点营销策略，给予足够的支持政策，从而维持公司的整体销量。

07

江苏第一站：海光十色

服务好、体验好、非油好……昆山海光加油站是中石化壳牌合资公司的一座样板。

营销现场

文/曲绍楠　黄　卿　褚再明

600多年前，昆曲在昆山诞生。600多年后的今天，昆山连年蝉联经济百强县。昆山这座既有文化底蕴，又有经济实力的城市，同样被中石化壳牌（江苏）石油销售有限公司所看重。海光加油站就是该公司在昆山区域的种子选手。

位于昆山市城西黄金地段的海光加油站，油品年销量近3万吨，是名副其实的“江苏第一大站”。

➢ 3万吨站有个好当家

“干在前、赶在先、非油闯、轻油强、百日红旗海光扛。”这是2020年百日攻坚创效行动期间，海光加油站站长冯芳提出的口号。

当时，她已经带领海光加油站拿到了2面攻坚红旗，并立志当月再拿5面。“我们全体员工已经准备好了，要向新的目标奋勇前进，加油！”

2017年底，冯芳接手了海光加油站。作为公司的百日攻坚创效先锋，她带领海光加油站不断实现突破。

据冯芳介绍，海光加油站目前有9台加油机54把加油枪，日均油品销量93吨，其中柴油日销量3吨，汽油日销量90吨（95号汽油占比50%），在编员工24人，另有8名非全日制用工（高峰期聘请的临时工，每天工作4小时），员工平均年龄38岁。

冯芳把这些员工当成兄弟姐妹一般，十分关爱。“我一直跟员工强调，工作是工作，生活是生活。平时在工作上，我对他们要求比较严格，但私下会像朋友一样相处，对员工比较关心。他们的一举一动我都会观察。”

海光加油站里有个叫毛晓清的男员工，性格比较内向。2019年的时候，他刚刚离婚，女儿还在读大学，经济条件不太好。了解到他的情况后，冯芳想办法帮他提高收入。

冯芳心想，站里有位销售精英王义平，一天可以卖出50瓶燃油宝，片区内服务不好的员工都会到她这儿接受培训，何不让毛晓清跟着王义平学！

想到这儿，她立即找到毛晓清，建议他跟着王义平学学如何卖好燃油宝。可毛晓清没信心。冯芳就和王义平一起鼓励他，手把手地传授销售话术。

通过半年多的不断努力，毛晓清目前每个月可以卖400多瓶燃油宝，成为了站里的“二宝王”。他的工资翻了一番，人也变得开朗了。

站里之前有个女员工叫杨玲，人很内向，不喜欢跟其他人沟通。为了锻炼她，每当她在泵岛上加油时，冯芳就站在旁边给她做示范，教她如何跟客户开口。通过一点一点地带动，她的开口能力显著提升，后来做得很到位。

冯芳对站内员工一视同仁，并把员工的利益放在首位。有的员工在非油销售方面卖得不好，冯芳就会鼓励员工先实现一个小目标，完成的话就把自己销售的商品业绩算到这个员工身上，激励了大家朝着目标迈进的劲头。

有员工到年龄从站里退休时，冯芳还会自掏腰包，给退休员工准备被子、床品四件套等纪念品。员工说，虽然自己退休了，但仍然很有归属感，因为海光站没有忘记他们，站长也没有忘记他们。

有位员工退休后一天也没休息，又成了站里的非全日制用工，每天坚持上班，积极销售非油品。

除了人员管理到位，海光站的库存管理也很高效。

海光站在用油罐4个，每天有专车配送3～4次。说到油品专供，冯芳感慨，因为道路有高峰期限制，第一车油必须在早7:00前进站，9:00后才能出站。下午必须在4:00前进站，晚6:00才能开出。对于每一车油的配送节点都要计算精准，才能保证站里的油品不断档。

为此，海光站专门建了一个送油微信群。每天早上4点钟，班长会拍好库存数据发给油罐车司机。罐车司机会根据库存情况，适当调整运送数量。

罐车司机很负责任，一旦发生排队可能影响送油的情况，会第一时间联系冯芳。冯芳就会启动预案，上下沟通协调，层层审批，保证尽快装上油品。

“有冯芳坐镇海光加油站，油品销量是不愁的。她把海光加油站管理得很精致。”中石化壳牌（江苏）石油销售有限公司销售运营部经理顾勇这样评价冯芳。

➢ 细心觅得商机

海光加油站周围有很多高档小区，主要客户为私家车车主。为了留住他们，海光站采取了办固定油卡的方式，推动“三定五进”和“站外五进”同时进行。

所谓“三定五进”，主要针对周边小区居民，如果选择固定在海光站加油的话，可以享受4%的优惠。目前，海光站每个月都会办理10多张固定加油卡。

说到“站外五进”，冯芳讲了一个小故事。

以前，附近的农村商业银行会给员工每个月发放1000元的中国石化加油卡，作为员工福利。2020年初的时候，该单位突然改变了福利卡的形式，不再单一用于加油使用了。

当年4月，发现油站加油卡使用量大幅下降这一情况后，冯芳赶紧联系了农商银行的总行。多番沟通后，对方同意她到银行上门办卡，当天就办了200张加油卡。冯芳还给对方留了联系方式，后续也办了十几单。

除了办理加油卡之外，一次偶然的机会，冯芳还挖掘了一个小额配送客户。

一次，一位客户到站充值加油卡，冯芳就与对方闲聊，得知对方两个月需要配送一次柴油，一次2吨，立马答应对方可以配送上门。客户很高兴，之后便成了海光加油站的固定客户。

还有一次，冯芳的一个朋友闲谈中提到有个单位半年需要购买10吨柴油，问是否可以配送？冯芳当即承诺一定保质保量地送货上门，最终也收获了一单柴油销量。

像这样的例子还有很多。

有一天，冯芳在站里值班，发现一个柴油客户拿着2个20L的油桶进站灌桶。她赶紧上前攀谈，得知对方单位就在加油站不远处，便趁着午休赶去了对方单位。

见到对方负责人后，冯芳站在客户的角度给对方算了一笔账：既然一直需要灌桶，为何不办张灌桶卡，还可以每满200元优惠4%。对方听后十分感动，感谢冯站长为他们着想，当即就办理了灌桶卡，并定点在了海光加油站灌桶、充值。

“凭借一点一滴的积累，加之优质的服务，海光加油站才成为一座有实力的加油站。”昆山区域经理顾晔说。

➤ 神秘访客连打高分

说到海光站的服务质量，有一个数据最有说服力，那就是神秘访客打分连续三年排名中石化江苏壳牌合资公司第一名。这还要从一张小纸条说起。

“欢迎光临中国石化壳牌！95号还是92号汽油？现金还是油卡？推荐试试98号汽油，动力更强劲！”

“现金加油的话，推荐办理加油卡，周五会员日充值可以抽奖。加油卡加油的话，推荐绑定微信公众号，充值满1000元可以抽奖，还可得到5～8折不等的赠券，到便利店买30元的商品就可以抵扣。”

“您好！免费擦玻璃，要不要试下？”

…… ……

冯芳向我们展示了一张小纸条，上面清楚地写下了每名员工的日常服务话术。

在海光加油站，每天要接待几千名车主进站加油。如此大的车流量，服务更要既快又准。冯芳准备的这些小纸条，就是为了方便员工日常熟记，从而把提高服务质量真正入脑入心。

“每个进站加油的客户，我都会让员工这样介绍一番。每个人都要开口，都要按照流程对客户讲出来。”冯芳说。

在海光加油站，24名员工就是一个不分你我的整体。油站从优化人员排班入手，高峰期除了增加临时排班外，油站经理和业务主管都到现场帮助加油，真正做到了一人一机。

除此之外，区域管理团队时不时地到现场帮忙引导车辆，区域党员每逢调价日即到站开展“党员联系油站”，向客户提供优质快捷的服务。

海光站善于利用班前会、班后小结，分享员工服务心得，指导员工向高水平服务看齐，取得了良好效果。员工脸上的笑容多了，客户体验自然越来越好。不少客户宁愿绕道也要来海光站加油。在海光，80%以上都是老客户，在附近社会站降价的情况下，海光站的销量也没有减少，服务提升起了很大作用。

海光加油站的现场服务，堪称细节为王。

在加油现场，有一个小喇叭。别小看这个小装置，可是安抚客户情绪必备的小细节。

原来，有客户来加油的时候可能碰巧赶上加油站卸油、稳油，这个时候只能请客户等待5分钟。有些客户不知原因，会有抵触情绪。这时，这个小喇叭就发挥效用，可以及时告知客户：“加油现场正在卸油，请您耐心等待，或者进便利店选购一些心仪商品。”

听到这个小提示后，客户往往都会表示理解，并且还增加了便利店的进店率。

一天早高峰期间，有车主在海光站加完油还不离开。在现场疏通车辆的冯芳见状，忙上前询问。原来车主的车子坏了，孩子还急着赶去学校，冯芳立即对客户表示，如果放心的话，自己可以开车送孩子去上学。之后这位车主就跟冯芳成了好朋友。

2020年疫情期间，海光加油站站长、大店店长和加油员，变身“掌柜”“客服小姐姐”和“快递小哥”。

海光站以周边小区为辐射半径，建立了3个社区服务群，主动当起了附近小区业主的“好邻居”。其周到细致的服务和快速热情的响应得到周边居民的点赞和认可。社区服务群才建立7天，门店销售额就近5万元。

“站长，森林半岛有业主订了牛奶，我马上跑一趟！”小郭跟冯芳打个招呼就出发了。顾客根据需求下单后，油站会分拣备货，米、面、油、调料、日用品、零食饮料等商品便能即刻送达，有效缓解了附近居民采购物资的困扰。

“不限数量、不设门槛、没有配送费、速度还快，这太友好啦！”顾客开心地说。

➤ 油宝销售超百万元

“皮薄肉厚、香气浓郁，汁多味甜，入口即化……”盛夏时节，阳山的水蜜桃如约而至!

“老板娘，我是小张，今年我们的水蜜桃马上要开卖了，到货我通知您啊！”“杜老板，水蜜桃快上市了，需要的时候给个地址就行，放心，还像以前那样一个一个检查，包您满意。”“许姐，您上次提过端午员工福利的事情?我做了米、油、水蜜桃的套餐，又应季又体面，具体我发您看看？”

2个月的时间卖了1045箱水蜜桃。每年的水蜜桃销售季节，销售纪录一直由海光加油站保持，甚至超过了水蜜桃产地的油站销量。

如何做到的?

冯芳的秘诀就是，到货前微信群提前宣传，到货后试吃推广，鼓励员工都开口。

“水蜜桃要来了。今年的品质更优，欢迎大家提前订购哦！”水蜜桃上市之前，海光加油站的微信群里就会提前发布预告。

新鲜到货后，员工每天都会分享水蜜桃的诱人照片到群里。员工还会挨个精挑一遍，选出品质最好的组合成箱，让顾客买得更放心。

“一位大眼美女，大口大口地吃着一颗水蜜桃，一边吃一边赞不绝口！”这是冯芳录制的试吃小视频，水蜜桃硕大且汁水丰富，加上美女站长的助力，转发和点击率都很高。

顾客加完油后，加油员都会顺便问一句："水蜜桃新鲜上市了，您要不要带两箱？方便的话可以加个微信，随时快递到家或者送货上门！"通过各种方式，营造了加油站浓厚的销售氛围。

客户尝过之后都赞不绝口，电话订购量大增，加油捎带的多了，甚至有人专门骑车来海光加油站买桃子。

除了水蜜桃销售业绩令人称道之外，海光加油站的卓玛泉、米面油、燃油宝等商品都被卖成了畅销品。

"目前，海光加油站单月的非油零售额可以达到120多万元，仅卓玛泉水就可以卖出1000多箱。"冯芳说自己很喜欢买衣服，逛街试衣服的时候就会跟商家攀谈，介绍站里的鸥露纸、卓玛泉等商品，不管是100元还是200元的商品都可以送货上门。

外出就餐时，她还会向饭店老板推荐站里的米面油等商品。有时候冯芳发朋友圈说站里的水蜜桃、米面油有活动时，这些朋友都会找她下单。目前，海光站的大米一个月团购量在1000袋左右。

在海光加油站，可以说是全员争做"宝王"。

海光加油站周边竞争对手林立，市场竞争十分激烈。面对经营压力，海光站主打明星产品燃油宝，持续助推非油业绩增长。2018年时，燃油宝就卖了4万多瓶，当年累计销售额达到110万元。

"我们的目标是人均每天10瓶，油站销售能手每人每天50瓶。"为达到这一目标，海光加油站制定了有效的考核方案，对员工进行激励。

考核原则是梯度返奖，即每月分别给每位员工制定销售目标，每月按照员工销售完成率兑现返奖。梯度共分三个档次，计划完成率低于100%的返5元/瓶，完成计划但未达到120%的返12元/瓶，完成120%以上的返20元/瓶。很多员工自己都会算，都会努力完成计划甚至冲击120%的完成率。

疫情期间，客户不愿与员工交流，燃油宝很难促销，海光加油站的燃油宝销售更是跌到了历史最低点。员工急冯芳也急，但越是在困难的时候，越要静下心来，养精蓄锐，好好思考如何进行提升。

当时，冯芳还到图书馆借了几本关于销售技巧的书，放在油站让员工利用夜班时间看，在员工间开展交流，并应用到现场促销中去。这招很管用，正是书本上学的如何开口的小技巧，在实际促销的成功率上起了很大作用。

海光站每月易积分兑换销售3万多元，占每月总销量三分之一，小积分里隐藏不少大客户，很多车主都会主动前来用积分兑换燃油宝。

对于燃油宝的销售情况，油站每天做好日报、微信群通报，站长做点评，对销售好的员工点赞，让其在群内分享经验交流学习，对于销售差的员工多鼓励，如果2天都无销售的就要找其谈话，并帮助分析哪里出了问题；如果油站一天销售超过200瓶，站长和大店店长就会在群内发红包鼓励大家，形成了很好的销售氛围。

海光加油站还建立了客户档案，抓住回头客。站内的销售能手都有自己的客户档案，每个月都会对自己的客户进行回访，一方面了解客户对燃油宝使用效果的评价，另一方面拉近了和客户的距离，有助于二次甚至多次消费的实现。

加油员也会细分顾客，精准定位。服务明星王义平的技巧是打暖心牌。她每天用真诚的服务、灿烂的笑容来销售燃油宝。

“妹妹，你这个衣服真漂亮！”碰到女性车主，王义平都会微笑地称呼对方为妹妹，让人感觉很亲切。碰到带小朋友的车主，就把关注点放在小朋友身上。

好多客户都对她说：“姐姐，你的服务太好了！我就带两组吧。”

海光加油站定期总结燃油宝销售工作，并将售宝经验运用在其他非油品推广上，为非油业务的拓展和队伍建设提供了宝贵的经验，让员工们摆脱了“只会加油”的传统观念，转而向“服务员”“销售员”“代言人”转型，油站的竞争力显著提高。

08

不一样的方东，一样的高效

在拥有上海速度的中国石化方东加油站内，各个“齿轮”咬合精准，工作效率堪称一流。这里的站长出色可做先锋，员工齐心皆有奔头，团队和谐全员向上，工作运转顺畅高效。

这里目前是一座万吨站，这里正向两万吨站迈进。

营销现场

打卡魔都高效站

方东加油站，在魔都、为魔都……

文/曲绍楠　李　川

魔都、本帮菜、沪剧……这几个关键词，就可以锁定我们国家最大的直辖市上海。三月阳春的沪上，春风拂面、草长莺飞、樱花盛开。记者有幸在这美丽的季节再下江南，去体会海派风情、魔都效率。

在美丽的上海市松江新城区内，有一座被绿树花丛环绕的加油站。这座加油站很特别：它有两个独立的红色加油罩棚，在绿植映衬下显得格外亮眼。这是一座销量近两万吨的加油站——中国石化上海石油分公司方东站。

方东加油站地理位置优越，坐落于上海市松江区，毗邻松江区人民政府、第一人民医院、松江区大学城以及很多居民区，车流量和客流量较大，以私家车为主。站内的大加油罩棚下有4台加油机，可提供92号、95号、98号汽油及柴油；小加油罩棚下有2台加油机，专门加注92号汽油。

景色优美、地理位置优越的方东站，成为万吨站不足为奇。不过，方东站有着一种魔力，不仅吸引着周边顾客前来加油，而且连在这里工作过的员工都舍不得离开，舍不得退出工作群，只为了能经常听到一个人的声音。

这个让大家喜欢的人，就是这座加油站的带头人汤玲莉站长。在她的带领下，方东加油站油品连续三年增长。2020年虽然受到疫情影响，但销量基本不变，高标号汽油增长较快，完成公司经营指标的107%。方东站非油品销售连续三年保持116%的增长，2020年销售额达到1300余万元，创历史新高。

➤ 管理者率先垂范

“撵我都不走。”这其实是员工的一句玩笑话，起因是之前有个员工犯错被站长批评了。碰巧其他站的站长到方东加油站来学习，便开玩笑劝他调走。结果员工笑说，那可不行，在这里被她批评也开心。

“方东加油站的员工队伍十分稳定，多年来没有一名员工因工作原因辞职。”上海石油分公司的领导说。因为这里有一位员工信得过的好站长。提起方东站的站长汤玲莉，大家都会竖起大拇指。做了18年站长的她到方东加油站任职8年，早就成了站里的“示范者”和“领路人”。

她是如何“征服”大家的呢?

“与员工相处，管是一时的，服才能长久。”汤玲莉是这样说的，也是这样做的。无论大小事情，她都冲锋在前，以一名共产党员的身份带领站内员工共同上量。

一大早，汤玲莉就在泵岛上忙碌着。员工说汤站长每天都会早到半小时，充当加油站现场的“最佳场助”。

早高峰期间，员工忙于加油无暇顾及其他，汤玲莉主动补位：现场车辆拥堵了，她就冲过去疏散；客户要开发票，她顶上帮忙；员工想加客户微信保持联系，她就拿着手机帮忙扫码……

除了早晚高峰外，周围的单位车主会趁午休时间来加油，所以中午车也很多。而员工吃饭的时间只有20~30分钟，一上午在泵岛上忙忙碌碌的根本没时间休息。这时，汤玲莉无论多忙，都会放下手上的工作赶去现场顶班。这让员工们的心里暖暖的。

晚高峰也是对加油现场秩序的一次考验。晚上6时多，汤站长还在现场忙碌着。这距离她的下班时间已经过去了一个多小时了。“我家离得近，即使多加班一个小时也比家远的同事回去得早，多干一点没什么。”她说。

在汤站长的带动下，方东站员工自觉工作，从不计较抱怨，甘愿多做贡献。“站长你下班回去吧，我们可以hold得住。我们下班时也会晚走一个小时，帮晚班员工度过高峰期。”汤玲莉说最让她感动的是，员工到晚上五六点钟就会“赶”她走，还会拍照发消息给她看：“站长您瞧，现在现场车辆疏散得很好，秩序井然。”

尽管加油站内的事务繁多，汤玲莉作为当时分公司工作责任区负责人，也不忘帮扶党员责任区内的加油站共同提高。

佘山加油站的邵庆峰和爱人，2019年夏天开始委托管理加油站。没有站长经验的邵庆峰手足无措，汤玲莉便利用休息时间现场指导，告诉他如何开展日常经营管理工作、加油站安全管理要点、电脑系统运营、便利店管理等，让邵庆峰快速适应了管理岗位。2020年，佘山加油站因业绩突出、管理出众被上海石油评为年度优秀委托管理加油站。

在党员责任区内松昆加油站防控疫情期间，针对该站地处高速公路服务区客流量大的特点，汤玲莉带领责任区内的其他党员主动前往，帮扶测温、消毒、提示客户佩戴口罩，与兄弟油站共渡难关。

不管是站内还是站外，汤玲莉一直坚持着“有困难冲在前，我是党员我先上”的工作风格，把站长的责任与担当显现得更出众、更出彩。

凭借朴实无华和“冲在前、我先上”的干劲，她先后获得中国石化集团公司“优秀共产党员”“技术能手”、销售公司“比学赶帮超”工作“个人标兵”等荣誉。站内的荣誉证书、奖状和奖杯，摆满了房间。

➢ 员工上升通道畅通

在实现个人不断提升的同时，汤站长不忘带动站内全员进步。

“这几年，从我们方东站走出了很多优秀的管理者。他们有的当上了主任，有的做了加油站站长。”说起亲手培养起来的几位员工，汤玲莉难掩自豪，“把他们一个个送走，我蛮自豪的，毕竟是从我这里走出去的嘛。”

由于人才辈出，方东加油站得到了主管分公司领导的充分认可，被定点为区域内的站长培训站。

“我就是汤站长手把手教出来的。她最大的特点，就是亲自示范给员工看。”已经成长为九亭加油站站长的金瑾说，自己把方东站当成娘家，过年吃团圆饭时经常回来蹭饭。

说起金瑾，汤玲莉赞不绝口：“小姑娘很厉害的。她在方东站工作了2年多，离开后调任一座中小型加油站任站长。2年后，她又被提拔到了大型站任站长。”

当时，金瑾离开加油站的时候比较匆忙。主管分公司就从其他加油站调了一个记账员过来，是一个30岁出头的小伙子，名叫钱欢珠。钱欢珠性格略腼腆，一说话就脸红。

刚到方东站的时候，钱欢珠压力很大。他讲话轻声轻气、语速又慢，而站里其他女同事语速很快，争分夺秒。相形之下，他更不敢说话了。加之自己只做过中型站的记账员，如今在方东这样的大站，每天要接触将近2000个顾客，让他感受到了前所未有的压力，甚至打起了退堂鼓。

汤玲莉见状便时常鼓励他，不断锻炼他独当一面的能力。她告诉他，之前的记账员金瑾已经成长为大站的站长了，要以她为榜样，快速成长起来。

就这样，通过2年半的带教，钱欢珠从一个害羞的大男孩，成长为敢抓敢管、谈吐得体、领导认可、客户喜欢的全方位的人才了，今年3月被调往玉树加油站担任见习站长。“他真的提升了好多。”汤玲莉十分认可钱欢珠的努力。

“我在方东加油站做记账员的时候，无论是员工管理还是客户投诉处理等加油站管理事务，汤站长都亲自带教。”离开方东站的钱欢珠，至今仍很感谢汤站长。他说，在汤站长这里他学到的是规范管理、规矩做人的道理，学到的是她一往无前的干劲。

还有一个小伙子，原来也是方东站的。当时，这个小伙子在方东站不断进步，做了4年加油员后顺利升任领班，如今已经成为主管分公司发卡中心的主任了。

“方东加油站现有员工17人，其中15人是女同事，平均年龄40岁。这几年跟大家一起同甘共苦，我感觉有一些年轻员工比较优秀，可以往便利店管理员或者站长的方向培养，给大家一个奔头和希望。”钱欢珠调走后，汤玲莉申请从方东加油站内部选拔新的记账员。

经过主管分公司领导的同意，方东加油站从现有员工里选了一位名叫吴冬妹的年轻人。汤玲莉认为她工作认真，很有奉献精神，带教了几年后终于顺利顶岗。

说起吴冬妹的成长经历，员工戏说为“吴东妹升职记”。刚入职时，她只是方东站的一名加油员。通过两年的努力，汤站长发现了她身上认真负责的闪光点，升任为领班。在新的岗位上，吴东妹做好表率，带领小团队共同进步，收获了大家的肯定。1年多后，由于便利店营业员岗位空缺，汤站长第一时间想到了她，让她协助便利店管理工作。又过了1年，吴冬妹对便利店各项工作更熟悉后顶岗钱欢珠，升任为方东加油站记账员。

员工陶应苗看到吴东妹不断进步后很有感触，马上找到站长表态：“我不能光拿油枪、卖燃油宝了，我也要利用休息时间学做账。”

说起这个陶应苗，是站里响当当的“宝王”。来自安徽农村的她3年前来到方东加油站，之前干过快递员、外卖员。到方东站后，在服务客户时她经常会有不周到、不注重细节的现象。汤玲莉了解她的性格后，经常与她谈心沟通，提升她的自信心。

最近，陶应苗在工作心得中写道：“汤站长的一言一行感染了我。我怎能不努力一点？怎能不优秀一点？”如今，陶应苗已经成为方东加油站的销售骨干了，一个月最少能卖300～400瓶燃油宝。

方东站就像一个温暖的大家庭，无论是走出去的员工，还是留下来的员工，都看到了努力的方向，有了奔头和希望。

➢ 团队凝聚力满分

站长带好头，员工有奔头。方东加油站堪称是一个和谐、温暖、上进的小团队。8年前的方东站，可不是这样的。

2013年，汤玲莉刚到方东站的时候，感觉员工比较散漫。为此，她暗下决心，一定要把提升团队的凝聚力放在首位。“我一定要用半年时间把员工凝聚起来，不讲什么绩效，要在生活上多关心他们。”汤玲莉说。

当年的中秋节，汤站长发挥特长，带领大家一起做月饼。员工们一起动手，从头学起，非常开心。平时，只要有时间汤玲莉就组织员工吃团圆餐，要求每个员工都做一个拿手菜。

员工生日的时候，汤站长帮他们亲手做生日蛋糕。“这个房子蛋糕，寓意着我们的‘家’油站。”像小汽车、小房子等各种形状的生日蛋糕，汤站长做得堪比蛋糕店。

2018年，方东加油站防渗改造期间，员工提议在油站外墙画上漂亮的图案，让加油站变得更美。征得主管分公司同意后，员工齐上阵，买来彩漆涂料，共同涂画这个美丽的家园。如今的方东站，外墙堪比艺术长廊，俨然一个网红打卡地。

什么是凝聚效应？是在其他因素保持不变的状态下，团队的凝聚力越大，生产效率越高，越有活力。汤玲莉常把一句话挂在嘴边：“一个加油站的凝聚力很重要。它是加油站的核心竞争力。”

通过各种方式，不到半年时间方东站的员工凝聚力十足。之后，大家把这份劲头用到了加油站工作中，销量上升显著。

“如果一来就讲绩效讲业绩的话，员工肯定有想法。毕竟习惯没办法一下子改过来，要慢慢引导，凝聚全员成一股绳。”据汤玲莉介绍，方东加油站里还有两位年龄比较大的男同事，开始的时候不服气这个新来的站长。相处久了，他们看到了站长身上的优秀品质和为人，都打心眼里信服她。

工作热情高涨后，加油站的销量也提升了，汤站长便开始想方设法提升员工的收入。

她将站内员工分为四个班组，通过采取计量到班组的方式，鼓励员工以班组为核心，集体提升加油站的通过率、加满率和进站率。同时，随时调整人员结构，将销售能手不断充实到落后班组里，不断活跃销售氛围，先进带后进，实现共同进步。“靠一个人，是肯定不行的！一定要带动整个落后班组的销售氛围。”汤玲莉对那些销售能手说。

不善言辞的赵丽丽，是方东站的普通加油员。以前赵丽丽看到车主只会说：“大哥，这个燃油宝确实蛮好的，您要不要加啊？”客户拒绝后，赵丽丽就不敢再继续推介了。自从销售能手陶应苗分到她的班组以后，赵丽丽看到榜样如何带着感情色彩地介绍燃油宝，开始对照学习，认真研究燃油宝的功效，了解顾客的心理，诚心地为客户推荐。

凭借认真诚恳的态度，赵丽丽慢慢得到了客户的认可，燃油宝销量排到了站里第三名。汤站长经常拿赵丽丽的例子，来激励其他员工。

自此，各个班组内部暗暗较劲，情绪高涨；班组之间积极竞争，你追我赶。同时，汤站长十分重视班组内外和谐的团队氛围，注重细节，以求达到平衡。

比如说，燃油宝销售得好的员工，她会要求他们腾出时间帮忙打扫现场卫生；开展加油送礼活动期间，很多赠礼商品的包装需要拆除，这些销售能手会主动帮忙，给其他员工起到表率作用。

➢“三率”提效率

2018年初，方东加油站双层罐改造结束，销量始终徘徊在5万升/日，与改造前相比差了1万升左右。面对窘境，站长汤玲莉对员工说：“我每天要在泵岛上加油3个小时，要靠服务把丢失的量争回来。”

说干就干。每天11：00~13：00、17：00~18：00，汤玲莉便和员工们一起在泵岛上按八步法流程操作，微笑贴心服务每位司机朋友。通过不懈努力，方东加油站擦亮了申城“最美服务窗口”的名片，不到半年时间日销量就恢复到了预期的7万升。

员工们看到这样的结果很开心，大家说加油站销量上来了，收入就增加了。今后一定要把方东站做到最好，成为公司的领先站。

2019年初，上级分公司下达给方东加油站的非油品指标额为全年近600万元，相比2018年几乎翻了一番。接到任务，汤玲莉回到站里便召开了员工班组会。汤玲莉说：“我们没有借口，必须完成全年任务。我比你们每个人多一倍指标。”“站长放心，我们保证完成任务，争取当上销售宝王。”员工陶应苗等当场表态。

那年，汤玲莉每天很少进站长管理室。上班时，她在便利店内理货、摆货、售货，并率先在站内加客户微信，组建客户微信群。

员工李宽琴说："看着站长每天在泵岛上认真加油，在便利店里卖力销售，自己丝毫不敢偷懒。"

汤站长跟员工们说："我们不仅要加好油，而且要加快油。只有提高加油车辆的通过率、加满率、进站率，客户才愿意来方东站加油、消费，加油站才能实现油非的量效齐升。"

提高通过率

加油站现场有一个关键点，如果没有引导好车辆使得排队队伍过长的话，其他车子看到就不会进站了。所以，现场一定要有一个机动的人，尽量疏散车辆。为此，晚上下班以后，员工都不愿意走，主动帮忙疏导车辆，加快通过。

班组会上，汤站长强调，高峰期一定要提升效率快速加油。"早晚高峰期，我会嘱咐燃油宝卖得好的员工们，不能只卖燃油宝，还要提高车辆的通过率。"汤玲莉说。

为了保证高峰期有足够的人手，方东站要求3名加油员错峰上班，分别在9:30、10:00和10:30。同样地，便利店2名员工也是错峰上班，一个7：00到岗，一个9：30到岗。站长和记账员也是如此。

提高进站率

为了提高进站车辆的数量，方东站加大了客户开发的力度，先后联系了周围派出所的警车、医院的急救车和区政府的车队等固定客户。加油站旁有一家外国语学校，校车队之前在其他加油站加油，去年汤站长通过努力把他们也拉到了方东站加油。

通过油非互促提升进站率。方东站建立了客户微信群，一有促销内容就发到群里，客户能第一时间掌握信息，生意自然多起来。"目前最大的群里有100多个客户，都是员工一点点挖掘来的。在站长的带动下，每位员工组建了自己的小微信群，最少也有10余个客户。"加油员王晓琴说。

方东站周边以单位和居民区为主，私家车较多。每年十月易享节期间，站里会印些传单去居民区分发，同时发放一些电子券，吸引顾客进店消费。好多顾客说："方东站的便利店商品齐全、场地宽敞、服务又好，愿意到店里买东西，有时候宁愿绕远或者排队。”为了方便进店消费的顾客停车，方东站专门开辟了停车位。

近三年来，方东加油站的非油品销售额得到了快速增长，2020年非油品业绩达到1300余万元，比2019年增长了194%，创历史新高。

通过种种油非互促举措，方东站的非油品越卖越好。顾客进店率增长，直接带动了进站率的提升。

提高加满率

方东站要求，客户加油前员工一定要提示顾客加满。“毕竟油品销量占到了整个加油站销量的70%，所以一定要抓住加满这个关键点。以前客户来了习惯性地说加200元的油。站内推出加油送礼的活动后，我会让员工多问一句，再多加20元的油就可以得到大米或者其他商品，你要不要加满？通过这样的方式，我们实现了销量逐步累积。”汤站长介绍说。

➤ 油罐永不断油

方东加油站内目前有6个加油罐，其中汽油罐4个、柴油罐2个。因为当初新城区建设需要柴油量较大，所以方东站配备了2个柴油罐、4把柴油枪。

如今新城建设早已完成，站内客户主要以汽油车为主，因此柴油枪较多的局面已无法满足现有加油站的情况。为此，改造期间加油站换掉了2把柴油枪，增加为98号的汽油枪。

目前，站内主要以95号汽油为主，但95号汽油只有一个油罐。为了使得加油站不断油，员工们练就了一个高超的计算本领。

汤玲莉告诉员工，不管是便利店商品、油品管理，还是库存管理，一定要去调取数据，看看每天固定的一个小时之内要加多少油，要与送油的驾驶员时刻保持联系。比如，驾驶员到油库时一定要跟站里联系，方便员工计算装油时间、路上运输时间等等。

每天凌晨，油罐车驾驶员都会接到方东站员工打来的电话。同时，员工会将目前的库存情况和能加注多长时间做一个预估，精打细算地计算出库容量和油罐车的容量。

站长要求早上的油罐车一定要装满，同时要控制好时间，让油罐车司机在下午合适的时间段再来送油。计算的前提是一定要满罐运行。

“这样可以保证加油站高效运转不断油。对客户来说也是有利的，让车主无论在哪个时间段来加油，都可以无须等待地加上油。”分公司领导说。

这就是方东站，一座普通的万吨站，有着好的领路人，有着奋进的员工。

采访最后，汤玲莉感慨地说：“我今年快50岁了，我想在退休之前把方东站带到销量两万吨站的水平上，不给自己留下遗憾。”看着员工高声引车进站、快速服务加油、积极推介燃油宝，看着便利店商品齐全、员工服务周到热情，我们有理由相信，这个目标应该很快就会实现。

战略规划

高效源头看上海

—专访中国石化上海石油分公司副总经理、党委委员吕伟

2020年的上海石油分公司，抗疫生产两不误；2021年仍将继续争先，开创新局面。

文/曲绍楠

管理高效、运转顺畅的方东加油站，只是中国石化上海石油分公司大团队中的一个小小的缩影。实干、高效、奋进的上海石油，拥有众多的闪光点。为了探寻其高效秘诀，记者专访了中国石化上海石油分公司副总经理、党委委员吕伟。

➢ 快速复产

Q 记　者：吕总您好，从生物柴油到加氢站建设，中国石化上海石油分公司堪称效率先锋，总是走在前端。请您介绍一下凭借高效的运转效率，公司

2020年的业绩如何？哪些方面表现突出？

A 吕　伟：2020年，上海石油分公司一手抓疫情防控、一手抓复工复产，两手抓、两手硬，扎实推进了“百日攻坚创效”和“持续攻坚创效”行动，多措并举开展了各项工作，全速追赶进度。虽然一季度受到疫情影响出现断崖式下降，但二季度开始恢复，到了三、四季度就超过了增长预期。4月销量恢复以来，实现了逆市增长。尤其在4~12月，成品油零售量同比增幅2.1%。

通过高效的运转，公司在四个方面实现了突破。

一是加大了营销力度，促销量快速恢复。为了助力复工复产，公司开展了“充值大礼包”活动，微信绑卡会员单笔充值满3888元、4888元，分别可以获赠388元、488元的商品礼包。活动的开展引起了客户们的高度关注，提升了参与度，活动期间累计新增绑卡会员10余万名。

二是顺应了时代潮流，积极推动线上支付推广。公司以“无接触不下车”为切入点，结合线上+线下的宣传模式，积极落实电子钱包的推广工作。其中，550余座加油站成功上线“一键加油”，开户数逾140万名。同时，公司与第三方支付深度合作，结合充值立减、发放优惠券等形式推动了企业的数字化服务。2020年12月末，“一键加油”的客户占比非卡支付25%，极大地方便了客户。

三是扩展了油站的服务能力。为了优化客户体验，公司有序推进了全自动洗车业务，不断优化洗车网点布局，通过品牌定位与传播、营销聚焦与创新，促进洗车服务发展与管理水平的双提升，进一步提升了客户的体验。

四是抓住了柴油市场秩序。公司将“打非治违”工作形成常态化，持续加大了对“自流黑”的情况排摸，疏堵结合。面对物流企业内部橇装加油站点的逐渐合法化、成品油市场竞争愈发激烈的局面，公司准确识变、科学应变、主动求变。公司积极强化“守土有责、守土尽责”的责任意识，积极探寻市场合作模式，争取实现更多合规的物流企业内部加油站柴油供应。同时，对柴油持卡用户采用丰富灵活的优惠活动，提升客户的及时获得感。

➢ 精准施策

Q 记　者：万吨站可以说是销售企业的创效先锋。请问，目前上海石油分公司万吨站的分布情况如何？

A 吕　伟：上海石油分公司的万吨站主要以市区汽油大站、高速路段柴油大站为主。按地理位置分，城区万吨站占比较高，为42%。这些站点的汽油销量占比达到了79%，郊县区域万吨站占比达到了19%。

Q 记　者：我之前采访了上海石油分公司的方东加油站。这座万吨站特色鲜明，很有借鉴意义。请问，公司的万吨站都有哪些共同点？又有哪些差异性？

A 吕　伟：关于万吨站的特点，可以说普遍体量规模较大，地理位置优越，周边车流量较大，单位客户用油需求相对稳定。同时，加油站员工的团队凝聚力、“亲情服务”意识比较强，现场服务水平相对较高。

面对严峻的市场形势，加油站以个性化、差异化发展攻坚零售市场。差异化主要体现在三个方面：一是营销活动的差异化。在细分市场的基础上，结合油站的销售特点、区域竞争等情况，通过布点洗车设备、营销活动调整等形式，实现精准营销，促进销量提升。二是客户服务的差异化。根据客户需求、购买习惯等方面的差异，员工有针对性地进行开口推介，从客户拉新、留存、召回三个阶段采取措施，提升服务质量。三是“一站一策”的差异化。通过逐站分析，了解各加油站的实际增量瓶颈，采取有针对性的微改造方案，破除瓶颈，提振销量。

Q 记　者：您刚刚提到的“一站一策”，具体举措是什么？

A 吕　伟：“一站一策”是上海石油分公司全力做好扩销增量工作的措施之一，以提高顾客的“进站率、通过率、加满率、回头率”为目标，通过开展加油站形象、服务、硬件设施等要素的小整改和微改造，解决加油站的增量“瓶颈”和“堵点”问题。

上海石油分公司持续推进“一站一策”工作，通过立足实际、提前谋划、逐项突破、量化考核，促进零售业绩的增长。比如，通过更换大流量加油枪、长胶管加油枪、调整油枪布局等形式，实现了一机多车同时加油或反向加油，有效提升了现场的通过率，缓解了站内排队现象；通过修整绿化，提升了油站的醒目度，提高了过客车辆的关注度，增加了车辆的进站率；通过优化场地画线、增加标识指示等措施，强化了车辆引导，规范了油站现场秩序。

Q 记　者：说到提高加油站的现场通过率，方东站通过人员引导、设立站房后的新出口等方式，收效显著。对此，公司其他加油站还有何良策？

A 吕　伟：我们主要通过三个手段来提升加油站的通过率。

首先，强化油站分析，采取针对性措施，借助信息化技术手段，加大数据采集力度，对存在通过率低或排队拥堵情况矛盾突出的加油站，进行一站一分析，制定提升通过率方案。

其次，落实硬措施、小改造助力销量提升。在油罐、油枪布局、场地拓宽、标识指示等方面下功夫，进一步缓解现场的排队压力，提升车辆的通过率。

再次，改善软服务，强化高效服务意识，激励管理创效。通过在高峰期合理优化人员排班，强化车辆进站引导与秩序维护；以联量计酬精准考核，激发员工的工作积极性，形成服务的长效机制。

Q 记　者：请具体介绍一下公司采取了哪些特色营销策略？

A 吕　伟：上海石油分公司基于加油卡、微信会员平台等开展了各类油卡非互促营销活动，进一步促进了增量创效，提升了客户黏性。

针对汽油大站，公司在部分汽油重点站开展了油非互动营销活动，加油满额可换取对应非油商品。其中，活动商品有多种类型可让客户自行选择，满足客户的差异化需求。同时，在加油站开展了“一键加油”及充值满额赠送全自动洗车抵用券的活动。客户在加油的同时又能满足洗车的需求，有效提升了客户的参与度，增强了客户的黏性。

针对柴油大站，公司在部分重点站开展了加油返利等营销活动。客户单笔加注满额，可获赠便利店的商品兑换券。同时，针对供应生物柴油的站点，叠加了生物柴油专项现金券活动，提供更多的优惠和体验。结合站点的宣传与推介，不断提升客户的参与度与满意度。

Q 记　者：通过多年的高效运行，客户对上海石油分公司的满意度如何？

A 吕　伟：目前收到的客户反馈，对上海石油分公司各方面的服务比较认可。我认为，提升加油客户的满意度是一项系统工作，总体来讲有三个方面。一是要提升服务质量。要在提高油站整体环境的基础上，提升员工的服务水平，为客户提供舒适便利的消费体验。二是要创新经营模式。要在做优传统成品油业务的同时拓展新兴业务，满足客户日趋多元化的消费需求。三是增加网络测评。要建立客户评价体系、畅通客户评价渠道，多维度获取客户的意见及建议，持续提升油站的服务质量。

➢ 奋战未来

Q 记　者：展望未来，上海石油分公司2021年给自己定下了一个怎样的目标?

A 吕　伟：2021年，上海石油分公司着力以新突破、新思路、新举措奋力开创零售工作新局面，将努力实现零售量同比增幅6.5%的经营目标。

首先，探索数字化转型，寻求新突破。一是依托微信会员平台，以用户为核心建立会员成长体系和权益体系，锁定高价值客户，完善会员标签及积分等级，推动资源整合，探索智能化精准营销。二是加强与第三方平台的多元化合作，围绕车流量、车主属性等信息，强化客户行为、竞争态势的变化特征分析，与第三方咨询公司洽谈相关合作，逐步实现油站信息、营销精准投放等场景的APP展示。

其次，创新管理模式，拓宽新思路。通过优化加油站现场服务综合测评指标，加大“引导率”等指标的考核权重，促进加油站的现场服务提速、提质。同时，将进一步增加网络测评，结合“一键加油”“个人绑卡加油”、系统客户“满意度”综合评价，实现对员工、油站服务的全方面和多维度的量化考评。

再次，打造品牌优势，营销再升级。积极与集团客户进行业务洽谈，以“一键加油”专项优惠为基础深入合作，拓展网约车、私家车客户。利用品牌优势，加强开口推介，持续推进冬奥纪念加油卡发行，使更多的客户尊享专属权益。开展迎冬奥充值满额赠大礼包活动，不断提升客户的满意度。根据市场的竞争情况，落实网点洗车服务的分区域差异化定价工作，通过优化网点布局，丰富客户的体验，增强客户的黏性。

09

有万源服务区加油站，敢问“蜀道何难”

作为G65高速柴油集散地，万源北服务区加油站成为中国石化四川石油达州分公司油品销售的先锋，打通G65高速的“任督二脉”，敢问“蜀道何难”？

营销现场

G65高速柴油集散地

万源北服务区加油站运用推广即时奖励的“麻将思维”，加油员工作干劲足。

文/齐铁健　林建川

万源县素有“秦川锁钥”之称，是四川省陆路交通出川的主要通道。位居四川省东北部、大巴山腹心地带、川陕渝结合部、7个县市交汇处，有襄渝铁路、G65包茂高速、国道210线和347线等交通干线过境，中国石化四川达州万源北服务区加油站守望着四川的东大门。

2020年，万源北服务区加油站纯枪销售3.35万吨，其中柴油3.05万吨，汽油0.30万吨；2021年上半年销售1.76万吨，其中柴油销售1.49万吨，汽油销售0.27万吨。

➢ 从9000到3万

2015年4月1日，万源北服务区正式投入运营。它是包茂高速从西安至重庆路段近700公里范围内投入运营最晚的一个服务区，没有先天优势。开业两年后，万源北服务区加油站的油品销售仍然不尽如人意。其中，万源北服务区加油站西站日均柴油销售从14吨提高到单日销量突破百吨，但是万源北服务区加油站东站日均销量一直徘徊在个位数。

为了做大经营，四川石油公司从2019年初开始抓大站培育，部署抓大促小策略，下发万吨站培育以及激励方案。四川石油总经理、党委副书记姜晖说："我们的目的是通过抓关键少数万吨站管理，把它们打造成样板站，然后发挥示范效应培育更多的万吨站。为此，去年年终时兑现了40多万元的奖金。因为效果良好，今年我们扩大范畴，对100座骨干站经营管理工作予以重点关注。"

在四川石油公司的引导下，达州分公司把万源北服务区加油站定义为重点发展的目标万吨站。通过实地调查，万源北服务区加油站基本锁定了加油站的客户群体，他们来自东北三省、内蒙古、甘肃、宁夏、陕西、河南、山东等省市。在锁定加油站客户群体之后，万源北服务区加油站提出打造3万吨柴油大站的目标。这时，万源北服务区加油站的年销量刚刚9000吨，离目标还有不小差距。

实现3万吨加油站的目标，加油员是关键。为了细化服务目标，万源北服务区加油站要求员工，在加油的过程中，除了提供正常的加油服务之外，加油员还必须问顾客三个问题，"师傅，从哪里来，到哪里去？""拉什么货，货好不好拉，路况咋样？""开了几个小时了？不要疲劳驾驶哦！"

在万源北服务区加油站，加油员就像关心家人一样去关心顾客。把顾客变成朋友，让顾客感到很亲切，建立顾客和加油站的信任关系，加油站的销量自然就提高了。

“在进行充分客户调查的基础上，万源北服务区加油站制定了针对司机刚性需求的营销活动，提高顾客的进站率。现场服务结合油非互动，顾客加油送水、红牛、方便面等顾客路上必需的商品，以及司机日常家庭生活需要的粮油、生活用品，行车记录仪等商品。”四川石油零售中心经理连勇介绍道。作为四川石油万吨站培育项目负责人，连经理每天关注万吨站销量变化，一直关注万源北服务区加油站的成长。

贴心的服务和营销活动大大提高了顾客进站率。通过不断的努力，万源北服务区加油站2017年底销量突破1.5万吨，2018年底销量突破2万吨，2019年底实现了年销量3万吨的目标，成为从陕西到重庆这条线路上油品销量增幅最大的加油站。

➤ 微信客户4000人

“站长，请问一下包茂高速进川方向横口隧道通了吗？”货车司机王师傅问。

“通了哈。”邓江雪回复。

……

创业难，守业更难。为了守住3万吨的销量目标，万源北服务区加油站不断地细化服务。

随着万源北服务区加油站进站顾客越来越多，如何把客户信息进行搜集和归纳，做好后期的客户维护就成为万源北服务区加油站一项重要工作。

在维护高速公路客户群方面，万源北服务区加油站通过三级维护，提高顾客获取消息反馈的时间。每个客户微信群，站长、片区经理、非油和零售部门的管理人员都在群里及时回复顾客的信息。

所谓客户群的三级维护模式是指片区级、站长级、员工级。其中，片区维护月销量10吨以上的客户，通过不定期电话回访，加油现场进行交流的方式进行。月销量5~10吨的客户进行站级维护，站长和管理人员进行维护。对于月销量5吨以下的散客，加油员进行维护。对于经常加油的客户，要缩短客户获取需求信息的时间，客户反映的问题要在最短时间内解决；对于一个月不来加油的顾客，要及时沟通询问具体原因。有一次站长邓江雪发现一个车队的几位客户近一个月未到站加油，于是便主动与客户取得联系，经过详细询问，了解到客户真实的需求，并及时反馈公司调整营销政策，不但提高了营销的针对性，更进一步巩固了客户对油站的信任感。

作为高速公路加油站，万源北服务区加油站要求每个员工在自己工作时段建立不同的客户群，每名员工根据排班时间，建立对应的客户群，实现客户专人维护，客户维护全覆盖的目的，以此来提高客户黏性。

“尿素每桶优惠62元，买一桶送一桶。相当于108元买两桶。很划算哦。”

每天下班后或是休息的时候，加油员江红梅都和货车司机通过微信聊天。在做加油员之前，江红梅和老公一块开货车，她跟车跑遍中国的很多城市，她说自己曾是一名“卡嫂”。因为经历过货车拉货的经历，她更了解货车司机在路上的不容易，也更知道货车司机最关心什么。一旦加油站有营销活动，她都第一时间通过微信群告诉顾客。

每个微信群就是员工自己的客户群，维护好客户群体，加油量就有了一定的保证。推进重点商品，也有了自己的客户群体，促使员工培养顾客的消费习惯，这样员工的工资也提高了，加油更有干劲儿了。

在全站员工耐心贴心的服务下，加油站微信客户群已壮大到4000人，多项营销活动加多样增值服务，让更多客户选择进站消费。

➤ 麻将思维

“师傅您车子排气管都黑了，如果加了燃料宝，清除积炭，汽车动力性能就会更好了，而且还省油。”加油员卢开梅和司机介绍燃料宝的功效。“王师傅，您好！好久没加燃油宝了。燃油宝要加一组，这样才有效果呢。”加油站另一边刚加完油的沈海燕观察到曾经加注燃油宝的王师傅进站加油了，急忙热情地和王师傅打招呼。

在万源北服务区加油站，卢开梅和沈海燕都是加油站的老员工。在推销燃油宝的过程中，两个人暗暗地较上劲了。卢开梅卖了一瓶燃油宝，沈海燕就要也卖出去一瓶。

万源北服务区加油站申请专门的备用金来奖励当天员工的非油品销售和顾

客拉新。邓江雪每天下班都会及时颁发非油奖励，她在微信群给员工发送红包奖励。“燃油宝奖励10元。”“冬奥卡奖励10元。”“尾气处理液奖励：6大，3小。”“私域一个客户奖励1元。”

“微信红包对先进员工起到鼓励表扬的作用，对于销售少的员工起到了激发销售斗志的作用。”邓江雪表示。通过即时奖励这种模式，重点非油商品的消费幅度大幅提高。燃油宝销售比例从1%提高到5.4%。万源北服务区加油站作为高速公路加油站，推销燃油宝有一定难度，所以，片区提出了燃油宝脱零活动，站站脱零，人人脱零。通过及时奖励的刺激，2021年4~6月，万源北服务区加油站已经完成了全年的非油销售目标。

在重点商品的考核上，片区提出了“麻将思维”，就是即时奖励，即时兑现，即时刺激。当天兑现奖励，不断地刺激员工的积极性，使员工的努力当场生效。打麻将就是即时奖励，即时兑现，对人们产生即时刺激。如果员工在推销商品的过程中，都有打麻将这股劲，那销量还愁吗？

在她的带领下，全站员工借“券”营销的能力显著提高，参与活动的客户也越来越多，油非销售取得双突破。

➤ 改造工期仅8天

“安康封路了。万源北服务区加油站西区加油站马上进行改造。”

随着顾客进站的数量不断增加，提高加油站的通过率就成为了至关重要的环节。为了提高加油站的通过率，加油站现场硬件改造势在必行。“什么时候改造？”“关门改造至少多少天？”那几天，这些是达州分公司经理王晶一直考虑的问题。为了尽快缩短工期，所有的设备和材料都是预定好的，每个改造项目时间甚至都精细到小时。

为了最大限度地减少万源北服务区加油站西区加油站停业改造带来的油品销量损失，达州公司选择了安康高速封路这个时段进行停业改造。通过各方面的无缝衔接和配合，加油站改造工期从原先预计的15天工期优化至短短8天时间，并仅用10天时间完成客户回流，实现销量同比增长。

在万源北服务区加油站实际经营过程中，达州分公司不断投入资金调整硬件设备，最大限度地提高单位时间内的效率，进而提高了加油站的通过率。此次改造项目，共计改造加油机3台，汽柴枪占比由最初的5∶3提高到5∶2。同时，把小流量的加油枪更换为大流量的加油枪，减少单车加油的速度，加1000元柴油仅仅需要1分15秒。

万源北服务区加油站过往的柴油车辆很多，每次最多满足3辆货车同时加油，加油高峰排队时间很长，对车辆的进站率和通过率有不小影响。改造后，邓江雪向公司申请增加柴油胶管长度，改造后可同时满足6辆货车加油需求。

在进站口放大营销政策吸引客户眼球，利用小广告牌和引向柱有序引导车辆进站，提升进站率；在高速停车区指示牌上增设加水加油指示标识、在停车区设置加油站分布图，引导大型货车进站加油；结合客户对疫情防控的心理特点，要求员工引导顾客加满油再上路，减少人员接触的疫情风险，提升加满率；现场安排专人根据不同类型的车辆有序引导，从而提升通过率；根据车流量变化，优化调整值班，以确保高峰期加油车辆引导准确、迅速，现场服务不滞后，车辆进站率和通过率得到进一步提升。

立竿见影，改造后万源北服务区加油站销量开始稳中有升。

➢ 平安的司机之家

2019年底，90后的姑娘邓江雪，接任万源北服务区加油站担任站长。作为全国技能比武银牌的获得者，邓江雪摒弃以往光环，准备在万源北服务区加油站从头干起。

到万源北服务区加油站之后，邓江雪将服务区里里外外检查了一遍，几间堆满了杂物和垃圾的房间引起了她的注意。万源北服务区加油站的活动室、食堂、仓库、员工宿舍都很充裕，以至于几个房间长期闲置，大家都不知道能用来干嘛。邓江雪也有些犯愁，如何才能将这些闲置的房间利用起来呢？

她灵机一动："货运司机们大都从陕西一路开过来，长途跋涉，风尘仆仆，如果提供淋浴和洗衣服务，是不是能够为他们解决切身之需呢？"

说干就干，如今万源北服务区加油站是在西安-重庆近700公里的高速路上建设的第一座司机之家，免费提供热水沐浴、洗衣烘干服务。贴心的举动得到了客户的一致好评，甚至有许多客户特地前来加油，在等待洗衣烘干的过程中，客户们也喜欢到便利店去买一瓶水、泡一桶面、拿两包零食……

邓江雪刚接任站长不到两个月，疫情爆发了。G65高速成为了疫情期间全国疫情抗击物资、复工复产的生产物资运输的大动脉，跑这条高速的货车司机就更加繁忙了，他们对沐浴、洗衣等生活需求日益增加。在这个特殊时期，司机之家在客户心中更是留下了温暖印象，也为打造G65高速柴油集散地奠定了基础。

对于货运司机来说，除了吃饭、洗澡问题，他们面临的最大问题就是偷盗油的问题，司机很难睡一个安稳觉。

“在万源北服务区停靠休息期间，如果车辆出现油品被盗，加油站服务区全额赔付油品。”这是万源北服务区加油站和服务区物业共同签署的一项协议。这项协议无疑吸引了更多货车进站加油。

为了给司机打造一个平安服务区，达州分公司联合高速公安、高速公路执法大队、高速公路公司、餐饮合作方、物业公司，建立平安服务区办公室，对服务区开展日常风险排查管控，联勤联动，应急预案演练，在节假日组成夜间巡逻小组，使服务区治安水平提高，大大提高了司机的停驻意愿。

一传十，十传百。为了睡一个安稳觉，很多货车司机选择在万源北服务区加油站加油休息。万源北服务区加油站被司机称为方圆1000公里内最安全的服务区。

管理秘笈

量效双增的达州经验

联手稳价、精准营销、一站一策……达州分公司以点带面提高油品市场份额。

文/齐铁健

面对新冠疫情暴发、原油价格暴跌、消费需求锐减、整体经济下行、市场竞争激烈等一系列巨大的困难和挑战，中国石化四川石油达州分公司迎难而上，坚持疫情防控和生产经营“两手抓”，积极参与竞争，努力提升市场份额。

2020年完成机出零售量11.95万吨，同比增长3.4%。全年零售机出营销综合投入减少0.10元/升，零售差价较预算增加1056万元。达州分公司有36座加油加气站，其中有4座万吨站：万源北服务区加油站、达州北服务区加油站、万源南服务区加油站、金龙加油（气）站。

➢ 一站一策，挖潜增效

“站长对一站一策、精准营销理解不深，那么加油站的精准营销措施落实就会极不到位。”四川石油零售经理连勇表示。为了做好精准营销，四川石油要求各地市公司利用加油卡、电子钱包等专项营销工具抓住客户。

为此，达州分公司出台了《达州分公司2020年电子钱包营销活动暨推广奖励实施方案（试行）》，大力推广“一键加油”APP，培育电子钱包客户，每周通报各站消费占比，每月及时兑现奖励，调动一线员工积极性。同时，借助“致敬最美奉献者活动”，大力宣传“一键加油”。部门牵头、片区组织油站走进达州市公安局、各大公立医院进行活动宣传，并联络对方单位负责人，在其内网发布信息，确保宣传到位。

2020年年初，丁家坡、木瓜铺等五座洗车站点无法使用，严重制约汽油增量挖潜。达州分公司通过谈判，顺利解决前期纠纷，并于7月恢复使用，并新建了金龙站、净化厂站两座包含洗车的汽服网点。通过开展一键加油免费洗车活动，较好地锁定汽油客户。

同时，对照“一站一策”工作提出的新标准与新要求，零售部门成立四个辅导小组，辅导小组教会站长会看数据、会找原因、会抓执行，实地参与一站一策调研。从“进站率”“加满率”“通过率”“回头率”对油站进行全面“体检”，完成后辅导小组成员对经验进行分享，帮助油站找到制约销量提升的症结，最后开出“药方”，进一步挖掘油站潜力。

进站率“药方”：要让顾客看见加油站。

达州分公司在三河、黄金、罗家坝加油站离停车区500米处增设油站指示牌，赵家站清理罩棚檐口遮挡物，大大提高了油站可视度，给国省道站点配置道旗，营造良好营销氛围，大大提高进站率。

通过率“药方”：要让顾客加油不排队，快进快出。

达州分公司通过更改油枪布局，增加通过率。北外站2019年98号汽油销量仅有12吨，枪罐利用率较低，但该站95号仅有2把枪，高峰时段排队严重，严重影响客户体验。通过一站一策分析，将98号汽油变更成95号汽油，该妙招大大提升了油站通过率。万源北服务区加油站外侧汽柴油混合机的汽油枪改造为柴油枪，柴油胶管增长至10米，改造后柴油四排车道，可满足6辆货车同时加油，大大缓解了现场车辆拥堵，提升了通过率。

加满率、回头率“药方”：要让顾客在加油站享受更多的服务。

为了提高客户满意度，达州分公司完善服务区功能，打造万源北服务区加油站等3座综合服务站，开展“司机之家”建设，提供沐浴、洗衣等服务；达州北服务区等6座加油站增设了尾气加注机；开展白油点供、高速服务区汽修业务、停车区小吃、异业营销资源引进等不断改善客户消费环境，有效提升客户体验，增强客户黏性。通过深挖一站一策，达州北、万源北服务区加油站、三河、黄金、罗家坝、赵家等站销量均实现同比增量。

➢ 激活队伍活力

“原来加油加多加少没有区别。现在实现联量计酬，多卖一升油，我的工资就多一点。我每天都铆足劲多加油。这个月，我刚发工资比上个月多了500元呢。”金龙加油站加油员王玉碧高兴地说。

四川石油公司要求各地市分公司构建万吨站销量、人员、管理、薪酬联动变化的分配机制，突出薪酬与零售量挂钩的指导思想，且每年进行动态调整。四川石油副总经理冯臣表示：“万吨站在二次分配时落实好多劳多得的理念，才能激发员工活力。”

根据四川省石油公司升油薪酬联量考核指导意见，为激励员工积极性，结合达州分公司实际，调整了站长、管理员、加油员二次分配薪酬系数，高速对站执行员工轮岗、统一升油薪酬管理标准，解决了部分高速对站员工收入不均的情况，从薪酬结构上调动了员工积极性。员工收入较2019年提高了10%。

除了考核激励员工，达州分公司还通过培训的方式提高员工的业务技能。达州分公司通过“引进来”的方式，邀请兄弟公司专业讲师现场授课，开展经验交流分享，提升培训师资水平和能力。培训人员向一线普通员工倾斜，重点培训综合管理能力方面的相关知识。以各业务系统操作和零售千分制考核为基础作为零售体系化培训的教材，扎实开展岗位练兵，让零售条线员工知道管理的内容是什么、管理的标准是什么、如何干，进一步完善零售管理制度，推动实现“上标准岗、干标准活”。

从员工到站长，四川石油开展基层管理岗位意向选择摸排，多渠道发现人才。为激发基层管理人员工作激情，实现岗位“能上能下，能进能出”的选人用人目标。开展站长与管理人员岗位选择意向摸排，公开进行站长竞聘上岗。公司制作“站长及综合管理员意向选择摸排表”下发至各加油气站，由站长和综合管理人员在公司所有站点范围内，根据自己的意向填报意向站点和岗位。通过摸排，进一步掌握基层管理人员职业愿景和规划。

达州分公司的站长竞聘包括笔试理论考试、个人竞聘演讲、技能实操三门，总分最高的竞选者就能担任竞聘加油站的站长。“万源北服务区加油站站油品销量高，工资也高。大家都想去这个加油站工作，竞争很激烈。我还鼓励员工胡大梅和龚厚旭也参加万源北服务区加油站长的竞聘。”邓江雪说。

➢“每座站都有党员身影”

每逢加油站假期高峰、易享节、年货节，达州分公司所有机关员工都到加油站一线支援。达州分公司党总支书记刘岩松提出：“在关键时刻，每个加油站都有党员的身影。”

进入10月，中国石化一年一度的“易享节”拉开了序幕。作为一座服务区的加油站，顾客大多是过路客，虽然促销商品也让人心动，但是过路客对“易享节”销售日常的生活用品没有兴趣。“小邓，这便利店布置得不错呀。‘易享节’销售情况怎么样？”达州分公司党总支书记刘岩松带着党员突击队来到加油站。

刘岩松定点帮扶的加油站就是万源北服务区加油站。所以，只要重点节日，刘岩松都会带领党员突击队来到万源北服务区加油站。去年“易享节”期间，为了解决加油站因男员工人数少而导致接卸大量非油商品的实际困难，公司党总支将万源官渡油库全体党员作为加油站的对口帮扶力量，“无论多晚，只要加油站一个电话，我们油库的党员同志一定会全力以赴帮扶加油站解决困难”官渡油库主任王猛说，“有时候，为了提高效率，我们油库的党员同志还会把自己的家属喊上，一起到站开展帮扶工作”。

“易享节的营销活动挺吸引人，但是对于高速公路服务区顾客没有吸引力。”邓江雪说。“那我们出去找客户，哪里的顾客需要，我们就去哪里销售。”刘岩松鼓励大家。大家装了满满一车商品赶赴加油站附近的万源市摆地摊销售“易享节”商品。“易享节的商品很受群众的欢迎，不仅品类丰富，而且价格低。”刚刚给顾客送完货的加油员杨灿标表示。老人以及带孩子的妇女是万源市地摊“易享节”送货的主要对象。加油员忙得都没空喝口水。不过，看到书记刘岩松拿着大喇叭吆喝卖货，搬货送货，员工身上都有使不完的劲。

达州分公司推行“党建+互联网”模式，组织党员通过参与“五进一留”专项营销、到库站志愿服务强“三基”方式，进一步促进党建与经营深入融合。尤其在新冠肺炎疫情防控、“易享节”营销等急难险重关头，党员干部冲锋在前，赢得员工广泛好评。

战略规划

让更多万吨站喷涌而出

——访中国石化四川石油零售中心经理连勇

2021年，四川石油的目标将万吨站数量从30座提高到46座。

文/齐铁健

万源北服务区加油站只是四川石油万吨站培育项目的一员。2021年，四川石油的目标是将万吨站数量从30座提高到46座。

为进一步提升零售网络质量，打造四川公司零售骨干网络，提高零售拓市增效能力，为全面完成2021年零售目标任务奠定基础。4月26日，四川石油下发了《2021年万吨站培育指导意见》，目的是通过明确万吨站培育目标、细化培育措施、实施激励政策等手段，重点打造一批骨干销售网络，抓大促小，扩大零售经营规模。时隔不到两个月，又下发了《关于加强骨干加油站经营管理工作的通知》。

短时间内，密集出台大站经营管理指导意见，体现了四川石油对榜样力量的重视。四川石油大站整体培育情况如何？又将采取哪些激励措施实现以点带面、全面开花？带着这些问题记者采访了四川石油零售中心经理连勇。

➢ 万吨站培育三原则

Q 记　者：连总，您好！培育万吨站是打造零售骨干网络，全面完成零售目标任务的重要举措。四川石油万吨站管理以及大站培育方面有很多宝贵的经验，请您介绍一下。

A 连　勇：在这方面我们有三条原则：

省地两级联动。万吨站培育是一项综合性工作，省公司主要负责方向指导和政策支持，地市公司负责具体实施，省地两级公司各司其职、有效联动，推动工作有序开展。各分公司根据实际制定分公司万吨站及大站培育的方案，定目标、定措施、定考核。地市公司经理、分管经理是本单位万吨站培育的责任人，从零售部、片区到站长，各级负责人认真履职，充分发挥三级作用，加强培育力度，全力以赴，狠抓落实，努力完成年度目标。

提升市场控制。对于竞争激烈的重点城区、高速公路、国省道，地市公司应根据占领市场的原则，选取日销量24吨以上的站点纳入培育计划。

严格考核激励。建立市场化薪酬和晋升机制，真正做到万吨站站长能上能下，万吨站员工能进能出。同时积极探索万吨站站长年薪制，完善万吨站培育的激励机制。

Q 记　者：在这三个原则指导下，我们又具体做了哪些工作？

A 连　勇：我们细化了站长管理、员工管理、硬架支撑和运行管理方法，取得了很好的效果。尤其是在硬件改造方面，我们要求各地市公司要借两微改造、一站一策改造之际，统筹完成万吨站经营、生活和配套服务改造升级。

一是形象改造优先安排。优先安排万吨站形象改造和日常维修维保，严禁出现设备故障停歇业。二是枪罐布局优先完善。万吨站加油枪的配备以加油不排队为底线，汽油销量为主的万吨站需配置四枪机或六枪加油机。三是服务设施优先配备。根据万吨站所处地理位置、主要销量品种，配齐辅助设施，完善服务功能。高速服务区需配备司机之家、超市、汽服、加水、商业综合体等服务设施，城区加油站需配备综合洗车服务，有条件的逐步增设商业综合体、环卫驿站等服务。四是管理措施优先落实。结合销售公司、省公司年度基础管理重点，优先统筹万吨站的标准化打造、五小建设、家文化建设、安全文化建设等管理措施落地。

➤ 骨干站打造有方略

Q 记　者：一直以来，加油站挖潜增效是四川石油的一项重点工作，如何打造万吨站阶梯的培育模式，培育更多万吨站？

A 连　勇：为了创造更多的万吨站，四川石油将全省年销量5000吨以上站点列为省级骨干加油站，并于2021年7月下发了《关于加强骨干加油站经营管理工作的通知》。骨干加油站就是重点培养的未来万吨站。

针对当前骨干加油站经营、管理中的难点、痛点问题，我们充分调动零售条线各级管理人员服务基层，提升解决实际问题的能力，开展“一站一诊”“一人一讲”“一月一评”活动。

“一站一诊”：以问题为导向，省地两级零售部门联合行动，对100座骨干站点的量效活动、客户管理、安全管理、员工管理、行动计划等零售工作进行全面会诊，精准查摆问题，共同研讨解决方案，出具诊断报告。零售中心选取若干站点由地市公司零售部进行一站一诊，省公司从中抽选一定比例站点，进行考核评比。

“一人一讲”：为加强零售主任、片区经理、站长三个层级核心管理人员的履职能力，了解基层管理现状和问题，集思广益，收集来自一线的扩销增量、管理提升工作措施、工作建议，每月从12家地市零售主任（或副主任）、39个片区经理、100座骨干站长中选取一定比例的人员，从“零售经营管理工作清单”随机抽取题目，制作议题PPT，组织演讲和评比。

“一月一评”：为跟踪骨干站问题整改落实，评估工作措施改进效果，组织开展骨干站“一月一评”活动。从2020年9月份开始，地市公司以PPT形式上报已诊断站点的问题整改落实情况和工作措施改进成效，并附前后对比照片，暂无法整改的硬件问题，制定整改计划、确定整改时限、落实防范措施。省公司随机抽查验证，评估工作效果，达到持续改进提升的目的。

➤ 人才培养是关键

Q 记　者：不管是万吨站还是骨干站，都需要优秀的站长和管理人员。四川石油是如何通过人才培养来实现万吨站及大站培育的？

A 连　勇：四川石油高度重视员工队伍建设，通过省地“站长站”组织零售培训和技能竞赛，在2019年集团公司加油站技能竞赛中，取得了三金三银、团体第一的骄人成绩。近年来，我们依托20座“站长站”，常态化开展站级培训，将全省零售高级技师、技师、业务骨干、片区经理、优秀站长集中起来组成专家组，编制视频课程，省公司每年组织后备站长取证培训，选送在职站长提高培训，利用企业公众号平台碎片化组织在线培训和考试，地市公司采用“师带徒”“经验课堂”等形式，每年组织在岗员工实训、轮训，提升零售队伍活力和战斗力。

站长是一座加油站的核心管理者，也是打造万吨站的关键人员。所以，一直以来我们都高度重视站长队伍建设，制定了站长管理办法，明确了万吨站站长选聘、管理、培训机制。除具备普通站长的五种基本素质（道德品行、业务素质、责任心、吃苦精神、攻坚精神）和四种基本能力（沟通能力、协调能力、掌控局面的能力、应急处置能力）外，大站站长还应在客户开发、团队建设方面有所建树，并具备3年以上站长工作经历。

万吨站站长通过公开竞聘产生，原则上每年竞聘一次。地市公司为配合这项工作要建立站长选聘和退出机制。同时，为突出万吨站的市场骨干作用，发挥站长的核心作用，地市公司可探索实施万吨站站长年薪制，在全额联量计酬的基础上，遵循多劳多得的原则，薪酬直接与万吨站培育成绩挂钩。

打造职业经理人管理模式，打破委托站和自营站、机关和加油站之间的壁垒，鼓励优秀的委托站站长参与万吨站站长竞聘，优秀的万吨站站长逐步走上管理岗位。

同时，确保万吨站人员配齐配优，结合实际情况进行定编，汽油万吨站原则上不低于定编要求。并统筹地市用工，择优配齐员工，保持万吨站人员稳定。根据站点地理位置、营销活动安排、客户群体、销售规律和竞争对手情况，实施“一站一策”优化排班。高峰期管理人员积极参与加油服务，提升现场通过率和服务质量。

Q 记　者：要留住优秀的人才，如何在万吨站培育过程中做好员工薪酬激励和奖励措施？

A 连　勇：四川石油要求各地市公司要构建万吨站销量、人员、管理、薪酬联动变化的分配机制，突出薪酬与零售量挂钩的指导思想，且每年进行动态调整。尤其重点关注万吨站二次分配情况，落实多劳多得，指导做好站内二次分配，激发员工活力。每月省公司对万吨站的月度均衡销售目标完成情况进行排名通报，地市公司培育责任人召开现场工作会，查找不足，落实整改。年末省公司将对在万吨站培育中表现突出的万吨站和地市公司给予一定的奖励。

省公司按照“保级”（保持去年销量等级不变）和“升级”（晋升到高级别销量等级）两个标准，根据“就高不就低”原则（已获得升级奖励不再享受保级奖励），对完成年度培育目标的万吨站给予奖励。

Q 记　者：除了物质奖励外，对于管理人才还有什么倾斜政策？

A 连　勇：我们加强了对他们的培养，强化培训。在各级业务技能培训时，优先选送万吨站员工参培，通过内培外送，提升万吨站服务和经营水平。万吨站站长培训由省公司统一组织，万吨站员工培训由地市或片区组织。

除了对万吨站站长予以倾斜，对于他们管理的万吨站，省地公司紧盯培育过程性指标，整合营销资源，紧密围绕客户需求，精准开展差别化营销，给予万吨站营销资源倾斜。在基础管理方面，强化督导帮扶。省地两级公司对万吨站重点查、重点帮，加强万吨站的日常监督检查，同时做好指导帮扶。省地、片区巡站检查同时加强站长、员工的沟通交流，指导站长带好团队，关注员工思想变化，树立正向引导，帮助站长解决痛点，激发员工干事创业的热情。

10

冲破1.6万吨！扬子路加油站发生了什么？

这是一座外观、大小都十分寻常的加油站，却有着十分不寻常的业绩。在寻常与不寻常之间，这座加油站究竟发生了什么？

营销现场

零距离“触摸”1.6万吨

文/王海坤

在中原城市群的核心城市郑州，东区黄河南路与正光路交叉口东北角，有一座外观、大小都十分寻常的加油站——扬子路加油站。

初夏时节，记者不远千里奔赴郑州，就是为了走进这里，揭开扬子路加油站的营销秘笈。

因为，2020年，在新冠疫情和负油价两只“黑天鹅”交替飞出的现实之下，以及在中原大省河南越来越严峻的油品营销形势下，这座加油站全年依旧销售油品1.6万吨！而在此前形势较好的若干年，该站年销售油品2万吨的成绩也是常有的。

“扬子路加油站是一个纯汽油的万吨站。多年来，一直是郑州东区的标杆站，也是郑州石油的标杆站，更是中国石化河南石油的标杆站！”中国石化销售股份有限公司河南石油郑州分公司副总经理任喜军告诉记者。2020年，郑州分公司年度累计持卡消费比例达52.1%，同比增加2.1个百分点。其中，汽油持卡消费比例达43.6%，同比增加3.6个百分点；截至12月底，沉淀资金17.25亿元，同比增幅1.4%……这些数字的背后，都有着扬子路加油站的贡献。

➢ 形势严峻

2020年，除了有目共睹的新冠疫情和负油价这两只“黑天鹅”交替飞出外，在整个中原大省河南，一系列的因素促使油品营销形势越来越严峻。

随着2020年郑州中心城区地铁8条线路的不断开通，以及郑州至万州、至济南、至太原、至合肥等快速铁路相继建成，形成了以郑州为中心的省辖市一小时和周边省会城市两小时的“高铁交通圈”，地铁和高铁公交化严重冲击着班车、私家车及公务车出行，越来越成熟的地铁和高铁路网制约了成品油的需求。

这只是其一。其二，天然气、电力、氢能等能源车辆使用越来越广泛，直接影响燃油的需求，目前郑州市公交车全部是电力或氢能车辆，出租车则大部分改为天然气或电混动力车。再加上部分私家车、网约车、出租车及驾校车通过秘密方式到黑站点或流动罐车加油，不仅加剧了市场价格竞争，也使得中国石化河南石油郑州分公司的经营压力也来越大。

“目前，国内成品油市场是充分竞争的，河南的成品油市场竞争极其激烈。”中国石化销售股份有限公司河南石油郑州分公司总经理、党委副书记刘浩说，在河南省，根据有关数据显示，共有加油站11000家左右，而中国石油和中国石化的加油站，加起来只有3000家左右；从炼厂资源来看，目前原油进口已经对国内的民营企业放开。而山东、陕西、浙江的国内炼厂数量激增，炼油产能明显过剩。有数据显示，国内炼厂年炼油产能为7亿吨左右，而国内成品油消费只有5亿、6亿吨左右，说明国内产能已严重过剩。

在这种充分竞争的态势下，与社会加油站相比，中国石化除了品牌优势以外，很多过去的优势都在逐步丧失。“首先，从投资角度来看，由于我们是收支两条线，在资金上并没有任何优势可言；其次，从用工上来看，我们讲究人均劳效，最近几年我们的加油站用工人数已经是社会加油站用工人数的一半左右了，在人员数量上也不占优势。”刘浩说，最关键的是在成品油进货价格上，中国石化河南石油郑州分公司的成品油96%~97%都来自国企，相比较来说，社会加油站有很多成品油来自小型炼厂，消费税能省则省，成品油进货成本优势十分明显。

整个2020年，在这一市场大背景下，郑州分公司的压力可以说前所未有。

然而，就是在这样日益严峻的形势背景下，扬子路加油站年汽油销量却冲破了1.6万吨，究竟发生了什么呢?

➢ 爱“跑客户”的油站站长

实际上，从站点布局来看，在扬子路加油站的周围有不少中国石化的加油站，这些加油站与扬子路加油站一样都位于郑州东区的繁华地段。但是，这些加油站的油品销售业绩从来都不能跟扬子路加油站相比。

“扬子路加油站的工作量是我从前工作的那个油站工作量的3~4倍呢。”郑州石油分公司扬子路加油站加油员杨家豪说。

对于扬子路加油站工作量是自己原来加油站工作量的3~4倍这件事，自杨家豪来到扬子路加油站后就一直在琢磨。

杨家豪觉得，除了客观因素外，主观因素占有重要位置，“我们站长经常主动出击，搞‘五进’活动，绑定周围的企事业单位，让他们在我们站里办卡加油，这一点就和业务量大有明显的关系。”

“五进”活动，即进机关、进企业、进社区、进车展、进4S店活动。2020年，为了挖掘零售增量潜力，应对越发严峻的油品销售形势，郑州分公司引导全员投身“五进”营销活动，“点对点”服务上门办卡，以卡锁户，在客户开发和维系上重点发力。

在大家眼里，扬子路加油站站长柴艳红是个格外爱“跑客户”的站长。扬子路加油站附近有很多大型国有企事业单位，还有一些政府机构，像河南省人民政府、河南省中级人民法院、郑州市东区人民法院、公交总公司等等。公司推出“五进”营销活动之后，扬子路加油站在柴艳红的带领下，对周边的机关企事业单位大客户，跑一遍不成就跑两遍，跑两遍不成就跑三遍。

“总之，她能锲而不舍、水滴石穿，让周围的企事业单位在自己持之以恒地不断跑动之下，最终变成自己加油站的客户。”杨家豪说。

“可以说，扬子路加油站在全郑州分公司开启了变‘坐商’为‘行商’的先河。车改之后，对扬子路加油站销量冲击很大，但在柴艳红的内心深处，是绝不能让销量下滑的。”中国石化销售股份有限公司河南石油郑州分公司零售管理部主任苏红利告诉记者。

截至2019年年底车改完成，扬子路加油站的油品销量落差一下子就显露了出来。这对于2020年的扬子路加油站油品销量无疑是雪上加霜。

“我想，虽然车改了，公车不开了，私人用车总是要开的，我们就把目光聚焦在这些政府、企事业单位的私人用车上。我让这些私人用车以单位的名义进行团体办卡优惠，在给予对方方便的同时，也让我们再次锁定了客户。”柴艳红说。在这个活动中，扬子路加油站对政府部门办卡升油优惠三毛钱，对其他企事业单位升油则优惠一毛五分钱。

就像河南省中级人民法院，在车改之前这个单位有200多辆公用车，车改后，公用车只剩几十辆了。柴艳红主动出击，数次约访该单位，经过几轮的沟通交流，终于拿下了这个客户。为了给该单位的所有私人用车办理加油卡，柴艳红带领员工直接到该单位现场办卡，办卡员工一次性充1000块钱，加油时则升油优惠三毛钱，将这一客户群锁定在了扬子路加油站加油。柴艳红的这一举措让该单位在扬子路加油站的加油量维持在了稳定状态。

类似于河南省中级人民法院这样的客户，扬子路加油站附近有八家左右，几乎一一都被柴艳红攻破，车改之后重又被锁定，为扬子路加油站稳油销量在每天50吨左右。

➢ 服务精神

扬子路加油站所在的郑州东区，堪称郑州市最为繁华的CBD区，车主大部分为高端人群，不仅对扬子路加油站的油品质量有需求，对其服务更有着高标准的需求。

为了时刻做好服务，柴艳红特别将自己的手机号贴在加油机上，以便所有客户24小时咨询。

“我认为，营销的基础就是服务！”柴艳红告诉记者，服务一定要更加贴心，虽然“八步法”是基础，但具体服务客户时不能生搬硬套，一定要因地制宜。在柴艳红的意识里，服务包含两个层级的服务：一个是员工服务顾客；另一个是市公司、经营部和加油站站长服务好员工。“当员工个人情绪存在一些问题时，一些标准的服务用语说出来会显得生硬，这个时候就需要市公司、经营部和加油站站长来关心员工的个人成长。”

“面对新情况的出现，提升服务是我们的重要抓手之一，扬子路加油站在公司提出的‘八步法’的基础上对服务进行了再升级。”任喜军说。

2020年新冠疫情期间，面对出现的新情况，扬子路加油站在站长柴艳红的带领下立刻针对医护人员展开了有针对性的服务。

扬子路加油站附近有河南省直第三人民医院，站长柴艳红抓住契机直接上门服务，落实国家对医护人员的倾斜政策，为省直三院的员工办理“医护卡”，给这一人群十分贴心的服务。“我们给持‘医护卡’人员的升油优惠是三毛六。”柴艳红说，持有“医护卡”，不仅能在河南全省中国石化的加油站享有加油优惠，也可以在全国中国石化的加油站加油。

2020年九月教师节来临，柴艳红带领员工又对教师这一特殊群体展开了有针对性地服务，专门为其贴心地办理“教师卡”……自此，扬子路加油站客户的持卡比率由过去的43%，迅速上升到49%，甚至50%。以至于2020年4~12月，扬子路加油站的油品销量与上年相比基本持平。

2020年第一波新冠疫情过后，面对迅速加大的车流量，提高通过率成为扬子路加油站面临的最大服务难题。

扬子路加油站经常在上下班高峰时段出现大规模车辆排队现象，为了保证全方位服务好每一位顾客，加油站实时向顾客公示高峰时段以及错峰加油的提醒。同时，站里特别设立了车辆引导员，并调整班组设置，增加了四个高峰岗，保证在车流量高峰期每台加油机都有一个加油员，而在车流量低峰期，现场也要始终保证有两名加油员工。

“为了提高通过率，我们还主动和周围的企事业单位沟通协调，经过不懈努力，一些VIP单位的车辆统一在早晨七点钟左右到油站加油。因为这个时间段社会车辆加油的少。”柴艳红说。

2020年夏季，站里还提倡夜间加油、错峰加油，给予顾客升油两毛的优惠，吸引了不少周边小区的私家车来加油，油品日销量增加至70吨左右，油品提量效果十分明显。同时，加油服务也显得更为贴心。

➢ 三十多公里外的客户

“‘五进’营销活动虽然是以油品销售为主要目标，但实际上，这一营销活动时常会带动非油销售；同样，在一些非油团购中，往往带动、促进了加油站油品的销售。”柴艳红对记者说。

为此，柴艳红讲述了一个记忆最深的例子。

那是在距离扬子路加油站30多公里外的一个大客户，已经出了郑州核心城区。正是年终发福利的当口，柴艳红已经辗转联系上了铁塔公司，这一天，她主动将非油商品的福利送货上门到铁塔公司，并与相关联系人留了电话。没想到第二天，留电话的人员便咨询她，如果办加油卡会有什么样的优惠？柴艳红详细介绍了优惠政策后，该人员表示，可以将柴艳红介绍给自己妻子的单位，这是一个汽车服务单位，正好可以和扬子路加油站进行双向锁定，于是，一次年终团购福利的单子为扬子路加油站赢得了油品销售的大客户。

油非互促显然对扬子路加油站油品销售破1.6万吨的业绩起到了不可磨灭的作用。

这正如中国石化销售股份有限公司河南石油郑州分公司总经理、党委副书记刘浩所说。

“显然，网络布局优势是我们除品牌优势外最明显的优势。就拿郑州市来说，郑州市共有加油站600多家，中国石化的加油站有200多家，虽然总数量上并不占有明显优势，但是我们加油站网点布局十分合理，覆盖面很大。不论是市区，还是县乡，甚至是一些偏远地区都有中国石化的加油站。这一点对我们为客户提供综合性的服务十分有利。”刘浩表示，眼下的互联网经济通常是将流量变现，将流量变现的重要因素是需要接口，而郑州石油相对完善的网点布局就是一个很好的接口，基于这一点优势很多行业都希望与之合作，如洗车业务、停车业务、银行业务、保险业务等等，郑州分公司也可以与第三方客户业务进行结合，给客户提供一整套的综合服务方案。

“这对于促进油品销量十分关键，而大量的异业合作都将会对油品销量有明显的作用力。我们又是国企，非常严谨，规章制度也很完备，合作初期经历的程序十分复杂，但是一旦合作成功，就会有一个稳定的合作期，对双方都十分有价值。”刘浩说，目前郑州分公司的非油业务已经从过去的进货到售卖这种简单的模式，升级为与生产商联合开发自己品牌，而这些实际上都更有利于油非互促。

2021年以来，扬子路加油站油品销量依然保持稳中有升的态势，日均油品销量均在50吨以上，这无疑与良好的油非互促直接相关。

然而，扬子路加油站油品销量曾经已达到2万吨，继续提量的空间已十分有限，保量难度也在逐渐加大，未来想要继续保量、提量还有可能吗?

“差异化营销是其重要的招数之一，即针对不同的客户采取不同的分类营销方式，可以将大客户分为钻石级、金级、银级客户以及个体客户和一般客户。”任喜军说，在营销政策、优惠措施等方面采取差异化的营销，实施“一域一策”“一站一策”甚至“一客一策”，依然能继续打开挖潜提量的通道。

初夏的午后，当记者在扬子路加油站便利店遇到来自物流公司的杨先生时，增强了记者对该站未来挖潜提量的另一重信心。

杨先生向记者叙述了他成为扬子路加油站铁杆粉丝的心路历程。

“我在扬子路加油站加油已有一两年了，刚开始到这来的时候觉得这个站形象很好，又大又气派，应该是个靠谱的加油站。果真，后来发现在这儿加的油油品质量非常好，特别耐烧。”杨先生说，但这不是最为关键的。“这个加油站虽然处在一个路口的位置，加油不仅便捷，而且速度很快，平常加油基本上都不用等，即便是在高峰期加油，最多只需等五分钟！”所以，杨先生很快便成为了扬子路加油站的铁杆粉丝。

然而，让杨先生想将这个铁杆粉丝持续当下去的还不止于此，而是另有其因。“我觉得这个油站和很多油站不太一样，这儿的工作人员中大学生很多，年轻而有朝气，那种气息特别能触动我。”

1.6万吨的秘笈

班前训导、升油工资、创客小组……1.6万吨的秘笈被一一揭开！

文/王海坤

2020年，新冠疫情和负油价两只“黑天鹅”交替飞出，中原大省河南油品营销形势越来越严峻，扬子路加油站却依然取得了全年油品销售1.6万吨的好成绩，除了那些可视的变化，究竟还有哪些深层的因素发生了作用呢？

➢ 班前训导

2017年，当现任河南石油郑州分公司零售管理部主任的苏红利来到郑州东区，在各大加油站积极推行班前训导时，一时间，班前训导风行东区。

然而，时至今日，近4年过去了，扬子路加油站却仍在站长的带领下，每个清晨班前的15分钟，坚持做班前训导。

“班前训导的一个重要环节就是让全体员工把扬子路加油站的服务用语全都喊一遍。”扬子路加油站加油员杨家豪说。

借每日的班前训导精练话术是扬子路加油站油品提量的秘笈之一。

“我们会选择站里业绩比较好的员工，特别提炼她的话术用语。扬子路加油站车流量非常大，加油员每天持续七八个小时面对客户，要保持最佳的服务用语。如果服务用语不够精练，加油员都会感觉体力、精力不足。”扬子路加油站站长柴艳红说，这就需要用最简练、精炼的话术用语来面对客户。

柴艳红举例说，车辆进站后，加油员首先问：你好，请问有卡吗？然后迅速判断车辆加油的型号，在此基础上，将加油型号提升一个层次，比如面对一个加92号汽油的车，直接就说：“95号加满吧？”而面对一个加95号汽油的车，则直接说：“98号加满吧？”而不会问：“加92号、95号、98号？”

“‘您好，95号加满吗？’这句班前训导中站长教员工使用的话术，在

2020年扬子路加油站提高加满率的全年工作中发挥了重要的作用。”苏红利说。

报卡余额也是扬子路加油站所有加油员的必备功课，班前训导中也经常提及。

“这一点与我以前工作的加油站不同，因为为客户报卡余额，实际上也是在变相提醒客户该向卡里充值了。”杨家豪说。

与此同时，在每日的班前训导过程中，站长柴艳红还会将省市公司最近几天的经营政策、营销内容面对面地灌输给员工。就某一个阶段的营销活动而言，班前训导上，通常柴艳红不只会向大家介绍这个活动的具体内容，且会将这个活动推广所用的具体话术一一教给大家。

“这比通过微信下达文件的方式要更为直接有效。因为用这种方式每天都在影响员工，时日一久，核心的营销理念、营销思路、营销技巧等便会深入人心，让员工们都能熟练掌握。”苏红利表示。

班前训导还有一项每日必须进行的内容——做广播体操。

“别看这短短几分钟的广播体操，我带领大家一起做，可以让所有员工有一个好的精气神面对每一天。”柴艳红说。

➢ 升油工资

在扬子路加油站里有一个公示牌，记录着每天每个员工卖出的油品数量，以及能获得多少相应的薪酬。员工们看到这个公示牌，不仅对自己每天的销量薪酬清楚明了，且相互之间会有比较，及时反思，找准差距，形成“比、学、赶、超”的销售氛围。

2020年6月薪酬改革实施，以升油工资来计酬，让扬子路加油站里员工的积极性大增。

通常在加油站的加油岛上，位于进口和出口的两台加油机加油频次最高，薪酬改革之前，很少有员工愿意主动到这两个加油机加油；薪酬改革以后，实施连量薪酬，员工们几乎都抢着到这两个加油机去加油。因为，与其他位置的加油机加油量相比，这两台加油机的加油量通常是其他加油机的两倍以上，以升油工资计薪酬，员工工资落差十分显著。

“我们扬子路加油站现有员工16人，其中有一两个员工持续三个月工资在一万元以上，甚至比我这个站长工资还要高得多。还有一些员工工资在7000~9000元之间，员工最低工资则在3000元左右。”柴艳红说，而过去薪酬改革之前的2019年，站里员工工资低的有4000多元，高的则有5000多元。个人薪酬的激励变革之大由此可见一斑。

2019年，作为郑州大学的应届毕业生，杨家豪正式加入了河南石油郑州分公司的队伍，在一个加油站任领班，去年底来到了扬子路加油站任加油员。

“我们现在都知道升油工资是多少，每天下班之前，基本上自己都能算出今天能拿多少工资……”杨家豪说，上个月工资他就拿了4000多块，其实发工资前，他对这个月自己能拿多少工资心里早就有数了。对于加油岛上的加油位，杨家豪表示，肯定愿意去前面两个加油位，因为，那两个加油位能多赚钱呀！

“实际上，我们还借助薪酬的二次分配方案对员工进行激励，我们的薪酬二次分配一直以来都是非常有针对性的，通常跟一段时间的销量，或者一个季度的销量直接挂钩，来制定二次分配方案，二次分配方案也要进行公开公示。”柴艳红说。

虽然杨家豪刚来扬子路加油站，还处在适应环境的阶段，但看着有同事一个月工资能拿到一万多块钱，心里羡慕不已，也暗暗为自己定下新的薪酬目标。

➢ 创客小组

在郑州分公司，扬子路加油站有一个人尽皆知的绰号——人才“摇篮”！

“扬子路加油站非常注重高素质人才的引进，先后引进了一批大学生、研究生。河南石油郑州分公司希望能让这个站以点带面，将培养出来的人才输送到郑州各大加油站。”河南石油郑州分公司副总经理任喜军告诉记者。

多年以来，扬子路加油站作为省级站长站，一直肩负着人才培养的重任，经过不断地改进完善，该站不仅形成了一套合理全面的培养体系，而且侧重大学生人才的培养。数据显示，扬子路加油站培养出来的人才，高学历的占75%以上。特别是对新入职大学生，该站开展定期培训以及定期考核，考核通过后方可调岗，以便让大学生们全方位地了解并参与到加油站的运营中。也正是这一点，让扬子路加油站近水楼台受益良多。

“通常在每年年初，我们都会制定一个人才培养计划。”柴艳红说。大学生群体不仅学历高，接受新鲜事物的能力也非常强。

2020年初，郑州东区特别设置了两个大学生站作为试点，由经实践和培训出的大学生任站长。“这两个大学生站长就是从扬子路加油站培训走出去的两个核算员，其中一个大学本科毕业，另一个是研究生毕业。”苏红利说。两个大学生站长都是女站长，1988年出生、本科学历的陈珅和1993年出生、研究生学历的贾圳珠。其中，特别是贾圳珠的成长让所有人刮目，从入职到当站长不足一年。

“她是2019年入职到我们扬子路加油站的，2020年初便通过竞聘上岗到郑州东区的一个大学生试点站做站长了。”柴艳红说。

“创客小组”则是2020年扬子路加油站的一群大学生员工在远程培训领域的创新和尝试。

作为创客小组的成员之一，杨家豪对“创客小组”的理念倍加推崇。“由于每个加油站都有不同于其他加油站的独门秘笈，我们的‘创客小组’最早成立的时候，就是希望把自身的独门秘笈做成课件，然后通过视频的形式共享出去，让更多系统内加油站在整体运营过程中得到不断提升。”

“创客小组”起源于2020年新冠疫情期间，因为河南石油郑州分公司一直以来都致力于员工培训，但新冠疫情袭来，线下培训难度增加，由“创客小组”引领的线上培训便应运而生。

“因为所有员工都有手机，利用手机碎片化的时间，进行见缝插针似的碎片化培训，符合当时所有员工的状态，既‘短、平、快’，又能无缝对接！”河南石油郑州分公司零售管理部的吴凡告诉记者。

为了强化站内员工“终身学习”的观念，2020年，柴艳红利用抗疫闲暇之余，将站长站功能深化，为站内员工定期开展教学实践课程，带领员工了解设备设施、工艺流程、维护保养方法、班结日结、加油站系统录入等业务，让员工全方面地了解加油站的运营情况，扎实加油站操作员技能，这些都成为了油站全年油品销售1.6万吨的有力支撑。

➢ 超越自我

扬子路加油站虽然只有3名党员，但入党积极分子很多，新进入的5个大学生人人要求进步，几乎都写了入党申请书。

站长柴艳红也是一个时刻以身作则、超越自我、发挥先锋模范作用的党员。

2020年7、8月份，柴艳红在一次下楼时摔成骨折，无奈只能住进扬子路加油站对面的河南省直第三人民医院。别的病人住院就只是住院，柴艳红却是一边住院，一边到对面的扬子路加油站上班。“因为我觉得即便我在站上干不了活，在这里盯着我也放心呀。”柴艳红说。

2019年，柴艳红也因为搬货把腰椎累出了问题，不得不住进加油站对面的河南省直第三人民医院，但是她始终放心不下加油站的工作，能起床站立的时候，她就慢慢地挪到窗边儿，盯着加油站里的情况，加油岛上画线画得不够规范，她也远远地用手机拍了看，然后打电话给站里的员工，指导他们改进……

柴艳红的家住在离扬子路加油站70公里外的上街区。为了全力以赴干好加油站的工作，柴艳红只得离开父母、丈夫、孩子，一个人租住在加油站附近。她每周有一天的休息时间回去和家人相聚，遇到疫情，那几乎是几个月都没法回家看一眼孩子，孩子只能是长期让爸爸照顾。

但是，时日一久，小孩总是想妈妈，总希望能有机会看到妈妈，特别是在寒暑假期间，孩子总是整天整夜地看不到妈妈。一次，孩子放假在家，她对柴艳红说：“妈妈，我能不能跟你到单位去呀？我会很乖的，不会打扰你工作，我就安安静静地在办公室里待着……”

看着孩子可怜巴巴的眼神，柴艳红心里的痛无以言表，她强忍着几乎要涌出来的眼泪，还是对孩子说：“妈妈工作太忙了！没办法带你去……”

炎热的夏天里，大学本科生杨家豪也每天早早起床，奔向扬子路加油站，以自己独有的方式完成对自己的超越——他带着十二分的工作热情站在加油岛上，打着简单的手势，指引着来往的车辆加油……且日复一日！记者很好奇这个年轻人对这份简单工作的感悟，是什么样的信念和梦想让杨家豪一日日站在这里？

提起这一点，杨家豪说心理落差肯定是有的，但他的内心牢牢地记住了一位领导的话：如果连最基本的工作都做不好，以后怎么去领导别人？！

这也是河南石油郑州分公司的一个理念。杨家豪深深认可这一理念，他觉得只有超越自己才能走向成才之道。

11

戈壁明珠上的“新城加速度”

在茫茫戈壁滩上快速崛起的新城中，有这样一座加油站，创造了让人自豪的“新城加速度”。

营销现场

文/李璐瑶　曹静静

“我到过许多地方，数这个城市最年轻。它是这样漂亮，令人一见倾心。不是瀚海蜃楼，不是蓬莱仙境，它的一草一木，都由血汗凝成……”这首脍炙人口的诗篇是诗人艾青礼赞戈壁明珠军垦新城——石河子市而作的。

石河子市是在茫茫戈壁滩上快速崛起的璀璨明珠，这座新城的发展凝聚着拓荒者的热情、建设者的坚韧。城市里，同样有一座名为“新城”的加油站，创造了让人自豪的“新城加速度”。

新城加油站是新疆销售石河子分公司的一座五星级加油站，也是中国石油在石河子市建立的第一座加油站，占地面积4000平方米，油品销售量在石河子市首屈一指，汽油销量常年稳居第一。加油站于1998年建成，1999年开始营业，位于市东环路南端，地理位置优越、交通便利、经营环境好。

加油站班组秉承着“打造一流班组，建设一流团队，创造一流业绩”的经营理念，以及“为顾客提供全员、全面、全过程、全心全意的服务”宗旨，坚持以服务求竞争，以服务赢人心，亲情服务，感情营销，精心打造品牌加油站，实行人性化管理，差别化服务，现场服务水平力求最高标准。紧跟时代步伐、抓住市场节奏，非油销售屡创新高，万吨销量从2003年起始延续至今。

➢ 加油十三步曲

在石河子市，新城加油站是能够让顾客“舍近求远”，放弃附近的加油站，专程驱车七八公里大老远跑来加油的标杆加油站。为了提升服务质量，“70后”站经理王玫通过不断摸索，寻找便捷高效的方式为顾客提供优质服务。依据多年经验，她把加油站的服务语言进行凝结、提炼，形成一套行之有效的标准化服务语言，对每位员工进行培训，采用情景模拟的方式让员工熟悉顾客与加油员的沟通场景。

每天清晨，加油站员工在踏上正式工作岗位之前，都要在服务“标兵”的示范下，按照“加油十三步曲”进行交接班前视频录制，将视频发送到“新城大家庭”微信群内，员工进行相互点评。

“您好，欢迎光临，请问师傅刷卡开票？”

“我刷微信。”

“请问师傅在几号加油枪加油？”

“37号加油枪。”

“37号加油枪，92号汽油，还没加满，请稍等。现在武夷山搞活动，一箱34元，东方树叶第二瓶半价，请问您有需要吗？”

“不要了，玻璃水给我拿两个。”

“玻璃水加油满200元以上两瓶十块，一会帮您加上。请问师傅需要开具电子发票吗？”

“不需要开具电子发票。”

“可以考虑办中国石油加油卡全国通用，全疆优惠一毛五，您可以免费下载中油好客e站APP，实付金额200元以上，可以赠送一定金额的电子券。挺划算的，请问您需要办理一张吗？您是37号加油枪，92号汽油加200元，已经加好了，加上玻璃水一共是210元。请带好您的随身物品，欢迎下次光临，再见。”

这就是在新城加油站员工之间一段再平淡不过的模拟服务练习内容。

质量要从平时抓起，效益要在细节上不断累积。通过班前视频录制，员工们相互学习交流，查找自身不足，严格落实“跑、笑、迎、唱、送”等工作环节。

站长王玫要求全员加强岗位历练、强化服务意识，督促全站员工苦练加油业务技能，将中国石油加油操作十三步曲：迎候、引导车辆、开启车门、微笑招呼、礼貌询问、开启油箱、预置、提枪加油、收枪复位、擦车、提示付款（代客付款或自行付款）、送行、清洁，升华为“一套服务，三个用语”，即享受加油服务的同时，让每一位光顾新城加油站的顾客真正感受到新城“来有迎声、问有答声、走有送声”的热情相待。

“在一系列的服务用语中，最重要的是‘您好！欢迎光临。’和加满油后的‘请看，数码已经清零。’这两句话。因为‘您好！欢迎光临。’这句话一下子把顾客和我们的距离拉近了。前者象征着新城加油站迎接客户的一腔热忱，后者代表着加油站的责任与诚信。”站长王玫说。

在一次次接班前进行的服务视频录制、促销语言演练实践中，大家从面对镜头腼腆不适到后来开始在群内互相“吐槽”，其乐融融中每个人都在不断进步。录视频也成为新城加油站的常态化工作，并成为新城特色在片区“流行”了起来。员工们共同分析各种服务用语的优缺点，以实际的服务经验不断更新完善服务用语库，在其中选取顾客最容易接受的方式方法进行推广，使得加油站现场服务水平更加高效。

2021年上半年，新城加油站油品销售量同比上一年增加了1600吨，王玫感叹说：“这就是我们不断提升服务质量，获得消费者认可的证明。”

➤ 想顾客所想，急顾客所急

新城加油站员工贴近顾客的生活，在加油的沟通过程中，不断熟悉顾客，真正了解顾客所需。加油站的工作人员每隔一段时间就会前往拜访顾客，与顾客聊聊天，唠唠家常。王玫说："我们是真的关心顾客需求，顾客需要什么，我们就做什么。"

新疆地区的农牧团场有大量的化肥需求，而这些团场距离市区较远，缺少高质量的供给化肥渠道。为此，新城加油站从2017年开始拓展化肥业务。负责化肥业务的李延红常在下班后的时间里，开着自己的车，到距离加油站五六十公里的团场进行化肥的推广。与其说是推广新城加油站的化肥，不如说是亲戚朋友之间的闲聊。乡里乡亲对中国石油的信赖，使得李延红的工作进行得很顺畅。

每年一月份，公司都会举行化肥座谈会，把团场的乡里乡亲都请到公司来坐一坐、聊一聊。座谈会上，油站的员工详细了解每位顾客的年计划需求，给出预估报价。乡亲们进行提前的订购。由于化肥的价格时有波动，加油站员工会及时将化肥价格的涨幅情况与团场的朋友们进行沟通，在化肥价格较低时，推荐顾客进行储备。在平日的交流过程中，加油站员工了解顾客的动态需求，保证各团场的化肥供应稳定、价格公道亲民。乡亲们的信赖，邻里间的相互推荐，新城的化肥业务不断做大做强，年销售额突破百万，这让每一位新城的员工都感到自豪。

在了解石河子市的搅拌机厂车队有大型号轮胎需求后，新城加油站开拓了轮胎销售的业务，与厂商对接，为顾客提供经济、高质量的轮胎选择。王玫站长的两次轮胎业务单笔销售30万元的业绩就是在与顾客的沟通、朋友的信赖推荐中，不断拓展得来的。

在一次拜访老客户时，王玫得知，老客户与立城建材公司车队负责人认识，而建材公司车队每年需要更换大量轮胎。她便抓住机遇，与负责人进行对接，积极宣传公司的营销政策、服务内容，站在客户角度为客户算好经济账、质量账，对客户轮胎选择提出合理化建议。最终功夫不负有心人，实现单笔轮胎销售30万元。

玛纳斯宏昊搅拌站距离新城加油站有20公里的路程，原本新城加油站只为宏昊搅拌站的车队提供主油服务。在加油过程中，新城加油站以高品质的油品质量、周到贴心的服务，打动了车队。从2007年起，宏昊搅拌站车队的30多辆大型承重车的轮胎业务就一直由新城加油站负责。单笔销售额约为30万元。

多年来，王玫时常带领员工前去看望搅拌站的朋友们，夏天酷暑时节，为他们送去西瓜、矿泉水，关心搅拌站的运作情况，与顾客真正做到无间沟通。

2021年5月，新城加油站还开启了洗车业务。截至目前累计为顾客提供洗车服务2800余次，满足了顾客加油、洗车的双重需求，既带动油非双增，又增加了惠民服务项目，成为加油站增销创效的新活力。

➢ 亲和力是最好的名片

每天早上8点刚过，新城加油站就迎来了一天中的第一个早高峰：川流不息的出行车辆驶过新城加油站前，陆续有车辆开到新城的加油机前，加油员们忙碌的身影没有停歇，便利店内涌进熙熙攘攘的顾客。可以说，“新城的加速度”是由每位员工的加速度合力打造的。

“您好！欢迎光临！刘哥，92号汽油加满吗？农夫山泉系列有活动，划算又实惠，给您的后备厢放一件吧！”

“您好！师傅您可以试试我们的新品咖啡，浓缩型、提神快，是您旅途中的好伴侣噢。”

加油站的现场上、便利店的吧台里，员工刘海峰和何建英的声音此起彼伏，口罩遮住了他们的笑脸，却遮不住他们微笑的眼睛。

新城加油站的昆仑便利店内，共有16大类300多种商品。站经理王玫眼观六路、耳听八方，看到货架有空位，赶紧上货；看到饮料旁犹豫不决的顾客，快速进入专业讲解状态，从含糖量、口感等方面为顾客介绍到位，两件农夫山泉牌乌龙茶就这样迅速转移到了顾客爱车的后备厢。

在新城，顾客一进站就可以看到加油机旁的玻璃水专柜，蓝色的玻璃水排得整整齐齐。王玫介绍，玻璃水单买一瓶12.98元，油非互动，只要加油即可享受优惠价十元两瓶；加油满两百元，即可享受34元优惠价格购买一箱24瓶的武夷山矿泉水。

王玫要求每位员工见到客户进门时，一定要第一时间说“你好，欢迎光临！”让顾客及时感受到新城的热情。

便利店内的结算柜台机旁，摆放着促销饮料和燃油精，结账的同时，工作人员会进行简短的促销介绍：“我们的饮料都有第二瓶半价，魔爪一瓶6元，第二瓶半价2元；雀巢咖啡一瓶6元，第二瓶3元。”在优惠价格的吸引下，顾客通常整箱购买饮料，一箱15瓶，工作人员还会推荐再买一瓶共16瓶，凑够双数实享优惠。

不仅饮料，在站内，燃油精与油合刷也能让顾客享受切实优惠。燃油精原价60元一支，促销价格最多购买5支，每支20元。如果要买一盒共6支则是145元，第6支45元，这个时候工作人员就会推荐顾客购买5支100元。“单剩下一支也没关系，顾客的实惠最重要。”工作人员说。

在站务会分享先进经验时，创下单日销售玻璃水300多瓶记录的刘海峰说：“现在人们的生活水平提高了，基本每个家庭都会有一辆车，玻璃水的需求量也会增加。而玻璃水对司机师傅来说是必备品。只要有车进加油站，我们就应该把握住机会。”

刘海峰以其极具亲和力的沟通方式，给到新城来加油的顾客留下了深刻的印象，收获了很多顾客的信任与称赞。他不仅从玻璃水的清洁力度、防雾、防冻、防腐蚀等性能对进站加油的顾客开口宣传，还打破大家认为玻璃水只能擦车玻璃的思维禁锢，告知顾客使用玻璃水擦玻璃的好处。在为顾客加油的同时，以微笑拉近了与顾客的距离，以换位思考、为客户着想，真正实现了服务到位、销量达标。

油站用亲情化的服务满足客户的需求，在牢记和践行“顾客就是上帝、是亲人、是朋友”的理念的同时，还把每一位客户当成家人，用最佳的服务拉近与客户的距离，以更好、更优、更贴切的服务回馈客户，让顾客感受到来加油站购物是一种享受。在新城，亲和力是最好的名片。

“以客户为中心、服务为导向”，油站在站长王玫的引领下系统分析、科学管理，从细节上要效益。“把客户引进来，把商品销出去，内练素质，外塑形象。”谈到新城加油站的成功经时，王玫娓娓道来。

➢ 青年团队有活力

新城加油站目前有党小组1个、党员3名、支部委员2名、团员6名，平均年龄33岁。油站的18名员工组成了一个政治素质好、经营业绩突出的青年团队。

“火车跑得快，全靠车头带”，站经理王玫以身作则树榜样。面临日趋严峻的安保形式，面对主非油同比下滑的局面，王玫不妥协、不低头，全身心地投入工作，积极想办法谋出路，塑造团队精神。她努力营造家庭氛围，提高员工待遇和生活水平，激发员工的工作和创业热情。作为石河子片区党支部学习委员和新城站党小组组长，王玫在工作任务艰巨的时刻，发挥党员示范带头作用，加强宣传，走出站外联系客户，提升销量，努力提质增效，是员工心中当之无愧的好标杆。

站上哪位员工哪天生日、日子过得紧不紧、大家的生活细节和心理状态，她都一一记在心里。在得知冉铭家庭困难后，油站的员工们自发集资筹款，购买生活用品，一起到冉铭家里看望。就这样，王玫把新城加油站拧成了一股绳。

同时，加油站实行联量计酬考核：以个人为单位，按照销量多少，结合工资总量，实行二次分配按量取酬，多劳多得，有效地调动了员工的积极性。同时，油站积极树立先进典型模范，并通过站务会、微信、QQ群分享先进做法及经验，同时开展班组间竞赛，营造了“比、学、赶、帮、超”的浓郁氛围。

在良好氛围的带动下，油站员工劲头十足，工作细致到位，利用休息时间对加油站周边企事业单位、汽车4S店、居民小区等客户群体进行摸底，了解客户所思所想，站在客户角度算好经济账、油品质量账；掌握客户或相关负责人的姓名、联系方式、用油量、当前油品采购渠道、其他需求等信息；建立客户信息档案，通过市场调查分析所取得的客户信息建立客户群；做好客户的分析和维护工作，拉近客户之间的距离，提升客户黏性，为促销上量奠定基础。

诚然，新城的业绩离不开富有活力的团队。青年团队有担当、有力量，积极克服新变化带来的各种困难，变困局为新局，不断创造着“新城加速度”。

随着互联网技术的不断升级革新，顾客需求与消费模式也在改变，加之新疆地区特殊的安保形势，进站车辆顾客需在站外等候的情况，导致非油消费群体在逐渐减少。面对这一难题，油站员工们集思广益、出谋划策：站外等候区设立“爆款”商品专柜，便于等候顾客购买；印制好客商城二维码胸牌，便于顾客扫码购物；利用淘宝软件，销售好客商城商品；通过朋友圈、QQ群发布促销信息，将新疆特色的小老窖、伊犁古酒、蜂蜜等商品，远销江苏、四川等地；宣传逢十惠，周末惠，+1、+2元换购便利店指定商品，做大团购加油卡等促销活动，增加顾客进店率，打造浓厚非油品销售氛围；根据客户多元化需求，联合中化易捷、翼支付、三鑫油马等第三方资源开展多元营销，实现互惠共赢；指导帮助顾客关注并成功注册中油好客e站，通过加大核销奖励、开展业务培训、上下联动帮扶积极推广电子券业务，“十惠日”新城加油站长期位居新疆销售前列。

如果说，新城加油站给人的印象是什么，那应当是：严格+高效。严格是新城人对待工作一丝不苟，力求完美的态度；高效是新城人拧成一股绳，以亲和服务顾客，奋力打造“新城加速度”的执着。这“严格+高效”中渗透着新城人的温柔：清晨叫醒客户的不是闹钟，而是新城客户微信群的天气提醒，路况信息、站内的促销活动、优惠政策、油价浮动等便民消息。寒冬时节，新城人无数次开启被冰冻了的油箱盖、帮助顾客修理故障车，以热情在寒风中迎接顾客。

寒来暑往，新城加油站作为“军垦名城，戈壁明珠”石河子市最大的加油站，秉承着中国石油“爱国、创业、求实、奉献”的企业精神，遵循“奉献能源，创造和谐”的企业宗旨，紧跟时代步伐、抓住市场节奏，打造出“新城加速度”，成为戈壁明珠中众多加油站中的佼佼者，造福着石河子人民。新城加油站先后荣获集团公司先进集体、基层建设“千队示范工程”示范单位、青年文明号、质量管理信得过班组和自治区工人先锋号等荣誉称号。

12

锦天加油站，万吨站的传承

一座拆迁还建站如何完成销量上的无缝对接？老站给新站当标杆，因地制宜只是措施之一。背后还要有一流服务、一流的营销手段，以及党建引领作支撑。

营销现场

为了40吨日销量

老站给新站当标杆，锦天加油站员工拼了命地完成油品上量。

文/周志霞

加油站被拆谁也不想看到，何况是一座日销量达到40吨的万吨站！

然而，不幸之余有万幸，不仅政府给予还建，而且可以先建后拆。经过努力，被拆的中国石油安徽销售合肥分公司锦绣大道加油站与新建锦天加油站实现了无缝对接，然而，油品销量怎样才能实现无缝对接？

锦绣大道加油站原班人马全力以赴，开始了以其为标杆的增量大行动。

付出了，结果总是好的。2018年12月15日开业的锦天加油站，2019年实现了万吨销量，2020年疫情当前，不降反升达到14000多吨。

➤ 先建后拆，实现无缝对接

“周记者你看！这就是我们原来锦绣大道加油站所在地，现在已经盖成‘中德教育示范基地了’！”锦天加油站经理陈梅指着十字路口一处高大的建筑对记者说：“不过，政府还建的锦天加油站离这只有两公里左右，马上就到了！”

位于经济开发区锦绣大道与天都路交口西南角的中国石油安徽销售合肥分公司锦天加油站是一座拆迁还建的加油站。

作为安徽的省会合肥，加快了经济建设，每年都有几座被拆的加油站，但真正能及时还建的加油站并不多，合肥分公司在省公司的大力支持下，过去几年全力以赴与政府进行协调，实现了在原锦绣大道加油站未拆之前，合肥相关政府就在离锦透大道加油站两公里之处进行批地，两年前就开始建造锦天加油站。

2018年下半年，离锦天加油站投营的日子只有两个多月了，站经理陈梅带领加油员工开始忙碌起来。

“我们就是想方设法将锦绣大道加油站的顾客带到锦天加油站，以此将销量损失降到最低。”陈梅说。

为了实现这一目标，陈梅带领员工日夜忙碌。首先，在锦绣大道加油站进站口、便利店门口等显著位置，粘贴了大型的客户温馨提示牌，告之顾客新的加油站在什么位置，并通过绘图的形式告诉顾客驱车如何到达。其次，加油站单独建立了微信客户群，与客户进行信息共享，包括让顾客及时了解拆迁信息以及新站的位置。除此之外，陈梅还向站里申请了一些关于回馈新老客户的促销活动，例如，顾客只要持加油卡充值1000元，或加注200元的汽油，就可以从便利店领取66元的商品。

对于与加油站长期合作的大客户，陈梅与员工们颇费了一些心思。“为了不影响他们的业务，我们在即将开业的锦天加油站附近的两个加油站点，作为这些大客户的备用点，客户可以前往办理以往的任何业务。”陈梅说。

做好了这些准备工作，2018年12月15日，锦天加油站正式投入运营。投营当天，加油车辆络绎不绝。

“之前准备工作做得比较到位，另外锦天加油站的设备设施也比以往的加油站先进得多，应该会吸引更多的客户进站加油。”陈梅说。

加油站先建后拆，准备工作做到位，实现无缝对接，为日后加油站销量提升打下了基础。

➢ 重新研究商圈，合理布局

锦天加油站开业了，锦绣大道加油站消失在了地平线里。

加油站虽然拆了，但锦绣大道加油站曾经日销量40吨的业绩，被刻在了很多人的心里，这样的销量，陈梅比任何人都清楚，因为她从2017年开始到拆之前，同样是那里的站经理。

40吨的日销量，顺理成章地成为上级领导给锦天加油站的销量任务目标。

那段时间陈梅压力非常大，一度愁得睡不着觉，特别是在锦天加油站已经开业一个多月，日销量与40吨相差很远的时候。

心急的陈梅每天“泡”在加油站里，终于发现了端倪。新开业的锦天加油站设置了5台加油机，分别是两台92号、一台95号、一台98号高标号汽油机，以及一台柴油机。

“我发现98号高标号汽油的需求太少了，几天也加不了多少；92号油枪还不够用；柴油加油枪也有问题，因为柴油的固定客户都是大型车辆，有时加一次油都是三四千元，但油枪却是小流量的，加起油来效率非常低……”

细研究了客户群体以后，锦天加油站开业没到三个月，陈梅向公司提出“三通”改造的申请：把4把柴油枪其中的2把更换为大流量加油枪；把原来2把98号高标号的加油枪减少为1把，把原来4把95号加油枪减少为3把，把原来6把92号加油枪增加到8把加油枪。经过优化加油枪布局，锦天加油站的销量开始大幅提升。

就在日销量达到26吨、陈梅带领员工正想冲刺日销量30吨甚至40吨的时候，2019年6月9日，陈梅记得非常清楚，也就是高考后的第二天，天都路和锦绣大道交叉的天都路口采取封路措施。这意味着锦天加油站的出站口被封，接下来的日子，锦天加油站只有一个进口，加油车辆不仅从进口进，还要从进口出。

于是，陈梅带领员工开始梳理自身加油站存在的问题。比如如何避免由于我们系统的原因，导致顾客在现场等5分钟甚至10分钟的时间？针对节假日或者油品涨价期间，我们如何缓解加油站现场客户焦虑的情绪……

“我们加油站员工基本没有固定的班次，因为一方面油品调价的时间不确定，有时候会员日也会有变化，所以我基本上是前一天把第二天的班次排好，针对第二天会员日或者调价的高峰期，会临时增派人手。”陈梅说。

不仅如此，锦天加油站以往员工共有13人，为了增加通过率，还增加了3名小时工，作为临时调配人员。

“不管怎样，销量是最重要的，遇到五一、十一这样的黄金周，一个路口进出很容易出现拥堵，必要时全员都要在加油站现场引导。”陈梅说。

为了提升销量，员工辛苦自是不用说。陈梅经常给员工们打气，只要大家拧成一股绳，再大的困难都可以解决。只是当时陈梅没想到，这一封就是一年多的时间，2020年11月，加油站出口才解封。

“不过还好，到后期大家也都习惯了，没有一个人喊累。”陈梅说。

➤ 不遗余力，提升进店率

虽然锦天加油站实现了先建后拆，但在陈梅看来，无论做多少准备工作，新建站不在原来的位置，重新开业后销量无论如何都会有所下降。

“锦天加油站开业以后，每天到站加油的更多的是长期合作的固定客户，但这部分只占据了日销量的1/3，也就是10多吨。”陈梅说。

随着2019年4月市场化促销，行业里迎来一次大规模的降价促销活动，锦天加油站也在其中，销量有所增长。

但陈梅知道，锦天加油站虽然位置不错，但周边还有其他单位的6座加油站，竞争可想而知。行业里都在促销，如何让顾客记住锦天加油站？顾客来了以后，怎样还能让顾客再来？进一步提高进站率，增加顾客的黏性，这才是最重要的。

对于新开业的站，加大宣传是根本，但依靠自身员工的力量毕竟是有限的。于是陈梅和员工们利用加油站促销时到站客户较多的优势，“只要顾客进站加油，我们就与其商量，只要顾客在其微信群朋友圈帮忙转发我们提前编辑好的一个文档，包括新站的地理位置，以及近期要开展的促销活动，站里就赠送该顾客两瓶饮料。”陈梅说。

几个月下来，陈梅发现效果非常好，锦天加油站的日销量蹭蹭往上涨，2019年9月的时候，日销量已经达到30多吨。

陈梅告诉记者，到9月30日时候，行业里促销的行为停止了，但对于我们借用客户帮我们做宣传，我们赠予两瓶饮料的方式，使客户在我们加油站消费的习惯已经养成了，销量基本稳定下来。

除此之外，非油品一直都是带动油品销量的一个重点，针对新站开业非油店销一直不够理想的现状，为了提高顾客进店率，培养客户消费习惯，加油站内开展“一月一主题，月月有优惠”的站级非油促销，通过商品组合促销、第二件半价的形式，同时借助手工海报和促销陈列，提高了客户的购买欲望，通过全员开口营销，非油促销取得了很好的效果，日均销售达到1.3万元，很大程度提高了顾客进站率，带动了油品的销量。

一座先建后拆的加油站，也并非高枕无忧，某种程度上来说，压力更大。锦天加油站的全体员工在陈梅的带领下，顶着各种压力，全力以赴将销量逐步提升，2018年12月开业的加油站，2019年实现的万吨销量，2020年在疫情重压之下，还实现不降反升，取得14000吨的好业绩。

管理秘笈

拆不掉的油站根基

锦绣大道加油站拆了，但优质服务、经营手段、党建作用在锦天加油站得以传承。

文/周志霞

锦绣大道加油站虽然拆了，但其原站经理带队、16名员工原班人马移至锦天加油站，一流的服务、一流的营销手段，在锦天加油站得以传承。

或许这才是锦天加油站短时间上量的原因。这在锦天加油站二楼肥西党支部活动室里，满满的荣誉墙上能找到答案。

➢ 优质服务是基础

“欢迎光临！中国石油加油站。”当记者走进锦天加油站便利店时，员工亲切地打着招呼。“周围有五六家其他单位的加油站，有时顾客来了，就忘记了我们是中国石油，打声招呼也是为了加深印象，提醒顾客我们是中国石油加油站。”陈梅告诉记者。

简单的一声招呼，道出了陈梅多年的站长经验。

陈梅从2007年进入中国石油算起，在加油站工作已经14个年头了，从宏大加油站经理到锦绣大道加油站经理，再到如今的锦天加油站经理，她已经成长为中国石油行业内的“服务标杆”和管理能手，同时她还是安徽省五一劳动奖章获得者和安徽省巾帼标兵。

除了对员工要求严格，陈梅带领员工挖空心思对顾客好。

锦天加油站出口长期封闭，陈梅要求负责看守每台加油机员工要拿出“短、平、快”的架势，不仅要反应快、性格好，还要记性好、有条理，这样才能确保提高服务的同时，销量也能提升。

陈梅经常挂在嘴边的一句话，细节决定成败，一定要对顾客好。记得有一次，一个客户到加油站要求加满油箱，油箱加满油加到了400.1元。客户当时只有400元。陈梅口袋刚好有一角钱，就替客户垫上了。客户连连感叹：国企员工，素质就是高。

仅仅是一角钱，客户就给如此高的评价，引发了陈梅的思考。于是陈梅让员工收集加油站里客户丢弃的饮料瓶、旧报纸，把卖掉的钱全部换成零钱，作为一项专用基金。当客户没有零钱时，就替客户垫付。同事都觉得“这个基金是取之于民、用之于民。”

为顾客提供优质服务不是一天两天，疫情期间更能彰显。“我们主动与客户对接、沟通，取消了一些外地的服务订单。通过这种方式，一方面巧妙地宣传了我们企业在防疫面前所做的工作，维护我们合作客户的利益在疫情期间不受损失；另一方面也避免因为疫情期间有些订单无法兑现的情况。”合肥分公司肥西片区支部书记、经理胡万龙说。

不仅如此，针对疫情期间周边的乡镇封路，很多村里的农菜运不出来的现状，加油员每天前往拉菜，运到加油站替农户销售。

如此这些都为加油站服务和品牌形象加分。

“你们就是原来锦绣大道加油站哈，已经搬到这里了，变成锦天加油站了。到你们站加油我都习惯了，你们搬到哪我就到哪加油！”类似的话锦天加油站的员工听到不少。

加油站可以拆，但优秀服务的根基是“拆”不掉的，锦天加油站优质服务的根基已经扎在顾客的心里。

➢“阿米巴”经营是激励

“阿米巴”经营模式在行业里并不陌生。

2020年受疫情影响，销售压力大，安徽销售进一步提质增效。从6月份开始，公司开始推行阿米巴经营试点，锦天加油站是作为首批阿米巴试点的油站。

阿米巴经营就是以各个阿米巴（每个加油站）的领导为核心，让其自行制定各自的计划，并依靠全体成员的智慧和努力来完成目标。通过这样一种做法，让第一线的每一位员工都能成为主角，主动参与经营，进而实现“全员参与经营”。

“说白了就是让每个员工都会算账，通过销售多少来知道企业挣多少钱，最后知道自己能挣多少钱。”陈梅说。

员工会算账之前，先得知道自己的任务和目标。陈梅将油品任务分解到班组，非油任务分解到个人，拿出计算器讲解每一笔工资组成，直观呈现奖励力度，帮助员工明确目标和方法。

加油站通过学习“阿米巴”进行日算账，周对标，每天关注量效的变化，建立“锦天巴”日量效动态监测表，根据这个表对利润进行监测跟踪，有针对性地开展促销活动，保证量效最大化。并制定经营策略调整优化措施并落实，力争量效完成既定目标。

“以前大家不太在意，现在只要搞促销活动，大家都关心投入和产出比例。”陈梅说。

例如，加满油赠送商品等活动，大家发现有的客户黏度不强，对于白送的商品并不珍惜，油站就针对不同客户群体采取不同措施。包括汽油加满换购活动，同样根据不同客户需求，进行多种组合进行换购。2020年端午节，加油站还把柴油自助价格上推了3分钱，销量不仅没有受到影响，每月创效达到了1.7万元。

“近几年我们发现有些顾客给他便宜几角钱，或者送东西，顾客并不买账，相比之下服务更能打动她，所以我们就根据不同的客户需求采取不同的措施，省下来钱，必要时加油站会拿出一定比例，奖励给大家，鼓励大家提高算账意识，鼓励大家发挥自己的聪明才智去精准营销，精细算账。”胡万龙说。

大家都会算账了，包括平时经常做的“五走进”开发客户也不一样了。以前就是简单梳理一下客户，就上门开发。现在可不一样，站里要先期摸排客户的消费需求，分为价格敏感型、服务敏感型、情感维系型等客户，针对不同的客户，要开会采取一客一议，进行精准客户的开发。

“以前公司算账、部门算账、片区算账，现在油站开始算账，岗位开始算账，大家都知道只要公司能挣到钱，自己才能挣到钱。”陈梅说。

不仅如此，站经理每天召开班前班后会议，每周召开阿米巴经营会议，在站务群内公布每个人的销售排行榜，形成你追我赶的氛围。

企业挣钱，自己才能挣到钱。明白这个道理，加油站上下也开始有意识降低损耗。“原来打印纸用一面就扔了，现在两面用，电费方面没有必要时灯全关掉。”

阿米巴经营模式开展一年多，效果是有目共睹的。五增两降三提升：油品利润、油品销、非油收入、人均劳效、员工收入全部增了；员工成本、吨油可控费低了；员工工作积极性、顾客满意度、团队凝聚力提升了！

锦天加油站效果好，去年开始，安徽销售已经在20多座加油站推广阿米巴经营模式，今年还计划再推广100多座站。

➢ 党建引领是关键

从锦天加油站非油便利店旁边的楼梯走上二楼，便是合肥分公司肥西片区党支部。在党支部活动室里，每个月会组织党小组活动，包括锦天加油站的4座加油站的10多名党员会来到这里，大家相互切磋，互相学习，哪个加油站遇到怎样的问题，在这里就解决了。

在这个党支部活动室里，记者注意到，各种荣誉整整占据了一面墙。最上面两排，包括中国石油行业内的“服务标杆”、安徽省五一劳动奖章获得者和安徽省巾帼标兵，均是加油站经理陈梅获得的荣誉。下半部分，先进集体、青年文明号、安全生产先进集团等等依次排开，有的是锦绣大道加油站获得的，有的是锦天加油站获得的。

由于陈梅多年来的出色表现，如今她不仅是名党员，还是一名首席加油站经理。

“公司把我培养成首席加油站经理，我也深刻地明白一个道理，自己好不算好，大家好才是真的好。”由此，平时陈梅不仅自己学习，更愿意跟大家分享所学所感。公司领导发现了她的这个特点，还经常将新分配来的大专院校毕业生安排到陈梅所在的加油站进行实习。陈梅经常外出学习，每次学习回来把所学结合实际，编写成简单易懂的培训教材，培训其他员工。

会管理会培养团队，陈梅近几年经手的加油站均成为了安徽销售的标杆站，来参观学习的人越来越多，很多其他公司的加油站经理也会专门到陈梅领导的站点学习。

“周记者，你看我们还成立了以陈梅为首的劳模创新工作室。”二楼另一侧，记者看到了包括陈梅在内由6名劳模组成的工作室，通过墙上粘贴对每个人出色工作贡献的介绍，记者了解到，有的是营销能手，有的是创新能长，各有所长。

以前锦绣大道加油站，场地没有这么大，党支部没有设在那里。现在锦天加油站比以往的场地多了1000多平方米，肥西片区党支部就设在这里。“平时党小组活动的氛围、劳模创新工作室的氛围，特别是去年疫情期间，党组活动更加频繁，无形当中都会对油站的员工产生正面的积极的影响。”陈梅说。

徐晓娜，从2017年就跟随陈梅所在加油站工作，作为一名加油站综合管理员，平时工作非常认真，2020年11月光荣地成为一名共产党员，现在已经是一座新开业的加油站经理了。

同样，锦天加油站便利店主管，去年下半年主动找到陈梅表示自己想加入党组织的意愿。“我当时真的非常高兴，马上告诉他这是好事，并且指导他写入党申请书。”

在陈梅看来，作为公司培养出来的骨干，企业增量提效固然重要，带领好自己的团队同等重要，毕竟工作是靠人，这样企业才能有发展。

真就印证了：“自己好不算好，大家好才是真的好！”这几年经陈梅培养的就有7名优秀的加油站经理，20余名加油站管理人员。

战略规划

销量挖潜全攻略

——专访中国石油安徽销售合肥分公司副总经理王洲

“阿米巴”经营法、资源合作、汽服促销是其销量增长的努力方向。

文/周志霞

作为一个拆迁还建站，我们能从锦天加油站借鉴一些什么？合肥分公司发展万吨站潜力又在哪里？“阿米巴”经营模式又达到怎样的效果？

2021年6月的一天，在合肥分公司副总经理王洲的办公室，记者听其慢慢道来。

➤ 拆迁还建损失降低

Q 记　者：王经理您好！我们这次采访的锦天加油站是一座拆迁还建站，老站和新站能够实现无缝对接这种情况不太多，请您介绍一下这方面的情况？

A 王　洲：作为一座拆迁站，一般政府都能承诺还建，但什么时候还建，取决于土地的情况，锦天加油站与老站之间在建站方面，几乎实现了无缝对接，是一个非常成功的案例。起初下达拆迁的通知，作为企业我们肯定是不同意的，但是政府发展经济我们左右不了。那就要和政府尽量谈条件，一方面要置换一块新土地；另一方面还要努力协调先建后拆。总之，这个过程中，分公司做了大量的协调工作，是共同努力的结果。

Q 记　者：之前也有所了解，由于合肥的经济建设，每年几乎都有被拆的加油站，那么从锦天加油站这个案例中，我们可以吸纳一些什么样的经验？

A 王　洲：由于合肥的城市规划和经济建设，一、二环以内已经不允许新建加油站了，所以去年合肥分公司拆了两座站，今年计划还要拆两座站。关于拆迁的加油站，怎样将损失降到最小，一方面要推动政府及时还建，主要在于土地的问题，要千方百计推动政府批下一块土地，有了土地才能进一步推动关于还建的时间等问题。另一方面，就是还建以后如何维护客户的问题。锦天加油站与拆迁加油站相对比较近，就要想尽一切办法把客户带到新站来消费。但如果两个站之间比较远，就要把客户分流工作做细。一方面加油站有卡客户，直接与客户沟通，分流到相邻中国石油站点，如果周边有两三座中国石油站点，具体分到哪个油站要与客户沟通。另一方面针对没有办卡的客户，提前开展一些促销活动，让其变成办卡客户，然后再进行分流到其他的中国石油加油站。

➢ 万吨站潜力明显

Q 记　者：作为省会城市，请您介绍一下目前咱们合肥分公司的发展情况？

A 王　洲：作为省会城市，合肥的经济发展对加油站销量方面有促进作用，但也有冲击。有利的方面，合肥的人口一直在增加，由此，汽车保有量也是在全省增速最大的；另一方面，新能源汽车每年增速在10%左右；同时地铁这两年在陆续开通，对加油站销量会带来一定的冲击。

Q 记　者：之前也了解到，咱们86座加油站中，万吨站有10座，这些站的主要特点是什么？

A 王　洲：万吨站的主要特点基本位于城市密集区，或者在城市外环的主干道上，因为主城区一环、二环以内的加油站越来越少了，新发展的区域，位于合肥的大外环，附近车流量比较大。此外，就是万吨站的站经理，综合素质都比较强。安徽销售公司这几年一直在培养百名优师，这些站经理都是省公司选拔的内训师。安徽销售每年有规划，优秀的站经理去外地交流学习的机会也比较多，是各方面长期历练的结果。此外，除了10座万吨站，还有10多座年销量在5000吨以上的万吨培育站，去年开始省公司推出“阿米巴”经营试点，我们也是想通过这种方式促使这些站能够迈上万吨站。

➢ 从自上而下到自下而上

Q 记　者：刚才谈到“阿米巴”经营模式，我们推广“阿米巴”经营模式的总体情况怎样？

A 王　洲：石油行业普遍存在加油站终端创效能力不强，所以去年开始省公司推行“阿米巴”经营模式的试点。合肥分公司“阿米巴”经营模式推广也是走在前列。从2020年开始已经实行了49座加油站的推广，剩下37座计划在2021年7月1日全面推广。“阿米巴”经营模式，就是在加油站经理的带领下，每名加油员都要有算账意识，知道每月的经营目标任务是多少，成本费用是多少，就是从以前的销量意识转为利润意识，这样一来，加油站的经营质量会更好。以前可能大家只知道卖出油品、销售非油品就行，却不考虑油站的利润，现在卖出油的同时，还要看油站能否挣到钱。

随着推广的逐步深入，“阿米巴”经营理念将全部渗透到加油站，以前更多的是自上而下的传导，最终我们是想实现自下而上的传导。比如以前加油站关于一些定价权、促销权要上报，要经过层层审批，在这个过程中可能会错过很多战机。“阿米巴”经营模式成熟了，就可以给加油站经理直接赋权、赋能，让他们自己根据加油站整体经营情况，行使定价权、决策决。包括对加油站的考核体系也会发生变化，更加突出一个“效”字，就是考核加油站经理为加油站创效的能力。

Q 记　者：要实现这样目标，要突破一些什么样的困难？

A 王　洲：困难肯定是有的。最为明显的困难有两方面：一方面就是考核体制的问题。因为每个加油站情况不一样，预算定的目标准不准，就是量效之间能否平衡。另一方面就是加油站经理能力不同，如何统一思想。我们说一项工作要推广，肯定是要有一个过程，现在效果还有限，和加油站经理、员工整体素质都有关系，要实现里程碑式的效果可能需要三年左右的时间。

➢ 资源投放和汽服促销

Q 记　者：2021年已经过半了，咱们合肥分公司业绩完成情况怎样？是否有一些压力？

A 王　洲：安徽销售一共有13家地市分公司，合肥分公司有82座加油站，这几年销量占比逐年提高，完成率一直排在前列。今年的任务和去年相比有所增加。目前来看，完成今年任务有一定的压力。目前合肥市中国石油加油站占到24%；中国石化占到44%多；剩下的32%是民营加油站。近几年民营加油站一直在做降价促销，同时促销让利的空间比我们大，而两大石油公司边际毛利空间非常有限，这方面受到较大的冲击。

Q 记　者：如何突破？

A 王　洲：一方面广泛引入营销资源进行合作。包括与工商银行、徽商银行等，进行促销资源投放。比如银行给加油站提供一些资金开展“加满200元立减20元”等类似活动，让利给客户。银行可能争取一些银行卡客户流量，我们可能争取到更多的加油客户，增加客户的黏性。

另一方面通过汽服促销来增加客户进站率。目前82座加油站中有23座具备汽服业务，加油站通过加油站卡充值，赠送免费洗车的活动来提高油品的销量。未来还有30多座加油站可陆续增加汽服业务，加油站再通过加油送免费洗车，来抵御民营加油站的价格竞争。

此外，我们与中国石化共同推进，成立了成品油行业协会。一方面是想通过行业协会来规范市场行为，包括不正当竞争，扰乱市场秩序的行为。另一方面推动政府，打击非法经营成品油乱象的问题。目前，非法经营成品油的现象对我们加油站的冲击也非常大，仅仅不到两个月时间，合肥市政府已经成功打击了150多起，成品油市场秩序得到进一步规范。

13

四海，特区站的万吨密码

位于改革开放最前端的四海加油站，全方位诠释着深圳速度和深圳精神。

营销现场

四海的深圳速度

四海加油站的营销、思维和管理，都彰显了“深圳速度”。

文/赵　玥

晚上9点，街道上依然车水马龙、灯火通明。路边巨大的牌匾上书写着全中国都熟悉的那句话：时间就是金钱，效率就是生命。

这里是深圳蛇口。

1979年7月，中国改革开放的“第一炮”在蛇口打响。“深圳速度”应运而生，成为众多深圳人的口头禅。

位于蛇口自贸区的中国海油华南销售深圳有限公司（以下简称深圳公司）

四海加油站，始建于1987年。自2008年由中国海油接管以来，油品销量一直保持在万吨以上，是百万元便利店，也是深圳公司的旗舰站。

30多年来，它始终秉承初心，深深扎根在深圳蛇口这块充满生机与活力的沃土上，发扬着“实干兴邦”“敢为天下先”的蛇口精神，与特区同呼吸、共成长。2020年，四海加油站通过深挖潜力、优质服务、安全运营，全年利润总额超1500万元，海油卡沉淀资金超1000万元，各项指标均位列深圳公司第一名。

在这里，无论是营销、思维还是管理，都彰显着“深圳速度”。

➢ 快速反应

“先生，您好，欢迎光临中国海油！请问加几号油……”23:30，加油站员工游远亮在加油岛迎候着往来车辆，引导、询问、加油，一气呵成。

蛇口自贸区是深圳房价最高昂的地区，寸土寸金。这意味着，占地面积3157平方米的四海加油站必须提高效率，加速服务，因为大家都在赶时间，因为每耽误一分钟流失的都是效益。

有人形容，深圳人走路的步子都是用倍速。“快”，是这个城市最鲜明的标志。反映到四海加油站，便是对服务快速反应的高标准要求。

“顾客的意见我们都是第一时间接收、修正、反馈。”站长黄艳说。

让她印象最深的是一次会员日，由于人员安排问题，一位赶时间的顾客办海油卡多排了一会队，忍不住抱怨起来。

黄艳马上安抚了他，用最快的速度协助他办卡，但她的服务并未结束。下一个会员日，她主动发微信告诉这位顾客，加油站已经做了调整，如果他还有需求再来，保证不会像上次那样排队等待了。

顾客半信半疑。第二次来，看到现场果然井井有条、效率增倍，忍不住夸了她们：你们这优化速度也太快了！

“在蛇口，加油站的竞争很激烈，加上寸土寸金，我们没有余地去增加洗车等服务来招揽顾客，只能拼服务、拼速度。”深圳公司成品油零售部经理助理唐菊红一再强调，服务就要讲究时效性。

她说：“顾客有意见，你第一时间采纳整改，那就有可能多赢来一位顾客，这也算一种‘深圳速度’。”

这种“深圳速度”体现在和顾客沟通的方方面面。

很多顾客就是在这样的快速反应中体会到加油站员工对他们的尊重，渐渐地成为朋友，也成为忠实顾客。“之前提意见的那位顾客，后来成了我们加油站的忠实顾客，和员工们都很熟。有一次特地买了十多杯奶茶送过来请我们喝，大家可兴奋了！”黄艳说。

➢ 智能加速

截至2020年底，深圳汽车保有量353万辆，位居广东省第一。对加油站来说，市场大，竞争更大。

如何进一步提高效率，服务好顾客？四海加油站的智能化正在探索和尝试中。

“先生，您好，请问您是需要支付油款吗？您看现在排队办理业务的人比较多，可以尝试一下我们站新引入的自助终端一体机，减少您的排队时间。”一大早，加油员便指引着前来加油付款的几位客户使用自助终端一体机进行结算。

“这些机器我们都会安排员工手把手指导使用。一旦顾客熟练了，以后就会很快。”黄艳介绍说。

目前，四海加油站共有两台自助交易机和一台交易一体机。自助终端一体机集多种支付模式（支付宝、微信、银联卡等）、海油卡自助开户开卡、交易查询、广告营销等功能于一身，实现加油站油品交易的多渠道、多模式、高效快捷等全方位自助服务一体化，可以很好地实现加油站高峰期内站内客户自动付款和人员分流，极大地减少加油员现场的工作量。

正在加油的顾客李先生，在自助终端一体机上通过自助操作完成付款后，忍不住兴奋地对在一旁指导操作的加油站员工说道：“不错，不错，我还是第一次见到这种自助机呢。正赶着去上班呢，这下好了，也不用排队了，节省了时间。”

唐菊红说，引进实现全新自助快捷支付模式后，能解决顾客支付排队拥挤等问题，使支付更快捷、更安全，同时加快前庭车辆流通，提升了顾客体验感。

另外，他们还巧用互联网工具，重点培养会员客户使用海油行APP的习惯，为纸电一体化项目和零管2.0系统的上线做好准备和推广，进一步提高加油站工作效率。

据介绍，近两年来，中国海油华南销售公司坚持以技术革新、手段创新和流程创新为抓手，通过自助结算、车牌支付等方式，不断提升客户消费体验，努力打造智慧加油站服务体系，在实现高质量发展和数字化转型的道路上不断探索前进。

“今年我们会在整个中国海油上线零管系统2.0站级应用。这是零管系统2.0一个重要的里程碑。”中国海油华南销售公司油品销售管理高级主管任述元介绍道。这套系统几乎颠覆了过去十几年来中国海油旧的零管系统，更多地从顾客的角度设置。

“零管系统2.0从一开始就备受重视和瞩目，通过产品服务、规模客群、数据技术、资源整合为企业赋能，以提升盈利能力为导向，以提升运营效率为基础，以增强客户忠诚度为抓手，以精准数据分析为依据，把传统的加油站转变为综合性智慧加油站，以此提升企业的核心竞争力。”任述元对这套系统充满期待。

➤ 主动出击

2020年，对销售公司而言是极为艰难的一年。在新冠肺炎疫情和低油价的双重挑战下，加油站的压力陡然增大。

销量不是等出来的。

尽管疫情期间加油的车辆减少，但唐菊红他们一点没闲着，成天思考着从哪里找突破口。

位于蛇口自贸区，不缺港口，也不缺运输。虽然这些都暂时停摆了，但总有复工的一天。于是，四海加油站全员出动，到一线去打听港口、运输业等的复工复产情况，从各种渠道了解它们复工复产的准确时间。就这样，客户复工后他们抢到了第一箱油的生意。

“就是得快，得提前，早谋划、摸清底、抓重点、快出击，必须抢在别的加油站之前摸准客户。”唐菊红总结道。这次主动出击，让他们顺利开发了3家汽油大客户，超额完成年度各项任务指标。全年实现利润总额1500万元，海油卡沉淀资金超1000万元，均排名深圳公司第一，在中国海油炼化系统名列前茅。

疫情期间，“地摊经济”成了四海加油站开拓客户的主要战场。

“政府提倡摆摊，我们完全可以主动走出去，拉拢顾客。”于是，黄艳带着加油站员工，和当地居委会、小区物业多次沟通，带着商品走进了小区大门。

“地摊”上的口罩，让四海加油站再次叩开顾客的大门，拉拢了一批顾客。战果可观！由于大力推进“地摊经济”新尝试，活动2天以来，四海加油站成功办理海油卡150张，带动顾客充值额近10万元。

“非油对油品销售的带动是很明显的，两者相辅相成。”任述元说。

如今，四海加油站的非油品业绩也是蒸蒸日上。员工们坚持开口促营销，大力向进站顾客宣传售卖节日期间热门、特有商品。黄艳积极开拓思路，通过青年人喜闻乐见的方式开展线上网络直播带货特色营销，活动3天销售额共计13000多元；大力开展主题团购活动，拓展客户群体……全员共同出力、创新创效，确保非油品稳销扩销，实现非油品销售额132万元，排名深圳公司第一。

➤ 转危为机

和所有经济发达的城市一样，基建的扩展在深圳层出不穷。采访中，在加油站不远处，隐约不时传来挖掘机“当当当”的声音。

未来，一条新的地铁线路将从这里穿过。但对于四海加油站而言，这不算一件好事。

因为修地铁，交通受到影响，部分私家车不得不绕道而行，不来四海加油站加油。唐菊红一打听，按照规划，这条地铁要2022年才通车。这就是说，这样的不利形势还要持续近两年。

被动地等待地铁通车，几乎就是坐以待毙。

黄艳和员工们开始想办法，新的客源从哪里来呢？天无绝人之路，他们突发奇想：如果地面的车受到影响，那就去挖掘“地下”的客户吧。

黄艳开始跑地铁修建工地。一开始，人家看她又年轻又瘦弱，都不愿和她谈。黄艳便穿上中国海油的工作服，戴上工牌，一遍一遍地跑现场。

几次三番，对方被这个看起来一脸稚气的女孩子打动了，终于松口说可以试试。

“我们的油品有质量保证，我们的服务尽心尽力，一定会让你们满意的！”看到对方松口，黄艳赶紧保证。

实际上，由于过去多是服务于商业楼和住宅小区，四海加油站属于汽油站，98号、95号、92号汽油销售占比97%。要把那些挖掘机、运输车变成客户，就要赶紧上柴油。

在唐菊红眼里，这都不算事。按照客户的需求快速调整，才是他们的竞争力。

最终，2020年虽然受地铁施工修路等因素影响，四海加油站实现油品零售机发量8846吨，利润总额1500万元，是“利润大户”。

不利，变为了有利！

黄艳乘胜追击，又把眼光瞄准了“地面”。她发现由于修路，垃圾增多，清洁工来的次数也增加了。一次，她趁着清洁工来加油站喝水的机会跟对方谈合作，对方表示可以试试。于是，四海加油站又拿下了清洁公司的生意。

少了私家车，我们可以挖掘“地下”；挖掘了“地下”，我们还可以回到“地上”。黄艳这样阐释他们的经营思路。

这种审时度势、迅速调整的高速运转模式，使四海加油站无论面对何种危机都能尽快占据有利位置，在激烈的竞争中立于不败之地。

管理秘笈

四海的深圳精神

敢闯敢试、开放包容，四海加油站成为新时代深圳精神的生动注脚。

文／赵　玥

深圳是一座不断创造奇迹的城市。

从发行新中国第一张股票，到第一家股份制企业诞生……四十多年来，深圳诞生了约1000个“全国第一”。

紧握“改革开放”这支神笔，深圳画出一架开启新天地、启蒙新观念的“开山炮”。“敢闯敢试、开放包容、务实尚法、追求卓越”，这是新时代深圳精神。而四海加油站，成为了新时代深圳精神的生动注脚。

➢ 细节创品牌

无论你什么时候走进四海加油站，偌大的场地，既看不到一片落叶，也看不到一点垃圾。便利店更是窗明几净，整洁有序。

在这附近，不仅有中国石化、中国石油这样的有力竞争者，也有来自民营加油站的佼佼者。四海加油站凭什么拿下更多客户，获得更多增量呢？

唐菊红把答案归结为“服务的细节”。要实现这一点，他们必须考虑得非常周全。

如今，便利店提供饮用热水已经是寻常事了，但四海加油站的加热饮水机平时是断电的。“我们并非不舍得电，而是考虑到如果一直加热，万一有小孩不注意就很容易被烫伤。”黄艳解释说，“这个热水器加热也就不到1分钟：顾客需要时，我们马上开动，安全又快速。”

顾客会从任何一个细节判断这个加油站是否专业、舒适、安全。这是对加油站员工的高度考验。

很久以前，四海加油站就意识到卫生间是展示细节的一个重要方面，每天安排专人打扫得异常干净，对所有外来人士开放，也不吝啬免费提供消毒液、洗手液。

一开始，有的人只是顺便借用加油站的卫生间，但看到打扫得这么干净，就会留下好的印象，“无形中树立了我们的品牌形象。”唐菊红说。

有时候她出差到外地，借用其他加油站的卫生间，碰到声称“内部使用，闲人免进”的，总是心里凉了半截。

“我们一定要想清楚，怎样赢得顾客的忠诚度和美誉度。要不，加油站附近就有沃尔玛和便利店，顾客为什么偏偏选中你这里买水？这附近有那么多加油站，有些还打价格战搞直降，顾客为什么非认准你？”

唐菊红分析，四海加油站的客户群体主要为会员客户和过路客户，其中会员客户占比70%。这类顾客不仅为加油站提供稳定的客流量，还是加油站口碑的有利传播者。留住会员客户的主要方法是将亲情服务发挥到极致，增强会员服务体验，使服务更暖心，营销更精准，让老顾客变成忠诚客户。

潜在客户，其实就来自这些方方面面的便利和细节。

➢ 对外窗口

先有蛇口，后有深圳。这句话体现了蛇口的重要地位。

走在蛇口，偶尔会有置身于国外的感觉。西餐厅、酒吧、餐饮店里坐满外国人，半岛别墅区也少不了他们的身影。据说，南山70%的外国人都居住在蛇口。

蛇口作为改革开放的"门面担当"，位于此地的四海加油站也无形中成为对外窗口。

在四海加油站，时常有外国顾客。"大部分外国顾客的素质还不错，会说简单的中文，但我们还是会尽量学一些英文问候语等。"黄艳说。

渐渐地，他们对于国外的节日、习俗也逐渐了解，在提供服务和推广商品时更加游刃有余。

每周一次的社区检查、消防检查成了惯例。采访途中，正遇到消防大队的例行检查。工作人员仔细查看后告诉记者："这里是对外的一个窗口，安全服务非常重要。十几年来，四海加油站都绷紧了安全的弦，次次达标。"

在四海加油站，挂着很多荣誉奖牌：4A涉外场所、"广东省模范加油站"、华南销售公司"提量效、展微笑"优秀加油站、深圳市南山区四海社区党委"党建共建单位"、华南销售公司"疫情防控先进集体""团委疫情防控先进集体"等。今年3月，他们获得了中海油炼化公司三星级青年文明号。

➢ 主动培训

二十来岁的黄艳，用六年时间从普通加油员升为站长，可以说是晋升飞速。不过，她坦言，一开始她并没想到能取得今天的成绩。

老家在湖南的她，和众多外地打工人一样，初来乍到时，心里只有茫然和孤寂。"刚到加油站时，我只是把这里当作打一份工，每天完成任务就行。"黄艳说。

然而，闲暇时放下手中的加油枪，看着五光十色、极速发展的深圳，她难免心生迷惘：“我还这么年轻，未来会怎样？”

深圳，从来都是一座青睐奋进者的城市。

茫然无措的黄艳开始思考自己的道路。她找领导聊天，找老员工聊天。在大家的鼓励下，慢慢意识到不能蹉跎岁月，要把握好时间，把握好机会。而后，她努力工作，很快获得公司的认可，一步一步升为站长。

这肯定不是终点。

黄艳告诉记者，目前她正在准备考几类证书，这两年准备把注册消防工程师证书拿到手。她对未来有了更清晰的规划。

这种精神由她传递给其他年轻的员工。“很多员工一开始也像我一样迷茫，找不到方向。我就去挨个和他们谈话，推心置腹地把我自己的心路历程告诉他们。这可是在深圳！我们这么年轻，不能松懈下来。”

老员工也没放松学习。

即将退休的邱班长现在还在学电脑、APP操作，“发展得太快了，但只要我还在岗位上一天，就不能掉队。”

“全站共有18名员工，平均年龄33岁。”唐菊红说，加油站一直非常重视青年人才培养，注重员工技能和业务能力提升。他们在加油站营造了“比学赶帮超”“老帮新、传帮带”“青中年交流会”等良好的学习氛围，充分发挥业务骨干人才的“传、帮、带”作用，提升加油站整体服务水平，为深圳公司的长远发展提供了强有力的人才保障。

作为一名共产党员，唐菊红在加油站发挥党员先锋模范作用，带领全体员工认真落实创新创号工作举措，在加油站先后设立了党员活动室、党建宣传墙、党建图书角等，筑牢了党建硬实力。

➢ 家在四海

深圳是一座移民城市。

在这里，没有本地人和外地人之分。你能不能被这座城市接纳，能不能融合，完全取决于个人的心态和姿态。

对于四海加油站的员工来说，这里最初只是漂泊的一个驿站。为了让员工更有归属感，四海加油站没少下功夫。“我们举办了很多活动，动静结合，动的有羽毛球比赛、篮球比赛、爬山活动等，静的有读书活动等。总之倡导年轻人别宅在家里，多出来和大家交流。”黄艳说。

但在加油站的领导看来，这些还略显“皮毛”。对员工是否真正关心，体现在更深入的细节中。

由于大部分员工骑电动车上下班，加油站统一组织买了安全帽，保证大家安全第一。加油站的18名员工，无论男员工还是女员工，每个人的回家路线都标记在加油站。每天下班，员工到家后，一定要给值班人员和站长发微信，确认已经安全到家。

“一年365天，我们就报了365次平安。”黄艳说。总要看到平安微信发来，她们才能安心睡觉。

曾经，四海为家；如今，家在“四海”。这种凝聚力让他们更多地投入到工作中去，最终把获得的关心与爱意又反馈给顾客与社会。

他们还与周边企业单位联合举办“世界儿童日”公益活动，关爱儿童成长；成立应急救援突击队，为成功扑灭森林大火贡献青春力量，践行社会责任、彰显央企担当，为此政府部门还专门发来表扬信。

作为中国改革开放的窗口，深圳无疑折射着改革开放的千里奔涌，开拓着一往无前的壮阔航程。生长于斯、竞争于斯的四海加油站，身上带着闯关夺隘的底气和实力，昭示其在新时代改革进程中的蓬勃伟力。

战略规划

通过终端打造海油品牌

——专访中国海油华南销售公司党委书记、总经理彭红斌

零售领域最核心的竞争力是品牌，华南销售公司正通过加油站打造这种影响力。

文／赵　玥

作为改革开放的排头兵、先行地、实验区，广东长期以来一直是市场竞争最激烈的地区，加油站也不例外。

作为销售终端的“后起之秀”，中国海油华南销售公司近年来可谓异军突起。以开放积极的姿态，细致入微的服务，在市场上不断赢得口碑和份额。中国海油华南销售公司的优势和短板在哪里？他们如何破解短板？记者采访了中国海油华南销售公司党委书记、总经理彭红斌。

➢ 在激烈竞争中打造品牌

Q 记　者：彭总，您好！广东地区加油站的竞争一直非常激烈，既有“三桶油”，又有壳牌等知名外企，民营加油站也不断加速发展。近年来，中国海油华南销售公司在广东地区可以说是后起之秀，您能否介绍一下目前的情况？

A 彭红斌：广东地区是中国改革开放得风气之先的地方，是中国开放程度最高、经济活力最强劲的区域之一，市场竞争一直非常激烈，央企、外企和民企在经营方面的创新日新月异。

我们目前有加油站650多座。对于华南销售公司乃至整个中国海油来说，成品油的零售是我们的短板，主要原因是我们起步晚，加油站的数量太少。同时，这些年获取加油站的成本比较高。这是我们的一个短板，也是一个特点。

Q 记　者：面对加油站数量较少的问题，华南销售公司怎样看待？

A 彭红斌：我们的基本工作思路是不断获取加油站终端网络。另一方面，因为加油站数量偏少，所以我们在加油站的投资建设、运营管理和品牌管理方面，会尽可能地做精做专，目的是通过加油站去凸显品牌的社会认知度。

中国海油涉足终端较晚，所以大家开玩笑说我们现在是“上岸”。由于“上岸”的时间不长，消费者对我们还不是十分了解，所以我们更多地要把加油站作为品牌推广和传播的窗口。

Q 记　者：通过这些年“上岸”的努力，效果怎样？

A 彭红斌：这些年我们在提升加油站的服务水平方面下了很多功夫。一方面我们充分吸收和借鉴行业内一些先进的管理经验，另一方面我们制定了一整套有自己特色的加油站管理规范和标准。这样保证加油站在运营管理中能够持续保持高品质服务并不断提升。

可以说，通过这些措施，目前中国海油在客户的心目中已经留下一个比较深刻的印象。大众的认知度、接受度有了很大提升。

Q 记　者：也许顾客提到加油站，很多会想到中国石化，外企想起壳牌。那么，您认为中国海油在打造品牌方面有优势，或者说有特色吗？

A 彭红斌：实际上，通过我们的调查和评估，现在中国海油已经在消费者心目中形成品牌了。另外，数据显示，在我们加油站能够覆盖到的范围，客户的稳定性不错，也有较强的黏性。这说明近年来我们推行的优质服务还是留下了一定积淀，品牌效应初步得到体现。

当然，由于我们进入市场晚，之前有很多客观原因影响了我们品牌的建立。但通过这些年的努力，在消费者的心目中，中国海油这个品牌具有一定印记了。也因为是"后来者"，又是具备优质产品和优质服务的央企"后来者"，中国海油给消费者带来了一种新鲜感，是一家低姿态的央企。

Q 记　者：公司在品牌提升方面有哪些举措？

A 彭红斌：一方面，在油品的保障供应方面，惠州石化基地一跃成为国内炼化一体化规模最大、产业高端、高质量发展的石化产业基地，区位优势很明显。这无形中提升了我们的知名度。

另一方面我们致力于打造精品加油站。因为加油站数量不多，无论是从硬件投入，还是从服务标准的提升，包括整个加油站运营，每隔一两年，我们都会进行整体的优化和提升，尽可能地把为数不多的加油站打造成精品站，成为品牌宣传的途径。

➤"十四五"高质量发展

Q 记　者：目前碳达峰、碳中和是非常引人关注的热点。您能否预测一下新能源的发展对加油站产生的影响？在你们的"十四五"规划中对此有何规划？

A 彭红斌："十四五"规划有一个大的宏观背景，就是习总书记提出来的"3060"。这对我们整个行业的影响非常大，尤其是这几年，新能源的替代呈现快速增长的态势。但是在零售终端，我们认为它还是具有一定的路径依赖性。

新能源在交通能源方面的替代，在不同区域呈现不同的节奏。我们的推测是，在未来较长的时期，替代过程还要经历较长的时期。并不像有些专家分析的那样，2030年之后加油站就不行了。我们不见得那么悲观，但我们有个前瞻性的准备和安排。

Q 记　者：这个前瞻性的准备和安排具体有哪些措施？

A 彭红斌：目前各家能源企业在新能源方面进行了布局。往新能源方向转型，目前中国石化的动作规划比较大，中国海油也有这方面规划，比如发展风能等。在天然气领域，中国海油有比较大的竞争优势，所以在这些方面我们会去做些提升。

涉及到加油站，我们的考虑还是尽可能地去获取一些相对优质的加油站。因为我们必须要厘清一个概念，就是加油站的职能未来更多是向多元化、综合能源供应的方向去转型。现在占据的加油站也是未来向新能源、综合能源进军的阵地。我们现在获取的加油站基本上都是这样子的，就是加油、加注天然气、充电、加氢等综合性发展。

Q 记　者：“十四五”期间，华南销售公司获取加油站有没有具体目标和标准？

A 彭红斌：“十四五”期间，中国海油在华南六省的加油站预计增加到1000座。数量不是很多，标准主要是本着一个高质量的原则。

我们是有选择地进入某些区域，而不是盲目进入。加油站的布局更多要考虑区位条件，不是简单地以高价格去获取，而是从原来更多的追求数量向追求新增加油站的质量去转型。这是我们在加油站投资和获取方面的基本思路。

Q 记　者：您刚才强调高质量，这是不是未来华南销售公司的发展思路？

A 彭红斌：对，高质量发展是我们未来发展的重要思路和准则。除了刚才提到的高质量获取，对于我们既有的加油站，也会有个存量优化过程。对于一些低效和亏损的加油站，我们会逐步采取一对一的方式诊断。有些能够通过运营管理去转化提升，有些则采取处置或清退。

所以我们总体的工作原则，就是增量要控制质量，存量要进行优化，让我们为数不多的加油站在运行的软硬件方面得到整体提升。这也是“十四五”规划的重点安排和考虑。

Q 记　者：现在智慧油站发展很迅速，华南销售公司在这方面有什么规划？

A 彭红斌：在“十四五”规划中我们有信息化的考虑和设想，投入大量的时间精力，与多家互联网公司、相关行业加强合作。

在智慧油站方面，我们已经做了很多创新和实践，包括今年正在推行和实施的整个零售系统更新改造，以提升整体的服务水平。目前，基本上行业内最先进的手段和方式，我们通过这次整体系统的优化改进和提升，都能得到实现。

Q 记　者：对于加油站来说，非油品业务也是重要的部分，华南销售公司在这方面有什么规划?

A 彭红斌：我们会通过非油品业务的提升去整体提升加油站的综合质量。方式很多，比如从服务的品类入手，把一些重点加油站打造成服务于周边的小的商业生态，或者一个消费场景。疫情期间，惠州、深圳的加油站做了不少尝试，比如生鲜、送货上门等服务。

总体来说，广东地区的市场竞争既给我们较大的压力，也提供了新的机遇。我们会在粤港澳大湾区发展的大背景下，在“十四五”期间，从加油站的多元化入手，推动华南销售公司的高质量发展，更好地打造品牌这个核心竞争力。

14

南山口站年销量突破5万吨

在繁忙的南山口加油站，不仅顾客要排队加油，而且油罐车卸油也要排队。

营销现场

文/黄志阳　齐铁健

“南山口加油站平均每天要卖150余吨柴油，在加油高峰期的时候一天要卸十车油，经常是油罐车排着长队，一个油罐车卸完接着卸另外一个油罐车。我都没空儿进便利店喝口水。”回想起曾经在南山口加油站工作忙碌的场景，现在已经升任中国石化格尔木石油公司盐湖区域分公司经营管理岗杜文清仍然记忆犹新。

中国石化青海格尔木石油分公司南山口加油站位于109国道，距青海省格尔木市30公里处，是西宁方向大型物流车辆途经格尔木通往拉萨方向的咽喉要道。加油站于2006年收购，距今已“服役”15年之久。2018年以来，南山加油站年销量一直保持在4万吨以上。2020年，该站创下日销量最高317吨的纪录，年销量突破了5万吨，位居中国石化青海石油分公司万吨站之首。

➢ 88天重建

随着国家安全、环保工作要求的提高，加之高原气候风沙大，南山口加油站外观形象破落，部分油罐腐蚀严重，已达到最高使用年限。2018年6月，南山口加油站开始重建，并创造了88天重建的历史新纪录。

为确保南山口加油站重建尽快完成，青海格尔木石油分公司从总经理、书记到加油员，可谓是全班人马投入到加油站的筹备工作中。青海石油公司省地两级班子亲自督办，实行网建工作例会制度，全面协调推进工作进度，指定专人现场负责。格尔木分公司党委书记陈军带领相关科室人员几乎每天都在南山口加油站重建现场进行监督，在督促合作方加快工程进度的同时，做好安全教育及施工现场管理，加强工程项目全过程的监控，既保证速度又保证质量。

南山口加油站重建完成仅用两个多月的时间，创造了88天重建的历史新纪录，为早日投入运营做好了充分准备，加油站验收工作以及油品、非油品筹备、人员配备等工作均全面启动。南山口加油站重建期间，时任南山口加油站站长杜文清和所有加油员都调到远在90公里外的纳赤台加油站工作。但他们心在南山口加油站，杜文清每隔两三天就去南山口加油站施工现场看一下，掌握加油站重建进度。杜文清带领加油员利用营销微信、客户群等网络媒体及时向客户和群众告知加油站的工程进度，并积极组织人员对重点客户进行走访，确保客户能够及时回笼。同时，针对当前市场情况开展有针对性的营销措施和服务措施，做好市场竞争监测和调查，在客户满意度和优质服务上下功夫，营造良好的销售氛围，为快速回量打好竞争基础。

“能早一天营业就早一天营业！”杜文清心里着急。在加油站整体装修大体完成后，杜文清立即带领原来加油员拎着铺盖卷回到了南山口加油站，在加油站打上了地铺。装修的电工还在进行后期工作，南山口加油站的加油员们就开始清运建筑垃圾、打扫房间、擦玻璃、摆货架……

几乎在同一时间，从机关到片区各个部门抽调人员，来南山口加油站帮忙打扫卫生。经过格尔木分公司员工们的齐心协力，油站创造了88天重建的奇迹。

重建后的南山口加油站，在安全环保和外观形象上让人“耳目一新”。它采用了当前先进的油气回收、油罐防溢油、油水分离等多项安全环保设施和工艺，让加油环境更安全，加油站的空气更清新；崭新的站房和罩棚，宽敞大气的油站布局、整洁的站容站貌看起来让人更加温馨、舒心。加油站共有5台加油机12支油枪10个车道，加油站布局更趋合理。加油车道规范宽畅，可容纳更多车辆快速方便加油。同时，在原来只有0号柴油基础上，增加了92号汽油、95号汽油，为进藏旅游的客户带来了便利。加油站内除了设有大型便利店外，还提供礼拜室、卫生间、开水、简易维修、医药箱、地图指南、方便油桶等便民设施和设备。

➢ 加油站的迎宾

位置好，是南山口加油站油品销量一路冲高的根本原因。

从格尔木到西藏这段青藏公路，设立了检查站。青藏线的路况受天气的影响比较大，如果天气不好，为了安全，检查站就会临时关闭，不让车辆上青藏线。南山口加油站距离检查站只有800米的距离，所以，南山口加油站对青藏线检查站的交通管制情况了如指掌。

在检查站启动交通管制的时候，南山口加油站站长席依婷就会带领加油员到检查站发送传单宣传南山口加油站当期优惠政策，同时带上一些烟、水、面包等非油商品，一方面也解决了司机师傅被困路途吃饭喝水的困难，同时带来了不错的非油销量。

正是南山口加油站员工坚持不懈的宣传，只要检查站通行，南山口加油站里面加油的卡车永远是车水马龙，加油的卡车甚至在站外排起了长队。为了提高加油现场的通过率，南山口加油站配备加油员负责“迎宾”工作。这个“迎宾”不仅负责维持加油秩序，而且要招揽过路的卡车进站加油。其中，加油员康宏涛就是在中国石化格尔木公司出了名的带武器的“迎宾”。

5月1日，南山口加油站加油排队的车已经排到站外100多米，康宏涛负责协调放行车辆，同时安抚排队车辆司机的烦躁情绪。为了让司机看得更清楚指挥手势，康宏涛在山沟里面捡了一个树干用来指挥车辆。车辆井然有序地加油，突然一辆小汽车一下冲到队伍最前面，康宏涛手疾眼快拿着棍子跑到车前面，把车拦下。康宏涛和司机说："帅哥，咱们排排队，好吧。大家都排队，我们加油员手脚很麻利的，一会儿就排到您，别着急。谢谢配合！谢谢配合！"汽车后座传来了一个声音："小伙子，还拿棍子吓唬人呀。我们就是不排队呢。我们不加油，我们是来帮忙加油的。我是咱们公司的杜建峰。"康宏涛刚来公司没多久，还不认识杜建峰。原来，为了帮助南山口加油站应对"五一"假期加油高峰，格尔木分公司经理杜建峰带领几名机关人员到南山口站帮忙加油。受到康宏涛棍子的启发，杜建峰安排相关部门给需要的加油站配备带荧光条的指挥棒和荧光背心，这样夜间指挥车辆更安全、更方便。

除了"迎宾"外，加油站站内还有两名员工负责指挥车辆进入指定位置加油，站内用锥形桶在上车道和下车道之间划分出来一个专用出口车道，保障加完油的车辆有序驶出加油站。

"保证这个出口通道是非常重要的，这样每辆车在加完油后都能在第一时间离开加油站，而不用等待他们前面的车辆。"席依婷表示。

➢ 和顾客交朋友

的确，对于南山口这个年销量将近5万吨的加油站在提高现场通过率的同时，加满率也至关重要。南山口的加满率是加油员和顾客聊出来的信任。

带有少数民族口音的青海普通话是拉近加油员和顾客的第一步。"车上拉的都是啥货？""最近上面还堵车嘛？""现在运费贵吗？""货源多不多？"加油员和卡车司机的聊天，更像是好朋友之间的交流。对于卡车司机工作和生活的了解，加油员们都像是卡车司机。原来，南山口加油站有一名宝藏级别的加油员，他就是张庆。张庆原来是一名卡车司机。张庆感慨道："当年我开车跑青藏线的时候，虽没有经历生死，但是看到青藏线上太多的生死离别，自己被吓到了，不敢再跑青藏线了。"当年做卡车司机的时候，他就经常来南山口加油站加油。他和加油站的员工都成了老朋友，有时候在加油站便利店内歇脚，就能感受到南山口加油站愉快忙碌的工作气氛。他就动了来加油站工作的心思。

他鼓足勇气找站长说了他的想法。站长鼓励他说："你一定能做好加油员，因为你最熟悉卡车司机这个顾客群体，但需要一定的专业知识。"32岁的张庆带着忐忑的心情转行了。在站长和同事们的帮助下，张庆很快掌握了加油站相关的专业知识。而张庆之前卡车司机的工作经历使得他很快就和卡车司机们打成了一片。每次班前会，张庆都会和大家分享，他是如何和卡车司机从陌生到熟悉？如何建议他们加满？通过一段时间的分享，南山口加油站的加油员都像张庆一样会和卡车司机聊天，并和卡车司机交上了朋友。

朋友是关键时刻的雪中送炭。在寒冬、疫情期间，南山口加油站为过路司机免费送奶茶、送餐等活动，赢得了不少赞誉。疫情防控期间，南山口加油站以赠送防护口罩、积极推进"一键加油"APP客户端覆盖、创新线上销售等形式，最大程度提升消费体验满意度。在复工复产的关键阶段，针对复工期间司机路上吃饭难的突出问题，加油站免费送餐2625份。

一碗热饭，让很多头次顾客成为了回头客。

"席站长，我大概还有10多分钟就到加油站。我在风火山口堵了8个多小时，又冷又饿，你帮我泡碗方便面。""没问题。要几碗面。""2碗，站里车多吗？要是没地方停，我就不进站了。我车还有油。""我让加油员在路边等着您，给您送面。油站这会儿车多，你别进站了。"

这是卡车司机李大哥和席站长在微信群里面的一个对话。

经常跑青藏线的卡车司机李大哥，已经是南山口加油站的老顾客了，也是南山口加油站微信客户群的一名成员。他在微信客户群发出求助消息，站长席依婷第一时间给予了答复。南山口加油站微信客户群里面有站长、片区经理、加油员，还有许许多多卡车司机。卡车司机在群里寻求帮助或是询问价格，都会及时得到回复。卡车司机也会在群里提供青藏线实时的天气和路况信息，南山口的加油员也能给顾客提供更实时更准确的前方路况信息。

"客户开发不是一锤子买卖，要想与客户长期合作，就要真正地为客户着想，用最优质的服务感动客户。"席站长表示。在席站长的带领下，加油站每位员工时刻关注客户的需求。对已经开发的客户，他们通过微信、电话、走访等方式问候客户，同时为前来加油的顾客建立了客户微信群。群内不仅为顾客介绍加油站便利店内的各项优惠活动，而且24小时为顾客办理加油卡业务，同时对客户所提出的意见及时反馈并做出处理，出现新的活动时及时告知客户，根据客户实际需求提供相应的服务。

➤ 南山口一家人

“招之则战，战之则胜！”充满活力的加油员，是南山口加油站创造一个又一个纪录的核心力量。

“你要是能考上安全资格证，我就让你当副站长。如果你考不上，你就只能当加油员，还要罚款500元。”站长席依婷和卸油员吴晓磊打了一个赌。从加油员、班长到卸油员，吴晓磊一路努力走来，如今又要面对新的挑战，而且可能从加油员重新干起。吴晓磊心里清楚：“在南山口加油站工作，不进则退。”南山口加油站是销量大站，工作强度大，但工资高、工作氛围好。南山口加油站已经为格尔木分公司输送了数名各个线条不同类型的人才。站长席依婷最关心的问题是如何提高员工的专业技能，让每位员工都走上更高的平台。在席依婷的鼓励和帮助下，吴晓磊终于考上安全资格证书，通过各方面学习锻炼后，他在加油站承担了更多的责任，成为了副站长。

在长期的工作及员工培训方面，南山口加油站始终把建设“学习型”青年文明号、培育“学习型”青年员工作为创建活动的重要内容，全面增强员工的政治理论水平和业务技术素质，提高创新能力。

南山口加油站建立“比学赶帮超”学习机制，站内制定每月燃油宝销售冠军、汽油增量冠军并进行奖励。员工在工作之余问得最多的话就是“今天你卖了几瓶燃油宝？”“今天你引进油站多少汽油车？”席依婷根据员工实际情况给每一位员工设计了“个人发展规划表”张贴在宿舍的床头，让每一位员工都有明确的奋斗方向。为了帮助员工实现个人规划，南山口加油站建立了“师带徒”学习机制。目前，站里已经结对子3对，并培训合格2名计量人员、1名记账人员。同时，站里制作“口袋书”将“应知应会”等基础知识编入书中装在口袋，以便于随时学习，有效提高了员工“应知应会”的熟识度。

员工都说席依婷“翻脸比翻书快”。工作中她是严厉的站长，生活中她是员工的好姐姐。

加油站员工都到了结婚的年龄，在席依婷看来，婚姻大事是员工的头等大事，只有家庭稳定了，员工才能更有动力好好工作。

1993年出生的女员工郭英秀还有半年就要结婚了，南山口加油站风大，员工的皮肤不好。为了打扮最美丽的新娘，席站长买了面膜送给加油站所有的员工。女员工和席站长每天都陪郭英秀一起敷面膜。男员工对于面膜不屑一顾，席站长就号召所有员工一起健身，这下子男员工有了热情，每天加油站宿舍里面都是热火朝天、欢声笑语。

好的企业像家，好的加油站也是“家”。像经营“家”一样打造加油站，用温馨的“家文化”缓解了员工工作中存在的枯燥单调的问题，集思广益用员工的想法来打造“家油站”，让员工都有了强烈的归属感。这样一来，南山口加油站全体员工真正实现了“缺氧不缺精神、艰苦更能吃苦，海拔高追求更高、环境艰意志更坚”的高原石化精神，勇于创新、勤于思考，形成了一个有着高效执行力的青年团队。

2018年度，南山口加油站荣获集团公司先进集体荣誉称号；2019~2020年度，南山口加油站被共青团青海省委授予“青海省青年文明号”称号。南山口加油站在15年的风雨中，已然成为格尔木分公司打造人才的摇篮，加油站输出各类管理岗位人员（含副处级、副科级、科级、站经理）人次达40余人次，近三年来输出计量、记账取证达到10人次，20人次通过技能鉴定考试，其中初级工9人，中级工6名，高级工4名，技师1名。

15

中牟12站，又增销了！

2020年，仅上半年，中牟12站油品销量就同比增加1654吨。

营销现场

迅速“满血复活”的万吨站

文/王海坤　程丽洁　黄鹏涛

出郑州城区往东，有一处古地名中牟县，虽说如今属郑州市管辖，却是东去古都开封的要冲，一条南北走向的交通大动脉亦贯穿全境……

我们今天关注的主角便是这条交通大动脉上的一座加油站——中国石油河南销售郑州分公司中牟12站！

时值夏初，记者在这里看到了一张“2020年中牟12站单站核算数据明细表”，表中清晰记载，2020年1~12月，该站油品销售量为15349.2吨，其中柴油销量为12655吨，油品利润总额为766.025万元。仅上半年，就销售油品

7152吨，日均销售40吨。其中，柴油6033吨，日均销量33.7吨；汽油1119吨，日均销量6.25吨。同比2019年上半年油品销量增加1654吨！

2020年上半年，没有哪个国人会不记得在中华大地上发生了什么——一场史无前例的疫情席卷而来，封城封路……油品销售一落千丈！然而，中牟12站却最终创出了油品销量同比增长1654吨的好成绩。

其实，2020年疫情暴发以后，中牟12站的日油品销量也曾一度下降到2吨左右。“但是，疫情后不到半个月，这个站就迅速恢复到正常的油品销售量了。”中国国石油河南销售郑州分公司总经理张之华告诉记者，这座站不仅是个租赁站，而且所在区域周围3公里内有9家竞争对手，市场竞争异常激烈，社会站低价促销比比皆是，一些私人流动小油罐车加油点通过微信群营销售卖泛滥……

那么，这座万吨站在这样的大环境中是靠什么迅速“满血复活”的？又怎样在2020年油品销量取得了亮眼的1.5万吨？

➢ 实力宠粉

“今年油品提量特别特别难，但是中牟12站还是做到了。”中牟12站值班经理张婷说。加油站周边的社会加油站，以及其他的品牌输出站，成品油挂牌价都比中牟12站要低，中牟12站的油品销售压力可想而知。为了留住客户，中牟12站站长王正礼使出浑身解数。

“整桶的纯净水，我们站里自己都喝不起，但是，王站长却坚持送给前来加油的柴油客户。这些客户并不是拿着水杯来接一杯纯净水，而是整桶整桶地把纯净水扛上自己的物流车。”张婷说。才刚进入初夏，每天送给客户的纯净水就有十桶之多，天气再稍微热一些，这个数字就会轻松增加到十五、六桶。

站里可支配的费用格外紧张，但是面对这种情形，王正礼跟大家说：“我们就是自己不喝，从牙缝里挤也要把这个费用挤出来，一定要保证前来加油的柴油大客户能有整桶的纯净水喝，而且是无条件的喝！”

由于中牟12站周边有河南金地陶瓷城、万邦国际农贸批发市场以及入驻在此的全国几十家大型物流公司，如德邦物流、天地华宇物流、圆通物流、中通物流、百世快递物流、京东物流等，油站客户群体中的物流货车司机是周围众多竞争对手竞相拉拢的“香饽饽”，这些柴油用户一次加油多、用量大，是12站必须下功夫黏住的客户群。

去年疫情期间，王正礼了解到让司机最头疼的是吃饭问题。因为，疫情之下，交通管制加上商店停业，就连高速服务区也关门了。

王正礼赶紧对有复工苗头的企业电话拜访：“张老板，我们站现在还是24小时营业，便利店商品也是平价、足量供应，随时供应茶水，放心的来吧。”

“那真是太好了！眼看就要开工了，我正为司机们跑长途路上吃饭问题发愁呢，你这可是解决了我们一个大问题啊，我这就通知，去你们那加油。”

其实，在此之前王正礼听说疫情严重时，立刻想到“粮草先行”，保证了吃喝，就能吸引住客户。他随即提前安排大批量订购方便面、火腿肠等商品，确保客户需求不断档，并在客户微信群广而告之，在复工关键时刻抓住了客户需求点，服务好客户。

“发个坐标呗，这路上找个水是真难啊……”“还是老王靠谱啊，走，到老王那加油去……”群内客户们的回应络绎不绝。

疫情期间，不少人没地方理发，12站员工龚勋涛用自己买的理发工具，当起了同事们的“托尼老师”。

“呦，可以啊，小龚，还会理发呢，给我也理理发吧，收钱不？现在我们好多司机都想理发，可找个地方理发是真难啊。”前来加油的运输司机老张说。

“客气啥张师傅，来吧，免费的。”小龚回应道。

一听客户有需要，王正礼灵机一动，随后把给老张理发的照片发在了客户群里：我们站上有“托尼老师”，需要的师傅们来吧，免费服务。

“老王，我就是喜欢到你们站加油，违反公司要求我也愿意。”说这话的是南方一物流运输公司的司机赵师傅，他们公司明确要求在广东某站定点加油，他宁愿冒“险”，也要在中牟12站加油。

➢ 蝴蝶效应

实际上，中牟12站宠粉由来已久。

“加油送免费吃西瓜啦，来吧师父，开车一路辛苦了，吃个瓜解解渴。”

骄阳似火的炎夏，王正礼为前来加油的客户送上河南有名的中牟大西瓜。

在中牟12站，前来加油的大多是跑长途客车的司机，一天下来休息不了几个小时，开车时间又不能分心喝水，“烧烤模式”之下加油站内虽有罩棚覆盖遮光，但现场温度比其他室外场地还是高了许多，加油的司机师傅在现场等待难免心情烦躁。

王正礼马上驱车到批发市场自费买来十几袋大西瓜放到站上，一张简易桌，一个垃圾桶，一挂免费吃西瓜小广告，简易的临时休息室就这样形成了。

“师父，吃个瓜，休息一下，你这大车加油多，加满还得一会呢。”加油员小李端着西瓜，对前来加油的顾客笑着说。

“来，小伙子给我递个瓜，我自己加油，你去招呼其他人吧。”常来加油的熟客老陈一手加油一边吃瓜应和着。

就这样，西瓜自然而然引发了“蝴蝶效应”。

“那个站加油还能免费吃知名大西瓜呢，排队加油人那么多，走，看看去。”

小成本里有大收获。据悉，自中牟12站新增免费吃西瓜增值服务以来，客户常客回头率明显提升，车辆现场分流引导压力明显得到减轻，炎夏中日均油品销量能接近60吨。

“我们推行‘一家亲’的管理服务模式。”王正礼说，客户来站上加油时，让他们吃上一顿家常饭，洗上一个热水澡，听上一句暖心的话……

记者在站里“中牟12站员工应知应会”的一张纸上，看到这样一句话：要明确一个转变——由“拼价格”向“比服务”转变。

采访现场，记者和刚加完油的冯老板聊了起来，冯老板也是油站附近工地上的老顾客，认识站长王正礼有五六年了。

“我们主要都是一些大型的机械用油，柴油用量很大，几乎每天都要到站里来加油。所以早跟老王熟得不能再熟了。”冯老板说。

提起王正礼，他挑起大拇指：“这是个好人啊！我已经把这个加油站当家了，经常到这里来做饭，做饭可不是光给我自己吃，我是给站里这些人吃！”

为什么呢？冯老板说，自己有时候到站里加完油，看到老王忙里忙外也没个时间吃饭，自己要是没啥急事儿，就在这儿给大伙做个饭，顺便跟老王也能一块吃个饭，这已经都习以为常了。实际上，久而久之，大家都觉得已经是一家人了，根本没有见外这一说。“过去，我到站里来加油，赶上饭点儿，站里做了饭，我就在这吃，王站长人特别热情，我曾经做过厨师，手艺没得说，后来我赶上了，就会自己亲自下厨。”

不少来加油的顾客都说，以前王正礼经常蒸馒头给他们吃。

数据显示，2020年，中牟12站客户投诉为零。“我们不仅要把投诉作为一个事故来处理，更重要的是，我们对待顾客奉行的是家的待客之道。”王正礼说。

➢ 精准营销

“别看我们的量增长这么多，我们的价格也没有掉下来。”说起站上销量的大幅增长，王正礼说：“降价提量是一般加油站的做法，我们可不要牺牲效益的量。”

要想在市场中拿下客户，首先要分析客户、了解客户，柴油客户是中牟12站的重点客户，占加油量的80%，认真分析这些客户的消费行为、消费动机，再细化出相应的营销措施、精准施策，十分重要。王正礼为此很是下了一番功夫。比如德邦物流长途车队全部为进口车，对油品质量要求较高，发车时间要求严格；许昌万里物流属德邦物流外挂车辆，专跑青藏线，对油品价格比较敏感；西北高原物流内部按油耗考核，对数量比较重视，总体分析，司机客户大部分注重的依然是油品质量和数量，其次才是价格。

通过细致分析之后，中牟12站针对注重价格的客户，实行“一户一策”，采用阶梯型降价方式，稳住客户的同时提升销量；对于注重油品数质量的客户，就给他们想要的，保证油品质量，给足油品数量。为让客户真正放心，中牟12站每次质检后都要把国家质检部门的检验报告及铅封图片上传到客户群中，让客户们吃上“定心丸”。仅此一招，很多物流公司的物流客户都成了中牟12站的“铁杆粉丝”。

记者在采访现场见到了前来加油的汪先生，他也是中牟12站附近一个工地的柴油客户。“其实周围的加油站很多，但是我就喜欢到这儿来加油，这儿的服务特别好，油品的质量、数量也都没得说，价格比周围那些加油站高点，我们也愿意来。因为油品质量好，不伤我们的工程机械呀！”

虽然中牟12站整天来加柴油的大型车辆络绎不绝，这些附近工地的机械车辆还是不愿意放弃到这来加油。“我们每天都是早晨和下午五点以后到这来儿加油，跟大多加油车辆错开时间。”汪先生说，通常他们都是在早晨五点左右就到站里来加油了。

除了对客户细致调研，王正礼还特制了一张“土报表”，详细记录着站内每天的销量及同比、环比增减情况，以及周边及主要竞争对手价格情况，他每天都会亲自或派员工去周边加油站“刺探”价格及优惠政策，持续更新报表，研究有效应对政策，以变应变。

“我最喜欢看这张表了，一有空就打开它研究，周边油站每一点点价格变化，我都能知道。”每天，王正礼都会随时琢磨怎么有效应对周围站的政策及价格变化。

当竞争对手提高挂牌价时，加油站会第一时间做出反应，及时跟进上调，哪怕是一分钱，也绝不要没有效益的销量；当竞争对手降低挂牌价格时，加油站在认真算账的基础上，积极调整营销策略，从现场、从客户入手，提升增值服务，力求量效平衡。

时间一久，中牟12站的油品价格反倒演变成了周围各品牌加油站的价格风向标，众多加油站都根据该站的最新价格来调整自身的营销策略。

“我们不打价格战，我们靠软实力取胜，以静制动。”王正礼说。

➢“增值”锁客

王正礼有一套属于自己的特殊记忆法，站上的每一位大客户车型是什么，一箱油能加多少升，跑多少公里路，加满油几天回来，他总是记得清清楚楚。因此，每当一个客户加完油从站上离开时，计划天数内没有回来的，他就会打电话过去问问情况，时刻送上关心，也锁定了客户衷心。

然而，这还不算王正礼的锁客绝招。

“我的手机上现在客户群有46个，客户有400多个，有的和我熟的像家人，客户路过不赶时间时，我会亲自下厨给他们做饭。”说起中牟12站的客户群，王正礼满脸傲骄。

由于中牟12站的客户大部分是跑全国各地的物流客户，送货到目的地后，回来时难免空跑。王正礼就利用手上的网络微信群为客户们免费提供、发布货运信息，当起了客户的联络员，有拉货送货需求的，司机师傅就在群里发布信息，在群里促成合作。

“自从进了这个群，每月的收入比以前多了几千块呢。中国石油的油好，人更好!”经常跑西藏线的王师傅说。

中牟12站切实把客户当亲人，想客户之所想，急客户之所急，用爱心、服务和“增值”锁客，为客户创造价值，打造了更加紧密的利益共同体，从而稳定了大批客户。

“如果说客户是磁铁的话，那么服务就是一块磁石，不怕客户距离远，再远的路，越走总会越近。”王正礼说。

在一份2021年3月8日针对中牟12站经理的最新竞标方案中，记者看到，王正礼提出了举牌夺标的最新指标：油品销售纯枪量17969吨/年，折合日均销量49吨，利润总额839.8万元!

采访现场，王站长打开电脑给记者看了一组数据：截至3月16日，中牟12站油品三月销量排名第一，为710吨。而排名第二的郑州第一加油站是489吨；3月15日当天，中牟12站油品销量为43吨，排名在其后一位的加油站油品销量为32吨……

显然，其他加油站的油品销量都被中牟12站远远抛在了身后。

“我们每天多卖十吨油就相当于增加了一座加油站的销量，这给公司省掉了多少费用！”王正礼面对记者自豪地说。

看着眼前这位已经59岁、明年即将退休的老站长，记者感慨之余又有些疑惑。听值班经理张婷说，为了中牟12站油品提量，王正礼整年住在油站二楼的宿舍，基本上不回家，常常晚上八点多还盯在加油现场，每天早晨五六点钟就起床忙站里的事儿……快退休了，为什么还这么拼呢?

“我们这代人从年轻的时候起就到了中国石油，对中国石油有特殊的感情，可以说发自内心的感恩中国石油。”王正礼说，“只要不退休，我就得对得起这份工作，担好这份责任。”

不得不说的逆势提量……

河南销售郑州分公司独到的系统支持，是中牟12站油品逆势提量的关键因素。

文/王海坤　程丽洁　黄鹏涛

2020年，在多种不利因素叠加之下，中牟12站却取得了油品销售15349.2吨、利润总额766.025万元的好成绩，除了油站抓住客户心理、实力宠粉，精准营销、为客户创造价值，“增值”锁客、提供增值服务外，关键还在于在整个市公司层面，给予的独到系统支持。

也正因这样的支持，才使得河南销售郑州分公司的万吨站如雨后春笋，蓬勃而出。仅仅三年，市公司利润总额完成了从亏损1.08亿元到盈利1.08亿元的跳跃式转变。

➤ 市公司出手物流大客户

中牟12站是典型的柴油站，柴油大客户是该站作为万吨站的“衣食父母”。

“赢得、留住物流大客户是中牟12站的工作核心，关于物流大客户的维护，我们市公司给予了重点支持。”河南销售郑州分公司业务经营部油卡非润一体化促销管理岗的张妙伟说。由于中牟12站的重点客户都是一些像德邦物流一样的大客户，这样的大客户每年都会由其总部组织竞标、询价，想拿下它们就得由公司出面，参与物流公司的竞标。

以德邦物流为例，每年这家公司都要对各品牌加油站举行一次竞标，过去与中国石油河南销售郑州分公司处在同一竞争区域的社会加油站也参与竞标，屡屡竞标价格都低于河南销售郑州分公司。

“通常，社会加油站会因为低价格竞标成功。但实际上，德邦物流的车，却在我们中牟12站加油。”张妙伟说。

这究竟是怎么回事呢?

“因为，郑州分公司在其中起到了重要的协调作用。”张妙伟说。

原来，由于德邦物流内部的公司结构问题，通常存在油款垫付现象，油款垫付单位在其中起到了非常关键的作用。郑州分公司与油款垫付单位协调好关系之后，仍然可以和社会加油站在具体加油过程中“掰手腕”，变更相应合同，最终将德邦物流的加油车辆客户抢到中牟12站来。“仅德邦一个物流公司的车在中牟12站一天的加油量就有20吨。”

在郑州分公司的大客户开拓助力之下，中牟12站重点针对客户进行维护，客户有哪些需求及时反映，郑州分公司再及时给予相应的政策支持。

初夏时节，当记者在中牟12站现场采访时，一辆辆不同品牌的大型物流车，接续停留在加油站里的专用车道上加油，采访的几个小时内，那条专用车道几乎都没有空下来过……

➤ 单站变价模型

2018年，可以说是河南销售郑州分公司发展史上的一个关键时间节点。这一年，中国石油河南销售省公司来了新领导，郑州分公司总经理张之华也来到了郑州市公司，这之后，郑州分公司有了剧烈的变化。

“新领导来了之后，特别提出算账意识，每周的会议上都要强调，站经理必须会算账，每个站都要有一个单站核算系统，站经理每天都要清楚自己站的利润收入情况。”张妙伟说。

记者在“中牟12站员工应知应会”的一份文件上，看到关于算账意识的“入心入脑”式宣贯——

“单站核算突出的是算账意识。本站的盈亏平衡量是21.94吨。油非转换率29.3%；每升多卖一分钱，吨油毛利：92号11.65元，95号11.53元，0号10.29元；价格到位率每提高一个百分点，升油增利6分钱，吨油增利：92号76.82元，95号81.18元，0号63.81元。”

为了在提销量的基础上最大限度地保障利润，河南销售郑州分公司特别推出通过单站测试建立变价模型，并在促销过程中适时地调整价格，形成理想的动态变价机制。

“单站测试需要考虑的因素包括经纬度、油品品号、油枪数量、油罐储量等等。”张妙伟说。经过一至两周的数据统计，可大致形成一张促销效果分析表。“可不要小看这个表，这个表可供加油站管理人员把握单个加油站价格与销量的对应关系，找出加油站盈亏平衡点，为下一步降价促销做好准备。能将油站的算账意识落到实处。”

通常，在形成促销效果分析表之后，仍要持续每天记录单站测试中所要求的内容，以便建立加油站变价模型，而运行监测就是为模型的准确运行积累必要的数据。最终就形成了一套简单、实用、有效的单站变价模型，使之成为油品提量增利的利器。

➢“花样”打法

从2019年始，河南销售郑州分公司整体上的营销策略也随之让人耳目一新。

“2020年疫情过后，郑州分公司启动了整体营销策略，将整个郑州市场分为三个区域。”张妙伟说。四环以内叫作高效区域，这个区域主要是以汽油销量为主，做的主要工作就是将过去的加油卡客户转化为移动APP客户；把中牟区和新郑区划为增量区域。重点抓这两个区域的物流中心，以物流中心的车辆来带动两个区域的柴油销量；新密、登封被划为竞价区，这两个区的加油站与社会站竞争十分激烈。与社会加油站油品差价达到1.5元到2元，中国石油河南销售郑州分公司和中国石化河南石油郑州分公司联合着手治理这个区域。

与此相对应的营销手段也升级换代，以点打面、两点锁喉、四点定区，还有周期围堵、合作竞价，高招层出不穷。

以点打面，即针对竞争对手站点集中而己方站点较少的区域，开展单品号促销。选站的原则：一是选择某一品号销量较低的站；二是位于竞争中心位置的站点；三是该站服务能力足够应对突然增量的压力。开始降价促销之前，做好充分的宣传，促销的时间尽可能长，降价力度形成对周围社会站的绝对压倒优势，以抢占市场份额。

两点锁喉，即针对车流量较大的国、省道区域，货运车辆较多，并且通常是沿着国省道双向行驶，适合开展柴油降价促销。可以在区域内国、省道的上、下游位置各选择一个站点，从两点堵截车辆。采用卡折扣、加满折让等隐性降价方式，让竞争对手只能被动跟随，己方却占领了先机。

四点定区，即在城市中心区域内，选择四个站点对中间社会站点进行合包竞价促销，形成外围对中心的包围态势。

“四点定区策略主要用于四环以内高效区域的竞争，降价品号只选择汽油，降价幅度以低于区域内平均价格为标准，以直接降价为主，卡折扣与油非互动为辅助。”张妙伟说。

周期围堵，即在区域内己方站点多于对方站点数量时，可选择的营销策略。如对方全天降价，己方可以A站周三周六降价、B站周二周四降价、C站周一周日降等全面围堵对方。

通过这一系列的营销手段，中牟县作为增效区，成功将与社会站的油品差价控制在0.3元以内，为中牟12站逆势提量奠定了重要基础。

➤ 全流程诊断

“当某加油站销售量在没有达到预期时，市公司就会开启对该加油站的全流程诊断。”河南销售郑州分公司业务运作部销售统计分析岗的梅鹏说，中牟12站亦不例外。

在中牟12站，记者看到墙上贴着的一张表格，上面写着：“指标完不成怎么办？1.加大现场开口营销力度，将加油卡电子券讲解给顾客……2.提高顾客加满率，建议顾客加满油箱……3.积极转发朋友圈，介绍加油站油品、非油品活动，引流到加油站办卡消费……”

“通常，加油站全流程诊断在全面了解油站的前提下，涉及线上诊断28项，实地现场诊断5项，由专人专组出具相应报告。根据报告，确定需要整改的项目。”梅鹏说。

这28项线上诊断涵盖极其全面。“像郑州2站，经全流程诊断提出的整改措施及建议是因新增设备较多，站内电压负荷不均，需重新改造线路；对滞销商品和商品动销率低的商品，采用降价方式，消减库存……”梅鹏告诉记者。

据悉，今年以来，河南销售郑州分公司的加油站全流程诊断仍在继续推进中，重点针对双低站治理，围绕“客户进站、客户消费、客户离站”三个阶段，用好“全流程诊断”工具，每季度对偏远站点进行诊断，以实现低销站销量同比增幅20%的目标。

➢ 党支部的力量

“去年疫情之后，为了进一步赢得客户，我们开展了‘五进’活动。以支部为堡垒，由支部书记牵头，每周都要组织支部党员和站经理进写字楼开拓客户。”张妙伟告诉记者，党支部的力量在2020年的逆势提量中起到了不可或缺的作用。

当时郑州分公司的销量在正常的情况下是1100吨左右，可疫情期间只有300吨左右，推开“五进”活动后，情况立即改观。

“分公司一声令下，我们的支部书记、站经理闻令而动，在‘五进’活动中唱主角，各党支部成为主攻手，开展竞赛活动，指标责任到支部。”

日展示，周通报，月考核，整个公司营造了让优秀支部“领跑”，让一般支部“追随”，让后进支部“赶超”的氛围。数据显示，2020年，党支部共开展“五进”活动952余次，走进写字楼、工厂、企业、社区单位822家，办卡2.98万张，昆仑好客APP下载量1.5万人次。

“时至今日，每个支部由支部书记带头每周仍然要进行客户开发活动，并上报开发情况，公司每周都要统计各支部开发客户情况。”张妙伟说。

据悉，2020年中国石油郑州销售分公司，在全省综合业绩排名第三，而党建工作则排名第一。

面对2021年，以支部书记牵头开展的客户开发工作目标已经下发——全年计划开展五进活动2500次，开发单位客户180家，个人客户2.4万人，APP下载3.6万人次，直销新增购油客户60户，新增新客户购油1万吨以上。

在这种大背景和新目标之下，想要把加油站销量继续搞上去，既要下决心，又要付出努力。

中牟12站的员工经常看见忙碌不堪的王正礼，禁不住说一句：“你不能歇一会儿嘛？！”

“不行！一看到这么多车，我哪能去歇着？！”59岁的王正礼总是这么说。

于是，日升月落的朝朝暮暮，所有人都能看到老王在加油现场、站里站外一刻不停的身影……

战略规划

做好万吨站，就要有理想！

——专访中国石油河南销售公司副总经济师白蔚萍

面对激烈竞争，河南销售培育万吨站独辟蹊径。

文/王海坤

万吨站培育历来是极不容易的，油品销量达到万吨以后，继续提量更是难上加难，在竞争十分激烈的河南成品油销售市场上尤其如此。但是，中国石油河南销售分公司却以自身实践独辟蹊径，轻松化解了这些问题，而且拟定了2035年万吨站远景目标——由目前占比2%提高到5%。近日，记者就万吨站的相关问题专访了中国石油河南销售公司副总经济师白蔚萍。

➤ 服务定制化

Q 记　者：近两日我们实地考察了中牟12站，很受震动，在油品营销过程中，站经理甚至可以跟客户变成兄弟、变成一家人，不仅经常会给客户蒸馒头吃，客户也会到站里做饭，给加油站的员工们吃……甚至站经理还给客户们提供增值服务，帮助客户找订单、赚钱！在分公司我们也了解到，可能还要为加油站的客户们提供法律服务，帮助他们解决一些法律纠纷问题，这些引发了我们深入探究的极大兴趣，希望白总能够详细谈谈公司近年来培育这些万吨站的整体思路？

A 白蔚萍：去年，我们提出了“服务定制化”的概念。“服务定制化”的前提条件是什么呢？新领导上任以来提出了三个“高于”的工作原则，也就是我们要做到高于竞争对手的站容站貌、环境卫生和现场服务。

因为河南的成品油销售市场竞争太激烈了！

从2017年二季度开始就打价格战，打到后来大家都疲惫了，现在已经明显变成了中国石油、中国石化一个客户群体，社会加油站一个客户群体，而我们与中国石化相比，我们的站点网络“先天不足”，与社会加油站相比，我们的价格又不占优势。今年以来，成品油价格不断上涨，对我们来说仍然非有利因素。我们与社会加油站的成品油价差，由原来的三、四毛钱，又扩大了一块钱到一块二毛钱。面对严酷的外界环境，只能挖掘内生的动力，于是便有了三个“高于”。

Q 记　者：能否对这个详细介绍一下？

A 白蔚萍：前两个“高于”主要是通过提升硬件设施来达成，最难的是第三个“高于”，因为现场服务是软实力，当然，在拼硬实力很难达成的情况下，软实力就成了我们必须要走的通道。因为有客户才会有交易，有交易才会有收益，所以客户是第一位的。

我们还提了一个追求——把客户群体的需求挖掘到极致。

为此，我们针对客户进行分析，对价格较敏感的客户大量存在，但是，这类客户并不能够给我们带来明显的收益，所以我们要针对能给我们带来收益的客户群体进行需求挖掘，挖掘出他们差异化的需求，让这些差异化的需求在我们这里得到满足，这样我们才能留得住这部分人。

➢ 不打价格战

Q 记　者：目前河南的成品油销售市场竞争十分激烈，中国石油、中国石化的加油站点与社会站之间的油品价差非常明显，加上2020年疫情和负油价的叠加等因素影响，情况十分不容乐观。但是，2020年中国石油河南销售分公司的销售业绩却非常亮眼，这是怎么做到的呢？

A 白蔚萍：2020年我们突出了效益导向，同时我们又兼顾了市场导向，以这两个导向为前提，倒逼我们最大幅度地挖掘自身潜力。

2020年，我们效益的体现主要在两个方面：第一是开源，即通过销量的增长来达到净毛利的增长；第二是节流，即通过精细管理将最重要的营销支出降下来。我们竭尽全力将这两点挖掘到极致，在开源方面，我们发挥最基层的活力，将劳动竞赛深入到加油站，让企业的发展目标与员工的目标相协同，企业追求业绩指标，员工追求的是工资增长，我们将考核目标都下放到站一级，充分调动员工的积极性。

员工们知道，自己每干一项工作都能带来一项收入，每加一升油都能带来一升油的收入。员工的积极性被调动起来之后，员工与企业发展始终能保持同向了。

Q 记　者：那在节流方面呢？

A 白蔚萍：在节流方面，即精准营销方面，我们改变了过去大而化之的营销，将营销做的越来越细。对此，去年还上了一系列的小程序作为支持手段。我们还提出了“三不”政策，即不打价格战、不搞普惠制、不做亏本买卖。其中，不做亏本买卖是目标，不打价格战是个大方向，不搞普惠制是中间的一个基本原则。

也就是说，营销政策的确定一定不是大而化之的、针对所有群体的，一定是面对有针对性的人群，他们需要什么，我们就提供什么，而我们所提供的恰恰就是他们所需要的。去年，在这一原则贯彻之下，我们取得了很好的效果，公司营销支出成本同比降了63%，直接导致河南销售分公司去年同口径利润增加了五亿元。

➢“一单一策”

Q 记　者：看来“三不”政策是公司增利的独门“武器”，它有着很强的威力，那么在这个过程中，公司是如何让“三不”政策深入人心呢？

A 白蔚萍：对于“三不”政策，各级领导及基层员工光知道不行，必须深入理解。为此，我们组织多轮站经理培训，就拿“不打价格战”来说，我们所谈的不打价格战，并不是绝对的不打价格战。打价格战在某个阶段、某个时期是一个简单有效的营销手段，我们所说的“不打价格战”是要有目的、有目标地去打价格战，以打促谈，让竞争对手回到谈判桌。

目前的精准营销由过去的“一域一策”“一站一策”“一客一策”，已经被挖掘到了“一单一策”。因为目前有了信息平台，比如“团油”，所有信息都是公开的，客户对各加油站的即时油价信息、各类优惠政策了如指掌，为了留住每一个到站里的客户，抓住任何一次为进站客户提供服务的机会，就必须开启“一单一策”！

Q 记　者：为了做到“一单一策”，公司都给基层了哪些支持？

A 白蔚萍：我们在前年省公司就已经把各营销政策的权利下放到了地市公司，省公司提供决策支持，地市公司需要系统，省公司就为其建系统，需要平台就为其建平台。且简化流程，随时审批，快速应变。

现在的营销，是我们不断地在市场上和客户进行沟通，客户随时会给我们带来冲击，地市公司随时盯在现场，加油站需要什么样的政策，随时审核通过，付诸实施，总之要快速反应，提前于竞争对手做出应变。

➢ 远景目标

Q 记　者：针对万吨站的培育和上量，2020年至今，省公司层面给予了哪些支持？有哪些有效政策？

A 白蔚萍：首先我们三个“高于”的打造是对万吨站很好的促进，尤其是“亮化工程”，对万吨站的促进很大。虽然“亮化工程”本身也覆盖了很多其他的加油站，但是对万吨站的投入具有明显的倾向性。很多万吨站都是昼夜24小时营业，而夜间的加油量并不比白天少多少，再加上万吨站夜间营业的一些灵活有效的促销政策，使得效果更加明显。当然，这些营销政策也有不同的分类，像柴油站要充分体现货车司机的诉求，而汽油站则在一些油非互动政策方面下功夫，由非油品营销来带动油品销售。

目前我们在汽油站的油非互促上，基本上已经走上了“以非带油”的阶段，因为油品销售利润已经非常薄了，而各类加油站的成品油的同质性也越来越明显，我们只能将未来的利润增长空间放在非油品销售上。目前我们所看到的油品销售的万吨站，将在未来非油品销售的利润增长上有很大空间。

Q 记　者：目前针对万吨站油品提量有什么好的措施呢？

A 白蔚萍：我们分两个方面，一方面是保存量，另外一方面是盯新增的量。但是在眼下低油价竞争、新能源迭代等一系列外部因素叠加的大环境下，万吨站继续提量难度比较大，所以，其更重要的是在保持住现有成绩的基础上增长。

今后我们还将继续在培育万吨站上下功夫，省公司已经有了一个明确的目标：到2035年，万吨站远景目标要由目前的2%提高到5%。

我们要干好今天的事，就一定要有理想。

16

中油交通，“气”势如虹

一年的时间，平凉这座油气混合站实现了油气双破2万吨的喜人业绩。在这背后彰显的是中油交通公司用三年时间在41对加油站基础上，实现了18座油气混合站的快速发展。

营销现场

平凉，油气双破2万吨

新增LNG业务后，短短一年时间，平凉加油（气）站实现了油气双破2万吨的喜人业绩。

文 / 齐铁健

素有“陇上旱码头”之称的甘肃平凉，地处陕甘宁三省（区）交汇处，东邻陕西咸阳，西连甘肃定西，南接陕西宝鸡，北倚宁夏固原。平凉不仅是丝绸之路经济带的重要节点城市，而且是西北地区重要的公路枢纽和欧亚大陆桥第二通道的重要中转站。

平凉的地理位置没得说。而作为甘肃中油交通油品有限公司（下称中油交通公司）重要的一个站点，平凉服务区加油（气）站正处在青兰高速平定段平凉东出入口5公里处的甘肃和宁夏的交界处，发展潜力不言而喻。

借助地理位置的优势，加上不断宣传、维系客户，2020年11月18日，中油交通公司平凉服务区加气站投产不到一年，油气销量实现了4.15万吨，其中成品油销售2.15万吨，天然气销售2万吨，油气双双突破了2万吨。

➤ 小小名片，信息传千里

平凉服务区加油站要扩建加气站了！

2019年初，平凉服务区加油站站经理宋自海接到了这个令人兴奋的消息。

在此之前，武威南服务区和兰州北服务区等兄弟公司的油站陆续增加了加气业务。这一度让宋自海很羡慕。

先把平凉服务区加油站扩建加气站的消息传播出去，宋自海想。

由此，从加气站修建之日起，宋自海便找人设计制作了平凉服务区加油（气）站的名片。他安排专人在加油站、服务区，以及停车场等地方向顾客发放。

“刚开始发名片，我们前面发顾客转身就扔了。当时，服务区停车场满地是被顾客扔掉的名片。”提起那个时候，营业员赵建红有些沮丧。

“放心，总会有人保留。100张名片有20张能把加气业务的信息传播出去，我们就胜利了！”宋自海经常给员工打气。

效果很快显现。平凉加气站还没投入运营，就有很多顾客打电话询问是否可以加气。平凉服务区加油站加气业务投运半年以后，宋自海完全变成了“接线生”。

“你好！咱们平凉服务区是增加了加气业务吗？什么时间加气都可以吗？”

“你好!平凉服务区加气站现在有气吗？多少钱？”

“有呢，师傅，气源充足，现在3.68元/升，随来随加。”

2019年12月的一天，宋自海挂断电话已是凌晨4点15分。“每天都有接不完的电话，至少要接七八十个。”宋自海说。

随着电话的增加，平凉服务区加油（气）站开始搜集信息，建立了不同的客户群。“客户越来越多，现在客户群被分为针对单位车辆的客户专属群、针对普通物流和个体车辆的潜在客户群。”宋自海说。

随着名片发放数量的增加，运营两个月后，进站加气车辆就有了明显的增加，平凉服务区的加气站实现了盘点不亏。

与此同时，让宋自海感到意外的是，这一张小名片还让顾客知道了平凉服务区加油（气）站“加油有礼、加气优惠”等活动，吸引了大量的油品顾客过来加油。

➤ 巨人肩上，发展不绕远

就在宣传紧锣密鼓进行的时候，气站建设也如火如荼。

平凉加油（气）站作为甘肃中油交通公司第二批投入运营站，在此之前已经有武威南服务区加油（气）站、柳园服务区加油（气）站、兰州北龙口服务区加油（气）站等5座站投入运营。有了之前5座站的扩建经验，平凉加油（气）站的扩建显得容易得多，内部一度称为是“站在巨人的肩膀上”发展。

“扩建武威南站的时候，当时只考虑价格，加气站设备是通过普通设备进行招标，投产后一个月就亏损了。”武威南站站经理张国荣说。

扩建平凉加油（气）站的时候，站里对采购设备的技术进行了全面优化和限制。通过参考加液机损耗、结霜水平、稳定性、检修频次等参数，平凉加油（气）站的设施设备自动化水平整体提高了。

解决了设备设施硬件自动化水平，如何实现设备设施平面总体布局优化是加气站建设一个非常关键的环节。

之前的五座站是按照常规站建设，就是把设备设施拉到现场，进行组装。宋自海表示，这样做的设备链接处容易出现跑冒滴漏等后续问题。

为了提高设备设施整体的工艺水平，平凉加油（气）站采用橇装站的方式。橇装站就是在工厂内把储罐、泵撬、设备设施进行集成。通过集装箱把所有设备运到加气站进行整体安装，二次施工的技术要求不高。

橇装站还可分为一体橇和分体橇两种。对于可研日销售量预测低的站点，使用一体橇设备；对于可研日销售量预测高的站点，使用分体橇。而平凉加油（气）站场地比较大，销量比较高，采用的是分体橇的方式。

“采用适合自身方式扩建，不仅可以减少日后LNG的损耗，而且可以提高经营质量。”质量安全工程部主任李睿说。

不仅如此，有了第一批五座加气站的扩建经验，在平凉加油站改建过程中，工艺问题，保温材料，阀门的备品备件，型号，后续配备……很多问题进行了激烈地讨论。“经过讨论的过程，一定会形成一个最优方案。如果拿过来就干，后续的问题会很多。”李睿说。

由此，2019年11月，在平凉加油站（气）站建设过程中，中油交通公司总结了《LNG加气站降损操作指南》。2019年12月，平凉加油（气）站投入运营。

不仅扩建加气业务时吸纳了很多经验，到平凉加油（气）站投运时，员工对于日常设备运行和安全培训工作已经非常熟悉。具体操作加气业务的员工都会到之前五座站学习培训，包括一些具体操作方法，遇到紧急情况如何应对等。

➢ 随到随加，平凉“不断液”

2019年11月15日，新疆某物流车队司机李凯驱车经过平凉服务区，加油员递过他一张名片，名片上LNG信息让他眼前一亮。于是，他细心地将名片保留了起来。

原来，李凯主要负责从新疆到上海这条线路，而且他的车是LNG车。这也促使他经常到处找加气站，有时好不容易找到了加气站，经常是排队的人特别多，有时要排几个小时。更让他恼火的是，排了很长时间的队，加气站有时还没液了。继续等，最长的时间需要等一两天。

2019年12月23日，李凯从上海返回乌鲁木齐，快到甘肃的时候车辆刚好需要加液。他想起了上次的那张名片，抱着试试看的心态给平凉服务区打了电话。服务区告知，两边都有液，而且随到随加。

吃了一颗定心丸后，李凯当天下午五点多到了平凉服务区。车开进平凉服务区加油（气）站，两名员工走过来，一位负责登记和安全检查，另一位负责快速加液。

“我还头一次遇到两名员工为我们服务，而且加液时间特别快！”李凯非常满意。以后的几次，李凯都有意识地在平凉服务区加液。“就算是节假日，也有专人引导，车辆有序进行排队，加液还是比较快的。”李凯说。

两名员工为客户服务，不仅加液安全规范，而且能够缩短加液的时间。以前一个员工服务加液需要40分钟，现在缩短为20分钟，最大限度地提高了加液效率。

“更关键的是，他们站从来不断液。前几次来之前，我还不放心总要打电话问一下，后来我都不打电话直接就过来了。”李凯说。尝到甜头的李凯，把平凉加油（气）站的名片推荐给了该物流车队的领导。由此，该车队成为了平凉加油（气）站的固定客户。

为了保证不断液，每天早上八点，宋自海都要了解站内LNG库存情况，第一时间与调度联系，沟通一天的发液计划和现有待卸车辆的情况。

“断液对顾客的影响非常大，顾客已经习惯了在我们站加液、补液，一旦LNG中断就会影响顾客的行程。我们要为顾客着想。”宋自海深有感触地说。

➢ 维护客户，惊喜自来

维护客户，为客户提供最大的便捷，是增加顾客黏度的渠道之一。

由此，每天，平凉服务区加油（气）站员工都会在客户群里发布天气信息、路况信息、周边资源情况、加气站状况、周边市场价格等信息，保证客户第一时间就可以获得真实的信息。

“加气站有涨价信息也会发布。因为我们觉得尊重客户，就要让顾客自己做选择。只要我们真诚对待客户，客户就会更加信任我们。”平凉加油（气）站便利店员工冀亚兵说，“我们面对的是全国各地的客货运司机，有的司机不是经常走这个路线，下一次来还不知什么时候。我们一定要对顾客真诚，顾客才能记住我们平凉服务区加油（气）站。”

由此，除了本职工作外，站经理助理李晶和冀亚兵还负责维护7个车队客户群和7个潜在客户群。

与此同时，平凉加油（气）站还有意识地维护油品客户。他们对油品客户基本情况、油品需求量、消费能力等进行全面摸排，进行客户评定和分级服务维护。

不仅要维护客户，平凉加油（气）站还为顾客着想，为顾客解决麻烦事。这不，为顾客办实事，还有意外的收获。

“欢迎铁胖！以后到你那儿加气啊！”

2020年6月3日，宋自海被拉入了一个“宁夏飞龙车队”微信群。进入一看，这是宁夏的一个司机群，群内有497人，全部是大车司机。刚刚进群，群内熟悉的人称他为铁胖，热情地和他打招呼。

宋自海有些迷糊，交流之后才明白，原来是因为那50元钱的事。

一个月前的一天晚上，一辆宁夏货车司机加完气离开的时候，不小心把加油站出口处的防护栏给撞了。

宋自海赶到现场，司机连忙解释：“我刚才打电话咨询了，需要150元才能修好，可是我这趟因为中途车辆违章，带的钱花完了，只有这趟货送完才能结到运费，现在只能给你留50元钱，你把我的电话记下，下趟回来再补这修理的钱。”宋自海转身看了一下护栏的情况，觉得自己买点配件也可以维修，于是就让这位司机赶紧赶路。

就是这样一件事情，没想到一个月后，这位司机为平凉加油（气）站拉来近500位潜在客户。“这些潜在客户每天都在群里发布一些信息，又给平凉站带来很多油品客户。”宋自海说。

如今，平凉服务区加油（气）站已建立了8个微信客户群，还有7个车队的沟通群。

线上线下做销售的同时，服务也要同步跟进。服务最终目的是让客户认可，只有客户认可了，平凉加油（气）站才能实现稳油增气。

管理秘笈

油气同发力，三年重回40万吨

油气同发力，2020年中油交通公司实现2018年跌破40万吨后的首次破冰。

文 / 齐铁健

2018年7月，甘肃中油交通公司武威南服务区加油（气）站投入运营，中油交通公司打响了市场的第一枪。之后的一个月，柳园服务区加油（气）站和兰州北龙口服务区加油（气）站陆续投营。

2019年，随着平凉服务区加油（气）站等第二批加油（气）站投入运营，中油交通公司的加气业务进入爆发增长的阶段。到了2021年，中油交通公司在41对加油站网络基础上已实现了其中18座单站提供LNG业务。

一边增加LNG业务，一边全力以赴稳住汽柴油销量。截至2020年12月20日，中油交通公司实现油气销量43.86万吨，实现2018年跌破40万吨大关后三年来首次破冰。

➢ 全力以赴，稳住汽柴油

近几年，成品油需求持续放缓，中油交通公司汽柴油销量出现大幅下滑，油气销售量一度跌破40万吨大关。

由此，稳住汽柴油销量是中油交通公司销量重回40万吨的关键点。

为了遏制柴油销售下跌趋势，在利润受控、市场份额不减的前提下，中油交通公司通过价格管控，细分客户群，以精准优惠、差别优惠、阶梯优惠绑定客户，实施了“一站一策”“一卡一策”“一客一价”，全力以赴促进柴油稳量增量。

针对柴油客户，中油交通公司认真梳理1398家跨省物流车队客户，分为年度维护消费金额500万元以上的A类客户13家；100万~500万元的B类客户100家；30万~100万元的C类客户1285家。

对于不同客户级别，中油交通公司会有不同的优惠力度，更重要的是做好日常维护。

物流车队的行业特征是点多面广，各加油站都会帮助大型物流车队解决油品、资金、发票传递等远程管理难点，以增强与客户的互动，提高加油卡的“存活率”。

加油（气）站为客户提供代管加油卡服务。每月由加油站统计对账，公司审核后按照客户要求定向邮寄发票。目前，中油交通公司为162家单位卡客户提供邮寄发票和对账业务。

针对汽油车客户，中油交通公司进一步强化汽油终端的零售能力。根据不同加油站单车加油量，开展分梯次优惠的“一站一策”“一客一价”形式多样的油卡非润气互促活动一体化经营。加油站经常开展油非互动，为了提高客单价，加1000元送一瓶矿泉水、送饮料、米面油或是卫生纸……开展油非互动活动，达到主油提量、非油降库、纯枪提效的效果。

除此之外，2020年疫情期间，中油交通公司为客户提供防护物资，加油（气）站每天几次全面消毒等，均给客户留下了良好的印象。

“增长还有一个因素，由于疫情期间高速公路免费通行80天，高速服务区迎来了加油加气的小高峰。”中油交通公司业务主管赵宴说。

截至2020年12月20日，中油交通公司实现汽油销售17.12万吨，增幅4%，其中高标号汽油增幅达到7%。柴油销量同比增长近40%，柴汽比由2019年的0.829提升至2020年的1.13。中油交通公司累计实现油气销售43.86万吨。柴油的大幅增长，是中油交通公司重回40万吨的关键。

➢ LNG销量，挖潜有道

今年年初开业的马莲井加油（气）站，被誉为甘肃销售最霸气的加气站。这个站占地面积40亩，拥有13个车道，罩棚面积1000平方米，有5台加油机和4台加液机，东西南北四个方向均与道路相通。

设备设施过硬，马莲井加油（气）站也争气，开业3个月，LNG日销量一下从10吨跃升到80吨。然而，接下来日销量80吨似乎成了一个很难突破的瓶颈。

赵宴坐不住了，她一遍遍研究其他加气站的数据，与马莲井站进行对比。她还时常观看马莲井加油（气）站的现场视频。终于，她发现，马莲井加油（气）站虽有4台加液机器、6把加液枪，但根本不能同时使用，站里经常会有排队的现象。

“马莲井加气站的储罐压力，不支持4把以上的枪同时运行加气。”马莲井加油（气）站经理马天炜说。

于是，赵宴找到管理设施设备质量安全工程部门进行沟通，怎么才能让6把枪同时加气。经过商讨，业务部部门和设备设施部门给出一个方案：优化现场，6个车道排队，实现4把枪同时加气。同时，要求保安进入现场协调，由此加快现场的通过率。

通过业务部门、技术部门、加气站现场员工的共同努力，马莲井加油（气）站的日LNG销量终于突破了100吨。

➢ 减少放散，降低损耗

加气站损耗因素有很多，如设备设施自动化水平不高、管线保温做得不好……然而相对而言，加气站销量少就要放散，放散多少是加气站损耗的最关键因素。

中油交通公司第一座投营的武威南气站，第一个月就亏损了45吨。

“第一批投营的加气站，初期每天就卖两三吨。LNG长期卖不掉，储存时间长储罐压力就会升高。这就要放散，这才是最大的损耗。”站经理张国荣说，“和油计量不一样，放散没有具体数量的规定。那段时间，一车LNG要放散掉半车，每天只要一听到放散的声音，我的精神都不太对了，那可都是钱啊！”

不仅LNG卖不掉要放散引起损耗，与管理加油站不同，加气站经理对设备工艺的了解程度也会影响加气站的损耗程度。“同等销量，有的加气站连续三年损耗一直降低，有的加气站损耗一直居高不下。”质量安全工程部主任李睿通过观察近三年的营销数据，特别有感触。

比如在卸LNG的时候，装LNG的槽车的压力要高于储罐的压力，才能顺利实现卸液，否则就要放散。为了不引起放散，在给顾客加注LNG的时候，要重新调整平衡，包括给储罐增压，使其达到工作压力。

那到底什么时候放散？该不该放散？放一个压，还是两个压？针对加气站放散的监管难点，2021年，中油交通公司进一步细化管理流程建立了LNG加气站放散台账。实现加气站在日常运营过程中，每一次放散均有记录可查，每一笔放散数量真实可靠，为进一步细化损益管控提供了基础数据支撑。

经过无数次经验积累和摸索，站经理张国荣终于取到平衡值：LNG储罐压力达到0.8MPa的时候，就要进行放散。为了减少放散，减少损耗，加气站在临近这个点的时候就要进行降价促销，进行止亏降损。

武威南加油（气）站在接近放散气压的时候，依据市场需求随时调控价格实行薄利多销，不仅减少了放散次数，且降低了损耗。一年后，武威南加油

（气）站实现扭亏为盈。目前，这个老牌汽柴油万吨站，2020年LNG销售量首次突破万吨。

也正是因为LNG特殊的经营性质，中油交通公司下放了LNG的定价权，加气站的站经理拥有了自主定价权。

原来LNG的定价权属于公司价格管理委员会，但是加气站LNG压力大的时候，需要放散，进行降价促销，需要站经理写申请报给价格管理委员会进行审批。

“审批最快三天，好不容易等价格委员会同意降价了，那边加气站的LNG也放散完了。所以，公司最终下放了定价权。”李睿说。

➢ 销量背后，战略布局

截至2020年12月20日，中油交通公司41对站累计实现油气销售43.86万吨，其中18座拥有加气业务的LNG销量达到7万多吨。特别是马莲井加油（气）站，开业只有3个月，LNG日销量达到130吨。

LNG销量快速增长的背后，是中油交通公司针对天然气市场的战略布局。

“我们根据一个区域一个市场、一个线路一个市场、一个点一个市场，把LNG市场细分为热点市场、空白市场和潜力市场。”赵宴表示。

2017年，中油交通公司还没有加气站。但是，在甘肃与新疆交界的酒泉地区，已经有37座民营加气站了。后来在该地区投营的马莲井加油（气）站和柳园加油（气），被公司定位为竞争比较激烈且销量可期的薄利热点市场。

“这两座站销量的增长前提，要求我们随时关注其他民营加气站的动态信息，要注意自身内部的管理，以取得更多的竞争优势。”赵宴说。

在空白市场的开发方面，比如中油交通公司在宁夏交界地区和陕西交界地区，当时没有加气站或只有一两座加气站的情况下，分别开发了平凉服务区加油（气）站和百花加油（气）站。这也是平凉加油（气）投营一年后，天然气销量突破2万吨的基础。

“针对空白市场，我们会有意识地加大协调力度。一旦有时机将全力推动加气站扩建项目，确保规划项目尽快落地见效。”李睿表示。

对于潜力市场，与四川交界的武都加油（气）站就属于潜力市场。武都加油（气）站，每年的柴油销量在万吨以上。2020年，武都加油（气）站的柴油销量达到1.46万吨。柴油销量基数大，是开发LNG顾客一个很好的基础。

“通过柴油和LNG模拟转换率测算之后，在竞争对手加气站数量不多，武都加油（气）站开业后就可以通过价格策略稳定一些客户群体。由此，该站LNG日销量最高能稳定在50吨。”赵宴说。

战略规划

能源转型在甘肃

——专访甘肃中油交通油品有限公司党委书记、董事长王福荣

继续加大网络布局，同时确保LNG资源充足，是中油交通公司能源转型走得长远的关键。

文 / 齐铁健

作为“对环境友好的”清洁能源，天然气的地位日益上升，市场前景十分广阔。特别是我国提出碳达峰、碳中和目标承诺后，作为一家化石能源企业，如何实现碳中和、实现二氧化碳“零排放”，能源转型的背后更显现出天然气业务发展的重要性。

2020年，甘肃销售天然气增量的80%来自中油交通油品有限公司（简称：中油交通公司）。中油交通公司能源转型无疑是成功的。那么，下一步将如何发展？能源转型的整体思路是什么？针对这些问题，记者专访了甘肃中油交通公司党委书记、董事长王福荣。

➢ 300公里一座供气网络

Q 记　者：您好！中油交通公司当时发展LNG业务的背景是怎样的?

A 王福荣：中油交通公司成立15年来，经历过一个高速发展时期。但是

从2015年开始，加油站油品销量呈现下滑趋势，主要原因是2015年甘肃举全省之力开展丝绸之路经济带甘肃段“6873”交通突破行动，实现全省骨干公路网全部建成。随着甘肃国省道改造的完成，高速公路的车流量持续下降，高速加油站的销量呈现下降趋势。

中油交通公司油品销售从2015年的52万吨，下降到了2018年的30万吨。

与此同时，随着我国对环保要求的日益提高，很多替代能源快速发展。甘肃中油交通公司也意识到，油品销量下滑的趋势将成为一种常态。

由此，如何找到提升企业效益的新增长点，成为公司考虑的问题。同时，为了抵御能源单一经营的风险，时任中国石油甘肃销售总经理、党委书记兰建彬在原有油站基础上要求加快网络布局，全面提速增效，积极部署中油交通公司引入天然气业务。由此，2018年，中油交通公司5座油气混合站投入运营；2019年加油（气）站的数量达到15座。截至2021年初，公司加油（气）站达到18座。

Q 记　者：随着中油交通公司LNG业务的快速发展，我们的加油（气）站形成了怎样的网络格局？

A 王福荣：截至2020年，我们已经在地域狭长的甘肃省内形成了主要节点加气站网络覆盖。

目前，公司形成了甘肃以西与新疆交界的马莲井服务区、甘肃以东与宁夏交界的平凉服务区，以及与陕西交界的百花服务区、与四川交界的武都服务区等交界市场。同时，公司形成与定西服务区、兰州北服务区、武威南服务区、白银东服务区等腹地市场相结合的加油（气）站网络。

总体来看，公司18座加气站已初步形成了甘肃境内高速公路服务区每隔300公里就有一座加气站的供气网络的布局。

➢ 顾客来无忧，去不愁

Q 记　者：我们在快速发展天然气业务的同时，民营加气站也在布局。相对而言，我们有怎样的优势？

A 王福荣：谈到优势，一方面是我们开展“油气合建”后所带来的成本最低化，可以向市场提供质优价低的能源；另一方面，我们具备中国石油的品牌影响力，有着专业技术水平和先进的管理经验，这些为都为我们增效、扩销提供了有力的支撑；另外，我们的网络布局覆盖全省，已形成一定的规模，可以向顾客提供一站式服务，让顾客减少加不到气的顾虑。

Q 记　者：除此之外，我们在吸引客户方面是否也具有一定的优势？

A 王福荣：我们认为，加气站到任何时候都不能出现断档脱销，这是我们吸引顾客最为重要的一个方面。因为LNG运输车的续航能力一般为600～800公里，很多LNG运输车司机普遍存在一种焦虑，担心路途中加不上气。如果我们加气站经常断档脱销，顾客就会大量流失。

对加气站来讲，LNG资源充足就变得非常关键。2017年和2020年冬季，LNG行业面临着很大的挑战。从外部环境讲，进口气资源受限，进口气源缩减；对内要保民用气。在这种内外夹击的政策和行业能源的困境下，中油交通公司为了保证加气站的能源供应，积极努力，实现了不脱销不断档。

对外，中油交通公司和甘肃接壤的新疆、宁夏以及四川天然气生产商建立良好的合作关系；对内，公司和甘肃省两家优秀的天然气生产商签订供气协议，保证中油交通公司加气站有充足优质的天然气资源。也就是中油交通公司要想尽一切办法确保LNG资源充足，真正做到让顾客“来不忧，去不愁”。

近两年，公司实现了“以高速为主，国省干线为辅；以石油为主，天然气为辅”的发展思路。目前已经在老315国道沿线建设5座大型服务区油站。

2021年，中油交通公司计划油气销量达到40万吨以上，LNG的销量计划在7万吨的基础上增加到10万吨。

17

麻涌，做示范站的底气！

伴随着东莞麻涌的转型升级，中国石油天然气股份有限公司广东东莞麻涌加油站抓住机会，打造不一般的标准示范站。

营销现场

文/赵　玥

开业第一天，销量10吨。

开业第二天，销量15吨。

第二周，油站稳定到万吨站行列……

2020年9月4日开业以来，中国石油天然气股份有限公司广东东莞麻涌加油站（以下简称麻涌加油站）业绩飞飙，日均纯枪销量达到近40吨，今年以来更是上升到60吨。销量呈逐月攀升势头，在销量万吨的道路上狂奔。

在竞争者林立的东莞，麻涌加油站从诞生伊始就肩负着打造标准示范站的重任。无论是场地设计，还是营销策略，无论是管理理念，还是发展目标，它都在中国石油这个国企“老大哥”的烙印下呈现出生猛新鲜的劲儿。

随着东莞逐步成为广东省内乃至整个华南地区的物流中心，麻涌也将迎来更广阔的市场和很多的机会。植根于此的麻涌加油站，打造着不一般的示范站，将给业内带来更多启发和经验。

➢ 全员齐宣传

“为了9月4日的开门红，我们做足了准备。”回忆起麻涌加油站开业伊始的情形，油站经理宾涛至今不能忘却。

麻涌交通便利，毗邻广州市开发区，是广东省中心镇，自然而然地成为各个加油站的必争之地。

为了迅速站稳市场，开业前夕，东莞分公司开展了“我为麻涌做贡献”主题活动，分公司上下联动，组建了客户开发、宣传工作、现场管理三个小组。“从这一点就可以体现出公司做示范站的决心。各小组各司其职、各尽其责，合力推动麻涌加油站增量创效进入快车道。”东莞分公司经理助理刘显朗说。

酒香也怕巷子深。在东莞这个地方，除了中国石化这样根深蒂固的“国字头”，还有大量后期汹涌而来的民营加油站。在东莞的328座加油站中，民营加油站就占了1/3，中国石油在当地数量上并不占优势。

怎样快速直接地让客户了解自己？宾涛认为最有效的办法还是看似最老套的发传单。

为此，公司成立了宣传小组，主要由分公司财务部人员、综合管理部人员和部分加油站经理组成。他们印刷了大量传单，在显眼的地方印上新油站开业的信息，到街头、园区各处派发。

时值8月，正是麻涌最炎热的时期，宣传小组和加油站员工奔走于户外，被晒得满头大汗，但看到人们接过传单，心里还是喜滋滋的。

宾涛分析说，这种简单直接的方式可以面对面的交流，能及时了解顾客的想法，对于顾客的问题也能第一时间进行回答。“我们的传单内容主要是宣传开业时期进站加油有优惠，办卡加油优惠大，类似的优惠信息。这些直截了当的宣传最能吸引眼球，抓住人心。”

麻涌车辆众多，因此，除此之外，加油站还采取了车辆巡播的方式，让车辆成为广告载体，对全镇进行覆盖，不断在道路上重复开业信息。适合新媒体时代的网络宣传也没落下。他们找到当地知名的一些生活类公众号、网站，提前发布加油站开业的信息，吸引了不少车主。

这样全方位、无死角的宣传方式，终于迎来了开业高光。

9月4日，正式开业第一天，当看到车辆陆续不断地前来加油时，宾涛知道，他们大半个月的努力没白费。第二周，油站就稳定到万吨站行列。开业不到半年的时间，卡销比达34.3%。“保量保效，宣传是保量的第一步。”宾涛说。

➤ 敬业赢客户

作为油站经理，宾涛并不局限于待在加油站内，他最常做的事是“走出去”。“客户开发等是等不来的，必须要走出去。”宾涛说。

为了让麻涌加油站在市场上占据一席之地，分公司专门成立了客户开发小组。这个小组主要由分公司业务运作部骨干人员、麻涌加油站经理及其附近加油站经理组成。

麻涌有不少物流园和物流公司，大量知名物流公司聚集于此，看似是个客户宝藏，但实施起来又没那么容易。“首先是加油站的竞争者太多了，其次多数物流公司有自己的合作者和习惯，不一定接受你这个新来者。”宾涛说。

开业伊始，客户开发小组就动用了各种资源，广泛收集资料，对麻涌镇政府单位及物流园大客户进行仔细摸排，把当地情况摸了个透。小组还随时进行讨论，分析各家情况，揣测可能成为潜在客户的对象，一旦锁定，便第一时间主动上门谈合作。

“我们有什么优势呢？中国石油这张品牌就是第一块敲门砖。国企品牌、质量可靠、数量准确、管理规范，这些都能增加潜在客户对我们的信任，为我们赢得第一次见面的机会。”刘显朗说。

但仅仅靠着中国石油这张金字招牌，还远远不够。

在虎门油站担任油站经理时，宾涛就成功地挖掘了不少客户。之前，他为了开发一家客户想尽办法，和对方坚持不懈地联系了两年，才获得这位老板的信任，最终签下合作协议。“开发客户要有冲劲，也要有耐心，否则麻涌加油站那么多，‘国字头’的也有，价格更优惠的也有，人家为什么要选择你呢？”宾涛反问。

真正赢得客户的是麻涌加油站把服务意识发挥到最佳。为了配合对方的时间，他们经常24小时待命，什么时候客户有空，他们就什么时候登门拜访。宾涛说，开业没多久，他们就接触过当地的一家物流公司，几次沟通下来，对方老板也没松口。毫不气馁的宾涛多方打探，了解到为了控制成本，这位物流公司老板想监控司机的里程数据。

这项工作非常烦琐，却成了他们赢得客户的契机。“我们主动揽下这个任务，每次加油把每辆车的数据抄下来，整理好送过去。”“纯手动”的服务尽管增加了工作量，但是却让客户非常满意。

除此之外，麻涌加油站还采取了很多创新措施。“我们尝试针对一些职业办专属加油卡，给予一定的优惠，这样既吸引了新的客源，可保证了黏性。”

走在麻涌的路上，宾涛特别“馋”路上的物流车，因为那就是潜在客户，他和同事心心念念想的都是怎样把这些大货车吸引进自己的加油站。分公司上下一心的努力，最终得到丰厚的回报。截至目前，麻涌加油站开发了18家用油量较大的固定客户。

➢ 被动变主动

天有不测风云。

2021年以来，麻涌加油站的日均销量一直稳步上升，单日最高销量达到45吨。然而，6月18日，随着东莞疫情的发展，当地宣布进入封镇状态。发现疫情的东莞市麻涌镇广州新华学院（东莞校区）属于中风险地区，距离麻涌加油站仅仅四公里。

顿时，麻涌加油站陷入巨大的压力之中，油品销量的上升也不得不按下暂停键。

“我们站的地理位置非常特殊，处于东莞和深圳的交通必经点，又在麻涌镇的边缘，疫情一来，封闭便以我们站为界。当时车辆只准进不许出，都是开到我们站就打道回府。”宾涛介绍说。为了落实封镇，当地交警、公安相继到这里巡逻、执勤，气氛愈发紧张。

安全第一，防疫第一！

宾涛和加油站管理层坚守在岗，带领员工有条不紊地做好防控工作。每天给加油站至少消毒三次，进入加油站的人员必须严格检查健康码、测量体温。

让他们真正揪心的，是油品销售掉量。

车辆不能畅行流通，加油便无从谈起，眼睁睁地看着车辆就在加油站外调头返回，那份焦虑可想而知。解封时间无人知晓，在封闭的这段时间，大家就这样无所事事白白浪费时间吗？

有一天，宾涛看到被交警拦下调头回去的车，突然灵光乍现：虽然这些车辆只是开到麻涌加油站调头，但也给了我们接触的机会啊！兴奋的宾涛马上召集员工，分派任务，带着他们去挖这些潜在客户。

这是一次争取客户的极限挑战。

“很多公司可能平时我们见都见不到，但这次因为封镇，司机开到加油站调头，反而给了我们机会。”宾涛说。赢取客户的机会也许只有这么一次，时间就这么一点，机不可失，失不再来。

“算下来，从6月18日封镇到6月27日疫情解封这10天，我们已经争取到了五个新客户。”宾涛说。

这样被动化为主动的事，在麻涌站比比皆是。

快速发展的东莞，伴随而来的是各种基建。2021年1月，他们就遭遇市政修路，封了出口，导致很多货车开不进来。为了打消司机的顾虑，加油站每个班便派一位员工到入口处去引导，指挥货车调头。

4月5日，道路终于畅通了，但宾涛他们发现，车辆并没有明显增加。多方打听调研才发现，很多司机并不知道道路修好了，不敢冒险走这条路。于是，麻涌加油站当机立断，带着宣传单和名片到镇上发放。“这一次大概发了3000多份传单，就是告诉司机们，路通了，来吧！”

销量没辜负他们付出的日日夜夜，一点一点升上来了。

“现在东莞疫情解封半个月，我们的汽油销量已经恢复得不错了，柴油销量还有上升空间，大家都在努力！”知难而进，办法总比困难多。在麻涌加油站，把被动变为主动，这是一种约定俗成的理念。

➤ 非油促增量

进入麻涌加油站，第一感觉就是宽敞、明亮。尤其是加油站的便利店，面积约100平方米，特殊之处在于采取210° 广角的设计，三面以玻璃为墙。“你进来后，能明显感觉到店里采光很好，整体通透。”宾涛说。

伴随着便利店店员热情的问候声，顾客置身于这样的环境中，能有很好的体验，这对于进一步增加非油销量将会起到作用。

由于目标就是打造标准示范站，麻涌加油站更是把顾客的体验感放在第一位，他们希望客户在便利店能享受到热情周到的服务，即使出了便利店也能把服务延续下去，因此率先开启了便利店的送货上门服务。宾涛有两个客户群，里面都是附近社区的居民。“有需要就说”，这样除了确保及时送货，还能深入地了解顾客的需求。比如哪些商品更受欢迎，哪种口味更适合，便于便利店进行调整。

麻涌的疫情刚传出消息时，宾涛就敏锐地察觉到危机。在得知附近一家超市的大米被抢购完后，他当机立断，趁着还没有封镇，赶紧开车去另一个镇的加油站，拉来泡面、八宝粥等食品。

“米、油和副食品，我平时就喜欢多进一些货，所以疫情一开始，我首先关注的就是这些。”果然，6月18日，封镇通知发出，加油站便利店就成了附近居民的重点抢购对象，货架上的食品被抢购一空。

“这一天我们非油品卖了2万3千多元，全是方便面这类食品。”宾涛说。

按照封镇的管理规定，麻涌的饭店停业，外卖也停了，部分居民的日常生活很受影响。当时加油站也考虑过去附近的居民社区摆摊，但最终未果。宾涛在征得上级同意后，带着店员上门送货。“真是及时雨！”每次居民打开门，看到宾涛他们，总忍不住夸一句。在麻涌加油站看来，“保供”不仅仅是保证油品，也意味着在特殊时期保证服务，保证居民的生活便利。

方便快捷的送货上门成为加油站和顾客联络感情的一种特殊形式，无形中提升了顾客的忠诚度。客户把在麻涌加油站加油当作必然。

“油非互促，从省公司到分公司，也都力推这一点。”宾涛说，目前他正在按照分公司的规划，开启企业微信群，这样能利用很多模板，能更好地服务顾客。

➤ 员工重发展

麻涌加油站开业伊始，宾涛向上级只提了一个要求：麻涌站的员工必须都是新员工。“大家对这个新站寄予厚望，我们也希望它呈现出不同一般的新气象，老员工可能会有些惰性，不太好管理。”他这样解释。

分公司的现场管理小组主要由各帮扶油站骨干和麻涌加油站员工组成。宾涛介绍说，分公司选优配强麻涌加油站经理、前庭主管和营业员队伍，选派集团公司先进个人担任该站加油站经理，选派厚街北等加油站经验丰富、技能过硬的前庭主管到麻涌加油站工作，并针对性的做好营业员的培训工作。

这样的目的，是保证以一支优良的加油站员工队伍保障加油站的服务水平，为客户提供舒心、周到的服务，提高客户的满意度、忠诚度和回头率。

随着当地经济的飞速发展，和很多经济发达区域的加油站一样，麻涌加油站出现了难以规避的问题：员工薪酬水平不占优势。“开着宝马奔驰来加油站上班”，这种调侃正在成为现实，怎样留住员工、激发员工的积极性，是宾涛他们亟待解决的问题。

宾涛认为，选搭好加油站班子队伍和主管队伍，创新管理模式非常重要。他们由之前的加油站经理对加油站班组管理转化为加油站主管责任制，班组团队自行组建、班组自主考核分配，增强了班组的责任感，激发了班组团队的活力，提高了班组的自主管理积极性。

麻涌加油站自2021年4月份试行班组建设结合灵活促销以来，油品日均增量4.217吨，非油日均增量1195元。员工积极性、开口营销的内在动力得到激发，客户服务水平显著提高，其中MMP同比一季度提高8分。在这种措施下，主管及加油员工资月增长近400元，员工都很积极，内在动力十足。

“帮员工分析规划职业发展、职业前景，是更有效的管理方式。”麻涌加油站定期对员工进行培训，通过对汽柴油的主要性能、油品基础知识、油品抽检及油品质量异常判断方法等知识的讲解，提升大家的理论知识，另外，安全相关法律法规，加油站站点管理和营销技巧等，也是培训主题。“这样使日常工作开展地更加规范化、合理化、高效化。”宾涛说。

这样的培训在员工中备受好评。“在这里可以学到加油站的全部专业技能，这一点是民营加油站给不了的。”一位加油员告诉记者。在东莞，中国石油加油站的员工以专业和敬业赢得肯定，也因此成为部分民营加油站挖人的对象。

宾涛认为，员工们除了可以学习到加油站知识，也可以学到管理知识和沟通技巧。

他的一名员工是本地人，之前想回家去“继承家业”，但宾涛把他劝住了。宾涛分析说，虽然他性格有点内向，不善言辞，但是优点是善于协调，做事细致，能协助站长把加油站管理得很好。“你在加油站多积累些管理经验，提升一下沟通能力，这种锻炼机会不可多得，而在这里培养出的能力以后无论在哪里都用得上。”

在员工看来，在公司“多劳多得”的激励制度下，加油站管理层还经常给他们介绍分析麻涌的规划与市场前景，这让他们觉得未来前途可期。和薪酬相比，职业前景和为员工着想也许更为重要，这是激发工作的最好方式。

➢ 规划重发展

“我们这个加油站从一开始就不一般，是向着标准示范站的方向建设的。”采访一开始，刘显朗便再三强调。从选址确定到开始修建，麻涌加油站就被寄予厚望，成为公司领导的重点关注对象，几乎每次会议都会问起修建进展。

这种“不一般”在现场感受更加直接：场地十分宽敞，加油车辆虽然不少，但始终有条不紊，进站出站非常顺畅。据介绍，这是因为场地设计采用了新理念，本身是一个成熟的体系，建设准则是符合顾客的加油习惯。

“比如所有的车道设计都是非常人性化的，不像很多加油站需要拐弯，我们的动线十分合理，这样车主进来就会很舒适顺畅。”刘显朗直言，虽然加油站目前势头很好，但还没达到他们的目标。“我们的目标肯定不是冲着万吨站去的，要达到两万吨、甚至三万吨。”

这样，一方面来自麻涌的迅速发展和新的发展定位。

在2021年年初的广东省政府工作报告中，东莞经济总量接近万亿元。

华为搬到松山湖，大大助力了东莞的产业转型升级。20多年前GDP靠后的麻涌，近几年已经跃为“黑马”。

2020年12月18日，京东物流东莞麻涌亚洲一号全面启用，这是目前亚洲规模最大的一体化智能物流中心。它的强悍可以通过一组数字直观感受：

建筑面积超50万平方米，相当于2个“鸟巢”；立体库有78台“身高”22米的堆垛机，累积高度相当于2个迪拜塔……

除此之外，麻涌加油站附近还有两个大型物流园。

“按照麻涌的规划，未来会在智能制造等新兴产业方面持续发力，这附近马上要修建平安水乡信息港。”宾涛站在窗前示意，那边要修建医院，另外还有华润和碧桂园两大房地产商即将开工的大型住宅区，不难想象，很快，麻涌加油站将成为住宅、物流公司和高新技术开发区包围的核心。

底气十足的另一方面，则来自中国石油锚定“建设世界一流综合性国际能源公司”的目标。

因此，加油站除了汽油、柴油，天然气也做了相应规划，为未来绿色能源的发展留足了空间。

刘显朗表示，真正提升加油站效率的还是智能化。此前，他参观考察过很多智慧油站，麻涌加油站的智能化已被列为分公司重点探讨项目。对此，他们有众多思考和设想。“未来我们要实现的是智慧油站3.0，不是简单的“加油站+互联网”，而是以加油站为平台，借助互联网、大数据、云技术等，通过融合、共享、跨界，实现加油站+互联网+N。”

在这样的大趋势下，麻涌加油站顺势而为，抓住我国制造业转型的脉搏，以魄力和实干赢得市场，也必将赢得未来！

18

盘龙大道：一站到未来

一个从无到有的市场；

一个古文化遗址上的最现代和智慧化的油站；

一个迄今将“万吨”销量坚守十年的纪录……

中国石油湖北销售武汉分公司盘龙大道加油站不仅有一套万吨站之道，还会让你看到一个加油站的未来。

营销现场

在古文化遗址上看未来

一个古文化遗址上的最现代和智慧化的旗舰油站，正在迈向全国样板站前列。

文/郑　丹

3800年前，这里是夏商文化的起源地。

这里发现的盘龙城遗址，距离中国石油湖北销售武汉分公司（以下简称武汉分公司）盘龙大道加油站仅3公里左右。

沐浴着最古老的华夏文明之光，历史的尘烟仿佛飘散在这里的空气中，人类的智慧仿佛根植在这里的土壤中。

与这一切相契合的是，2021年年初，盘龙大道站以“智慧化”为名片全新闪亮登场。

“它是华中区域第一座综合性能源补给站和唯一一座旗舰站。这个站对于行业的发展具有一定的借鉴意义。”武汉分公司经理、党委副书记张硕杰表示。

肯德基休闲、智慧化便利店、汽车维修保养、新能源汽车展示销售、光伏发电、充电换电……现在你就能看到一个未来的加油站可能有的很多都在这里。

一站智慧！一站未来！

➤ 新拓展

“盘龙大道加油站地处武汉市盘龙城经济开发区，西距武汉天河机场8公里，南离汉口火车站13公里。油站左边是大型购物广场百联奥特莱斯，右边是国家重点文物商代古城盘龙城遗址博物馆……”盘龙大道加油站站经理马特立在占地15.8亩（超1万平方米）的油站内边走边介绍。

一早就下起来的小雨仍然欲停不止，热心的马经理一边撑着伞，一边像导游一样带着记者领略这座中国石油华中区域首座智慧化旗舰站的风采。

此前，盘龙大道站刚刚经历了一场历时2个月的智慧化改造，2021年1月15日新装上阵。

细数盘龙大道站有哪些“新”，绝对靓爆你的眼球，刷新你的认识！

1月18日，昆仑好客智慧化便利店开张；

5月1日，充电桩项目投运；

5月，新增汽车服务美容业务试营业；东风新能源汽车销售体验门店铺货陈列；

6月，肯德基餐饮区试营业；

……

“每天来这儿充电的车不少，充电时间大都在半小时到一小时以内，每辆车的消费在70～100元之间，目前日均收入超过5000元。”改造后新树起的中国石油宝石花巨型广告牌下，马特立指着正在充电的十几辆电动车说。在2021年5月1日盘龙大道站新投运的充电区，记者看到靠着加油站一边的围墙，长长的一排帐篷底下，28个充电桩一字排开。

为了运营好中国石油湖北销售公司（以下简称湖北销售）首个加油站充电桩项目，盘龙大道站将5月1日假期定为投运时间，同时辅以当天“免费充”的优惠活动，在站内激发了一波充电热潮。许多网约车、营运车，如滴滴、曹操专车等来捧场。

充电桩的入驻只是第一步。为打响充电站这新能源服务的第一炮，盘龙大道站计划把充电业务做成一条龙式的服务。

虽然即插即充、无感支付大大节约了充电时间，但是充电过程仍然至少需要半个小时。“我们准备为司机提供餐饮服务，中午来充电的可以在这儿买个午餐吃。”马特立说，“另外，还准备针对新能源车开展优惠洗车和保养活动。”

参观到这里，盘龙大道站的“触”电之旅还没有结束。

指着充电区前面的一片空地，马特立告诉记者，那里是后期合作建设换电站的场地，将来这里将实现3分钟完成一辆车的换电。

“这个地方要设置一个道闸，加了油以后要去卡卡汽服维修保养就从这里扫码进去，一个小时内停车免费；也可以转个圈到后面去享受加油满200元的免费洗车服务。”马特立说。

充电、洗车、车辆维修保养，盘龙大道站充分利用场地优势，引入与东风、车享家等第三方合作，为新能源和新业态拓展了发展空间。

“这个店是东风新能源车体验店。”马特立边走边介绍说。

盘龙大道站运用“店中店”模式引入的东风新能源汽车销售体验门店集展示、销售、维修和保养于一店，盘龙大道站也成为中国石油在湖北销售新能源车的首个加油站。

跟随着马特立的脚步，记者来到便利店和员工宿舍前，抬眼望去，这里的屋顶已铺设了太阳能光伏板，以后全站日常运营用电将利用光伏系统提供。

未来已来，盘龙大道站已抢先“触”电，拥抱新能源时代！

“盘龙大道站经过改造成为我们的旗舰站，不仅形象跟以前相比有很大变化，我们还把一些新业态都融合在里面——充电业务、肯德基餐厅、东风新能源车4S店……引进非油业务合作，成为了这个万吨站的新特点。”武汉分公司副经理邓金川表示。

➤ 新形象

“这里停车太宽敞了！”站在盘龙大道站扩展后的加油区，记者不由得发出感叹。

“你站的这片空地，改造之前是辅助站房，后面是培训中心、油罐区，现在油罐区移到那里了……”马特立说。

2020年10月，盘龙大道站开始改造。把之前一个四方形场地、加油区仅占整个营业区面积1/4、加油岛内前后两排并行式8台加油机、便利店仅110平方米的布局大刀阔斧地改变了。

如今，全站分为5个功能区——加油区、购物区、餐饮区、汽服区、新能源区。

“以前，前面的车加完油驶离加油岛，后面的车才能驶离。现在，加油岛之间留出通道，后面的车加完油不用等前面的车就可以出去。”马特立说。

记者看到，改造后的加油岛内有5台全品号通过式智慧加油机、每台6把共30把加油枪。通过空间整合，提高了场地利用率，使现场通行效率提高了一倍。每台加油机上还有一块智慧屏，从后台下发广告到加油机大屏，方便展示公司促销政策、油非互动等活动，在宣传公司活动的同时还可以有效提高客户的进店率。

加油机智慧屏显只是加油区内的4个智能模块之一，此外，灯光自动控制、高温智能喷雾、现场便捷支付，都是这个智慧油站的亮点。

灯光自动控制。加油岛区域安装了光照传感器，夜间加油岛无加油车辆时会自动降低亮度；待有车辆进入时会自动提高亮度，相比以前节电30%。

现场便捷支付。支持客户移动收银POS支付、移动卡支付和手机闪付等多种支付方式。

高温自动喷雾。武汉夏季气温较高，加油岛安装了智能喷雾系统，预先在后台设置触发喷雾的温度后，当温度超过设定值时会自动喷雾，提高了客户和员工的舒适度。

在马特立为记者做介绍的时候，有顾客在加油现场买了两提牛奶。“增加现场销售，商品前置化。”她说。记者看到，在加油机的小平台上，少量牛奶和水整齐码放。

看，改造后是不是颠覆你的想象！

其实，跟着马经理“逛”到这里，盘龙大道站加油区的新功能还有许多没有时间仔细领略。像在加油机前面有一个黑黄警示色的类似跨栏一样的设置是什么呢？

“警示M型防撞柱，当车靠近到一定程度时会报警。”马特立说。

“还有，你看头顶上的罩棚，它有743平方米。以前的罩棚底部是型钢网架结构，我们抬头就能看到，现在的钢结构在顶部。这是一种全新型的设计理念，视觉上比较清爽，客户感受比较好。”马特立说。

便捷支付、智慧营销、智慧体验、安全环保……这些具有智能内核的改造，都是为了保障盘龙大道站更好地服务客户、提高经营管理水平，在万吨站的大道上步履如风。

➢ 新科技

结束了“场外游”，记者跟随马特立步入盘龙大道站昆仑好客便利店。

中国石油的宝石花LOGO竟然被镶嵌在入口处不远的顶棚上。而且，这个宝石花还是能够转动的。这难道是一个科技产品专柜？

马特立肯定了记者的判断。“这是正在设计的一个5G专区，以智慧5G、触碰未来为主题。我们准备在这里展示和销售一些电子产品和最新科技产品。”

浓厚的科技感再一次袭来。

不仅科技感十足，这个便利店还绝对“高大上”。

这里有约为改造前6倍、达到600平方米的空间感和灯光如瀑的敞亮感，也有近千种商品堆砌出不同品类主题的变幻多端。但是，也不缺乏生活“小温馨”，例如一个小小的圆桌和几把椅子可以让你坐下来品一杯香茗，一锅香气氤氲的是很多人都爱吃的茶叶蛋。

极为有特点的是，便利店的顶棚分不同区域设计了好几种风格。除了入口处顶棚上有一个会转动的宝石花，日用品区顶棚上是巧克力和奶油两色的不规则形状体、也买酒区顶棚是深咖底色映衬着灯光闪烁的线条……

而最让马特立滔滔不绝的是智慧化主题。

便利店入口及商品货架区设置的灯光自动控制系统，在有客户进入该区域时灯光会自动亮起，离开一分钟后光照度会自动下降。

便利店入口处设置了客流统计摄像机，“这便于我们根据客流情况，对畅销商品进行分析，提高商品周转率，灵活布置与客户相关的货架。例如，社区客户多时，我们就可以把促销、打折商品货架部署在收银台附近。”马特立说。

如果你觉得在店门口设置摄像机并不稀奇，那再看看这个尝试是不是很新鲜——两个货架通过摄像机的图像识别对货架状态进行监控，如果货架的哪一部分空了，会自动提示进行补货。

而说到收银台，它早已不是传统意义的收银台了。

盘龙大道站的收银台被称作收银台自助区。抬眼望去，两位员工站在一个半圆弧的桌面后面。“有3个自助终端——自助结算终端、自助发票终端、IC卡自助发卡圈存终端。客户可自助结算油品、非油品，自助开具电子发票，自助发卡、充值，这些新功能可以大大提高结算效率，提升客户消费体验。”马特立说。

一个融合了更多智慧化元素的便利店！而这些都是智慧化平台功能的一部分。

马特立表示：“我们站的智慧化平台3.0系统整合了以前多个平台的功能，希望通过数字化的加油和便利店业务来构建一个生态圈。目前，这个平台正在搭建和调试过程中，试用后会在站内正式启用。”

站在一台智慧终端机前面，马特立用手指轻点、滑动，8个智慧化模块呈现在眼前。其中，经营数据模块中包含所有油品和非油数据、销售情况占比分析等；会员营销模块会自动识别客户，记录客户相关消费数据变化；设备监控模块监控加油岛、罐区等不同区域的运营状态，自动拍照并在系统上进行提示……

神了，智慧化系统真是神了！但是，到底有多神？马特立给记者举了一个小例子。

盘龙大道站共有5个埋地油罐，1个是柴油罐，其他都是汽油罐。站内每天油品销量约40吨，所以正常情况下油罐车一天要来站里卸1~2车油。

“以前，油罐里还有多少油、剩下的油能支撑多长时间都需要我们来计算。现在，系统自动统计和计算，提示运送途中的油罐车还有多长时间进站；在卸油过程中还有一个动画显示进程……”

看着马特立的演示，环视着便利店内外，会觉得就在这个智慧油站的样板站中，未来的智慧油站已现端倪。

2021年6月，盘龙大道站油品日均销量45吨，1~6月非油销售收入超过500万元。

2021年，一个万吨站、万元店的辉煌正在酝酿！

这个连续保持十年的万吨站正在以智慧化为引擎，向着下一个目标飞奔——积极开拓优质市场，迈向全国样板站前列。

管理秘笈

盘龙大道站：万吨站之道

让顾客感受到实惠、方便、快捷和幸福，盘龙大道站所以成为万吨站。

文/郑　丹

“这块儿是天兴洲。”中国石油湖北销售武汉分公司（以下简称武汉分公司）副经理邓金川介绍说。记者坐在车上往外看，看到一片沙洲。

此前，只知道为无数文人墨客青睐的黄鹤楼、鹦鹉洲是江上城市武汉的标志。

据考证，天兴洲从清朝同治四年开始就有人居住，居民80%都是渔民后代。他们丰水期时捕鱼，枯水期时种地。“枯水期时，天兴洲和这些树、房子才能看到；到了汛期时，这片洲包括树和房子就被江水淹没了。”邓金川说。

鹦鹉洲早已在明末逐渐沉没，而天兴洲近年来以年均110米以上的速度向下游漂移。

物换星移、季节转变，沧海变桑田。而下一轮物换星移、季节转变，桑田又变沧海。就像武汉长江上的天兴洲，时隐时现。

当前的加油站行业正处在时代转换的风口，不仅竞争残酷，而且需要步步为营。

“不进则退。”武汉分公司经理、党委副书记张硕杰表示。

武汉分公司盘龙大道加油站诞生于中国石油湖北销售公司（以下简称湖北销售）打拼武汉区外市场之初，2011年起成为万吨站，迄今已将“万吨”销量坚守十年之久。

➢ 社区油站的大优惠

“加油站3公里范围内有8个社区、约5万户居民、1.5万辆车，相当于30%的住户都有私家车，而他们大多都在市内上班。所以，我们站是一个典型的城市新区、社区型加油站。”说起自己当了十年站经理的盘龙大道站的定位和优势，马特立非常高兴，因为这是加油站客流不断的坚实基础。

1992年，盘龙城经济开发区成立，这个位于黄陂与东西湖交界延伸出去的区域现已发展为武汉市重要的城市新区和经济增长带。盘龙大道站就位于这个经济开发区。

但是，2008年2月开业时，油站前面的盘龙大道上基本上没有多少车和人经过，油站开业时每天销量只有3吨左右。如今，盘龙大道上车水马龙，节假日更是川流不息。据统计，盘龙大道站同侧车道上，每天单边车流量1.5万辆，节假日更是可以达到2万～3万辆。

“在过去20多年中，盘龙大道站见证了盘龙城新区的繁荣，也见证了武汉城市面貌的变迁。”邓金川说。

随着盘龙城经济开发区的建设和发展，盘龙大道站柴油销量猛增，成为一个以柴油为主、日销量30多吨的万吨站。后来，城市化进程加快带来人口不断迁入形成聚居区，又使盘龙大道站变成了一个以汽油为主的万吨站，目前汽柴比约6：1。

“今年5月，我们站油品销量日均40吨以上，基本达到全年日销42吨的目标。”马特立说。虽然，这一成绩只是追平了2019年同期的业绩，但对马特立他们来说，真的实属不易！

2020年，在武汉全城遭遇新冠肺炎疫情严重冲击的影响下，盘龙大道站在封城的76天里，日销量最少时降到了个位数。下半年，在全站员工的共同努力下，油站重回销量高峰期，月销量达到900～1000吨。然而，根据原定计划，2020年10月盘龙大道站要进行一场大改造。

“3个多月的停业改造，期间客户是有流失的。”马特立表示。

如何把客户找回来，销量再次追回来，达到站里创造的日销油品50多吨的最高纪录，成为她日思夜想的事。

2021年1月15日，盘龙大道站改造后开业，当天销量仅为8吨；

2月，油站虽然开始正常营业，但部分区域未完成装修，销量没有显著增加；

3月开始，销量节节攀升。3月日销量30吨，4月上升至40吨，5月稳定到40吨以上。

什么是销量快速回升的助推器？

改造后新投用的智慧屏加油机的屏幕上，正在显示一系列丰富多样的优惠活动广告。

武汉分公司讲求在所有加油站实行差异化营销政策。“落实到具体的油站，就是根据自己站的情况推优惠政策，加油卡的折扣和优惠怎么给、会员日的活动怎么样做，不同的站会有不同的政策。”邓金川说。

在比对和分析之后，马特立发现，虽然以社区顾客为主，但作为一个远城区油站，盘龙大道站的非油消费能力与二环线内的市区站相比有差距。不过，盘龙大道作为一条主城区通往郊区、汉口方向的主干道，为油站引来了不少车流量。

利用来加油的车主往非油方面做一些引流，是一条可行之道。

“要说营销上有什么秘诀，其实也并没有什么很独特的。我觉得对顾客来说，无非是看重实惠、方便、快捷。”马特立说。反之，对于加油站来说，能够满足顾客的这些期望，自然就有希望成功地跻身万吨站。

2021年年初，在完成智慧化大改造之后，站内马上推出了“加油满200”系列优惠活动。

“为什么优惠活动建立在加满200元的基础上？因为不仅能提高单车加油

量，还能吸引顾客进店消费、感受我们全新的智能化便利店，同时还有助于培养客户的消费习惯。”马特立说。

现在，这个活动扩展到更为丰富的内容——在加油满200元的基础上，赠送一次免费洗车、胎压检测、车胎充气服务；或者加88元在便利店换购2瓶武汉名牌“白云边”酒，而这种酒单买需要108元一瓶。

既把实惠给了顾客，又把利润带给油站。

➢ 智能时代的“小确幸”

“4月，我们站共发卡352张，是整个武汉分公司发卡量最高的加油站，5月的排名也是第一。”马特立翻阅着手机上的销量、发卡情况统计说。

让马特立和员工们感到自豪的还有一件事——盘龙大道站“手机闪付”功能吸粉超过3万人。

除了能得到实实在在的优惠，还有什么在顾客心中促成了选择手机闪付？

据介绍，结合社区型加油站的特点，盘龙大道站向武汉分公司申请开展了周三会员日活动和闪付活动，精准锁定加油卡及微信客户。加油闪付方式，是通过微信付款完成不下车加油和开票，即加即走、操作方便快速，成为都市快节奏中的消费者可以享受到的“小确幸”。

利用每周三、六、日的会员日活动，通过“四个在线”，盘龙大道站在20天时间里新增企业微信客户3000余位。

“目前，站内汽油卡销比18%，闪付占比超过20%，”马特立介绍说。后期，站内还将开通ETC支付、车牌付，便利店内还可以自助支付、人脸支付，以更好地适应客户对加油方便快捷的需求，努力打造“零现金加油站”。

加油支付方式更多更便捷，针对进入便利店消费的顾客，又如何提升顾客体验呢？

以前，便利店根据不同商品品类有明显的分区，如冷饮区、日用品区、汽服区、家庭食品区……这种按照每个区域分配货架，需要客户有自主消费意识，到每个区去选购这些商品。“考虑到现在的上班族常常要赶时间，我们就把客户经常买的一些商品前置化放到门口，如米、面、油、水、饮料和小吃等商品。”马特立说。

与其他许多便利店不同的是，盘龙大道站有自己的冷库，所以在便利店里设置了好几个冰柜。

被称为“火炉”的武汉夏季炎热而漫长。盘龙大道站每到夏天会推出各种消暑商品，如冷饮、冰镇饮料和水果，便利店内还设有正大集团专供中国石油的冰冻水饺专柜。

“冰冻水饺之类的商品放在收银台店员可以看到的地方，利用客户交款的时间，店员们可以给顾客做个简单推介，也方便顾客看看实物做购买决定。”马特立说。

在便利店内，一个非常别致的堆头吸引了记者的注意——这是盘龙大道站员工智慧的结晶。为了庆祝中国共产党成立100周年，他们用昆仑“好客之力”功能性饮料、武夷山矿泉水等产品堆起了一个以国旗红和金黄色为主色调的创意堆头。

“中国石油邀您为祖国助力！”顾客可以把祝福祖国的留言写在一张小贴士上，粘贴在竖起的小背板上，同时可以获赠一面小国旗。这使来到便利店中的顾客也能感受到“我和我的祖国一刻也不能分割”的幸福感。

智慧生活，线上体验。线上下单，线下提货，逐渐成为许多加油站推广的购物方式。

盘龙大道站的顾客通过微信公众号登陆油豆商城后，可自行挑选商品，在线结算。加油站员工通过手机移动端查询客户订单，提前准备商品，客户到站后出示提货码即可提货。这一方式不仅扩大了销售渠道，也提升了客户体验和效率。

让顾客尽可能地感觉方便、快捷，还体现在充电和增值服务各个区域。

在盘龙大道站，电动车半小时即可完成充电；计划建设中的换电站3分钟将完成换电；自助洗车系统将取代人工操作，通过云端对接，客户线上购券、领券和核券，自助完成洗车服务；站内的肯德基餐厅更是让来加油、充电、购物的消费者在稍事休息的同时享受一顿快餐。

在张硕杰看来，肯德基餐厅落户盘龙大道站，是一个比较典型的案例。

肯德基能对油站带来多少客流，来肯德基用餐的顾客的车停在哪儿、从哪儿进从哪儿出……这些都是经过充分考虑和调研过的，为此，还进行了对站内停车场、动线的规划等一系列设计和改造。

总之，在盘龙大道站，各个业态相互融合、配合，都是为了达到一个目标，让顾客感到更加方便、快捷和实惠。

下一步，盘龙大道站还将贯彻武汉分公司“同质化的管理、差异化的营销和精细化的服务”，继续提升顾客的体验感、幸福感。

➤ 老站长带的好队伍

“丫头，我们加油站牛奶优惠力度空前，要不把牛奶带两提？”“那可以的，大姐。”盘龙大道站加油员吴小红和顾客有说有笑地推销了两提牛奶，最多时她一天能卖出200多提牛奶。

“您还需要买别的东西吗？我们的便利店跟小型超市一样，商品比较齐全，吃的喝的厨房用品，油盐酱醋包子饺子都有。有需要的话，您可以买点回家。”盘龙大道站加油员高元珍对顾客说。

…………

盘龙大道站共有员工19人，包括管理人员3人、现场员工12人、便利店4人。每一名员工和管理人员都尽职尽责，悉心为顾客服务，为实现非油收入跨越积极开口营销。

身处2020年疫情中心的武汉，疫情期间，这支队伍中留守油站的每个人都在岗位上做着平凡而又勇敢的事情。

高元珍，成为站里“最爱笑的姐姐”。

“尽管都戴着口罩，她对每个顾客仍然做到微笑服务。为了让顾客能看到她微笑的眼睛，她笑得很用力。”高元珍每一次用力的微笑，都给马特立留下了深刻的印象。

在人们都相当恐慌的时候，会不会有顾客没能注意到你的微笑？面对这个问题，高元珍笑着回答：“微笑，显示了你和蔼地对别人、尊重别人，反过来别人也会尊重你。”

“她的服务没有让顾客觉得有距离感，反而让人觉得很真诚、很亲切，消除了大家心中的一些恐惧，拉近了我们和客户之间的距离，这对于提升销售也是很重要的。因为在那个时候，只有顾客愿意来，我们才有销量。”马特立说。

疫情最严重的时候，盘龙大道站每天的油品销量只有5吨。因为油站周边人口密集，有8座大型社区，前方1公里是接待发热门诊的黄陂人民医院盘龙城院区，医院和社区的工作人员会到站里来加油。

“来加油的有120救护车，也有社区志愿者的服务车。盘龙大道站员工不仅为这些车辆加油，而且还为医护人员提供简餐（泡面、火腿肠、零食）和一个暖心包。”马特立说。

站内的“大姐”吴小红，疫情期间一直坚守岗位，没有掉过一天队。会做饭的她还每天变着花样地给大家做好吃的，让大家把油站当成自己的家。

还有，假期还未结束就赶着上班的新娘子——便利店员邓映玲。在别人都忙着出城的时候，她却赶着进城。“休假是小事，站内疫情防护是大事，不能为了小家而忘了大家。”她说。

…………

在与大家一同驻守油站的马特立看来，疫情中每一位留守岗位的员工都是好样的。

盘龙大道站副经理陈涛，一个“95后”的小伙子，2020年1月15日开始就一直坚守在站里。面对复杂多变的疫情形势，他说：“疫情不结束，我就不休息。”

疫情期间，陈涛亲自给其他员工示范：手套、口罩、帽子要戴好，捂紧后再为顾客加油，他还用非接触式体温仪主动为进站加油的每一位顾客测体温，看到未佩戴口罩的顾客他会询问有无口罩，并且协助顾客做好防护。一名定点在盘龙大道站加油的客户竖起大拇指说：你们中国石油的员工真是好样的，不光服务做得好，关心与担当在你们身上也有体现。

“敢于担当、勤于实践、乐于创新。”邓金川表示，“武汉分公司一直在打造一支这样的职业经理人队伍，这与武汉的敢为人先的精神也是相匹配的。”

“站长龄”已达十年的盘龙大道站站长马特立，18岁时就进入武汉分公司加油站工作。她在盘龙大道站成长和成材，见证了这个武汉分公司销量最大油站的成长和发展。如今，她还是片区的党支部书记和中国石油销售公司十大模范加油站经理人之一。

“管理这么大的一个站需要细心和时时刻刻非常强的责任心。无论是经营还是与客户沟通方面，马特立都很有经验，能够做成一些亮点。”邓金川表示。

“加油站是我的工作，事无巨细，我都要负责。我觉得跟员工在一起，心情很愉悦。我喜欢每天穿梭在车来车往中，每次客户来了跟我打个招呼我都会觉得很亲切。看着员工们一天高高兴兴地相处和成长，我也很欣慰。再有，把油站经营好了，大家的收入提升了，客户的评价好了，领导更认可了，也是对我工作能力的一种认可。”马特立说。

除了抓好站内经营，马特立还非常注重员工的培训和职业发展规划。2010年以来，盘龙大道站累计输送机关岗位人员6名、片区管理人员3名、站经理10名、便利店经理3名、前庭主管7名。

2021年5月7日，中国石油集团公司召开“学党史、庆百年”五四青年座谈会，盘龙大道站获得集团公司“青年文明号”荣誉称号。

➢ 创先争优的真功夫

“我给你看看武汉市开展的‘双评议’结果，在全市的加油站中，盘龙大道站排名第一。”在马特立的手机中，存着许多的销量数据、排名表格，甚至具体到某一天某一位员工的销售业绩。

在她的手机上，记者还看到2021年5月14日盘龙大道站的工作情况汇总——

今日便利店3人开口营销目标3000元，完成1200元；

牛奶任务50提，完成99提；

加油卡任务10张，完成4张；

今日开口营销冠军高元珍……

“5月14日，我们站加油金额超过200元的顾客占比72%，这体现了汽油客户的加满率，这个数字是目前为止最高的。”马特立说。

武汉市对各个行业进行的“双评议”是月评，盘龙大道站就把劳动竞赛细致到每一天。再有，盘龙大道站以前开展的是班组竞赛，现在改为了个人竞赛，这些都是为了突出对员工的促进和激励，在站内形成创先争优的氛围。

“我们每日在群里发布每名员工销售了多少油品和非油商品数字，每天可以获得多少返利。然后，根据推销成绩总结和分享经验，鼓励后进走向先进。”马特立说。

其实，在盘龙大道站，无所谓先进和后进。因为员工们互相帮助、互相促进，在创先争优的氛围中你争我赶，经常是今天你拿第一名明天我拿第一名。例如，5月13日的销售冠军是吴小红，5月14日是高元珍……

尽管推销经验已经很丰富，而且有许多熟识的老客户，吴小红觉得学无止境。“我们便利店的一些商品我还要多学习一下，比如新上的酒品、养生茶。我要多看一下数据，了解商品的特性和作用，才好推销给顾客。”

同样有着几年销售经验的高元珍也在想办法进一步提升营销业绩。在她看来，在这个行业会遇到许多不同的客户，所以要学习处理不同的事情。虽然对很多员工来说，持续提升推销加油卡的业绩有一定困难，但高元珍觉得，“关键还是在推销，有时候适当地和顾客说一句话就有可能办一张。”

盘龙大道站改造后推出“加油满200元”系列优惠活动，高元珍经常和顾客说——今天是会员日，您办卡充值500元的话就能给您送一张15元的优惠券；另外每升优惠5毛钱，加起来就接近30元钱了。您来加个5～6次油的话，一箱油钱就差不多出来了。

看似只是给顾客算了个算术题，可是还真的很管用。4月，高元珍成为月度发卡冠军。

在每星期由站长组织的站务会上，盘龙大道站的销售冠军还会把自己的经验与同事们分享，达到互相交流和学习的目的，共同提升油站的营销业绩。

“美女，不好意思，刚才有点忙，请问您有什么事情需要处理……”这是盘龙大道站开展的一次班组模拟竞赛。一组5个员工，有的讲安全经验分享、有的做开口营销、有的进行卸油操作、有的处理客户投诉……班组之间比赛的结果由员工投票选出，优胜的一组会得到奖品。

在马特立看来，无论是个人竞赛还是班组模拟竞赛，更多地是要让员工从思想上认识到在这里工作是为了更好地发展，是为了让自己变得更优秀。这样，员工们就会有使不完的劲儿。

梅花香自苦寒来

——专访中国石油湖北销售公司加油站管理处处长李震杰

脚踏实地，面向未来，量效齐增，转型发展，中国石油湖北销售砥砺前行。

文/郑 丹

“三个人一台车”、从零做起，是中国石油湖北销售公司（以下简称湖北销售）2000年初入武汉时的情景。

20年后，湖北销售在这一区外市场发展了826座加油站，占比30%。在抢眼的份额之外，他们还有一群忠实的客户群体，并且在市场竞争中培育了相当的话语权。

随着国家全面放开成品油市场以及地炼批零价差扩大，已有20载发展历史的企业日益面临资源优势减少、终端站点丧失和新能源入场的挑战。

2020年，疫情之年的下半年，他们发力创效减损，全年减亏近4亿元。

2021年，他们以志存高远，量效齐增，实现“销量高于底线为前提的扭亏为盈为目标”，争取打好攻坚战，并瞄准“双碳”目标谋求逐步转型。

➢ 三分天下有其一

Q 记　者：李处长，您好！湖北销售进入湖北这一区外市场20年了，网络布局和销售情况怎样？

A 李震杰：湖北销售2000年进入湖北市场，从区外做起，现在已经发展了826座加油站。其中，在营的有788座。加油站的构成以全资站点为主，占比78%。目前，我们的站点覆盖全省17个地市州，以“一主两副”城市为主导，武汉、宜昌、襄阳3市的站点有近300座，占比30%左右。

和区内的中国石化加油站相比，从数量看，中国石化在湖北全省有在营加油站1893座，是我们的2.5倍；从零售量看，中国石化加油站每年零售量纯枪约530万吨左右，我们为220万吨左右。在中国石化2.5倍于我们的战术比例下，我们把整体销量做到了湖北零售市场份额的29%，接近1/3。

Q 记　者：在您看来，湖北销售在武汉地区20年中的发展如何？

A 李震杰：由于当地政府的支持和集团公司的重视，武汉应该是我们在湖北市场发展得比较成功的地方。当时，集团公司给我们定了一个目标——“三分天下有其一”，就是在武汉区外市场要做到1/3的市场份额，不论是网络布局，还是销量、客户。20年来，中国石油湖北销售武汉分公司（以下简称武汉分公司）在区外市场从零开始，一直围绕着“1/3”这个目标在奋斗。目前，武汉市共440座加油站中，武汉分公司发展了160座站，超过了1/3，区内的中国石化共有240座。

随着成品油零售市场的开放、民营企业的发展、外资企业的进入，市场竞争更加激烈。2017年，国家规定部队停止有偿服务，武汉分公司流失了一部分站点，加油站数量从160座下降到130～140座，但仍然达到了“三分天下有其一”的要求和发展目标。

➢ 疫情大考见真功

Q 记　者：地处新冠肺炎疫情中心，武汉分公司去年如何完成保供和抗疫任务？

A 李震杰：在武汉封城的76天里，湖北疫情严重的情况下，中国石油湖北销售625座加油站坚守保供一线，累计保供油品22.65万吨。其中，为救护车加油1.69万吨，为抗疫保供车辆加油4.47万吨，做到加油站不停业，加油员不离岗。

湖北销售经过20年的发展，锤炼了一支作风硬的队伍。不论是疫情之年，还是每年的防汛任务，在急难险重面前，公司的骨干力量都会在第一时间冲在最前面。封城前一天，武汉分公司党员全部写了请战书，要求坚守一线；宏图大道加油站经理马婷给方舱医院送油的时候，为了不增加其他员工的感染几率，每次都要求自己去执行任务。

我们还涌现出很多集团公司的先进集体和先进个人，他们有一个共同的特点——勇于担当、敢于创新、勤于实践。疫情期间，武汉分公司给市红十字会医院送去4000箱牛奶，3位领导和员工整整搬运了3个小时，最后防护服里面穿的棉袄都能拧出水来。因为疫情封城封路，武汉分公司综合办公室的许捷负责了所有加油站防疫物资的配送。

Q 记　者：湖北销售如何克服疫情带来的不利影响，逆市保量创效？

A 李震杰：2020年，受1~4月疫情严重的影响，湖北销售在2~4月的3个月中销量较上年同期相比降低了近40万吨。5月之后，随疫情影响减缓，公司开始发力夺回损失，当年年底将亏损降至2.2亿元，最终少亏损将近4亿元。我们的主要做法如下。

效益为先守底线，出色实现油品销售量价恢复上涨。面对成品油消费不振，产业链运行受阻、考核指标层层加码所带来的量效两难困局，我们确定了“销量高于底线为前提的扭亏为盈”目标。

强化同行业竞合管理的指导原则，强化促销过程控制及效果评估，实行吨油折扣管控，与价格到位率联动考核，实现零售价吨油折扣同比下降43.2%，纯枪价格到位率提升1.82个百分点，区外排名第6。

重点环节上压缩管理费用，做到精打细算，精准营销。结合全年利润目标确定费用预算、经营策略，每个月进行核定。在管控和压缩经营费用上，每个月投入的营销支出持续下降，月度营销支出降幅超过50%。全年损耗下降42%。

借势强化线上营销，引入专业团队推广企业微信“四个在线”，以站级建立社群营销体系，汽油销量从8月开始同比连续增长。截至目前，368座站点建立了企业微信，客户群体达到203万人，宏图大道、徐东等一批油站企业微信客户数量达到2万多人。

加强疫情后市场研判和开发。新开发客户417家，往来客户恢复至同期的82%，稳定、机构客户占比持续提升。

➢ 形势严峻保底线

Q 记　者：在您看来，疫情之后，加油站行业的发展面临怎样的形势和挑战？

A 李震杰：首先，市场环境不容乐观。由于目前成品油市场中的一些乱象存在，像轻循环油和地炼的冲击和民营企业无票资源的价格优势造成湖北销售的柴油销售份额大幅下降。2021年前4个月，柴油同比销量下降了21%，中国石化下降了30%。另外，集团公司规定我们只能统配统采，造成市场毛利空间狭小。

其次，社会上“自流黑”“自有罐”“黑窝点”重新抬头甚至有所加强，在郊区、农村和城市都有出现，甚至出现了私人加汽油的油罐车。

再次，连续几年网络丧失造成站点不断流失。例如，许多租赁站合同到期后因为租金过高停止合作，另一些因为城市改扩建被收走，几个部队站退还给部队，造成自有站数量持续下降。市场份额在不断被蚕食，网络布局优势也在慢慢下降。

再有，线上平台的冲击。因为成品油市场基本放开，我们受到能链、团油这样有风投资金的网络平台利用社会加油站网点来渗透和抢夺客户资源的影响比较大。

Q 记　者：困境当前，2021年，湖北销售的工作重点有哪些？

A 李震杰：2021年，湖北销售以志存高远，量效齐增，实现“销量高于底线为前提的扭亏为盈为目标”，确保完成保障产业链运行安全、保障市场份额、保障公司发展的底线销量，争取实现奋斗销量。

坚持零售主攻地位，持续加强纯枪市场建设。汽油增量提效。坚持油卡非润一体化营销，打通油品、非油、第三方客户开发渠道，实现客户引流、关联开发。着力提高持卡客户比例，优化现有营销工具，全年卡销比计划提高至19%以上。推进企业微信“四个在线”体系落地，推广闪付应用，精准打造差异化、定制化营销活动。柴油扩销稳量。紧盯高速、国省道等重点站，分区域、分线路匹配营销政策，稳住柴油基本盘。加大工程客户尤其是跨省客货运车队开发力度，抢抓季节性用油需求，强化与大型物流平台合作，探索开展联名卡业务，多渠道引流增量。在200多座国省道站点和45座高速站点中，我们选择了84座加油站进行差异化营销，以保持柴油基础销量不下降。

精细亏损站治理。每月通报治理成效，压实责任，确保各分公司亏损站数量下降50%。将盈利状况较好的站点列入“提升一批”，发力提量增效；将连续4年边际贡献为正但利润总额为负的站点纳入“优化一批”，发力稳量减亏；将连续4年无边际贡献的站点纳入“治理一批”，发力止损减亏。

精细促销管理。制定零售非油全年一体化营销方案，强化折扣“一盘棋”管理，全力实现纯枪价格到位率目标。放大折扣杠杆效应，折扣使用向重点上量分公司及站点倾斜。优化省、市、站三级权责界面，全年省公司以储值活动为主，分公司灵活开展差异化活动。强化折扣使用过程管控，以吨油折扣为核心，每周进行监测预警，每月兑现折扣超支，确保地市自行组织活动效果达销率85%以上，省公司统一组织活动效果达销率90%以上。

19

西路站里油味浓

浓厚的石油背景，细到极致的服务，中国石油甘肃销售西路加油（气）站稳居万吨行列。

营销现场

文 / 齐铁健

中国石油甘肃销售兰州西路加油（气）站，坐落在有着“石化城”之称的甘肃省兰州市西固区，与其在一个区的还有被誉为“共和国长子”、新中国石化工业“摇篮”的兰州石化公司。

地理位置优越，依托石化城浓厚的石油工业背景，再将服务做到极致，2020年，西路加油（气）站油品销量1.3万吨；天然气销量达到3000吨。油气混合，西路加油（气）站多年来稳居万吨站行列。

➢ 三证齐全，保证安全距离

“我的三证办齐了。这回该给我加油了吧！”摩托车驾驶员王师傅说。

“王师傅，您三证办齐了，我给您提供五星级十三步的加油服务。”西路加油（气）站加油员祁正河笑着说。

“加完油，还得麻烦您帮我把车推到安全区。对我进行第十四步加油服务。”王师傅说。

“没问题，老兄。”祁正河说。

凌晨两三点，人们还在熟睡的时候，西路加油（气）站摩托车加油区域已经迎来摩托车加油的一个小高峰。

中国石油甘肃销售兰州西路加油（气）站，属于甘肃销售公司兰州市第一座油气混合站，占地面积500平方米，位于工业核心西固区主干道，城区与郊区结合处，出租车与私家车的车流量大。

不仅如此，西路加油（气）站紧邻西固地区最大的综合批发市场，每天有很多装满蔬菜和水果的摩托车来站里加油。

摩托车加油与私家车和出租车加油不同，不仅要求三证齐全，而且为了确保安全，加完油要求车主将车推到离加油机5米之外发动，驶离。

“这些规定很容易引起摩托车车主的不满，我们只能不厌其烦地与其解释，心平气和地和他们讲道理。这也是相关部门的规定，就是尽量说服他们去办理相关证件。”正在忙前忙后给摩托车加油的祁正河说。

除了耐心地与其解释，还要将服务做到位。这里离综合批发市场比较近，多数都是一些卖菜的摩托车，加完油推出5米之外一般车主一个人推不动，每加完一辆车，祁正河都帮助车主推车，虽然无形中增加了他许多工作量。

但在祁正河看来，正是“推一把”这样的贴心服务，拉近了加油员和客户之间的距离。

“开始总是会有很多车主不理解，动不动和我们吵，将服务做到位，车主也都理解了。现在来我们这里加油的摩托车，百分之百三证齐全了。”祁正河说，为了吸引更多的摩托车顾客，他还向摩托车顾客推荐加油卡充值送券等营销活动。

➢ 高标准严要求提高现场效率

加完油的摩托车陆陆续续离开了加油站，加油员也开始收拾现场，刚收拾好还没来得及打个盹，运菜大货车和私家车加油的早高峰又来了。

刚刚给一辆运菜大货车加完油的加油员俞静，一边拧着油箱盖，一边将加油枪交给正在为另外一辆私家车加油的谢淑萍。

谢淑萍一边快速地将汽油的油枪插到私家车油箱里，一边接过俞静递过来的柴油枪，将其挂在加油机上。

“完美！配合默契。”加油员俞静和谢淑萍互望了一眼。

西路加油（气）站加油员们之间这种默契已经深入到加油站现场服务和管理的方方面面。

就是这些看似非常小的默契配合，大大提高了加油站现场的通过率。在西路加油（气）站，“眼观六路、耳听八方”的加油员让加油站现场的加油效率更高效、更流畅。

“机前引导工作中，加油机胶管需要拉出来很长才能保证前后两辆车同时加油。然而新换的加油胶管一个人拉很吃力，需要两个人配合才能拉动，为了节省时间，一名加油员拧油箱盖的过程中，另一名加油员会很快接过他手里的加油枪并挂好。”加油员俞静说。

“之前机前没有进行引导，员工之间也没有进行配合，车辆停放比较随意，这就导致一台加油机最多只能为2辆车加油。进行引导之后，再加上员工之间相互配合，每台加油机可以为4辆车加油。”西路加油（气）站的前厅主管李雨晟说。

为了让顾客有更好的服务体验，西路加油（气）站持续打造强大现场，提高现场效率。

结合甘肃销售公司提出的“八项服务承诺”的具体措施，西路加油（气）站将每个流程的具体时间都细化到分钟：客户等候加油时间3分钟、高峰期等候加油时间5分钟、收银时间2分钟、结账时间1.5分钟，并通过现场语音播报，告知客户结账时间，减少顾客等待焦虑。

不仅如此，根据甘肃销售零管系统的统计数据，每天10点至12点、14点到16点、18点到20点属于明显高峰期，加油站针对这三个时间段进行优化排班，除了班组成员5人外，还安排2~3名员工作为高峰期的插班人员，例如站长、便利店主管、前厅主管到了高峰期，根据加油站具体情况到现场引导，保证车辆快进快出，减少客户等待时间。

“机前引导到位，持续提高现场加油效率，我们加油站消高峰考核在全省排名第一。”李雨晟颇为自豪地说。

优越的地理位置是西路加油（气）站销量一直稳居高位的主要原因。但将加油时间精准到分分秒秒，体现的是甘肃销售公司的“高标准严要求”。优越的地理位置和高标准严要求，使西路加油（气）站销量持续提升。

➢ 党建引领，扛红旗争第一

“十八大”以后，从严治党在各行各业进入一个新局面。

甘肃销售公司也不例外，在西路加油（气）站成立了党支部，推动加油站销量的提升。

“服务这个行业说起来难，其实也不难，就是要和顾客保持一条心，满足客户各方面需求。但是在此之前，要关爱员工，为他们解决后顾之忧。”西路加油（气）站党支部书记、站经理李瑞娟说。

“五必谈、六必访”是西路加油气站支部建设中的一个亮点。

“加油站工作比较辛苦，很多时候会遇到顾客不理解，我们都要多给员工做思想工作；加油员家里的情况也要掌握一些，一旦遇到什么难处，我们要及时给予帮助。总之，我们要通过‘五必谈、六必访’来解除员工的后顾之忧，让他们踏踏实实投入到工作中。”李瑞娟说。

这不仅是西路加油（气）站对员工体现出的温度，甘肃销售公司一直将“有灵魂、有血肉、有骨气、有温度”作为企业文化建设的核心，营造人性化工作氛围，提高员工归属感；促进学习型企业建设，提升员工成就感；切实做好帮扶工作，提升员工幸福感；亲情关爱员工家庭，提高员工认同感。

2018年，李雨晟刚入职的时候满怀期待，终于能够加入自己心爱的石油行业，然而分到加油站后，心里感到巨大的落差，长时间、高强度的工作他可以坚持，但面对一些顾客，还要承受一些不理解和无端的指责，这让这个1997年出生的小伙子觉得很委屈。

站经理了解到情况，找他进行谈话。“加油站作为基层零售单位，是服务顾客的窗口，站在顾客的角度，都希望得到更好的服务，这样想事情就会平和很多。遇到想不通的事情要找同事多沟通，这样就会有更多的收获。”

让新员工尽快融入其中，在这个有爱有温暖的大家庭里，更让老员工干劲十足。

老邓是西路加油（气）站的一名员工，2020年，身体出现点问题。

李瑞娟安慰老邓：“生病了就先治疗，工作上的事你不要操心。”老邓住院的一个月里，加油站员工党员杨栋栋每天下班后煮好鸡汤，站里员工谁有时间都会主动给老邓送过去。

“以前老邓由于身体不好的原因，工作总是不太积极，出院后的老邓像是换了一个人，各项工作都特别努力。”李瑞娟说。

之前，老邓一直准备考高级工程师，但实操对他来说是一个难题，后来积极主动向高级工李慧请教，顺利地通过了高级工考试。

随着加气站设施设备自动化水平不断提高，老邓开始参与加气后台管理工作，例如每月从后台管理系统调出销售数据，微信、支付宝、现金还有IC卡不同渠道的销售数据，做出月度报表，上报给公司系统。

“评上高级工以后，不仅每月工资涨了200元，现在对设备设施更加了解，工作起来越发得心应手了。”老邓高兴地告诉记者。

加油站里面像老邓这样的高级技工很多，站里为他们解决了后顾之顾，员工的积极性提高了，出现了“见红旗就扛、见第一就争”的良好局面。由此，西路加油（气）站的销量也稳步提升。

➢ 石油人的传承，“油三代”正当时

其实，西路加油（气）站的万吨销量，不仅与卓越的服务、企业文化分不开，更与浓厚的石油工业背景分不开。

西路加油（气）站所在地——甘肃省兰州市西固区，正是兰州石化公司所在地。

兰州石化公司的前身是兰州炼油化工总厂（兰炼）、兰州化学工业公司（兰化）。

兰化、兰炼是计划经济时期，国家“一五”期间156项重点工程项目，是新中国第一个现代化炼油化工生产企业，历来以出产品、出技术、出人才、出经验著称。被誉为新中国石化工业的“摇篮”，素有“共和国长子”之称。

“西路加油（气）站的前身属于兰州石化。2003年，随着中国石油上下游板块细化逐渐成熟，西固加油站正式从兰州石化划转至中国石油甘肃兰州销售公司。”李瑞娟说，青年人受祖父辈、父辈的影响，很多“油二代”“油三代”毕业之后也选择加入石油行业，西路加油（气）站根正苗红的“油三代”正在成长为该站和甘肃销售公司各条战线发展的中坚力量。

“我的爷爷在陕西参军，新中国成立后随部队来兰剿灭马步芳，剿匪结束后随部队集体转业建设兰州石化炼油厂，他将自己的后半生全部奉献给了祖国的石油建设。我爸爸是兰州石化公司的一名高级钳工。父辈们为祖国献石油，我们这辈年轻人要为祖国加好油。”前厅主管李雨晟2018年从常州大学油气储运工程专业毕业后进入加油站工作，多年的耳濡目染坚定了他投身石油行业、为社会奉献能源的决心。2017年，中国石油甘肃销售公司开展雏鹰计划，李雨晟从基层一线培养的大学生成为了企业发展的中坚力量。

作为雏鹰计划的一份子，和李雨晟一样，1994年出生的高甲程大学一毕业就进入西路加油（气）站，成为了一名加油员。当时和他一块加入甘肃销售的很多大学生，因为环境条件艰苦、工作枯燥都辞职了。能让他坚持下来的一个重要原因，同样也是父辈对他的影响。作为一名“油三代”，高甲程的爷爷和父亲都是石油工人。当时，为了支援大西北，高甲程爷爷从山东来到甘肃，加入兰炼。石油人的奉献、艰苦奋斗精神已经深入他的内心。

西路加油（气）站是一座综合站，涉及的业务多，这也给高甲程带来更多的学习机会，在站经理的细心教导下，所有业务从生疏、了解到熟悉，让他在入职初期就更加坚定了自己的选择。

“那时候我对加气业务很好奇，经常跑到气站请教，气站的刘哥总是利用自己的休息时间为我讲解压缩机如何运行、如何换车等操作技能。西路加油（气）站是一个温暖的大家庭，正是这样的环境加速了我的成长。”高甲程说。

在同事的帮助和自己的努力下，2020年7月，高甲程已经独当一面担任兰州银号加气站站经理。

2020年年初，中国石油甘肃销售公司独立开创了站经理资格认证系统，为全省站经理资格认证工作提供了更高效的工作平台，也为李雨晟、高甲程、俞静这些雏鹰计划的大学生提供了更大的舞台。

石油魂就是甘肃销售公司的“灵魂”。西固区作为共和国石油工业的摇篮，为祖国奉献石油。

而位于西固区的西路加油（气）站，他们不仅很好地弘扬与传承石油精神、大庆精神、铁人精神，而且将这种精神诉求和价值追求作为面向未来的重要驱动力，培育起新的营销理念、服务理念、竞争理念和人才观念。这种理念也成为西路加油（气）站增量创效的内在根本动力。

20

长江源头第一站

从高原死亡公路青藏线到戈壁盐滩，高寒、缺氧、大风、荒漠，中国石油青海销售加油站成为司机加油和休息的生命驿站。

营销现场

最荒凉的地方　最温暖的油站

在高寒、缺氧的青藏线，中国石油加油员用真诚的服务在顾客心中点亮一颗又一颗宝石花。

文/齐铁健

由于线路短、盘山路少、全年通行，青藏线是最繁忙的进藏路线。青藏公路承担着85%进藏物资和90%出藏物资的运输任务，被誉为西藏的生命线。

作为最接近天空的路，青藏线是入藏线路里平均海拔最高的线路。除了两头接近拉萨和格尔木的那一段，全程都超过了4000米，而且有大部分路段的海拔都超过4500米。青藏线全线平均海拔在4000米以上，整个片区沿线长度

430公里，高寒、缺氧，一直被货车司机称为“死亡公路”。

中国石油青海销售格尔木分公司沱沱河加油站员工就坚守在这条高海拔死亡公路上，为过路的司机提供加油和生命补给。高原上的宝石花照亮了路人的行程。

➢ 油好，不趴窝

2015年1月8日，中国石油沱沱河加油站投运，当年加油站油品销量就达到了1.2万吨。第二年，油品销量更是一度突破2万吨，随后一直稳定在1万多吨左右。2020年，沱沱河加油站油品年销量是1.13万吨。

沱沱河加油站是青海进西藏前的最后一座加油站，由于区域价差的问题，且在青藏线上一路海拔飙升的青藏线，沱沱河加油站是海拔相对较低的地区，所以，沱沱河加油站成为了很多司机油品和物资补给的驿站。

只要不下雪不封路，青藏线上的货车就源源不断。青藏线上的车流量决定着沱沱河加油站的客流量。

在中国石油沱沱河加油站开业之前，这里有一座民营加油站，因为油品质量不好，经常导致过路加油的车辆在青藏线上抛锚。对于行走在青藏线上的司机来说，汽车抛锚是一件要命的事情。中国石油沱沱河加油站给海拔4600米的人们出行带来一种保障。对于常年行走在青藏线的货车司机们，沱沱河加油站更像是一座生命的灯塔。

“从西藏回来了。唐古拉山口那边下雪了吗？”“下雪了，风很大。”“那明天沱沱河可能也要下雪了。青藏线可能要堵车了。”“所以，今天我要连夜赶回格尔木。帮我问问不冻泉怎么样，下雪了吗？封路了吗？”程军赶忙在群里帮回族老顾客马哈比布问了不冻泉的情况。马哈比布家住在格尔木，已经在拉萨开了10年的宾馆。青藏线对于他来说，就是一条通勤线。沱沱河加油站开业之后，马哈比布一直在沱沱河加油站加油。正如马哈比布所说：“在青藏线上跑，油品质量不好是要命的。”

对于靠天吃饭的青藏线，驻扎在青藏线上的加油员们已经成了沱沱河气象专家，向过路的司机实时打听天气状况，并及时发布到中国石油青藏线油加油站群里面。通过中国石油青藏线加油站群，程军帮马哈比布确认了不冻泉附近没有下雪，他不敢多留马哈比布，青藏线上的天气是瞬息万变的。所以，马哈比布交完油费，匆匆上路，他要在中午之前过了海拔最高处4600米风火山和不冻泉，海拔就开始一路下降了，风雪天也不会这么频繁，路况就会好很多。程军也赶紧塞给他一瓶红牛说："路上慢点开。"

刚送走马哈比布，加油站走进一名穿迷彩服的中年男子，这名中年男子喘着粗气，嘴唇发紫。程军赶忙让顾客到休息室。"吸点氧，喝点水，你可能有点高反。从哪里来？""从北京来，我头疼而且感觉站不住。"程军嘱咐中年男子喝了一点热水，这个中年男子吸了一点氧气稍做休息，身体感觉好多了，准备出发。程军建议："一定要把玻璃水换成防冻玻璃水，为了驾驶安全，柴油要加负35号。"遵照程军的嘱托，中年男子把车加满-35号柴油，换上防冻玻璃水。中年男子感慨："在这茫茫雪山看到中国石油加油站，我就像抓到了救命稻草。感谢你们。"

对于沱沱河加油站来说，每天来来往往加油的顾客其实只有两种类型，一种是需要照顾的出现高反的新朋友，另一种是需要提供青藏天气实时信息的老顾客。

➤ 服务，没有止境

沱沱河加油站的油品和生命补给服务不仅在加油站内，青藏线上司机的任何求助电话的地点都是他们服务的半径。阳春三月，沱沱河的天气还特别冷，很多没有经验的司机因为用了不合格的低标号油品导致车辆抛锚。"站经理，我们的车冻上了，启动不了。"

接到电话后，沱沱河加油站经理程军赶紧借了一辆车加了一桶油，他们冒着狂风和大雪赶到了韩师傅的货车趴窝的位置。从那以后，韩师傅每次经过沱沱河加油站都会加满油，还带来一起跑运输的朋友定点在沱沱河加油站加油。

从货车司机到加油站附近藏民，沱沱河加油站服务一样周到。

沱沱河加油站位于唐古拉小镇，小镇人口不足600人。坚守下来的除了镇政府、气象站、铁路、电力公司、派出所……还有中国石油加油站的加油员。除了过路的货车司机，唐古拉小镇还留下了一些藏民。这些藏民在山里以放牧为生。在放牧时节，牧民住在山里搭建的临时帐篷，需要柴油发电来取暖、做饭和照明。由于政府对于散装油销售管理严格，消费者要持有派出所开具的证明，才能在加油站购买散装柴油。

藏族牧民索南达娃说："有时候，派出所出警没人，我们牧民大老远从山里出来，就只能白跑一趟。"加油站经理程军深刻体会到了藏牧民打散装柴油的困难，他就与派出所积极沟通，希望把散装油登记的工作由加油站进行管理。通过一段时间的试行，派出所定期进行监督和排查加油站的散装油登记工作，最后，加油站散装油的销售工作获得当地藏民和派出所的认可，解决了当地藏民的生活根本需求。

对于常驻唐古拉小镇的单位和居民来说，中国石油加油站不仅提供了有品质的油品，而且为他们的日常生活用品提供了品质和数量保障。

➢ 救援，青藏线总堵车

"小杨准备一些方面、鸡蛋还有热水。咱们站前青藏线没有车了，微信群上说在附近堵住了。我们一块去看看。记得拿上加油站的名片。"程军和加油员杨成林一块准备送货的物资。

送油、送食品已经成为沱沱河加油站为青藏线司机提供的日常服务。

青藏线气候变幻莫测，十里不同天、一天有四季。青藏线是双向单车道，道路旁是各种沼泽。没有分支道路，外加高寒的极端天气，导致青藏线常常堵车，一堵几个小时是经常的事情，甚至出现了多次罕见的大堵车。

提起青藏线堵车，让程军和沱沱河加油员记忆犹新的是2017年的那次青藏线大堵车。

2017年11月，青藏线连续几天的大暴雪，唐古拉段堵车将近90个小时，队列长达30多公里，且堵车路段海拔5000多米，温度降至-28℃。4000人被困，5天5夜断水、断粮，天气寒冷让不少人生命危在旦夕。5天5夜看起来只是个数字，只有亲身经历过的人才更清楚背后的恐怖。青藏线容易出现温度急降的情况，许多司机就是由于油箱的油被冻住，车打不着火，才被堵在了路上，再加上温度低、海拔高，人也容易出现高原反应，十分危险。

在接到了司机的求助电话之后，青海销售格尔木分公司书记王国庆召集沱沱河加油站的程军、西大滩加油站的颜世秀等青藏沿线站长以及分公司机关人员共计17人，从南山口出发逆行为拥堵路段的司机送油、送食品。

由于海拔高、气温低、长时间堵车，很多加0号柴油的卡车都被冻住了。在低温环境下，如果柴油结蜡，一个办法就是加热；另一个办法就是将0号柴油更换为 -35号柴油。如果需要换油的卡车，救援队员当场就将车内的油放掉，然后再加 -35号柴油，并送一些救急食品。

"当时青藏线上司机不清楚青藏线恶劣的天气，认为天气还暖，结果唐古拉山下大雪，堵在路上的车辆大概有几千辆。在当时极寒的气候下，手机拿到外面都是直接断电。由于天气寒冷，救援队员还将自己身上的棉裤脱下来送给被困的司机。"王国庆表示。

对于青藏线上的司机来说，中国石油的加油员就是雪中送炭的救命恩人，中国石油加油员对每一位司机的周到服务都像昆仑山的皑皑白雪一样深厚。

➢ 更大，生命加油网络

沱沱河加油站仅仅是青藏线中国石油加油站整个能源供应线的一个点。

"到了五道梁，哭爹又叫娘！"。五道梁是青藏线空气最稀薄的地区，当年修建青藏公路的时候，很多铁路工人在五道梁献出了宝贵的生命。2021年年初，中国石油青海销售格尔木分公司五道梁开始投入建设。由于，地理环境恶劣，五道梁加油站成为了格尔木分公司青藏线最后建成的一座加油站。至此，中国石油青海销售公司在青藏线形成每200公里一座加油站。其中，南山口加油站海拔3200米、西大滩加油站海拔4200米、不冻泉加油站海拔4500米、沱沱河加油站海拔4600米，还有正在建设的五道梁加油站海拔4600米。

随着海拔的递增，青藏线上加油站员不仅要克服高寒缺氧的气候，还要肩负保供用油的使命。南山口加油站年销量达到3万吨，西大滩加油站一直是万吨站，沱沱河加油站销量最好的时候达到2万吨。

中国石油青海销售格尔木分公司作为一家上、中、下游能源一体化的下游销售终端企业，高品质的油品保障了青藏线上高质量的油品供应。中国石油高品质的油品，加油员热心专业的服务，为青藏线上的司机保驾护航。默默坚守高原的员工，用他们辛勤汗水换来了青藏线的一路通行。

最荒凉的地方　最灿烂的人生

他们坚守在海拔4600米的可可西里无人区加油站。

文/齐铁健

上青藏线是要看老天心情的，只有格尔木晴天了，才能上青藏线；如果格尔木阴天，那就意味着一路垂直上升高海拔的青藏线肯定是大雪封山。在一个难得的晴天，早上八点从格尔木出发，爬过了两座雪山，穿过无数云朵，经历了小雨、冰雹、大雪……到达可可西里自然保护区，终于看到了太阳。短短几个小时车程经过了一年四季；在与高反缺氧的斗争过程中，已经无心欣赏一路雪山、藏羚羊、野牦牛的壮丽美景，经历了一场生死斗争之后，终于到达了长江源头的唐古拉山镇。在漫长荒芜的可可西里无人区里，唐古拉山镇让人感到一种久违的人间烟火气，它也是青藏公路上的重要驿站。

中国石油格尔木销售沱沱河加油站就位于唐古拉山镇，地处青藏高原腹地、三江源自然保护区内，长江正源沱沱河位于境内，平均海拔4600米以上。沱沱河加油站也是青藏109线上在青海境内最后一座中国石油加油站。

➢ 高反，“我还活着吗？”

“刚到沱沱河加油站，我第一次看比公鸡还大的乌鸦，我兴奋得像打了鸡血似的到处晃悠、蹦蹦跳跳，突然间就喘不上气了，接着头疼、胸闷，头上像戴了一个紧箍咒，脚上踏着风火轮，走路就像踩棉花。到了晚上，更是一场噩梦，各种头疼、失眠，第二天醒来，睁开眼睛的第一个想法是‘我还活着吗？’。”2021年4月刚刚到沱沱河加油站工作的杨启章对于痛苦的经历仍然难以忘记。接下来，杨启章连续吃了三天安乃近。在高原感冒是可能要人命，所以，安乃近成为沱沱河加油员们抗击高反和治疗感冒的特效药。杨启章熬了过来，终于能在加油站正常工作。从那以后，杨启章更是把安乃近当成了救命药。

高反是进入海拔3000米以上高原后，人体对低压低氧环境产生的不适应症状。

“有些人晚上怎么都睡不着，脾气暴躁，一点就炸；有的人会昏昏欲睡，不要认为是他累了想休息；有的人胃口不好，不要以为他是在减肥；有的人动作变得迟缓，不如平时敏捷……这些都是高反的症状。”

加油站站经理程军已经成为了判断高反症状的专家。

在与缺氧抗争的过程中，沱沱河加油员已经积累了丰富的经验，沱沱河加油站为顾客配备了制氧机、休息区、红景天、高反药物，当然还有抗击高反最有用的热水。沱沱河加油站站医疗条件只能治疗轻微的感冒和轻微的缺氧现象，较为严重的高反只能到距离沱沱河430公里的格尔木市进行治疗。

高反不只是新员工要面临的问题，沱沱河加油站每个加油员时时刻刻都要面临这个随时可能夺走生命的问题。

在沱沱河加油员的员工宿舍里面，每个员工床头都配备制氧机。晚上睡觉时加油员会经常觉得头疼得难以入睡，这时候就需要吸一会儿氧气才能睡着。吸氧机的噪音加上带着吸氧管粗粗的喘气声音，让人有一种在重症监护室的感觉。沱沱河员工就是依靠吸氧管渡过每个不眠夜晚。

➢ 风大，吹出高原红

沱沱河加油站现场罩棚下面有8台加油机，为了应对加油高峰，提高现场加油车辆的通过率，沱沱河加油站还在进站口设置了两个临时加油机并安装了红色罩棚，加油员都把这两个临时罩棚叫作“小红帽”。由于常年大风，这两个小红帽被风吹翻过无数次。

沱沱河加油站一年四季大风不断。沱沱河加油站平均风速为3.9米/秒，最大风速约40米/秒，相当于12级。其中，6级以上大风年平均74.5天，占全年刮风日数的72%。每年1~5月更是是沙尘暴最肆虐的季节。

沱沱河加油站建站之初，辛彩霞是沱沱河第一批加油员。“当时，唐古拉镇上居民都刚刚搬走，饭店也没几家，特别荒凉，风吹得脸疼。当时晚上出去给车加油，特别害怕，都是倒着走，一是风大走不动，再就是晚上还看到过野狼，一双绿眼睛在加油站对面路上直勾勾地盯着你。”辛彩霞回忆刚刚到加油站工作时的艰辛，仍心有余悸。

辛彩霞的红脸蛋告诉我们，她已经在沱沱河加油站工作了很多年。

对于更年轻的加油员来说，防晒霜和防风头巾则是工作防护必备的单品。

“来沱沱河加油站工作之前，我大概了解了一下天气情况，特别买了一条防风头巾，结果这头巾一带就摘不下来了。一年365天，天天风不断，有时候风大的，从便利店走到加油机都很困难。”加油员张海东说。“只有加油的时候，我们才出去，一般守在便利店窗户边就行。有时候加油车太多，忙不过来，或是风太大，很多司机师傅老客户都自己加油。有的时候到了饭点，我们也留顾客一块吃饭，就像一家人一样。”

➤ 醉氧，轻易不下沱沱河

由于沱沱河海拔比格尔木高，从格尔木到沱沱河，称为上沱沱河；从沱沱河到格尔木，称为下格尔木。

沱沱河的员工也很少下格尔木，就算休息也都留在加油站内。

一是路途遥远，从沱沱河到格尔木单程需要8~10小时，只能坐火车或是搭顺路车。

如果坐火车上沱沱河，火车是持续供养。路上不会出现高反现象，但是到达沱沱河的时间是凌晨2点，正是沱沱河空气最稀薄的时候，突然达到海拔4600米的地方，所以第一个晚上，就算在沱沱河工作很多年的老员工也会头痛欲裂，很难入睡。

如果搭顺风车，有时候是货车或运油的油罐车。由于青藏线是在冻土上修建的，青藏线经常是补丁摞补丁，路况很不好，一路颠簸让人处于飞起来的状态。此外，由于青藏线气候条件恶劣，还存在很大的堵车风险。堵车少则2~3小时，多则1~2天。在青藏线上，时间没法保证。

二是下到格尔木或西宁，沱沱河加油站员工就会出现醉氧，虽然用一个“醉”字形容，但是醉氧感觉可不那么美妙。有人形容醉氧是一种“让你有时间找个地方晕倒的过程”，那是一种前一分钟还正常，下一分钟就要昏昏欲睡的感觉。轻微的头痛，眼睛睁不开，可能大脑还有点清醒，必须躺下睡觉，这时候很难进行正常的生活或是工作，处于间歇性晕倒状态。

沱沱河加油员都有过这种生不如死的醉氧经历。如果说高反的时候，可以通过吸氧维持正常生活或工作，但是醉氧就只能靠睡觉解决了。睡觉醒来也是头昏脑胀，而且不知道多少天能够缓解：有人三五天就能缓解醉氧，有人需要1个月的时间。下格尔木休假，对于沱沱河加油员来说，这样假期多半是在晕晕乎乎状态中度过的。

程军妻子说："每次程军下格尔木回家休假，无论哄孩子、坐沙发、看电视，在哪都能睡着，而且一般要昏睡三天左右。如果离开沱沱河时间长了，上沱沱河还要重新适应高反，又是一个痛苦的过程。所以，程军很少回家。我也不让他回来，他太辛苦了。"

沱沱河的员工一般一年只下格尔木休息两次。其他时间下格尔木，多半都是因为感冒了，如果感冒两三天不好，就会出现生命危险，就不得不下格尔木市进行治疗。

战略规划

最荒凉的地方　最高速的发展

——专访中国石油青海销售公司副总经理胡鹏

当年立项，当年施工，当年投运。青海销售公司建设更多加油站，保障青藏高原油品供应。

文/齐铁健

中国石油青海销售公司在青海深耕60多年。公司成立于1954年，1998年划归中国石油天然气集团公司，承担着保障全省汽、柴、煤、润等成品油稳定供应的责任。青海销售公司发扬"缺氧不缺精神、艰苦不怕吃苦"的作风，从高原死亡公路青藏线到戈壁盐滩，高寒、缺氧、大风、荒漠，在很多人类不适宜居住的地方，中国石油青海销售公司建设了一座座高原加油站，这些加油站成为了司机加油和休息的生命驿站。

青海销售公司发扬高海拔的艰苦奋斗精神，如何构筑高原生命线的加油站？中国石油青海销售公司副总经理胡鹏接受了记者专访。

➢ 当年立项，当年投运

Q 记　者：从青藏线上海拔不断上升的高原加油站到察尔汗盐湖荒无人烟的撬装加油站，青海销售公司很多加油站的条件非常艰苦。我们可以想象青海销售公司开发加油站网络的艰辛，那么，近年来，青海销售公司如何进行加油站网络布局的？

A 胡　鹏：青海销售公司2018年运营加油站份额是43%，青海销售公司领导班子清醒地认识到网络开发缓慢是制约青海销售公司保证能源供应的瓶颈。

2018年，中国石油青海销售公司党委书记、总经理张海云提出重树网建新格局的动员令："推进网络建设功在当代、利在千秋，我们必须把这个思想融入血液里、扎根在脑海中。"在充分调研的基础上，青海销售公司领导班子提出重塑"网建、直批、党建"三个新格局的战略思想，制定"八三"发展战略，坚决要求把握好网络开发的机遇期和黄金期，在网建方面取得新突破。

2018年之前，青海销售公司的加油站网络开发是以守为主。2019年开始进入网络快速开发阶段。青海销售目前有300多座加油站，占市场份额45%~46%。

Q 记　者：为了进行加油站网络布局，青海销售公司还做了哪些工作？

A 胡　鹏：为了配合加油站网络开发的布局，青海销售公司按照行政区域设置海南、海北分公司，结束了"一县管三州"的历史，解决了跨行政区域协调政府关系难、加油站网点开发难等问题，整合工程投资职能部门，撤销分公司驻地经营部、非驻地经营部转制设立投资品牌发展部，制定了专业人才队伍培养计划，充实了网点建设和企地协调力量，设立了重奖激励考核机制，一系列新的体制机制为推进网络建设注入了生机和活力。

以门源花海加油站为例，原属西宁分公司管辖之内，前两年就已拿到批复，但因土地手续的问题一直未能建设，湟源分公司划分后将门源按行政区域交由海北分公司，根据青海省资源厅文件要求，凡是经信用地要办理增减挂钩手续，土地是网络开发的硬件，海北分公司区域通过各种努力2020年将土地手续办理妥当，青海销售公司出资建设，短短半年时间，加油站就投运。

在机构改革之后，2019年青海销售新开发新投运加油站一半以上是当年立项，当年施工，当年投运。

Q 记　者：在加油站网络布局进一步细化的基础上，青海销售公司如何实现加油站提高销量？

A 胡　鹏：目前，青海销售公司共运营312座加油站，其中，自营加油站150座、业务外包加油站162座。自营150座加油站基本上都是高效加油站，这些加油站还分为万吨站、7000吨以上站、5000吨以上站、3000吨以上站、3000吨以下站5个层级，简称“23443”。

“23443”的含义是：销量万吨站有20座，销量在7000吨以上的加油站有30座，销量在5000~7000吨的加油站有40座，销量在3000~5000吨的加油站有40座，销量在3000吨以下的加油站有30座。

这只是一个大概的数字范围，2020年实际万吨站数量已经达到23座，自营加油站是公司创效的主力，也是日常管理关注的重点。万吨站分为高速公路站、城市站、矿区站、省道终点站。针对不同加油站的区域特点和不同类型的加油站，销售公司对于具体的管理方式也有各自不同的要求。

业务外包加油站主要是年销量3000吨以下的加油站，这些加油站由外包公司经营。

➢ 借船出海

Q 记　者：在十四五规划开局之年，青海销售公司的发展规划是什么？

A 胡　鹏：借船出海投身当地经济发展的担当精神是央企的宝贵品格。公司从实际出发，多渠道争取政府资源，全域签订企地《战略合作协议》，全力争取获得政府支持。

格尔木公司成功实现“十三五”规划带帽下达若干个项目，成功申请到“十四五”规划相关站点，初步得到当地政府部门的认可，基本锁定当地未来5~10年加油加气站新建项目；海北公司与当地政府共同规划，将若干个站点纳入了海北全域旅游综合服务区，提前将“十四五”规划提上了议事日程；海东公司力争主权，突破了当地城市规划限制，成功规划选址河湟新区3号路加油站，各分公司主动投身并助力当地经济发展的洪流，切实将履行社会责任的大旗扛在了肩上。

Q 记　者：2019年，是国家实施精准扶贫计划的攻坚之年。青海销售公司如何把加油站网络建设与地方经济的发展进行融合？

A 胡　鹏：2019年，是国家实施精准扶贫计划的攻坚之年、关键之年。青海销售公司以此为契机，公司领导及相关部门与青海省委省政府勤沟通、多汇报，主动融入政府精准扶贫行动，依托扶贫政策拓宽网络开发渠道。

利用地方精准扶贫阶段，2019~2020年立项40多座扶贫加油站，其中9座加油站已经投运。

在构建“网建新格局”思想的指引下，公司再次拓宽思维，将精准扶贫、合作共赢、借船出海的策略运用到了极致：政府筹资建站，公司租赁经营；政府提供土地，公司租地建站；双方共同出资建站，投运后利润分成；公司全资建站，增加困难群众就业机会。企地共建扶贫站的创意一经出台，立刻引起了地方政府的兴趣与认同，双方一拍即合，认为这是一个能够实现“三赢”的好项目：既为政府的扶贫资金找到了可靠出口，又有利于企业滚动发展，更将造福一方贫困群体。基于此，企地双方所签订的扶贫加油站均纳入政府规划，扶贫站址大多位于国、省道旁及县、镇等区域，具有一定的成品油市场需求潜力，别出心裁的开发方式既有效抑制了社会加油站溢价蹿升，也让广大农牧民受益，在网络开发建设中的话语权大幅提升，真正感受到了央企投身当地经济发展，主动做事业、谋发展的担当。

2021年青海销售公司的目标是以合资合作为主，全资为辅助，收购租赁为必要补充。“双40”目标，即新开发40座加油站，项目处于前期阶段；新投运40座加油站，办理完验收手续，投入正常运营。其中，全资加油站10座、合资合作加油站30座。

21

5万吨汽油大站背后的故事

“加油员日均提枪1万多次”，中国石化云南石油昆明分公司石虎关加油站汽油销量突破5万吨。石虎关加油站的加油员平均每天加油车次达10000辆，日均累计提枪次数达到10300次，高峰时段汽油日均销售200吨。

营销现场

加油员每天4万步

一座石虎关加油站的油品销量相当于云南省一个州市的销量。

文/齐铁健　胡志明

石虎关加油站位于云南省昆明主城出入滇南、滇东南的重要出入口处，是昆明通往石林、玉溪、大理、安宁、市政府、螺蛳湾商贸城等地的重要通道，地理位置较为优越，交通便利。它是中国石化云南石油昆明分公司汽油销量最大的万吨站，石虎关加油站日均汽油销量最多时达到了200吨。其一座加油站的油品销量相当于某些州市的总体销量。

2020年，石虎关加油站成品油销售5.953万吨，其中汽油销售5.59万吨，柴油销售3618吨；非油品销售1423.68万元；加油卡充值1.5亿元。

➤ 加油员日均提枪1万次

2020年，石虎关加油站作为一个汽油大站，汽油销量突破5万吨。和柴油相比，汽油销量能突破5万吨，这背后的数字意味着加油站员工要付出更多的辛苦劳动。

石虎关加油站的加油员平均每天加油车次达10000辆，日均累计提枪次数达到10300次，高峰时段汽油日均销售200吨。“石虎关加油员的肱二头肌是最发达的。”班长郭瀚昌开玩笑地说。除了肱二头肌发达，石虎关加油员每天微信步数也都在4万步以上；员工水杯都放在加油岛旁边，加油高峰期，加油员都没时间回便利店喝口水。

石虎关有AB两个加油站，占地面积达到1万平方米，其中罩棚面积有3600平方米。这么大的面积对于加油员来说，跑动加油是工作过程中的规定动作。“90后”加油员李毅说：“我爸妈想让我在加油站锻炼一下。我爸经常来石虎关加油，这儿的员工精气神特别足，他看我天天在家玩，很懒散，就冒出了这个想法。”李毅来加油站工作后，在站长和员工们的共同帮助下，他成为了加油现场最能跑的加油员。

当然，在这么大的加油现场，光靠两条腿还不行。加油员胸前的哨子和一幅白手套就是他指挥车辆进出站的先进武器。“哨子都吹坏好几个了，公司发的哨子声音小，我特意自己买了一个大哨子。”郭瀚昌说。

石虎关加油站A站有6个加油车道，16台双枪加油机，汽油14台，28支油枪（92号16支、95号8支、98号4支），柴油2台（4支油枪）；B站有4个加油车道，12台双枪加油机，汽油10台，20支油枪（92号12支、95号8支），柴油2台（4支油枪）；油枪数量多，加之汽柴油枪的布局合理，加油胶管长度适中，实现快速加油。加油站还在加油站入口显著、醒目的位置，设置油品指引标识，同时，戴着白手套的加油员吹哨子进行指挥，使司机更容易辨认，避免车辆在站内寻找机位引发拥挤，实现快速通过。

由于石虎关加油站卸油频次较高，为增加销量，减少客户等待的时间，加油站使用除水滤芯，实现了卸油期间正常加油。

➢ 以加油卡锁定客户，提高客户黏性

石虎关加油站站长王海峰有一个IC客户群，里面已经有100多名成员。加油IC卡客户是石虎关加油站创造销售奇迹的基础。

石虎关加油站IC卡月充值5万以上的客户就有35家，以物流公司为主。多数物流企业的办公地点都在距离石虎关加油站1~2公里的盛达物流停车场和浩宏物流停车场。

石虎关加油站站长王海峰带领加油站全体员工加班加点，完成公司安排的各项指标任务。为了充分利用优惠政策和办卡充值优惠活动，他们以“折上折”的营销思路，做大重点站IC卡办卡数。为充分调动员工销售的积极性，他挖掘每名员工的营销特长，通过“室内室外配合”“骨干员工带头”“三星评比”（即每月服务明星、销售明星、管理明星评比）等方式，形成了加油站内互帮互助、你追我赶的销售气氛。

“王站长很直爽，也会算账，帮我们车队省了不少钱呢。”广宽物流公司老板说道。

王海峰帮助物流车队管理车队使用IC卡。实现专卡专用，限制加油次数、限制加油数量、限制加油车辆。根据物流公司的要求，加油站尽量满足物流公司的加油卡管理需求。在帮助物流公司管理加油IC卡的同时，站长还根据加油卡充值的数量，从公司争取到了最大的优惠额度。“我们想到的事情，王站长都帮我们做得很好；我们想不到的事情，王站长也帮我们想到了，所以他在哪个加油站工作，我就去哪里加油。”广宽物流公司老板说。广宽物流公司已经是王海峰10多年的老顾客了。

刚认识的时候，广宽物流老板性子比较急。有一次晚上十点多，货车到加油站加油，发现加油卡没有钱，加油员要先给加油卡充值再加油。当时，加油站内加油车辆比较多，时间就拖延了一点。广宽物流老板知道情况后，立马给昆明石油公司的领导打电话投诉，“石虎关加油站加油员充值太慢、优惠不够、服务不到位。”得知情况后，王海峰经过多次和广宽物流老板沟通，向他保证“我的电话24小时开机，你随时给我打电话，我随时给你充值、随时提供

服务。”

不打不相识，一次投诉之后，王海峰通过真诚的服务赢得了广宽物流公司老板的信任。现在该物流公司每月的充值金额达到60万。

➢ 冬奥卡营销六步法

“师傅您有中国石化加油卡，现在办理冬奥卡加油有优惠，每升优惠3毛，优惠时间一年呢。”每当给货拉拉或是卖菜的金杯车加油之前，加油员胡兆玲都会热情地问一下司机。在推销冬奥卡期间，胡兆玲一个月工资翻了一番。“推销一张冬奥卡就可以获得11元的提成，我一天的提成就能拿到200元。”胡兆玲兴奋地说。

2020年11月自冬奥卡营销活动开展以来，石虎关加油站累计发售冬奥卡6432张，充值金额1354万元，排名昆明石油第一。

在冬奥卡营销活动期间，石虎关加油站在现场用喇叭巡回播放加油卡的优惠促销活动，营造浓厚的营销氛围。

王海峰认为：“加油站需要人气，加油现场车多排队的时候，需要提高通过率；加油现场车少的时候，一定要降低加油速度。我们云南人很喜欢凑热闹。人越多的地方，他们愿意去排队。那么大的加油站连个车都没有，没有人愿意加油。同样推销冬奥卡也一样，人气也非常重要。多说两句客套话，要顾客觉得人多，如果顾客看到有人在办理冬奥卡，那么大部分人也会排队办理冬奥卡。”

在冬奥卡营销期间，石虎关加油站深入解析政策，优化营销话术，总结推卡技巧，王海峰提出创新工作法“冬奥卡营销六步法”：“迎、问、说、比、学、奖”。

迎：引导进站车辆停放到位，微笑迎接顾客，主动使用文明服务用语跟顾客套近乎，消除顾客的戒心，为推销冬奥卡奠定基础。

问：询问顾客加注的油品和支付方式，在询问支付方式时不要去问司机用现金支付还是微信支付，直接问有没有中国石化的加油卡，如果没有，就推介办卡。

说：向司机推销冬奥卡，介绍冬奥卡的优惠时间长、幅度大，加注汽油每升有0.3元的积分优惠，重点抓好货拉拉等汽油大户，促成推介事半功倍。

比：每天早上班前会由站长或班长分解当班每个人的推卡指标，下班后在群里面晒成果、晒排名，在员工之间营造你追我赶、比拼成果的良好氛围。

学：每天由销售业绩最好的1~2名员工在交接班时做经验交流，分享推介话术、营销技巧，相互取经，共同进步，以点带面带动整个班组提升营销水平。

奖：制定奖励措施，细化考核方案，对员工推卡指标完成情况及时进行考核奖励，通过正向激励提高员工的工作积极性和主动性。

➢ 人才培养大本营

在创造油品和非油品销售奇迹的同时，石虎关加油站已经先后培训很多名站长：李芝芬，朱家村加油站站长，现任北京路便利店店长；晏华，石虎关B站站长；郑懿，太河站站长；赵光玉，双龙桥站长；杨浩，空港大道加油站站长；黄秉宽，高楼翻加油站副站长。

对于这个日销量200吨的汽油大站，石虎关加油站的劳动强度比较大，而且各种业态比较丰富，车流量比较大。能在石虎关加油站坚持工作下来的员工，在其他加油站都能够胜任工作。“晚上九点钟，我去加油站的宿舍查夜，发现很多员工都早早睡觉了，因为白天的工作量太大，员工太累了。”王海峰说。

石虎关加油站已经成为了昆明石油的员工培训基地。

石虎关加油站比其他加油站多了10名员工，这10名员工是动态编制。不断招聘新人进来，让加油站有一点新鲜血液的进入。一旦其他加油站缺人，石虎关加油站的人员可以马上补充相关岗位的工作。

石虎关加油站是一个大师型的加油站，加油站站长王海峰就是师傅，他把一批又一批新员工培养成为了合格优秀的加油员，补充昆明石油不同的加油站和不同岗位工作，很多员工已担当了更重要的岗位。

昆明石油公司积极推进站长岗位取证、专业技术职称、国家各类资格认证等工作，推进“去行政化”改革，推进机关与基层轮岗交流，先后调整管理人员35人次，提拔3人，进一步优化了队伍结构。建成包括石虎关加油站、太河加油站、昆东油库、长坡油库不同层级的培训基地。通过线上线下、走出去请进来等多种形式、多种维度开展培训，着力打造善经营、会管理、懂党建的各层级经营管理队伍，打通了培训、取证、回炉再训等一系列人才队伍建设通道。

管理秘笈

守着高速，如何提速？

激励员工、净化市场、创新网建思路，昆明石油打造经营网建新格局。

文/齐铁健　胡志明

“天气常如二三月，花枝不断四时春。”截至2020年底，中国石化云南石油昆明分公司拥有在营油库3座，在营加油站211座，其中万吨站29座，占到云南全省的油品销售的四分之一。

云南只有四个生态旅游县不通高速，截至2021年1月，云南已形成县域“能通全通”高速公路路网。云南高速公路通车里程突破9000公里，位居全国第2位。2021~2030年，云南高速公路将加密提升，“五纵五横一边两环二十联”高速公路全面成网。随着高速路官网的不断织密，对于大部分加油站都在高速公路附近的昆明石油来说，他们面临的挑战也越来越大。

2020年，昆明石油全年完成轻油销售166.2万吨，其中零售124.3万吨，直批41.9万吨，总量同比下降16.3万吨，降幅8.9%，天然气824吨，同比增长26.6%。

➤ 联量计酬稳销量

“石虎关加油站是昆明石油销量最大的加油站，实行联量计酬之后，石虎关加油员工资也是明显提升。联量计酬极大地鼓舞了员工的士气，这是石虎关加油站销量突破稳定5万吨的秘诀。”石虎关加油站站长王海峰说。

大站销量要稳中有升，小站销量要有突破。为了保持加油站销量不下降，昆明石油对不同级别加油站实行不同标准的全额联量计酬方式。联量计酬极大地提高了员工的积极性，促进油品销售。联量计酬是一个动态调整的过程。中国石化云南石油昆明分公司经理吴森给自己制定了一个任务，每年第一季度要把昆明石油210座加油站全部跑一遍，了解每个加油站的动态情况，科学确定每个加油站联量计酬的标准。

2021年4月9日，昆明分公司经理吴森、云南省公司零售管理部副经理姜彬、昆明分公司副经理王欣、昆明分公司市场营销部经理王臻、经开公汽分公司经理牛志华等人，驱车赶往鸿运大道加油站。

鸿运大道加油站位于新成立经济技术加油站，原来这个地区是城乡结合部，随着开发区的建立，鸿运大道加油站附近的物流公司越来越多。2018年鸿运大道加油站销量就超过万吨，后来随着周边物流城的减少，鸿运大道加油站的销量一度降到8000吨。这让吴森心里很着急。

上午10点，他们到达鸿运大道加油站，开了一个简短汇报会议后，他们带着站长赵伟把加油站周边的路况高速公路又走了一圈了解路上车流量情况，并走访附近6个大型物流园，以及10个停车场。了解实际情况之后，“周边加‘小油’网点比较多，最近距离加油站只有600米，对我们加油站的冲击很大。”站长赵伟向吴森反映情况。吴森实地走访了黑加油网点后，向站长赵伟保证解决这些问题，同时为了挽回周边物流客户，昆明石油公司给鸿运大道加油站一些针对性的营销政策。但吴森也给站长赵伟提出了一个要求：“一周内，加油站的日销从20吨到达80吨。”对这个跳一跳就能达到的目标，站长赵伟心里有底，但还是有些压力。截至2021年7月，鸿运大道加油站已经突破1.7万吨，年底有望达到2万吨。

“高速公路的建设、周边环境的变化对于加油站销量影响很大，我们要随时盯着加油站，这个工作量非常大，但是我们还要继续坚持下去。”吴森说。

昆明石油公司拥有在营加油站192座。根据加油站销量的不同，昆明石油公司不同层级进行每周监控。昆明石油重点监控20座柴油站和30座汽油站，这些加油站主要位于出入昆明的高速公路附近；县公司经理重点监控5000~1万吨的加油站；对于3000吨以下的小加油站，通过联量计酬的方式，加油站站长负责监控管理。

➤ 让黑油窝点无处藏身

和鸿运大道加油站站长赵伟一样，石虎关加油站站长王海峰也最头疼“小油”，遍布在加油站周围停车场的黑色加油窝点一度非常猖獗，石虎关加油站油品销量受到很大影响。这些没有质量保证的黑加油窝点，不合格油品不仅污染环境，同时每座黑加油窝点都是一个定时炸弹，时刻威胁周围民众的人身安全。

“当时打击石虎关加油站周边黑油窝点的时候，我们在周围蹲守三天三夜。”官渡区片区经理袁国伟表示。“有的黑油窝点的人都认识我们了，他们被抓了，没几天就放出来，继续卖黑油。”抓了放，放了继续卖。高利润以及惩罚力度不大，让很多非法黑油经营者铤而走险。

法网恢恢，疏而不漏，随着对黑油窝点执法力度的增大，昆明成品油净市场净化工作取得一定成果。

2020年6月1日，中国石化云南石油昆明分公司积极配合地方公安部门在昆明市东川区境内捣毁非法加油黑窝点2个，查扣流动加油车3辆，涉案柴油50287升以及抓获嫌疑人马某某和林某某。昆明市东川区人民法院分别对其判处有期徒刑一年，缓刑二年，并处罚金人民币50000元。这是云南省首例宣判的非法经营成品油定案入刑的案件，进一步推动了成品油市场净化从“打货”向“打人”的转变，有效震慑了违法分子，维护了消费者的合法权益。

在云南省进行的“云油利剑”市场净化工作中，昆明分公司勇担责任，主动与政法委、公安等政府部门联系，在各级政府的强力支持推动下，开展了以打击柴油走私为重点的专项行动，促进成品油销量明显回升。

昆明石油分公司形成了由公司经理负责与昆明市政法委书记、分管副市长、市公安、商务以及工商局负责人沟通、联络；公司分管零售副经理负责与昆明市治安支队、工商、市场监督管理局以及各县区公安、商务、安监、工商等部门沟通、对接；各县区经理负责与属地派出所、安监站沟通对接的三级沟通协调机制，抽调20名精干人员，组建了专兼职市场净化工作组，在重点线路、重点区域驻点蹲守，流动巡查，收集信息，及时走访地方公安、安监、商务、市场监督部门，主动汇报当地黑窝点、流动车非法经营行为。

建立常态化“打非治违”工作机制，促成“跨区异地”执法，净化市场环境并支撑量增价稳。2020年，全年打击黑窝点53个，打击非法流动车265辆，罚没油品866吨，处罚嫌疑人60人。

➢ 合资油站，网建突破口

昆明石油分公司将涌现出更多万吨站、2万吨站、3万吨站……5万吨，创造更多石虎关加油站的销售奇迹。

为了保证加油站网络市场份额不下降，昆明石油分公司积极协调县区政府，大抓乡村、县域加油站网络市场的开发，加快推进与县级政府合资公司站点的落地，盘活拉动储备项目。昆明石油和县级政府部门先后成立了昆明中国石化国投（官渡）石油有限责任公司、安宁中国石化交投石油有限责任公司、昆明中国石化国投（呈贡）石油有限责任公司、昆明中国石化五华园投石油有限责任公司、昆明中国石化寻甸城投石油有限责任公司、昆明中国石化经投石油有限责任公司，共计六家合资公司。

2018年3月29日，中国石化云南石油昆明分公司与呈贡区合资成立合资公司，彩云南路加油站于2018年8月建成试营业，该站也是昆明石油与县级政府成立合资公司后运营的第一座加油站。

彩云南路加油站位于呈贡核心区域彩云南路与祥丰路交叉口西南角，该站点由于历史遗留问题，地块用地涉及多个建设用地批次，且欠缴相关规税费问题情况复杂，长期制约完成土地出让的工作，该加油站已经闲置了四年的时间。

通过各方面协调，采取边施工边办理手续的方式，完成了加油站的建设。试营业后，由于土地问题，导致该站后续相关审批手续未能办理。呈贡区应急管理局下达了整改意见书，责令停业整顿。在针对停业整改的通知时，由于土地手续完善时间紧、任务重，涉及部门较多、需要办理的手续较多、较复杂，短期内无法整改完毕，我公司又请示区、市政府，并承诺：“加油站在试营业期间，将严格执行行业标准规范及安全生产体系制度，时刻保持高度的安全防范意识，对运营过程中涉及的各类安全问题，做好保障措施并主动承担相应责任。”

顶着巨大的压力营业至今，彩云南路加油站自试营业以来年均销量达到了1.1万吨以上，缓解了核心区加油远、加油难的实际问题。

昆明石油分公司7个班子成员，分别挂点包干31座防渗改造站以及长坡、昆东和石林库各项整改任务。为了实现网络份额不下降目标，昆明石油分公司加快推进合资公司站点落地。抓好优质站续租，做好拆迁还建、闲置土地置换等工作，加快高速公路服务区提升整治、隐患治理、提量改造速度，缩短停业改造周期，提高营业网点在营率，稳住销售保量基本盘。

未来，昆明石油分公司通过自建、合资合作等多种方式力争在十四五期间新发展35座以上优质网点。2021年，积极推进盘龙白沙街、宜良竹山、禄劝六江、安宁太平新城、西山石照壁西、大叠水服务区（双向）、乍龙停车区（双向）新建项目。

战略规划

谱写“十四五”高质量发展新篇章

——专访中国石化云南石油公司党委书记杨惠明

文/赵　玥

2020年，面对突然爆发的新冠肺炎疫情和低油价带来的双重压力，中国石化云南石油公司勇夺疫情防控、攻坚创效“双胜利”，在大战大考中交出一份合格答卷，实现了“好于预期、跑赢大市”的目标，同时助力打赢疫情防控阻击战和脱贫攻坚收官战。“踏上新征程，我们要以‘站排头、争第一’的精气神，推动云南石油公司高质量发展。”云南石油公司党委书记杨惠明说。

如今正值“十四五”开局之年，云南石油公司将怎样瞄准新目标，加快转型升级？中国石化云南石油公司书记杨惠明接受了采访。

➢ 量效齐增

Q 记　者：杨书记，您好！2021年已经过半，云南石油公司的经营情况如何？

A 杨惠明：今年以来，国际环境错综复杂，全球疫情持续蔓延，国际油价强势上行，省内疫情、地震时有发生，假冒“新能源”撬装站抢夺市场，面对新阶段新变化，公司党委团结带领广大干部员工，着力打好攻坚战，各项工作取得一定成效。

上半年，云南石油成品油经营量347万吨，经营规模排名销售企业第6位，完成总部下达计划的101.6%，完成率排名销售企业第5位；非油品全口径营业额19亿元，同比增幅73%，排名销售企业第1位；销售收入248亿元，实现利润4亿元；夺得“比学赶帮超”先进红旗10面。

Q 记　者：在今年环境复杂、不利因素众多的情况下，云南石油公司依然取得不错的经营成果，是怎样实现的？

A 杨惠明：针对今年的情况，云南石油公司锚定市场份额不下降，多措并举守住底线。首先，针对严峻的市场竞争形势，我们坚守“市场就是战场”的理念，坚持“量效兼顾、量价双收”的原则，按照“1+2+3+4+10”的经营工作思路，从抓基础工作入手，转思路、抓落实，基本守住了量效底线。

其次，云南石油公司锚定网络占比不下降，网络发展初见成效。针对多年来网络发展滞后的情况，我们坚持“网络就是生命线、发展才是硬道理”的理念，按照“12345”的发展工作思路，从发展和控制两方面入手，转方式、调结构，上半年投营加油（气）站45座，完成销售公司下达全年投营指标的75%，网络发展初见成效。

再次，云南石油公司锚定“四零目标”，稳步增强风险防控。比如针对新冠肺炎疫情，抓实应急管理，切实防范重大风险。持续做好疫情防控，疫苗接种率超过90%，筑牢群体免疫防线等。

通过以上措施，我们实现了量效兼顾，量价双收。

➢ 党建引领

Q 记　者：今年是中国共产党成立一百周年，习近平总书记在“七一”发表重要讲话，作为石油企业，云南石油公司怎样将其与自身发展结合起来？

A 杨惠明：学习贯彻习近平总书记“七一”重要讲话精神是我们当前和今

后一个时期的一项重大政治任务。习近平总书记发表的“七一”重要讲话，紧紧围绕“一个主题”“五个庄严宣告”“九个必须”展开，为全党全国各族人民向第二个百年奋斗目标迈进指明了前进方向、提供了根本遵循。

结合实际，我们就要深入思考集团公司赋予云南石油公司的使命是什么。习近平总书记2020年1月20日在云南考察时，对云南有三大定位，即努力成为民族团结进步示范区、生态文明建设排头兵、面向南亚东南亚辐射中心。云南省委省政府也提出打造世界一流绿色能源、绿色食品、健康生活目的地“三张牌”的发展战略。

作为石油企业，我们要思考如何从中找准定位、把握机遇；如何进一步解放思想、开放合作，如何把党的基本理论、基本路线、基本方略转化成治企兴企的思路举措；如何弘扬伟大建党精神，传承党的光荣传统和优良作风，赋予石油精神、石化传统新的时代内涵。

2021年，云南石油公司通过高质量地开展党史学习教育和庆祝建党一百周年活动，深耕市场，优化网络布局，狠抓安全，深化改革等措施，获得不错的成效。7月初，集团公司纪检组亮平组长来云南石油公司调研，对我们的工作给予充分肯定，表示云南石油公司已进入了新时代。认为我们较好地完成了预期目标任务，向党的百年华诞交出了一份较好的成绩单。

Q 记　者：现阶段，党建工作与经营越来越深度结合，云南石油怎样继续让党建发挥更大作用？

A 杨惠明：立足新阶段，我们要大力弘扬伟大建党精神，毫不动摇坚持党的领导，加强党的建设。

首先要增强政治“三力”，打造思想建设重要阵地。把学习贯彻习近平新时代中国特色社会主义思想，与集团公司构建“一基两翼三新”产业格局、打造世界领先企业和云南石油高质量发展的生动实践紧密结合起来，在实践中感悟思想伟力，在感悟中升华政治觉悟，使讲政治从外部要求转化为内在主动。

其次要坚持党的领导，打造企业发展新优势。要加强支部建设，打造过硬基层党组织。同时，要深入推进人才强企，打造高素质专业化干部人才队伍。要大力实施人才强企战略，认真贯彻落实《中国共产党组织工作条例》，管干部聚人才，建班子带队伍，为推动云南石油高质量发展提供坚强组织保证。要加大年轻干部培养选拔力度，深入实施年轻干部理想信念宗旨教育计划，持续推进“三百三千”实践锻炼计划，要统筹用好各年龄段干部，调动整个队伍的干劲和积极性。

最后要突出政治监督，打造良好政治生态和管理生态。好风气是带出来的，更是抓出来、管出来的。

新时代新阶段新征程。我们要全面贯彻新时代党的建设总要求，细化落实集团公司“十四五”党建工作“1355”总体思路，结合云南石油实际，制定“十四五”及今后一个时期公司党建工作“1236”总体思路，即紧扣“一条主线”，狠抓“两个落实”、完善“三项机制”、打造“六大工程”，即：以高质量党建为主线，狠抓加强党的政治建设，巩固深化“不忘初心、牢记使命”主题教育成果重点措施的落实，建立完善“党建联建、过程督导、考核激励”三项管理机制，打造“学习提质、深度融合提效、基层标准化提升、形象影响力提高、人才强企、廉洁名片”六大工程，以高质量党建推动高质量发展，切实把党建的政治优势转化为改革发展的制胜优势。

22

走近大桥石化“红色加油站”

凭借“党建”引领，擦亮优质服务招牌，郑州兴隆加油站多年来长踞万吨加油站之列，一直是大桥石化的标杆形象站。

营销现场

文／赵　玥　李璐瑶

50毫米、100毫米、200毫米……2021年7月20日，随着每小时降雨量的暴增，河南上方的天空像破了一个窟窿，处于暴雨核心区的郑州更是情势危急。超千年一遇的暴雨，很快让积水漫过了膝盖，漫过了私家车……大桥石化兴隆加油站站长尚海涛一边马不停蹄地组织着抗洪，一边组织着油品保供。

1998年，怀揣梦想的豫北青年张贵林创建了以“大桥”命名的第一座加油站——郑州黄河大桥石油城。经过多年努力，将大桥石化打造成为中原地区最具影响力的民营加油站连锁品牌。大桥商标先后被评为“河南省著名商标”“豫商最具影响力品牌”，2017年其品牌价值达到了31.8亿元。

2010年，大桥石化“中州第一站”——郑州兴隆加油站开业。凭借“党建”引领，擦亮优质服务招牌，郑州兴隆加油站多年来长踞万吨加油站之列，一直是大桥石化的标杆形象站。

➢ 优质服务

“民营企业最重要的是服务，顾客来了一次，要让他们还想来。”在站长尚海涛眼里，服务是打造金字招牌的必要元素。

为此，兴隆加油站开了不少先河：在郑州，第一个把便利店引进加油站，第一个把加油站卫生间引进便利店内。2012年，他们成为郑州第一家为顾客提供免费洗车服务的民营油站。尚海涛介绍，郑州洗车价格一般从30元至70元不等。而在他们油站，顾客只要一次性加油满200元就可以获得一张无期限的洗车卡，这样一来，单次可为顾客节省几十元，很有吸引力。“洗车时间从早上6点到晚上10点，全自动隧道洗车，机洗一辆车平均在一分半钟左右，效率很高。”尚海涛说。

目前，兴隆加油站两台洗车机平均每天共洗车1200~1300辆。未来，兴隆加油站将不断扩大洗车的优惠力度，计划拓展为三台洗车机，并开启24小时的洗车业务。

而另一项广受好评的免费洗衣业务，则是尚海涛初任站长为化解危机一手促成的。当时，加油站紧邻着的107国道改为中州大道，在来往车流的上游更是建起了高架桥。如此，车流就分散了，来兴隆加油站的人少了很多。这可让尚海涛犯了难，他沉下心来对员工说：“车少，但服务不能少，我们要坚持把服务做好，把营销力度再提大一点，为顾客让利更多一点。”就这样，免费洗衣业务开展了起来。车主加200元油即可享受洗一件衣服的福利，这项服务也吸引了不少顾客。在全站员工的不懈努力下，2016年兴隆加油站依然按原计划达到了万吨标准。

在兴隆加油站，优质服务体现在方方面面。每天早上的7点到9点，加油站都为顾客免费发放早餐；员工把客户资料整理成册，到顾客过生日的时候，第一时间送上蛋糕、鲜花、加油卡等表达祝福；加油站摆放着茶箱、咖啡箱、茶叶蛋箱，让每一位到油站加油的顾客都可以在这里歇歇脚、喝喝茶、填填肚子。

“加油站员工都严格践行着集团的创新服务‘五到位’要求，即车到、人到、茶水到、擦车广告同时到。”正在热情迎接顾客的张键介绍说，“五到位”服务保证了每一辆来到加油站加油的车辆，都能在短时间内有工作人员接待，并得到良好的服务。兴隆加油站的服务，不止于“来有迎声、问有答声、走有送声”，更超乎了这个标准。

➢ 党建引领

和大多数民营加油站相较，大桥石化的独到之处在于其对党建的重视。“党建做实了就是生产力，做强了就是竞争力，做细了就是凝聚力。”这是集团党委书记、董事长张贵林对大桥石化的寄语。

尚海涛在部队时就是党员。刚入职大桥石化，集团组织参观红色教育基地活动，让他心潮澎湃、热血沸腾。于是，他立刻着手建设加油站的党建氛围体系，设立三大板块政委体系，指定政委负责督导各项业务，分别是IC卡储值政委王瑜、营销政委尚海涛及主管服务政委孙振鹏。

这三个不同领域的政委与员工逐级分配具体目标，将目标落实到每个人身上。“我们会细化目标分配，如果员工没有达到，政委要与员工谈心，帮助他们厘清问题，纾解难题，使员工更积极地达到目标。”

建立了政委体系后，尚海涛认为还应该进一步提升党建氛围。他专门腾出一间屋子设为党员活动室。每周五晚上7点至8点开展夜校，组织员工学习，学习资料包括《大桥石化党委纪实》《奋进新时代 实现大桥梦》《党的十九届五中全会精神》《红色中原》等，让员工们了解党的历史。

如今，兴隆加油站全站共有28名员工，其中，党员8人。尚海涛坦言，一开始部分员工对党建学习的兴趣不是很大，他便以身作则，向大家讲述自己的当兵经历、入党经过，分享他在部队学到的东西。慢慢地，员工被他感染了。加油站在加油机和洗车机设有党员示范岗和党员服务台。为了更好地把站上的服务做到位，员工自愿加班直到工作完成；员工责任心也更强，党员张键就在例行巡查中发现火灾隐患，及时扑灭。

在2021年7月底的抗洪救灾中，站上的8名党员没有一人打退堂鼓。为了支援抗洪任务，8名党员连续8天没有回家，每人每天工作至少十五六个小时，没有一人喊苦喊累。

同时，整个集团也在开展生产自救的同时，积极履行社会责任，在油品保供、应急抢险、救灾物资供应等方面提供保障，250多名党员成立防汛突击队，主动加入地方、社区等防汛救灾团队。

尚海涛说，抗洪期间，兴隆加油站负责保障安徽消防武警支援队和山东救援队抽水车油品供应保障工作。加油站员工李战军、张好好、孙振鹏连续三天未曾离开工作岗位，每天为安徽消防武警支援队保供五六百升柴油，非常辛苦，但任劳任怨，不计报酬。

另外，他们设立了专门的客户休息室，为水灾中的滞留行人提供住宿、热水、桶面。一位返乡途中遭遇洪水的民工，一天没有吃饭，到达油站时鞋已经走丢了。尚海涛二话不说把自己的鞋子给他，并把他安置在客服中心安心休息。

窥一斑而知全豹。兴隆加油站的党建工作正体现了大桥石化奉行“党建引领是企业之魂，诚实守信是企业之本；创新发展是企业之源，传承文化是企业之根”的核心发展理念。党的思想政治工作为大桥石化的健康发展不断注入新的生机与活力。如今，大桥石化党支部也从2008年刚成立时，党员只有19人，发展到如今的253人，并在企业内部实现了党组织全覆盖。

“民企党建，大有作为。”这是大桥石化集团党委刻在集团红色教育基地前的石碑上的一句话，它给大桥石化抹上别样的红色。

➤ 营销拓展

多年来居于万吨加油站之列，在营销策略方面，兴隆加油站自有独到之处。

“每一滴油都是承诺”，在大桥石化，油品质量永远是获得车主信任的基础。“我们的油品经过出厂、运输、入库、配送、留样5道严格的质量体系把控，再经历多项指标的严格检验，确保我们的油100%合格。”尚海涛说。

在经营方面，大桥石化秉持薄利多销原则，“一分利撑着，十分利饿着”的思想，在多年的市场竞争中，价格优势和灵活机制也一直被视为成功的法宝。

不少顾客告诉记者，兴隆加油站的储值返利高，每1万返100元油款，大型客户储值1万返200~300元，这样能让他们感受到实实在在的实惠。另外支付方式也非常丰富，还实行储值换油抵积分领奖品制度。每消费一升油品累计一个油滴，可进行实物礼品、优惠券、洗车券等兑换，方便顾客享受福利。

能被市场所选择，被消费者认同，更源于大桥石化的不断创新。营销公司总经理余贵军经常鼓励员工创新思维方式，想出新点子，不断拓展营销渠道。

1+1大于2，兴隆加油站深谙此道。他们与周边的门市、商铺合作，为商家提供抽纸、湿巾、洗车卡等，商家来加油站加油可以领优惠券；与周边饭店、汽修厂、快保连锁店等商家合作，以张贴海报等方式，相互促进宣传。同时，这些商家为他们提供自家的消费优惠券。顾客到兴隆加油站消费，就可以获得合作商家的优惠券。“比如在我们加油站加200元油，可以送给司机一张清洗机油机滤的券，他可以去与合作方百顺汽车快保连锁店享受服务。”员工介绍说。

河南是“古都之首”，旅游资源丰富。大桥石化便积极地与旅游景点合作，给旅游景点提供广告服务和储值优惠；为旅游公司的员工、车辆加油提供定制化的优惠，旅游公司相应地为其提供景点门票，可赠予顾客。“现在与兴隆加油站合作的景点有云台山风景区、王屋山风景区、青龙峡风景区等，顾客加油还能免费旅游，同时景区增加了游客，多方共赢。”尚海涛说。

为了进一步拓展客户，从2019年起，兴隆加油站就开展了“九进”工作。所谓“九进”，即进社区、进大型停车场、进工厂、进学校、进商铺、进单位、进市场、进公司、进写字楼。“我们通过发传单、与顾客面对面交谈等方式，向公众宣传大桥石化和兴隆加油站，给集团客户以更高的优惠，达到了开发大客户，稳定周边小客户的效果。”尚海涛说，通过“九进”工作，他们收获了郑州市质监局、中铁十一局等长期稳定的大客户。其中，民安集团市政扫地车项目，共计40余辆车都在兴隆加油，每年储值金额达两三百万。

在兴隆加油站，品牌建设无处不在，每个细节都体现着创新。

走进油站，映入车主眼帘的是车道两旁由银杏树、冬青、牡丹等绿植装饰的绿化带。油站入口处的“欢迎光临”的牌子旁，是大桥石化的吉祥物——卡通人物“桥桥”。工作人员介绍，大桥石化的所有油站均使用统一的绿化标准，并使用自主品牌吉祥物点缀油站，这样能更好地树立形象，也是加强营销的一个途径。

➢ 员工管理

人无压力轻飘飘。

为了稳定油站的油品销量，尚海涛时刻给自己定高位目标。“假设公司今年给我们加油站定30吨的业绩考核，我自己会加码把目标定得更高一些，且要求自己提前完成工作目标。”

在集团董事长张贵林的带领下，依据公司的经营实际，他们制定了一套完善的大桥石化企业管理标准体系，包括《加油站管理规范》《服务规范》《安全规范》等一系列执行标准，并在内部开展加油站星级划分，员工三级一认证考核，观摩会、技能大赛等一系列活动，以这些活动推动管理的科学化、规范化。

在大桥石化，绩效考核制度更是推陈出新。加油状元、售卡能手、服务之星的评选，激发了员工的积极性。尚海涛介绍说，公司还成立了培训学校，以提高员工业务知识技能、个人综合素质。

2020年，在集团党建氛围的带动下，油站开展“三比三亮三评”。“三亮”就是亮身份、亮职责、亮承诺，比如要指导加油工、班长清楚了解自己的责任。“三比”则是比技能、比服务、比业绩，业绩会每天进行公示，激励落后人员，争学比帮超。“三评”包括群众评议、党员评议、领导点评。通过“三比三亮三评”，明确工作目标是否完成，检验服务质量，进行评比亮分。“这主要是让员工更深刻地理解自己的责、权、利，促进他们的良性竞争。实施效果相当不错，现在玻璃水销量每人每天都在3瓶以上，燃油宝销量多达几十瓶。”尚海涛说。

大桥石化有两个奋斗目标，一是让客户满意，另一个是让员工幸福。而“幸福”也体现在员工管理上。

2020年新冠肺炎疫情期间，在油品销量严重受损的情况下，公司依然按照疫情前的工资水平，坚持保障员工工资发放，使员工工资不打烊，维持了工资稳定，在疫情期间鼓舞了员工士气。尚海涛说，只有稳定好自己的员工，才能让他们更好地为顾客服务。

多年来，兴隆加油站员工牢记“服务客户、壮大企业、成就员工、回报社会”的大桥宗旨，坚守着这份大桥石化的初心。

➤ 油站转型

“加油站的经营环境面对着市场和一线消费者，所以，创新对我们这样的服务行业来说，显得更为重要。”尚海涛说。

采访当天，只见车辆鱼贯驶入兴隆加油站，车主不用下车，通过扫码就能支付，随后便来到洗车区洗车。这就是“大桥石化Q享加油”小程序为顾客带来的便利。通过小程序，顾客只需要出示“通码付”二维码，就可以自动扣款，获取油滴和成长值，还能开电子发票，赠送的优惠券也能实时抵达顾客的会员账户。智慧油站的方便快捷已经初步体现。

面对新时代，成品油行业正面临大气污染治理，新能源汽车获得大力推广与政策支持，大桥石化从现在开始加码新能源，进行布局。

走进兴隆加油站，异常干净整洁，完全没有异味，这是因为油站安装了油气回收系统。据了解，近年来，大桥石化投入巨资在油库和全部加油站，按照标准规范安装了油气回收系统，成立了网络监控联网中心，助力碧水蓝天。

尚海涛说，他们还将进行触电改造，做强非油业务，把加油站打造成为综合能源供应站。目前，大桥石化已在旗下加油站布局了多座充电站，未来将推动实现更多的油气电混合动力站、新型能源站。

如今，大桥石化旗下超百座加油站形成了以省会郑州为中心的中原城市群网络战略布局，拥有超过30万的IC卡客户、200万的会员客户，每天为5万多辆车提供加油服务，为2万多辆车提供洗车、擦车等增值服务。已发展成为一家以成品油的批发、仓储、配送及零售终端为主，集天然气、新能源、高速公路服务区投资经营等行业一体的现代化民营石化企业集团。

作为“中州第一站”的油站经理，头顶这样一张金字招牌，尚海涛既感受到巨大压力，又颇具自豪感。他告诉记者，目前大桥石化已从快速发展迈入高质量发展阶段，正在实施第5个五年发展规划。公司已明确把“进入新科技、拥抱互联网、发展新能源”作为企业的未来发展战略，正在从传统油品销售向“油气氢电非”综合能源服务商转型。“随着互联网时代的兴起、消费需求的升级，大桥石化在营销渠道上与体制管理上不断拓展，向着打造智能化、五星级、花园式的加油站不懈努力。我们会努力在追赶时代的长跑中迈出坚实的一步！”

23

“友谊”第一

站排头、树先锋、当标兵，友谊加油站要做最好；提纯枪、拓非油、增效益，友谊加油站誓争第一；石油精神、铁人精神、奉献精神，在中国石油黑龙江销售哈尔滨分公司友谊加油站汇聚成“友谊精神”。

营销现场

友谊站，样样争第一

无论油品还是非油品销售，无论现场效率还是员工素质，友谊站勇夺先锋。

文/郑　丹

“您好，欢迎光临中国石油！”

“95号加200。”

……

“谢谢，欢迎您下次再次光临中国石油！”

7月的哈尔滨，骄阳似火！中国石油黑龙江销售哈尔滨分公司（以下简称哈尔滨分公司）友谊加油站内，下午2点多，来加油的车辆一辆接一辆。

“2分40秒！我们站的加油员可以完成从问候、提枪、加油、收枪到说告别语。”友谊站站经理魏春来说。

这在全国加油站行业算不算是最好成绩？

回答是：友谊站是油品年销量达到3万吨以上的特类站，是黑龙江省油品销售企业的龙头，油品年销量在销售板块公司的纯汽油站中连续两年位居全国第2名。全站每天要给大约4000辆车加油，每位加油员要提枪大约285次。

全省销量第一！全国名列前茅！同时，这个站还荣获中华全国总工会“工人先锋号”、黑龙江省总工会“工人先锋号”、中国石油集团公司“铁人先锋号”等荣誉称号！

“所以，我们大家常说‘友谊第一’。”哈尔滨分公司道里片区经理于成龙表示。

➤“三头六臂”

“他是我们省公司劳动模范、哈尔滨分公司优秀共产党员黄小亮，今天他负责引导车辆和门前扫码测温。”在友谊站加油岛内，魏春来指着一位身穿黄色制服、汗水湿透衣背的加油员说。

友谊站地处哈尔滨市内繁华地段的群力新区，交通四通八达，加油的车辆每天从早上到晚上络绎不绝，使得站内员工较其他站的员工繁忙和劳累得多。每天午饭时间，站内都是全员上岗，其他岗位的工作人员和站经理、副经理都要轮班顶替加油员换班去吃午饭。上岗前，加油员们都要带上一瓶水，渴了就在加油间歇时喝口水；去个厕所更是要跑步去跑步回。

“尽管一天到晚忙得不可开交，但以前由于加油机油品配备限制，每位加油员只能同时给2台车辆加油，对比起来现在的效率提高了近一半！”站经理魏春来介绍说。

以前，友谊站配备的是1机6枪式加油机，每台加油机都配备了92号、95号和98号各一把油枪。通过“全流程诊断”工具分析线上线下数据，他们发现部分加油枪利用率较低，尤其是当前后两车加注相同品号油品时，后车只能等待，因而会有暂时性的堵点出现。

当记者站在重新布局的友谊站内，车辆川流不息，人员繁忙依旧，但是却没有看到车辆堵在站内。

经过大刀阔斧的重新规划，占地面积2332平方米的友谊站加油岛被4根立柱分隔成8条车辆同向驶入并且在加油后转弯驶离的通道。每根立柱旁边，摆放着一台8枪8显加油机。

“这些加油机是2020年6月投用的，”魏春来说，“这几台是每台4枪92号、4枪95号，加98号的车主走那条专用通道。”

簇新的8枪8显机可谓是加油机中的大块头！从加油机的一面看，中间一块智慧屏，两边是对称的4枪4显，下方很大一片鲜红底色上有中国石油品牌标识宝石花LOGO和“加油区域禁止使用手机扫码支付”的提示语。

“每位加油员现在可以同时给4台车辆加油。”魏春来说，“而且，这些新式的油枪也是有讲究的，以前每分钟加出量不到20升，现在能到将近30升。枪速、流量提高了，就跟火车提速了一样。”

怪不得一个日加油量100多吨的加油站看不到车辆拥堵，原来是加油员可以“三头六臂”“顾盼八方”！

哈尔滨分公司经理刘延奎介绍说：“友谊站每位加油员每年的加油量近1000吨。”

如果你来到友谊站，经常会看到一位加油员“加2看3招呼4”，就是在给2辆车加油的同时照看着第3辆车、招呼着第4辆车。

如此高效争先，“友谊”第一！

➤ 专用通道

一次，友谊站站经理在顾客满意度调查中看到了一位总来站里加95号汽油的车主写道：“感觉你们98号的位置偶尔还空着，但我们每次来还得排队，等待的时间有点长，不过你们油品的质量是真不错。”

顾客的这番话，使友谊站站经理发现了优化的方向，并在接下来的时间给友谊站现场来了个重新布局，为98号汽油设置专门通道就是重要改变之一。

“我们站现在是纯汽油站，98号汽油的日销量占6%~7%，大概6吨左右，这在全国也能排在前几名。”魏春来自豪地说。

为了让进站车辆快速、准确地找到想要加的品号，友谊站在每个加油岛立柱上方两侧显著位置设立了油品品号指示牌。对于加98号汽油的顾客来说，熟悉现场的车主会直接把车开到专用通道，因此节约了不少时间。

在日常的加油工作中，魏春来还发现了一个小现象。“因为德系车的油箱一般在右边，来加98号汽油的大部分德系车车主都会把车停在靠着油箱的一侧。”他说，“但即使停在另一侧也没事，因为我们新式的加油枪管都是自由伸缩型的，可以拉伸自如。”经过一段时间的推广，顾客也了解了这样的“捷径”，进一步提高了效率。

“将占比较小的98号汽油用户精准分流，不仅避免了枪位浪费，提升了高标号汽油的消费，还有效提升了高端用户的消费体验，并且促进了低品号用户向高品号转变。”刘延奎表示。

设置了专用通道后，友谊站98号汽油日销量从2.5吨提升到了6吨。

如此高的98号汽油日销量，“友谊”第一！

➤ 划线引导

“地上的划线是我们上个月重新修整过的。”魏春来表示。6月的几个晚上，利用夜间加油低谷时间，他带领员工把油站现场的划线补漆，重新粉刷。“月亮看着我们油站越变越好。”他说。

地面上，加油机两侧的每条通道都被划分成一前一后两个停车位，还有几个很明显的转弯引导箭头，这也是他们为车主设计的快速加油方案的一部分。为此，加油员们一定要做到引导到位，就是对驶入加油岛的车辆要引导他们先停到前面的停车框内。

然而，有的顾客不会对地上划的停车框看得那么仔细，车就停在了后一个停车框的位置。遇到这种情况，加油员们都会引导车主继续行驶到前一个停车位，并且耐心地告诉顾客：“您看您停在前面的位置就不会挡着后面的车了。下回，在您前面的车，我们也会引导他停在前面的停车位，这样的话您的车不用等也可以直接加油。”

“友谊站的每位加油员都是执行力很强的员工。”刘延奎表示。仅用了两周时间，他们便建立起了将顾客停车引导到位的习惯，为油站可持续和高质量发展打下了基础。

“现在，我们的顾客已经形成靠前停车的习惯。有的时候，当加油员招呼着这边的车，没来得及招呼那边来的车，车主也能停到前面的车位。”

熟悉了规则，养成了习惯，这在魏春来看来是一场互惠共赢。“对顾客来说，大大缩短了他们的加油时间；对我们来说，促进了现场效率的整体提升。”

现在，友谊站平均单车加油时间相比以前减少了27%，高峰期拥堵指数下降了62%。

“划线引导、固化习惯是加油站提质增效的重点工作。”刘延奎说，“通过引导和固化顾客的停车习惯，加油员的劳动强度也大大降低。”

如此快速提升的现场效率，“友谊”第一！

➤ 现场帮扶

“我们副经理的脸原来没有这么黑。”于成龙笑着说。哈尔滨分公司道里片区副经理李兆阳对我们憨厚地笑了笑。作为片区副经理，他从5月底开始一直在友谊站帮扶。

据于成龙介绍，根据省销售公司的安排，哈尔滨分公司道里片区持续安排领导和员工到加油站进行驻站帮扶。

来友谊站的两个月里，李兆阳几乎天天在现场引导车辆、帮助加油员处理问题，甚至在高峰时段为顾客加油以便加油员有时间轮换着吃饭。

“友谊站的客流量非常大，员工们严格按照公司的操作流程为每个顾客做好服务，但是偶尔也会遇到顾客不太理解他们的时候。尤其今年夏天的天气非常炎热，如何去安抚我们的员工，帮助他们把情绪管理好，和顾客做好沟通，我们要发挥一个‘灭火器’的作用，同时也为他们分担一部分压力。”李兆阳说。

据介绍，除了哈尔滨冬季最冷也是客户最少的3个月，现场驻站帮扶在持续进行。

“驻站帮扶基本上是以部门为单位，特别在一些大站，为了持续帮扶，人员不断轮换。”哈尔滨分公司人力资源部副主任迟红表示。

年初，中国石油集团公司部署了提质增效升级版的重点工作。现场帮扶，也是让友谊站能唱好提质增效主题歌的重要原因之一。

于成龙表示，在平均每天销售油品近100多吨的情况下，友谊站不可能走减员增效的道路。如何进一步提高效率？只能是从机关层面抽出一部分领导和员工到站帮扶。

“不仅到城区站，在春耕或者比较忙的时候，机关各部门还到片区的外县站去帮扶，帮助他们提升销量。”迟红说。

如此长期持续的现场帮扶，“友谊”第一！

➤ 非油万元

“我们的便利店跟一般的中型商超相比，也许品类没有那么多，但却有一些特色商品，如润滑油、山珍和自有商品。这些是顾客在别的地方不一定能买到、也不一定敢买的。像我们卖的茅台、五粮液，顾客无须怀疑品质的真假。”站在建筑面积130平方米、商品品类达1424种的昆仑好客便利店内，魏春来对记者说。

为了增加顾客进店率，便利店内还设立了顾客休息处、报刊阅读处、手机充电处和ATM存取款机、自助售卡机和自助发票打印机。

据介绍，往年，友谊站便利店销售金额第一的商品几乎没有悬念地是香烟，销售数量第一的是包装饮料。但是，今年，家庭食品类商品的销售金额呈上升态势，占到了全部商品销售额的32.7%。

“我们分析，不是人们不喜欢抽烟了，应该是因为受到疫情影响大家经常待在家里。平时可能还去超市买点米、面、油，疫情时就趁加油的时候顺便买了。这使我们便利店的销售结构发生了一些变化。”魏春来说。

说到米、面、油等家庭食品，顾客来友谊站便利店买，真的是个对的选择！

友谊站便利店内，有一个精心打造的扶贫助农产品专区，中国石油销售公司2020年9月15日的“百城万店扶贫助农”直播活动就是在这个店举行的。活动当天，友谊站便利店的销售额达到了4万元。

友谊站还有两大长期持续的促销活动——每月10日的“十惠日”和每月26日的“会员日”。顾客只要参加这两项活动，都可以直接链接到生活所需的米、面、油产品。例如，“十惠日”时，中国石油加油卡充1000元送100元电子券，只要单笔加油满180元时就能使用。

把扶贫助农和“十惠日”活动链接在一起，带火了家庭食品销售。2021年1~7月，友谊站便利店扶贫助农产品创造了100万元的销售额，也因此获得了许多顾客的点赞。

在自有商品专区的货架上，也摆满了受顾客欢迎的特色产品。“宁夏的枸杞、黑龙江的榛蘑、内蒙古的牛肉干、宁夏的八宝茶，还有东北酸菜。”魏春来如数家珍。

目前，友谊站便利店内自有商品共40多种，几乎涵盖了中国石油昆仑好客所有的自有商品，而且这些都是毛利率较高的商品。特别是专供中国石油昆仑好客的秋林格瓦斯饮料，上半年在友谊站就卖出了4000多箱。

一方水土养一方人。对于哈尔滨来说，众多老品牌、老味道已经成为这个城市记忆的一部分。

“有的人也许很难想象哈尔滨人对红肠的热爱，像我这样喜欢吃但是又不会自己做也懒得自己做的人，经常是下班的时候买点回去，一切就能凑一盘。”站在一个整齐摆放着哈尔滨红肠等十几种熟肉制品的透明玻璃柜前，魏春来说。

这是友谊站便利店引进的和哈肉联、秋林里道斯齐名的哈尔滨市名牌之一——“一手店”。别看是一个小小的柜台，每天能卖出500~600元，一年就是20万元！

2016年至今，友谊站的非油品销售一年一个台阶，300万元、400万元、500万元……

“非油现在是友谊站的主要任务。2020年受疫情影响，我们把销售目标定在了500万元，他们超额完成了任务，销售了850万元。今年上半年，他们的非油销售已经达到近700万元，全年1000万元的目标也是保证没问题。”于成龙底气满满。

销售如此火爆的便利店，“友谊”第一！

友谊站，必须第一

在持续提升“四率”、营销、管理和服务上狠下功夫，友谊站誓争第一。

文/郑 丹

美丽的松花江蜿蜒流过，江南崛起一座新城。

它就是位于哈尔滨市道里区西部的群力新区，这是一块上风上水的置业宝地。几年来，一栋栋居民小区如雨后春笋般拔地而起。不仅如此，该区对外交通四通八达：南靠机场高速公路，东接城市快速路二环路，西连环城高速路四环路，与道里商业圈紧密相邻。

中国石油黑龙江销售哈尔滨分公司（以下简称哈尔滨分公司）友谊加油站就位于这个新区。

拥有得天独厚地理位置优势和源源不断车流量的友谊站，从来没有愁过销量，2014年5月开业就创造了7个月油品销量上8000吨的传奇！

对友谊站来说，时时刻刻想的是如何通过全体员工的努力，把销量提得更高，把服务做得更好，把中国石油的品牌形象树立得更加光彩。

“友谊站的硬实力和软实力都做到了恰到好处，所以万吨站自然就打造出来了。”哈尔滨分公司经理刘延奎如是表示。

“友谊站的油品、非油品销售在全省都是第一名。他们还承担了迎接上级领导检查和培训等任务，压力非常大，但各项工作都做得很好。因为，很多站都以他们为标杆和榜样，所以友谊站只能第一、必须第一。”哈尔滨分公司道里片区经理于成龙说。

➤ 四率：经营的抓手

“友谊站特点：纯汽油站、场地开阔、销量高、高峰期拥堵；提效方案：场地划线、加强车辆引导、强化客户停车习惯……”刘延奎对友谊站做出了上述分析。

2021年4月，刘延奎上任哈尔滨分公司经理后，对哈尔滨分公司下辖的32座加油站进行研究，提出了大站提效率、小站挖潜力的要求。

于是，友谊站结合现场布局，按照哈尔滨分公司的指导，先抓现场效率提升。

首先，站内对加油机和加油枪进行了更新改造，由原来的1机6枪改为1机8枪、单机全品种，并且根据客户需求设置了98号汽油专用加油通道。其次，进行划线引导和固化客户习惯，其中最重要的就是将车辆引导到位，从而有效提升了通过率。

刘延奎表示："我们通过不断地摸索和全流程诊断，根据友谊站客流量大的特点，把进站率、加满率、通过率、回头率，即零售领域'四率'作为提质增效的抓手。其中，通过率是重中之重。通过提升通过率，可有效带动其他'三率'的提升。对一个加油站来说，这'四率'决定了整个加油站的效能和效率。"

进站率。目前，友谊站通过车牌识别系统采集到进站车辆约19万辆，其中，长期活跃顾客约为4万人。"4万和19万中间还有15万，这15万人是我们的重点开发对象和努力目标。"友谊站站经理魏春来说。

为了进一步提升顾客体验，友谊站还进行了一项会员卡业务的革新——当天办卡、当天优惠生效、当天享受优惠，改变了以前办卡、激活、次日生效的流程。

加满率。根据友谊站进行的现场实验，当所有的加油员都问顾客"您要加满吗"，当天的加油量能比平时增加15%。现在，友谊站已经把询问顾客是否要加满作为规范服务用语的要求。

通过率。"我们利用现场实验的方式去进行对比，发现相同时段的两个工位分别采取加油员主动引导到位、同时服务4辆车和不主动引导、凭顾客自愿停车的两种方式，在1个小时内，两个工位服务的客户数量相差了35%。"魏春来表示。

回头率。友谊站建站以来，通过发展"六进""三圈"——进企业、公司、厂矿、学校、社区、医院以及建立商圈、朋友圈、生活圈发展客户，经过地毯式排查，已经挖掘了油站周边大部分的客户。目前，固定客户占比达到90%，卡销比约为52%。

刘延奎表示："自6月开展提效率以来，友谊站日均销量实现94.51吨，环比提升3.52吨，增幅3.7%，高峰时段提枪笔数环比提升3.4%。"

现场效率的大幅提升带来了人工成本降低的红利，友谊站人均劳效居全省油品销售企业首位，员工绩效收入也不断提高。

➤ 话术：推销的艺术

"你为啥玻璃水卖得这么好？"

"我就说一句话：玻璃水现在买2赠1，就是买一个给你加一个。"

"哦，我说玻璃水15块钱，现在买3个25块钱……"

这是友谊站站务会上，加油员们在分享玻璃水的推销经验。

魏春来给员工们分析，站在顾客的角度体会，可能前一种推销让顾客觉得简单明了，后一种显得有点啰唆。因为现在大家都惜时如金，咱们告诉顾客几个卖多少钱，顾客就需要换算过来1个卖多少钱。"买2赠1"这个话术简单明了，顾客比较容易立即做购买决定。

在友谊站，探讨怎么推销能够吸引顾客、让顾客愿意购买这样的交流是常态化的。

"我们站员工的素质比较高，要继续提效，需要做的就是教员工用最简便的语言去推销。"魏春来表示。这就要加强话术的培训。

一次，魏春来在便利店前台听到一位顾客和收银员的对话。顾客付完款之后问员工："你怎么不给我开发票？"这种反问式的说话好像更容易引起人的注意。在加满220元返电子券的活动中，魏春来让员工先试一试反问式的推销话术。

"你们先别着急介绍这个活动，问顾客要不要参加，你可以反问他'你今天能加到220元吗'？"

果不其然，很多顾客有点好奇，问加不到怎么样、加到又怎么样？于是，员工告诉顾客，今天加满220元可以参加活动……于是，许多顾客说："行，给我加220。"

"这是一个简单的小话术，不需要我们付出太多的人力和物力，就把顾客的注意力吸引过来了。”魏春来说。

在友谊站近期开展的提高加满率竞赛中，员工们已经把话术在开口营销中运用得相当得心应手了。以前，加油员经常问“您加多少？”顾客要么回答加多少升，要么回答加多少钱。现在，加油员们改问：“您要加满吗？”，他们发现许多顾客回答“加满”。

“为了提升顾客的满意度、体验度，魏经理对每一个活动方案仔细解读，研究用什么样的话术、怎么跟顾客传达最高效，他还总结了一些小技巧，对员工进行培训，花了很多心思和工夫。”于成龙表示。

➢ 服务：不懈的追求

2020年7月23日，是魏春来到友谊站任站经理的第一天。

“来的时候正好赶上下暴雨，当时加油站的门前已经积了很深的水，一辆车停在那儿。我就立马把裤腿挽起来、把鞋脱了，跟着加油员们帮着一起推车。”举手之劳！他和员工们都没有把这件事放在心上。

第二天，顾客来到友谊站，不仅给他们送了一面锦旗，而且买了好多水果。看到顾客拿着装满阳光玫瑰的葡萄和山竹等水果的果篮，魏春来说：“哥们，你真的不用这么客气，我们就是举手之劳，在家门口给你推个车。”

顾客说：“你不知道那种感觉，当时我的车停在水里，感觉雨水哗哗地往玻璃上拍，门我也不敢开，打火我也不敢打，真的不知道咋办。那时候，没想到你们这一帮穿着黄衣服的人就过来了，冒着雨帮把我车给推出去了。”

于是，这面锦旗现在挂在友谊站的党员活动室。还有许多顾客为了感谢友谊站领导和员工不计回报的真心帮助、拾金不昧、照顾走失老人……送来了一面又一面的锦旗。

优质服务，一直是友谊站不懈的追求。

只要自己当班，黑龙江省劳动模范、哈尔滨分公司优秀共产党员、友谊加油站加油班组长黄小亮时刻想着“加油13步”，力争把加油工作和现场服务做到尽善尽美。每次下班后，他都会仔细检查现场的卫生、安全，并叮嘱员工们要保持。

在友谊站，黄小亮还以在岗7年来接待顾客近十万人次，没有与顾客发生过任何一次争吵，没有一笔差账错款而闻名。

“加油站是服务行业，我们做的工作就是为顾客真诚服务。”黄小亮说。他当友谊站加油班组长5年了，他的班组每年都获得“优秀加油班组”称号。

“加到241块5，为什么给凑到242元或者245元？”针对加油中时常遇到的这个问题，哈尔滨分公司道里片区副经理李兆阳表示：“从员工的角度出发，确实是为了方便找零，也可以提升加油量和加满率，提高公司效益。但是顾客会说‘怎么一开始不问我’。所以，魏春来告诉他们，每位加油员对每位顾客都要问一句到底加到多少，比如‘要不要凑整’‘您是加到242元还是加到245元’。”

实际上，99%的顾客都认同把加油款给凑个整。但即使是为了1%的顾客，他们就要从自己身上想办法解决。

魏春来对员工们说：“友谊站为什么是第一，怎么样做到最好，就是我们的标准要高一些。要想在友谊站干，就要达到一个更高的标准。”

通常，大家觉得在加油站室内工作的员工要比室外轻松一些，但友谊站便利店的工作绝对不轻松，甚至还很烦琐。

为了做好自己热爱的这份工作，友谊站便利店营业员刘超付出了很多。

5年前，她刚来友谊站实习的时候曾经热心地帮助一位顾客使用自助机查油卡余额，但却没有查到，结果被顾客说了一顿。“当时确实挺委屈的，我记得我还哭了，因为有一个操作我当时还没有学到。”从那以后，她更加刻苦地钻研业务，而且把自己的脾气培养得“很温柔”。

“我跑了几个地方，都没把这个发票开出来，没想在你这儿一下子就解决了。”一位顾客高兴地对刘超说。

“现在，我做什么工作都比较得心应手了。即使顾客有各式各样的问题，我也都能给他们比较满意的答复和帮助。”刘超说。现在，经常有顾客为了感谢她，给她买水喝。

➤ 营销：智慧的平台

智能化时代，更加注重精准营销。

作为加油站的管理者，魏春来经常想，他们给顾客的是不是顾客真正想要的、真正需要和真正喜欢的。会不会送他一车苹果，而他想要的却是香蕉……

"想知道这些，如果还是像以往一样做问卷调查，效率会很低。"魏春来说。

友谊站的加油岛上，有一个小小的AI摄像头。每当有车辆驶入加油时，它会自动拍照。对于友谊站的会员，当加油枪提起，系统会把这位会员的加油信息和便利店消费信息、参加优惠活动的信息自动关联到一起。当然，这只限于对友谊站的会员；对不是会员的车主，系统只有在顾客主动确认之后才去关联他们的信息。

在智能营销平台的辅助下，友谊站实现了有的放矢的精准营销，提升了发放优惠卡券的核销率。

举例来说，如果友谊站想在"三八"妇女节赠送给一些消费者10元优惠电子券，魏春来只需在系统内输入几个选项——女性、每月加油1次、加92号汽油，就能很精准地找到目标顾客。

"以前我们做不到这么精准，只能普惠，就是给所有来站内加油的女性派发优惠券或者赠送一瓶饮料，再登记下来。现在通过系统就把顾客筛选出来了。"魏春来说。

智能营销平台还会分门别类地统计，例如哪些会员1个月没来加油了。"对于一段时间没来加油的顾客，我们会及时地询问了解情况。有的顾客说他出差了，有的顾客会反馈一些信息，比如他最近去什么加油站加油，油品比我们便宜一些……"

魏春来表示，对加油站管理者来说，及时得到最新的反馈，是大数据时代营销的制胜法宝之一。

利用这个智能营销平台，友谊站还尝试过"一键召回顾客"。

"智能营销平台使我们的决策变得非常科学，是我们新型营销的一种有效的手段。不像以前，销量下降就发传单，但传单不能那么精准地发到顾客手中。"魏春来表示。

➢ 员工：英雄的班组

作为全国为数不多的油品年销量上3万吨的特类站，友谊站建站以来交出了一份份亮丽的成绩单：

2014年5月28日开业后，2015年油品销量就从2014年的8000吨飙至升

2.7万吨；

2016年，3.4万吨；

2017年，3.3万吨；

2018年，3.1万吨；

2019年，3.0万吨；

2020年，受疫情影响降至2.7万吨。

创造这些佳绩的，是友谊站的英雄班组。

“友谊站现有3个班组，每个班组7位员工，他们都是超级英雄。”魏春来介绍说。根据他们的业绩和特点，每个班组都有一个自己的名字——尖刀班组、砥柱班组、诚信班组。

“前段时间，我们布置了玻璃水的销售任务，这个时候，尖刀班组首先站出来：我们班要最大头的，并且保证完成任务。不管接到多重的任务，他们都能像一把尖刀一样把任务划开一个口子，带着大家往前走。”魏春来说。

李枫带领的砥柱班组不仅非常踏实稳健，还经常主动协助站经理做好站内的一些事务。夏天到了，站内发放防暑降温用品，不用站经理安排，砥柱班组下了班之后会自动留下来，把防暑降温用品给大家搬到库房里。

张立强任班组长的诚信班组，因为多次拾金不昧、送走失老人回家而受到顾客们的称赞。一次，他们看到一位老人一直坐在便利店里，就给他拿了一瓶饮料，尝试着和他说说话了解情况，才知道老人是找不到家了。他们立即联系到老人的家人，并且派员工给老人送回家去。后来，老人的家人给站里送来一面锦旗。

“友谊站也是储值网点，平均每天办理加油卡业务57笔，按照一笔业务至少需要5~10分钟来算，开具增值税发票的员工也是每天8小时都在几乎不停地工作着。”魏春来说。

“顾客往往不是直接来开票或者办卡，他会问我们许多问题，比如我们都和哪些单位合作，或者现在有什么优惠活动，还会让我们帮助进行一些自助服务的操作等。另外，我们开展的异业合作，有多种多样的支付方式，有时候顾客也会向我们咨询。”刘超说。

2020年，友谊站便利店非油销售额达到850万元，同比增加290万元。

友谊站，精神第一

石油精神、铁人精神、奉献精神，在友谊站汇聚成“友谊精神”。

文/郑　丹

“我们代表的不光是自己，还是中国石油的品牌形象。”这是中国石油黑龙江销售哈尔滨分公司（以下简称哈尔滨分公司）友谊加油站的晨训和宣言。

“友谊站员工都特别能吃苦、特别能战斗。”哈尔滨分公司经理刘延奎说。

令友谊站自豪的是，在这个过程中，他们获得了很多荣誉——

2015年，中国石油黑龙江销售公司“青年文明号”；

2016年，中国石油黑龙江销售公司“2015年度先进集体”、中国石油“保后路、增份额、增纯枪、增效益”劳动竞赛“先进集体”、中国石油黑龙江销售公司“先进基层党组织”、中国石油“绿色基层加油站”荣誉称号、中国石油“油品销售百座示范站”；

2017年，黑龙江省总工会“工人先锋号”、中国石油集团公司“铁人先锋号”；

2018年，中华全国总工会“工人先锋号”、中国石油黑龙江销售公司“2017年度先进集体”；

……

“这些荣誉充分肯定了友谊站具备的任劳任怨、不辞辛苦、敢于担当的中国石油大庆精神、铁人精神、奉献精神。”刘延奎表示。

➢ 敢为人先

2020年，友谊站站经理魏春来给党员们上了一次有意义的党课。

在组织大家观看大庆油田会战纪录片时，他让每位党员把一块湿毛巾搭在自己的腿上。看完之后，大家把毛巾拿下来时都感觉到腿上湿漉漉的，关节也很疼。

苦不苦，想想大庆石油会战。“大家感受一下，大庆会战的时候，人都天天泡在水里，赶上三年自然灾害没什么东西吃，有时饿了就喝点酱油……”魏春来说。

地处大庆精神、铁人精神、石油精神的发源地的黑龙江省，友谊站不仅努力保持着全省销售企业的龙头位置，同时把大庆精神、铁人精神、石油精神融入日常工作，形成了“友谊精神”。

“‘友谊精神’的内涵，是舍我其谁，敢为人先。”魏春来表示。

“像我们道里片区19个加油站，每天油品销量500多吨，友谊站就占了将近100吨。他们不断提质增效，一个站每天10几位员工带动了片区一年油品销量达到20万吨、非油销售额超过2500万元，这确实是足以感到骄傲的事情。”哈尔滨分公司道里片区经理于成龙表示。

6月，班组日常工作考核结果出来后，黑龙江省劳模、哈尔滨分公司优秀共产党员黄小亮发现自己的班组竟然被李枫班组超过了。问题出在哪里？原来是这个月李枫班组的加油班次比他们多了一个。“我们下月多一个班，我们一定要赢回来。”黄小亮心想。

“每个组的加油量现在都已经达到满负荷了，效率都差不多。即使这样，大家也憋着劲儿，你争我赶。”魏春来说。

7月，黄小亮带领的尖刀班组重新夺回冠军。两个班组的油品加出量差不多，最终评分尖刀班组胜出是因为他们按照公司的要求增加了燃油添加剂销售。两个班组都完成了公司下达的目标任务，但是黄小亮班组超额完成，最终非油品销售总额得分多于砥柱班组。

在友谊站，党支部战斗堡垒和党员先锋模范作用的发挥成为油站经营的亮点。支部开展的“油品非油品流动红旗评比”“比学赶帮超，油站相互看”“用业绩让党徽更闪亮”等党建+业务融合竞赛，让支部每位党员树立责任意识、竞争意识和效益意识，在你追我赶的竞技状态下更好地完成经营指标。

用实际行动去奉献，在自己的工作中体现铁人精神，其实就是友谊站每一位党员和员工的画像。

“作为一名党员，我在前台努力起到一个标杆的作用。每当为顾客解决了问题，我都感到挺荣幸的。这个时候，铁人精神、奉献精神在我的内心一下子升华了。”友谊站便利店营业员刘超说。

敢为人先，无私奉献，汇聚成“友谊精神”！

➤ 乐于助人

“前两天我一走进站里，看到地上放了几个滑板，好像还挺贵的，员工说是刚才有几个小孩放在这儿的。第二天来了几个孩子把滑板取走了。这些孩子知道放我们这儿的东西丢不了。”魏春来笑着说。

“小孩子们都知道，只要看到中国石油的牌子，走丢的时候就去找穿蓝制服的，保证会帮你找到家长。”于成龙说。

于成龙表示：“作为中国石油的销售企业，我们承担着履行社会责任的义务。”

冰城哈尔滨，冬天特别漫长。友谊站员工在义务为街道清雪的同时还会到市区主要街道为辛劳的环卫工人、清雪车司机以及交警、巡警等人员送上在加油站准备好的热姜红糖水，为他们驱寒。友谊站的站房内还设立了爱心驿站，随时为出租车司机、环卫工人、交警和巡警、路面维护人员以及偶尔迷路的老人和身体突感不适的行人提供力所能及的帮助，为他们提供卫生间、饮用水和临时休息场所。

爱心服务，为友谊站赢得了口碑，友谊站也代表哈尔滨分公司的64座爱心驿站接受了龙广广播的采访，向广大市民展示了国企的担当和良好形象。

新冠肺炎疫情期间，友谊站同样站排头、勇担当。支部党员冲锋在抗疫保供一线，充分彰显了党员的责任担当。

2020年年初，黑龙江疫情反复。魏春来首先组织员工做好防疫工作。每当有防疫或运送病人的车辆来到油站，他都会第一时间去为车辆加油，他和医护人员隔空挥手、互相鼓励的画面深深地鼓舞了身边的员工。魏春来的事迹也被当地媒体和行业媒体争相报道。

让于成龙非常感动的是疫情最严重的时候，友谊站一线员工没有一位请假，全部24小时坚守油站。“魏春来对我说，那段时间，员工们真的很辛苦，但一个都没有掉链子。”他说。

为了把疫情给油品销售的影响降到最低，友谊站员工把客户都拉到微信群里，及时和他们互通信息。他们会经常问顾客：我们便利店的商品非常丰富，看看您需要什么？

“他们把顾客购买的商品用一个漂亮的包装袋装好并且做好消毒，送到顾客的小区外面告诉他们来取，非常温馨。”哈尔滨分公司人力资源部副主任迟红说。

不忘初心，奉献不止，共同擦亮宝石花！

➢ 互帮互助

迎朝阳、伴晚霞。

每当夜深人静，友谊加油站才能开启安静模式。便利店内辛苦工作了一天的员工已下班回家休息，养精蓄锐准备下一天的工作；晚班加油员在晚高峰后也可以趁着车少时轮换着休息。

一枪一油总关情，友谊站里友谊深。

自友谊站导入阿米巴经营管理模式后，员工的加油量直接与收入挂钩，并且每天都可以从系统中看到自己赚了多少钱，从而更加意识到“每一项工作都不白做”，全员时刻把“效率”放在心上，真正做到了提效创优、服务锁客。

为了帮助班组员工提量创效，黄小亮每天在加油的同时不断观察加油现场和客户状态，总结出经验传授给大家。他告诉员工们，对待不同的顾客要有不同的方式方法，见机行事。例如，每次赶上下雨天，站里车少，来加油的客户好几个都是跑空了才不得已来加油，来了说就加100块或者50块，等天气好时再来加油。遇到这种情况，不妨劝顾客一句“加满吧”，一天下来能多提高10吨的销量。

作为友谊站3个加油班组长之一，黄小亮每次午饭总是最后一个吃，因为他要给班组内所有的加油员替班，让他们先把午饭吃了。

“我为提质增效出点子”是友谊站在阿米巴模式下持续开展的一项活动。

“我当加油员前做过电工，站里有些电器线路损坏，我要通过自己的能力将它修好，为站里节约维修费。”加油员郭念尊把自己的点子写在一张小小的便签上。他的点子和许多员工的一起贴在友谊站的“学习园地”内。

“年初疫情严重的时候，快递和邮递业务暂停，站内自助售卡机的IC卡读卡器却出故障了，联系厂家后得知零件不知道什么时候能邮寄过来。”魏春来说。这时，他突然想起了那张便笺纸，叫来了郭念尊。郭念尊利用午饭时间，拿着小电笔和锡焊刷刷点点，竟然把设备修好了，不仅节省了费用，维持了现场设备正常运行，还提升了客户感受。

大家开动脑筋，思想碰撞，果真形成了油站提质增效的动力。

今年，友谊站截至目前的单日最高销量116吨。虽然受到前期疫情的影响，但这个成绩让魏春来感到特别高兴。“6月12号，为什么我记得这么清楚，因为那一天是我结婚的日子，晚上一看报表116吨！我觉得这是员工们给我的最好的礼物。即使我没在现场，他们依然做得这么好！”

互帮互助，共促销量，同为万吨站添砖加瓦！

24

利民道，“住”进社区的加油站

面积有限，新业务拓展受到掣肘，但利民道加油站仍逆势成为年销量的“万吨站”，成为天津石油的“标杆加油站”。这背后有着全站员工的努力，天津石油的支持，更有他们探索出的市区加油站发展“哲学”——将利民放在首位。

营销现场

利民加油站：利民又高效

利民道加油站以优质而高效的服务吸引着远近的客户。

文/于　洋

夜幕降临，城市华灯初上，天津这个中西合璧、古今兼容的独特城市开始绽放她独有的魅力。位于广东路与利民道交口处的中国石化天津石油分公司利民道加油站（以下简称“利民道加油站”）迎来了一天当中最繁忙的时候。这座建于1999年将近有23个年头的“老”站见证了周围高楼大厦的崛起，见证了周边居民的岁月变迁，也见证了中国加油站的发展变化。

➢“我们被居民区包围了”

“1999年，我们在这儿建的时候，周围根本没有什么社区。”利民道加油站站长石文娜说，“短短十几年的时间，利民道加油站还是那个加油站，但周边却多了些生活气息。”以利民道加油站为中心，向西周边的社区有乘云里、海天尚景园、珠海里、珠波里、深方小区；向东有景兴西里、景兴里、鹤望里、爱国里；向南有红波公寓、红波里、爱国北里、中裕园；向北有广顺园、三元公寓、西楼北里等社区。

居民区陆续出现为利民道加油站带来了稳定的客流量。“那时候我们忙得根本就顾不上细致地去想怎么营销。”石文娜说。不仅如此，位于广东路上的利民道加油站还承载着从和平区过来的车主，“因为在和平区是没有加油站的，而我们是离得最近的加油站，错过我们，得再往外走3~4公里才有加油站。”利民道加油站副站长齐建刚说。

鳞次栉比的居民小区和得天独厚的地理位置曾让利民道加油站创下了年销售汽油万吨的“神话”，这对于只销售“轻油”的加油站来说并不是易事。但这种优势并不长久。随着周边社区的建立、小区居民数量的增多，居民出行压力增大，曾经繁华的小区周围开始纷纷铺设地铁、增设公交站来方便居民出行。

危机早在二十年前埋下伏笔。在利民道加油站建成的一年后，2000年天津市地下铁道总公司成立。随后的20年时间里，利民道加油站见证了天津地铁的飞速发展，也感受到了公共交通对自身业务的冲击。利民道加油站前的广东路下面，地铁5号线每天飞驰而过；南边建立起来的西楼公交站每天14路公交车交替运营……利民道加油站的地理位置优势渐渐弱化，伴随出行方式多样化而来的是加油量的下降。

利民道加油站的“危机”正是现在中国千千万万加油站所面临困境的缩影。石文娜在2003年加入中国石化后，快速成长，逐步由一名基层加油员成长为加油站站长，“只要是她负责过的加油站，销量都会有大幅度提升。”齐建刚说。

冥冥之中，命运将石文娜与利民道加油站联系在一起。2016年石文娜开始担任利民道加油站站长。利民道“万吨站”的光环有了新的意义。

➢“不压车，不排队”

面对日益下降的加油量，在石文娜的负责下，利民道加油站开始了“逆袭”的探索。“假设在市区加油，什么样的加油站你愿意去？”石文娜问记者。在5年前，这个问题她也问过加油站员工们。

其实，对于多年从事加油服务的石文娜和员工们非常清楚——“加油快的加油站比较受欢迎。”石文娜说。道理大家都懂，但要想真正快起来，并不容易。之前的站长不是没有探索过。

如果说加油站建在市区外，这个问题就比较好解决。面积大，加油机多，通过率就会高一些。但对于市区的加油站来说就不容易了。“市区里寸土寸金，利民道加油站是一个三级站，加油的场地面积只有459平方米，一共有两排，6台加油机负责着92号、95号、98号三种型号的加油。”齐建刚说，“而且我们加油站的入口和进口分别对着河西区的主干道广东路，当下班高峰期遇到加油站加油高峰期时，一旦发生压车的情况，现场不及时指挥调度的话，很容易就排到广东路上，造成道路的拥堵。”

“一拥堵，时间久了，周围的居民肯定不乐意。”石文娜说。“不压车，不排队”成为了利民道加油站必须要解决的一个难题。先从服务上下手。“我们对站内的服务进行了标准化。”石文娜说，“当一辆车来了，如何引车入位，上前打招呼，咨询加油种类、支付方式等都有明确的服务标准。只有标准明确了，员工们才能对自己的服务质量心中有数。”

明确了标准后，员工们如何提升服务的质量和效率呢？“从细处着手。”石文娜说。在采访期间，记者有幸见到了加油员们迅速引车入位、快速加油、收银的场景。正值中午时分，前来加油的车不少。刚刚加完油的车主王友清告诉记者：“我们家都爱来这儿加油，这个加油站不像别的加油站那样，你都进站熄火了才告诉你再往后挪点车，像我们这样开进来基本上就停车，熄火，加油，多麻溜啊。”

不仅只是对王友清车主的引导，利民道加油站的员工好像拥有“魔法”一样，不论什么车开进来，都能在最短的时间内将车准确引导到加油机旁。看到记者有这样的疑惑，石文娜站长说：“台上一分钟，台下十年功。我们加油站的员工们都要练就一种‘相车’的技能：车辆一开进来，一看车标、车型就能了解这是什么车、什么型号、加油口在哪边，这样把服务做在前边，效率自然就提升了。”

但是在石站长看来，仅仅提高室外加油的速度并不能完全提高加油效率的问题。“现在在加油站如果要手机支付都要到屋里去结账，外边快了，屋里结账收银的不快照样会造成车辆的拥堵。”针对这种情况，利民道加油站采取了人员在岗流动工作的模式：人人都是加油员，人人也都可以是收银员。“这样就将人力充分地利用了起来，减少了不必要的等待时间。”齐建刚说。

➤ 服务有“温度”

对于车主王友清来说，快速便捷加油让他更愿意来利民道加油站加油，而对于王涵来说，除了加油快，这里的干净、井井有条也是她喜欢利民道加油站的原因。“不论我什么时候来，利民道加油站总是窗明几净，给人很舒服的感觉。”王涵说。进入利民道加油站的服务区，你会发现地上没有一张废纸，站内地面、便利站的玻璃、牌子，以及内部的货架、商品、堆头上面一丝灰尘也没有。“老百姓居家过日子都要干净，我们加油站想让车主有宾至如归的感觉，也得干干净净的，让人一看到就舒心。”石文娜说。

让顾客舒心的还有加油员们的贴心，这种贴心是从客户角度出发、为客户着想而体现出的。车主廖国强提起两年前的那件事仍记忆犹新：“2017年还是2018年吧，我来这边加油，当时车子加完油后，加油员真的特别好，帮我加油的同时还发现我的一个车胎没气了，这点我都没发现，他赶紧告诉了我，让我尽快修理，并说对车的轮毂不好。加完油出来时，还提醒我别忘记换轮胎，打那儿起我就认准了利民道加油站了。这么多年来，我们都成朋友了。”

王涵不是第一个因加油和利民道加油站交上“朋友”的。在石站长和加油员的手机上，我们可以看到这些朋友被清晰地划分到各个群中，有网约车主群、出租车师傅群、私家车车主群等，“我们时不时在群里搞些小活动，大家聊聊等，既活跃了气氛，又拉近了我们与客户的距离。”加油员王方说。

“将‘人情味’融入服务中，加油站就有了‘温度’。我们不仅是要加油，还想让车主、客户有一种归属感。”石文娜说。利民道加油站也确实是这样做的。在客户群中，记者看到有一条一条的优惠消息，这些消息都是石文娜站长就和员工们为车主们精挑细选的。中国石化不定期就会出一些优惠活动，有些活动适合，有些活动不适合，石文娜和员工们就先帮车主们算一笔账：如果来我们这儿加油，怎么加油优惠，买便利店的什么比较划算，如何搭配能优惠力度大一些……“老百姓居家过日子，样样都得精打细算。我们就先帮他们算好。”石文娜说。

➤“店里卖什么，我们家里有什么”

“为老百姓算账”的便利店经营理念，让利民道加油站的便利店红火了起来。正如一位车主说的那样：“你们店里卖什么，我们家里就有什么。”

为了做到这点，石站长和员工们花了不少工夫，这与利民道加油站的精准服务定位密不可分。利民道加油站的便利店是一个规整的长方形，南北方向坐落，门口在正中央，店内收银台在进门左手边，收银台前方是四排货架。货架的摆放靠近收银台的两排货架是休闲食品，再往前两排包括墙上的货架都是居家生活用品，有卫生纸、洗发水、大米，油盐酱醋等一应俱全。“便利店也跟随潮流上架过进口食品什么的，然后在销售过程中，我们发现周围都是普通居民用户偏多，大家对进口食品的需求并不是很高，反而是一些生活用品、居家日用品销量挺好。什么好卖我们就卖什么。”石文娜说，“这样形成了我们自己的特色。”

但是利民道加油站周围社区众多，生活小超市也比较多，加油站便利店的优势在哪儿呢？“我们调查了周边几家便利店，发现我们的价格如果没有优惠活动就没有什么优势了。于是我们将加油兑换优惠券联系起来，针对总部的优惠活动，结合我们店产品的特点，推出了一系列生活用品的优惠活动，这样既加了油，又在买生活日用品方面省下了钱。优惠下来比外边的超市还便宜，而且品质也有保障。”石文娜介绍说。

酒香也怕巷子深。由于普通居民并没有形成加油站便利店购买生活用品的习惯，一开始很多客户并不知道利民道加油站便利店的产品优势。石文娜和员工充分利用每个人的朋友圈、朋友群进行商品营销，以“精选广告语+图片+优惠信息”，分类推送店里生活用品，中国石化自有品牌产品等优质产品到微信朋友圈，成功激活了微信朋友圈营销。加油员张莹说：“现在群里大家有什么需要直接群里让我们准备好，来加油了，直接拿上就走，非常方便。”

管理秘笈

利民的“智慧”

一座好的加油站是什么样的？或许我们从利民道加油站这里可以找到答案。

文/于　洋

如今的利民道加油站已今非昔比，成为天津市区内加油站的“标杆”。“标杆”的背后有石文娜站长和其他13名员工的辛勤努力。对于他们的努力，石文娜站长有一个清晰的目标：“我们不仅要加好油，还要做一个有‘人情味’的学习型加油站。”这个“人情味”在他们看来，就是让顾客满意。“让顾客满意”不仅仅体现在服务上，更体现在服务背后的管理。

➢ 打造现场服务体系

“人和人之间不都是靠感情联系着。”石文娜说，“我们处在一线，不仅是向客户卖油，更是向大家展示我们中国石化天津石油的一种企业形象。我希望大家来到我们加油站是感觉舒畅的。”

事实也的确如此。“利民道加油站的忠诚客户一直就是加油站上量增效和提高品牌信誉的最坚强朋友。”利民道加油站副站长齐建刚说。能做到这点，并不容易。这背后离不开石文娜站长对于员工服务的管理和员工自身对服务标准的执行。

石文娜和员工们深知优质服务是加油站立足之本，是提升核心竞争力的重要载体。利民道加油站将服务具体化，把服务的行动细化落实到每一个环节。“顾客是加油站服务的评价者和认定者，怎么判断我们服务的好坏？顾客说了算。”石文娜说。利民道加油站周围社区林立，又位于市中心次黄金地段。这给利民道加油站带来稳定客流量的同时，“投诉的风险也大大加大。”加油员王方说，“现在我们差不多每天车辆进站在1500辆左右，这1500辆车中肯定会出现沟通或者交流有问题的。”

为此，把顾客视为上帝、时时以顾客为中心的利民道加油站制定了全新的现场服务体系。首先是建立与客户的沟通平台；然后建立客户档案；再次健全顾客投诉制度；此外，重视现场服务。把“打造星级服务”作为企业的经营理念，大处着眼，细处入手，推出服务标准：一是跑动服务：车辆刚驶入站口，加油员必须跑步提前到位迎车。二是微笑服务：面带微笑、统一使用普通话服务。三是语言规范服务：使用规范的服务用语来迎送车辆。四是快速服务：明确责任、有序分工，以最快的速度为顾客服务。五是舒适服务：上岗的加油员必须精神饱满，以文明、整洁、大方的仪表仪态来接车待客，并随时搞好加油站内的一切设施、设备的养护和环境卫生，始终保持良好的站容站貌，为顾客创造一个舒适、优美的加油环境。

➢ 培养“都会”型员工

面对激烈的市场竞争，对加油站本身，只有提高服务水平、提高顾客满意度才是稳定顾客的主要手段。经过精心策划，利民道加油站制定以服务为主的加油站“顾客满意”策略，建立以顾客为中心的服务理念，并将其灌输到全体员工的思想和行动中去。

员工在这样的服务理念中，激发出自我学习的驱动力。“我们加油站不喜欢‘懒’的员工，大家都积极学习，谁有不懂的或者不清楚的都乐于帮忙。”石文娜说。在这样的环境下，利民道加油站打造了一支敢打硬仗、善打硬仗的队伍，也培育出了一批在公司内部“出名”的员工，甚至有些在总公司都获过奖项。石文娜站长自2003年入职以来，就先后被评为公司先进个人、中国石化劳动模范等，带领利民道加油站多次被公司评为先进集体。

强将手下无弱兵。石文娜熟悉加油站所有岗位的活儿，站里员工请假或业务忙不过来时，她随时顶上，被大家称为“全能型站长”。但她清楚，光自己干还不行，要带领员工一起干、教会员工怎么干，让更多的员工成为“全能型选手”。

石文娜说，自己是从加油员干起的，理解员工在工作中会遇到哪些困难。她决定用自己的亲身经历指导员工实际操作。有一次，一位性格腼腆的新员工跟石文娜说起自己的烦恼，“站长，我这人嘴笨，不知道怎么跟客户搭话？”石文娜告诉她，自己原来也是一个嘴笨的人，但是嘴笨挡不住心诚。她手把手教这名员工整理、分析客户资料，告诉她要对所有商品的特点和促销信息心中有数，真心诚意为客户着想，才能赢得客户的信任。

为调动员工的销售积极性，石文娜制定油站考核激励方案，科学调整岗位分工，让多劳者多得，提高油站整体劳效。员工们看到了收入的增长，干劲更足了。截至目前，石文娜带出的员工中已有4人取得技师等级，其中一人成长为站长。大家都说，跟着石站长干，看到了成长发展的希望。而利民道加油站也被业内戏称为“加油站里的小黄埔军校”。

重视员工队伍的建立，提高员工的满意度，充分尊重员工的人权，利民道加油站从“人”出发，为员工提供良好、安全的工作条件，提供均等的发展机会，对优质服务的加油员给予奖赏的环境，同时加强对员工进行与他们工作直接相关的技术培训和与顾客服务有关的全方位培训。通过员工满意，使员工对利民道加油站产生归属感，更好地服务顾客，使顾客满意。

➤ 非油销售“走出加油站”

虽然利民道加油站取得了现在这样的成绩，但发展的道路并不是一帆风顺。2020年，一场疫情席卷全国，居民出行量大幅度下跌，利民道加油站面临着顾客急剧下降的情况。“那时候一天都加不了几辆车，我们在加油站里着急啊，幸好我们总公司没有因为销量下跌而给我们降工资，这让我们特别受鼓舞，一定要好好守好岗，认真干下去。”加油员王方说。

2020年底，疫情刚刚平稳，利民道加油站因双层罐施工改造暂停营业，而此时公司的“年货节”活动已开始。这可急坏了石文娜。疫情期间销量的下降已经减少了加油站一部分的收入，如果再错过这个“年货节”……石文娜越想越不甘心：“员工干得好，站长也得带着员工赚钱，每个人背后都是一个家庭。”

不顺利的形势并没有难倒石文娜和她的员工们。为不错过黄金营销期，石文娜决定走出去，加油站销售非油品，“既然顾客们来不了，我们就去到他们那儿。”

但疫情期间，各个单位的大门都限制外来人员的进入。“我们石站长好几宿都没睡觉，眼都熬红了……”齐建刚说。他们把自己年货节的货品打印到宣传单上，在企业、社区门口、微信的客户群中进行纷发，医院、企业、社区都留下了他们忙碌的身影。功夫不负有心人。虽然受到施工影响，但利民道加油站却超额完成了“年货节”活动销售任务，40天的时间内入账百万元，而往年年货节的销售额在70万左右。

这也使得利民道加油站探索出了一条非油销售“走出”加油站的模式。近年来，随着我国经济的快速发展和汽车保有量的不断增加，成品油市场不断开放，因此油品零售业竞争日益加剧。“只靠以往坐在加油站里等已经不行了，我们要主动走出去，让大家知道我们的产品。”石文娜说。对于未来，她有一个梦想：“在稳定加油量的同时，能实现非油销售月均百万元的目标。”相信这一天不会太远。

➤ 当好“家长”

进入7月份，利民道加油站又开始忙起来了。“7月份以前每天加油量在30吨左右，现在税票在我们这儿开后，每天的加油量可以再多10吨左右，没有一天闲着，我们干着也带劲。”利民道加油站站长石文娜说。作为城区4个开税票点之一，利民道加油站迎来新的发展机遇。

虽然忙，但是现场井然有序。“可以这么说，我在与不在，或者我们某个员工不在，其他人都能立马顶上，加油站都能正常运行。”石文娜说。这样的状态离不开石文娜的精细管理。

“站长就像是我们这个大家庭的‘家长’，不论是业务上的还是我们个人的问题，她总能照顾到我们。”利民道加油站员工张莹说，在石文娜的带领下，张莹已经成长为能独当一面的技术能手。

利民道加油站的人员配备是14人，这个人数在三级站中是正常的人数。但是石文娜却能从这14人的排班中排出“花样”来——让加油站高效率运行起来。

“作为站长，不可能一天24小时盯着每一件工作，这就要学会适时‘放手’，给员工们锻炼。在加油班组中我们增设了3个副站长，每个副站长带领一个班组。这样即使我不在现场的情况下，副站长也能维持现场正常运行。”石文娜说。

给予员工“权力”后，石文娜又在琢磨怎么能让高峰期的人手由3个增为4个，又不需要员工每天都加班呢？在充分听取了站内员工的意见后，石文娜创新排班方法，优化调整班次，打破原来的班次，将班次分为室内室外两大组，室外加油员是三班倒，一个班3个人。室内的班次灵活起来，站长与其他4名员工三班倒，每天保证有2个人上7点下7点的正常班次，剩下3个人分别上早7:00~15:00、12:30~20:00、20:00~7:00。这样就保证了在高峰时期都能做到4个人同时在岗，大大提高了效率。

在石文娜看来，站长作为一家之长，不仅要协调好各方面的工作，还要起到带头作用。在员工眼里，石文娜不仅是“女神”，而且是一个在工作中敢拼搏、能吃苦的“超人”。2019年，为改善站容站貌，利民道加油站进行7S规范化改造。那段时间，石文娜连续十余天，每天忙到晚上9点后。“我们石站长的原则是活儿不干完、不干漂亮，就不回家。”员工都很了解她。

在石文娜的带领下，利民道加油站的员工们形成了特别能吃苦、特别能干的团队风格。每每参与天津石油分公司的活动，总能以清晰的思路，高效的工作能力给大家留下深刻印象。2020年9月27日，在国庆节、中秋节到来之际，时任中国石化董事长、党组书记张玉卓来到了利民道加油站，详细了解加油站经营、油品销售和区域市场行情，询问口罩、扶贫商品销售情况，并在自助功能区了解自助销售系统。

当听到利民道加油站创新工作思路、强化精细管理，经营状况和员工收入均好于去年同期时，他频频点头，对利民道加油站站长和员工的工作予以肯定。“我们将继续保持奋进势头，进一步抓好持续攻坚创效，不断提高工作标准和水平，持续抓好安全生产和环境保护，为客户提供洁净能源和放心油品。”石文娜说。

万吨站的“密码”

——专访天津石油副总经理李春波

万吨不是既定的销量目标，而是通过建设信息化线上会员平台、高效服务、精准营销等一系列有效的措施达到的最终结果。

文/于 洋

利民道加油站只是天津万吨加油网点的缩影。好的加油站离不开公司的领导，天津石油作为天津地区最大的成品油零售企业，管理着天津域内最多的万吨加油网点，每日对外零售付油量达5000余吨，在天津市承办的各类大型活动中充当着重要角色，为天津地区成品油的稳定供应贡献了极大的力量。对于万吨站，他们有怎样的理解呢？在天津石油分公司副总经理李春波看来，万吨站不是既定的销量目标，“而是通过建设信息化线上会员平台、高效服务、精准营销等一系列有效的措施达到的最终结果。”李春波说。

➢ 以服务和管理，提升客户体验

Q 记　者：李总，您好！天津石油分公司作为天津地区拥有万吨销量加油站最多的成品油零售企业，在万吨站的建设过程中，您认为最关键的是什么？

A 李春波：优质服务是加油站立足之本，是打开客户心门的一把钥匙。销售过程是人与人沟通的过程，如果客户接触到员工的第一时间感受到负能量，那么一切吸引客户的措施都将归零，客户对品牌的归属感也将大打折扣。

天津石油分公司始终坚持在提升现场服务上下功夫，近年来，从组织服务竞赛、技能培训等常规管理措施的运用，到借助客户线上评价功能实现服务成效的实时反馈，再到今年落实销售公司员工卓越计划，天津石油分公司时刻提醒员工要为客户提供优质、高效、贴心的服务。

加油站作为成品油零售终端，现场管理至关重要。万吨站往往车流密集，如何维护好现场加油秩序，提高加油站通过率，也是我们的一个重要课题。我们在加油天津平台相继开通一键加油、一键到车、加油闪付、电子发票等功能，借助信息化手段，大大提高加油效率，使顾客不下车即可享受便捷服务，提升客户体验。同时，站长在这个环节中也起到了关键作用，我们的站长们通过长期观察与摸索，对油站周边市场动态及早晚高峰时段等影响现场管理的因素了然于胸。能够充分做到提前预判、高效调配人员，快速缓解油站排队压力，同时灵活运用客户排队时间宣传各类营销活动，这一系列措施不仅提高了通过率，更提升了客户满意率。

Q 记　者：优质的服务和现场管理给天津石油分公司带来了怎样的品牌形象？我们是如何护卫我们的品牌形象的？

A 李春波：近年来，天津石油分公司不断提升改造油站基础设施，从双层油罐改造、7S样板站建设再到清洁提升计划，始终致力于为客户营造一个安全、绿色、舒适、美观的消费环境。

天津石油分公司在现场环境提升中追求对细节的把控，作为一个服务场所，罩棚、檐口及油枪的整洁与否影响着加油站的整体外在形象，而加油站厕所卫生往往是客户消费体验的最后一环。我们在所有加油站厕所张贴二维码，引导顾客扫码评价，及时收集整理客户意见，快速进行整改提升。多措并举，使得加油站视觉形象及客户消费体验快速提升，增强了客户现场体验满意度和行业竞争力。同时，结合加油站软实力的有效提升，稳步打造出一批具有引领性、示范性的优质骨干零售网点，进而提升天津石油分公司的综合竞争能力，点亮中国石化品牌形象。

自2020年疫情以来，天津石油分公司进一步践行企业社会责任，在大战大考中讲政治、顾大局，第一时间制定《防疫工作指南》，组织防疫预案，用24小时全天候服务践行“油品不断供、商品不涨价、服务不打烊”的承诺。同时，加强防疫物资保供，仅用不到一个月的时间，实现口罩的生产和销售，为整体疫情防控形势的向好发展提供了助力。

天津石油分公司带着强烈的社会责任感和厚重的历史使命感，在企业经营和管理上也全力实现了高质量发展，围绕“安全、规范、诚信、创新”的企业文化，天津石油分公司全力打造“人·车·生活”生态圈。

➢ 依托大数据分析，开展精准营销

Q 记　者：未来的时代将是大数据的时代，掌握分析大数据的企业也将在行业内脱颖而出。天津石油分公司在万吨站建设方面如何和大数据相结合的？

A 李春波：天津石油分公司近年来注重海量消费数据的沉淀留存，今年初也是组建了大数据中心，通过专业的技术手段，对海量消费数据进行整合分析，进而描绘客户画像，分析客户消费行为，满足客户差异化需求。

比如我们近期针对网约车群体开展的召回项目，通过大数据支撑，准确筛选出流失客户，定制专属优惠活动。再灵活借助客服外呼、微信公众号宣传等多种手段，将营销信息精准传达给有开发潜力的客户群体。在实现精准让利优惠、控制营销成本投入的同时，实现企业零售销量的持续提升，向着打造“比客户更懂客户”的零售企业目标持续迈进。

Q 记　者：大数据让天津石油分公司更“懂”客户的同时，在增加客户黏性方面我们做了哪些工作？

A 李春波：天津石油分公司为持续增强客户黏性，积极拥抱“移动互联网+”浪潮，在不断优化技术能力的基础上，从搭建官方微信公众号到推出加油天津营销平台，逐步构建起支撑客户会员体系的有效抓手。经过数年的市场培育，也拥有了近200万的会员基数。

依托现有营销平台，天津石油分公司以“津油豆”为名，推出积分功能，打造会员专属成长体系，提升消费体验感，加强客户归属感。为回馈广大忠诚客户，天津石油分公司不断贴合市场需求，策划多种主题营销活动。比如打造中国石化易捷“水饮节”“易享节”大型主题营销活动，提高会员非油品消费额……多样化的营销活动，不仅为加油站带来更多的客源，同时也加强了客户黏性及品牌忠诚度。

➢ 打造人才梯队、夯实发展之基

Q 记　者：在人才方面，我们是如何进行人才队伍建设助力打造万吨站的？

A 李春波：人才是企业前进的动力源，也是企业可持续发展的根基。天津石油分公司始终注重零售后备人才梯队的建设工作，每年零售中心都会定期组织多期站长、后备站长专业培训，通过多频次、多板块、多业务的专业化培训为天津石油的后备力量持续赋能。零售基层管理人员通过有效培训既增强了自身专业技能、管理能力和执行能力，也进一步解读了公司政策，与公司发展实现同步同频。最终形成上下同欲、勠力同心、共谋发展的良好局面。

天津石油分公司高度重视榜样引领，我们会邀请万吨级优秀站长从加油站及员工管理的方方面面入手，进行先进经验交流。同时，分公司彼此之间也建立了良好的学习交流机制，定期组织站长及后备站长到优秀万吨级加油站现场学习。充分发挥先进万吨级站长的榜样作用，营造“比学赶帮超”氛围，引导加油站共同进步，打造更多万吨级加油站。

Q 记　者：您认为，如何才能将人的力量发挥到最大？

A 李春波：关爱员工，加强员工归属感、认同感。加油站是一个24小时为车主提供服务的场所，无论寒暑、无论节假，基层员工始终奋战在一线。所以万吨站的建成，不仅仅靠经营、靠管理，更靠人心。天津石油分公司真切关怀一线员工工作及生活情况，扎实开展我为群众办实事活动，及时解决基层急难愁盼等问题，加强员工归属感与企业自豪感。

俗话说“单人不成阵，独木不成林”，加油站作为一个经营集体，需要站内员工拧成一股绳，才能发挥1加1大于2的效果。以石文娜站长为例，石站巾帼不让须眉，以身作则，勇于担当。她说自己每天干的最多的事情就是清洁卫生，因为万吨站每天现场经营压力都很大，为了让员工能够投入更多的精力为顾客提供优质服务，她每天在做好加油站经营管理的基础上，主动承担了站内环境卫生清洁工作，使得利民道加油站多年来始终保持高度整洁，在顾客群众中赢得了良好的口碑。石站十分关爱员工，经常与他们谈心，定期对员工开展家访，在遇到困难的时候引导他们寻找解决的办法，帮助他们突破难关，得到提升。在石站的带领下，利民道加油站已经为天津石油分公司培养出多位优秀站长及副站长。

大道至简，衍化至繁，万吨站的建设植根于以上各项基础工作之上，把根基抓稳、抓牢，稳步推进“移动互联网+”建设，打造智能油站生态体系，沉淀分析海量数据制定精准客户画像，执成品油零售企业客户服务之牛耳，才是天津石油分公司万吨站建设乃至两万吨站建设的核心思路，也是确保企业高质量发展的必由之路。

天津石油分公司将顺应成品油零售市场发展潮流，立足新发展阶段，贯彻新发展理念，着眼新发展格局。努力开发油站增值项目，拓宽服务内容。实现加油站网格化管理，增强客户资源蓄水池作用，有的放矢、精准发力。为建设世界领先洁净能源化工企业做出应有贡献，持续为美好生活加油！

25

风水宝站——“海湖路”

“车到人就到，枪枪能加油，服务有微笑。”

营销现场

文／黄志阳　齐铁健

“今天是六一儿童节，本来带着孩子出去玩，但看到了肯德基开业的消息，我们就过来加个油体验一下。加油顺便吃个‘鸡’，这么方便快捷的服务可真是让我省了心。”顾客何先生成为了肯德基DT餐厅“首单点餐”的顾客。2020年6月1日，中国石化西北第一家肯德基“汽车穿梭餐厅”在青海石油西宁分公司海湖路加油站盛大开业。

肯德基选址极为苛刻，不仅要考虑商圈、人流量、人的流动线，而且要通过现场数据进行分析。所以，肯德基选址成功率几乎是百分之百。肯德基能够落户海湖路加油站，其位置、周围商圈、油站的客流量都是重要因素。

中国石化青海石油西宁分公司海湖路加油站，位于西宁市城西区海湖路十字路口处。该站地处城市繁华区域，毗邻动物园、万达广场等高档商业圈，加油站占地面积3000平方米，集成品油销售、便利店、旅游、广告等多种业务为一体。

作为中国石化青海省内最大的汽油万吨站，海湖路加油站2020年销售成品油1.66万吨，其中，汽油1.62万吨，柴油414.92吨。

➢ 从柴转汽

“海湖路加油站始建于2005年。当时，海湖路加油站对面是一个批发市场，周围全是村庄，现在已经开发成为了海湖新区。”西宁分公司纪委书记管海荣介绍说。作为当年海湖路加油站建设项目经理的他，见证了海湖路加油站一砖一瓦拔地而起，并最终成为青海石油最重要的汽油万吨站之一的全过程。

“海湖路加油站现场一直比较拥堵，来加油的多是对面批发市场进货的大车。2017年，由于城市规划，对面批发市场搬迁了。”当时，加油站站长李迎花非常担心加油站的油品销量会出现大幅度的下滑。但是，出乎李迎花的意料，进站加油的大货车虽然少了，但小汽车的数量开始不断增加。加油站现场虽然没有往日拥挤的场面，汽油的销量却开始大幅提高。

2018年，为了更好地服务广大客户，海湖路加油站进行了功能及形象改造工作。海湖路顺势而为只保留了2把柴油枪，剩下6台加油机全都改为了汽油枪。加油站改造后，可同时满足20辆车加油，日均可高效服务车辆2000台。

“站长，海湖路加油站的面貌焕然一新呀。高端大气上档次，烧水壶也换高级的过滤水壶了。这水喝着就是甜呢。以前加油排长队，现在基本上是随到随加。加油站改造之后加油的人怎么少了？”老顾客张师傅感慨道。

“其实，加油的顾客比原来多了一倍呢。虽然加油站现场没有那么拥挤和繁忙了，主要是因为加油机改为斜插式摆放，这样不仅便于加油顾客停车，而且便于顾客加完油后快速驶离加油站，真正实现了快进快出。所以，加油站现场好像就没那么多车了，但加油站的总体销量还是很大的哦。”站长笑着说。

➢ 抓住大客户

“站长，你总是往我公司跑，我也来加油站加油，体验一下你们的服务。在你这儿加油，真是又快又贴心。”实地考察了海湖路加油站现场的情况，刘经理做了一个决定，他经营的前进物流公司80%的车辆将定点在海湖路加油站加油。

海湖路加油站销量一路高歌猛进，其中公司大客户贡献了主要力量。目前，海湖路加油站有40~50个单位客户。海湖路加油站通过管理加油卡、提供细致的服务，锁定了公司客户。

物流公司是用油大户。为了吸引更多的物流公司办理加油卡成为公司客户定点在海湖路加油站加油，站长可是费了不少心思。

当时，为了让前进物流公司在海湖路定点加油，站长不知道去物流公司拜访了多少次。第一次，站长去拜访物流公司就吃了闭门羹。她在经理办公室外面等了1个多小时，结果刘经理说有事就匆匆离开了。第二天，站长又到物流公司外面等。这次终于见到刘经理了，还没等站长开口说话，刘经理让站长把加油卡的优惠手册放下就行，说他会考虑的。然后就石沉大海，杳无音信了。

当时正好临近中秋节，站长硬着头皮来到了物流公司。“刘经理，我这次带来好消息了。马上中秋节，你也要给员工发月饼吧。我们加油站刚好推出活动办理加油卡充值送月饼的活动，咱们公司用油量大，这送的月饼都够您给员工发福利了。”正在为中秋员工福利发愁的刘经理有点意外。他说：“大家都不大喜欢月饼了。这中秋福利真不好发呀。”“我们蛋糕店的购物卡，可以买月饼、面包、蛋糕，员工喜欢啥就买啥。”站长继续介绍道。站长还把加油卡后期的优惠政策详细介绍了一遍。

听了站长的优惠介绍，刘经理同意在海湖路加油站先办10张加油卡，试试看。通过一段时间的接触，前进物流公司刘经理感受到了海湖路加油站站长的热心服务。一旦加油卡有最新优惠活动，站长就会第一时间通知刘经理，帮他们争取到最大的优惠。有时候，物流公司业务比较忙，只要刘经理一个电话，加油站就会提供上门办卡、加油卡圈存等服务。之前，加油站和刘经理的物流公司签署了代保管协议。海湖路加油站的服务和信誉度，给刘经理留下了深刻的影响。合作一段时间后，由于使用加油卡享受的优惠，刘经理发现物流公司的用油量没有变化，但油费支出比办理加油卡之前减少了10%。后来，由于政策调整，加油站不允许代保管加油卡，刘经理就派专人和站长对接，保证加油卡的顺利使用。最终，刘经理把前进物流公司80%的车辆定点在海湖路加油站加油。

➤ 油卡引来新客户

开发客户，加油卡是最重要的营销手段之一。用加油卡锁定顾客，是海湖路加油站成功的秘诀。

教师节前夕，海湖路加油站推出了教师卡的优惠活动。站长叮嘱加油员："要把教师卡的营销活动给每个客户都解释到位。这位顾客不是老师，可能他的亲戚朋友、家人是老师。"

9月1日，看到加油站电子滚动屏幕的教师卡促销信息，住在海湖新区的青海大学老师加完油后前来咨询办理教师卡的手续。"在9月，只要持有教师资格证的人员都可以办理教师卡。教师卡可以享受一年的加油优惠，每升油可以优惠0.35元。如果召集五名老师，可以同时办理教师团购卡。在教师卡优惠的基础上，再享受一定的折扣。"加油员祁菊英向这名老师详细介绍了教师卡的优惠力度。

没过多久，这位青海大学的老师就带来四名同事找到祁菊英，五个人一块办理了教师团购卡。这让祁菊英非常惊喜，她还送给每位老师一瓶水，希望他们把海湖路加油站办理教师卡的消息发到朋友圈。这几位老师发朋友圈没多久，立即吸引了青海大学一批老师前来办理加油卡。

海湖路加油站尝到特殊营销的甜头，随后根据不同节日、不同消费群体每个季度都会推出针对不同群体的特殊营销。随着中国石化加油卡覆盖更广阔的人群，如何提高顾客使用加油卡的热情，享受更多加油卡带来的优惠，成为海湖路加油站另一个重点工作。

"您好！您是中国石化的老客户了吧。你加油卡的优惠钱包里面已经有1000多元了。"副站长牛旭东说。"是吗？我是很久以前就使用加油卡了，也一直在中国石化加油。这个优惠钱包也能用吗？"顾客王先生非常吃惊。"当然啦。你只要结账的时候，和加油员说一声使用优惠就行了。你看这次就算是免费加油了。”牛旭东补充道。

的确，很多顾客对加油卡的功能和APP使用不熟悉。虽然对于不敏感型顾客会有一些意外惊喜，但对于大多数顾客来说，如果介绍不详细、不耐心指导可能就会出现加油卡顾客流失的情况。

“我充了500元的加油卡，优惠的钱在哪呀？”“优惠钱包怎么使用？”面对顾客在使用加油卡过程中产生的任何问题，海湖路加油站的加油员们耐心解释，手把手一步一步教顾客如何在APP上使用加油卡优惠。通过加油员的共同努力，海湖路加油站的客户持卡率已经达到了55%。

“海湖路加油站的顾客群体比较大，数据多样。通过分析顾客的消费习惯，我们制定了各种各样的营销活动，并在西宁分公司其他加油站推广。”中国石化青海石油西宁分公司副经理李源东表示。

➢“开口亮声”服务

“车到人就到，枪枪能加油，服务有微笑。”

作为青海省汽油销量最大的站点，海湖路加油站每天为超过3000辆汽车提供油品服务。为了让进站客户感受到更好的服务体验，海湖路站开启了以外场“亮声”、内场“回应”、便利店服务为主要特色的“亮声服务”模式。

海湖路加油站开启的“三亮”服务，涵盖亮声、亮手势、亮引车到位。为做好现场服务，海湖路站在车辆进站口设置了A位引导员。车辆进站时，他会根据车型分析加油品号，亮声大喊“92号进车”“95号进车”“柴油车进站”，内场员工听到后会立即回应“收到！”

随即，空车位员工开始亮手势，单手握拳，举高手臂示意，让顾客在手势引导后明白加油位置，第一时间根据手势引导车辆到达空位加油机，大大提升了加油效率。

“您好，欢迎光临！”“慢走，欢迎下次光临！”一改往日员工不开口的习惯，现场员工的迎接和送别话术用语大声、清晰有感情，有问必答、有求必应，努力用优质的服务打动客户，赢得主动。通过强化“亮声服务”，把“您好”“欢迎光临”等服务用语大声喊出来，既可以让客户感受到热情和尊重，又强化了与客户之间的沟通联系，及时了解到对方的需求，第一时间为客户提供暖心服务。

在亮声服务过程中，海湖路站采取员工分班轮流担任A位引导员。在这个过程中，所有员工都能成为加油站的“主导员”，从而逐步增强员工的自信心。据站长介绍，亮声服务从8时30分持续到20时30分。在运行的几天时间内，在顾客们的赞许中，切实提升了员工的工作激情和动力。

在亮声服务中，通过引导员进站前的亮声，在大家齐声回答“收到”的回应声中得到了互动。在这一呼一应中，员工之间逐步形成了一种默契。

进站客户对“亮声服务”也从最开始的好奇，转变为现在的赞同和满意。“这种新颖的服务方式让我大开眼界，真正感受到了热情服务!”确实如此，“亮声”让客户进站时有了明确的方向，一改往日“找加油位”到现在的“一步到位”，有效改善了车辆的通过率，员工的精神面貌和工作热情明显提高，加油区现场服务和便利店销售业绩得到了显著提升。

“开口亮声”不仅能提升现场服务水平，而且能连接客户的购买需求点，从而打开加油站油品和非油创收创效之门。刚刚接任海湖路加油站站长职位一个月的肖启红表示：“下一步，海湖路加油站将以用户体验为中心，紧抓客户心理，摸准客户需求，有针对性地将热情营销与开口营销相结合，为客户提供标准化、个性化的优质服务。”

26

走近宝荷，打开宝盒

在深圳这样竞争异常激烈的区域，加油站面临着诸多极限挑战，中国石油宝荷加油站靠创新和服务成为优等生。

营销现场

宝荷的极限挑战

因地制宜、积极争取，种种创新举措使宝荷油站获得亮眼成绩。

文/赵　玥

先来看一组数据：截至2020年底，深圳汽车保有量353万辆，位居广东第一，在全国大中城市中名列第九位。同时，深圳每公里汽车密度超过510辆，排名全国第一。

不难想象，深圳已是国内外众多品牌加油站的必争之地。

位于深圳市龙岗区宝荷大道的中国石油宝荷加油站，地理位置并无先天优势，又遭受着新能源汽车和新冠疫情的夹击，却依然在极限挑战下突出重围：

2020年油品销量6992吨，同比增长16%；日均非油销售收入13138元，同比增长327%。

因地制宜、积极争取，种种创新举措使其获得亮眼成绩。

➢ 锁定高端客户

新能源的迅速发展，使得传统加油站已经无法忽视这一趋势。新能源汽车对加油站的冲击，在宝荷加油站可以窥见一斑。

“现在深圳的出租车越来越少，大部分是网约车，而网约车基本都是电动车。”中国石油深圳公司业务部经理李书敏介绍说。

资料显示，深圳目前实际运营的网约车平台有12家，有车证的网约车6万多辆。而根据近日深圳市发改委发布的《深圳市新能源汽车推广应用工作方案（2021~2025年）》通知，“十四五”期间，全市新增注册汽车（不包含置换更新）中新能源汽车比重达到60%左右，至2025年，全市新能源汽车保有量达到100万辆左右。

毫无疑问，这对于加油站业务的威胁巨大。

“在迎接新能源汽车挑战的同时，我们眼下还是要保证加油站效益，所以第一步是锁定客户，进行优化。”站长郝建虎说。

经过多次调研和讨论，他们决定把主要客户聚焦在私家车上，用高标号汽油提升量效。

据他介绍，宝荷加油站共有4台油机，24把油枪，其中92号油枪8把，95号和98号油枪各4把。然而，由于加油机相对老旧落后，一个面板只能控制一把枪，无法做到同个面板两枪同时加注，导致来站内加油的车辆一多，就显得异常拥挤。

“硬件设施跟不上，车辆一多就会排队，这样的效率车主肯定是不满意的，很容易流失客户。”

加油站占地面积1999.48平方米，郝建虎他们多次丈量，精心规划，利用油站空间位置对加油现场进行优化。首先，他们更换了4条95号汽油管，把原来的3米更换为4.5米和2条大流量柴油枪。再把地面加油车位由原来的8个增加到12个。这样，车辆进来有了足够的加油位和油枪。

现场优化了，服务速度也要跟上。“都说时间就是金钱，效率就是生命，有哪个顾客愿意排长队加油呢？”

加油站共有14名员工，郝建虎采用最基本的“大数据”进行排班。“我们对加油站加油的车持续观察，记录数据、优化排班，保现场高峰。”郝建虎从电脑里调出系统数据，展示给记者看，“通过我们的诊断，对1个月的数据进行分析，发现油站高峰时段为早7点到早9点、晚6点到晚8点半。”

统计好数据后，他们将原来的4班3倒，增设加油机动班和收银机动班。这样在车辆买单的同时，也能保证有加油员为新到车辆服务，合理指引车辆。

提高效率，减少排队，实现快进快出，给用户带来更好的加油体验。根据统计，通过优化现场，宝荷加油站95号汽油销量同比增长21%。

➢ 满足心理需求

采访当天，驾车进入宝荷加油站，马上就感受到它与众多加油站的不一样：油站进口处地势呈上坡，而非我们常见的平坦入口。

从地理位置上来说，宝荷加油站绝非得天独厚：它东邻龙岗区跨境电商，北邻宝荷大道，西面和南面紧邻山坡，周边无住宅小区。

由于入口即上坡，略显崎岖，过去曾引发一些车主的“抱怨”。怎样把私家车主吸引来加高标号汽油呢？加油站瞄准了广东人“讲彩头”的风俗习惯。

他们在进站处拉上显眼的大条横幅，上面写着“步步高升”，车辆一进来便能看到；加完油顺势出站，出口处的横幅上则写着“一路顺风”。

“上坡虽然不是非常方便，但取其‘步步高升’的好意头，很多私家车主就会觉得很吉利，反而不会抱怨坡口了。”郝建虎说，别小看这两条横幅8个大字，它给加油站带来了不少顾客的好评。

不仅如此，加油站还率先创新了“加油敲锣”的活动。记者在现场看到，有一位车主加98号汽油，加油完毕，员工递上锣鼓，只听到“咚”的一声锣响，前庭的员工齐声抱拳：“祝贺老板财源广进、生意兴隆！”车主喜气洋洋地留了一张影。他告诉记者，他是朋友介绍来的，就为了亲手敲一下锣。“这种活动在深圳其他加油站都没有，非常新鲜。”

加油站员工陈丽介绍说，这也是他们针对高端私家车客户设置的项目。在广东，敲锣有吉利的含义，尤其这里做生意的老板多，敲这么一下让他们精神通泰，心情舒朗。

这些极具地域特色的服务在别的地区未必行得通，而在广东则非常具有吸引力，宝荷加油站也成为独此一家。

通过贴心的现场服务，加油站打造出高级感的经营环境，营造热烈的加油氛围，吸引了更多高端客户并留住客户，让CN98增加更多的效益。

为了宣传高标号汽油，加油站想尽办法。走进站内，只见立柱、墙面上，都有超跑的广告；进入便利店，每一个商品柜台上也都有立体的超跑宣传图。

除此之外，为了保持客户新鲜感，加油站还推出加98号高标号汽油可免费抽取盲盒活动。

所谓盲盒，就是加油到一定量可以抽取奖品，最高奖可以免费加油等。这样，本来不固定的车主为了抽奖愿意多跑几趟，本来加少量油的顾客会为了抽奖加满油。

“我们这里加油站的竞争很激烈，几乎所有加油站都在搞活动。我们也在思考满足物质需求的同时要满足顾客的精神需求，这是最关键的。这一点，除了我们深圳还没有其他加油站能做到。”李书敏说。

这一系列尝试，不仅满足了车主的精神需求，也扭转了宝荷加油站在地理位置上的劣势。绑定周边汽油客户，提升车辆进站率及油非互动，并实现客户培育。通过98号营销活动带动高标号汽油销量同比增长21吨。

➢ 挖掘固定客户

由于周边没有住宅区，也没有商圈，来宝荷加油站的有30%属于“过路车”。

郝建虎坦言，他们最稀缺的就是固定客户。尤其2020年新冠疫情期间，过路车大幅减少，加油量陡然下降，对油站的量效有很大打击。

然而，市场没有借口。

为了寻找新的客户，郝建虎和其他管理人员主动拜访周边的工地和工厂，前前后后跑了45家。“一开始别人对我们不了解，有戒备心理，我们就多跑几次，找各种渠道和他们沟通。”郝建虎说。有时为了搞定一个客户，他们24小时随时待命，没有节假日，也没有上下班。

“深圳的老板都很拼，都是高强度，有时候晚上八九点还在工作。”郝建虎说。有一次他和一位老板约见面，对方因为太忙爽约了几次，从上午推到下午，从下午推到晚上，到了晚上九点多才空下来，郝建虎马上就去见面了。那位老板看他们态度非常诚恳，中国石油又是资质深厚的加油站，最终松口答应了合作。

宝荷加油站位于龙岗区正中高尔夫球场对面，周末打球人员较多。郝建虎意识到，这也是一个发掘固定客户的好机会。为了加大98号超级汽油的推广力度，引导顾客对“好车加好油，好油就在中国石油”的认知度，他们在去年第四季度开展了周六积分客户会员日，98号汽油积分会员享双倍积分促销活动。“打高尔夫球的顾客消费能力较高，讲究高品质，也讲究绿色环保。所以，我们利用这样的机会去推销，比较容易得到他们的认可。”通过开展为期40天的“加98号汽油送好礼”促销活动，95号和98号同比增量28000升。

在宝荷加油站，“人人都可以发掘客户”的思想深入人心。普通员工并不会认为发掘客户是领导班子的事，而是努力贡献自己的力量。“我们会启发员工发现潜在客户，加油时让他们留下客户联系方式，以备进一步开发。”

“一个关系活一片，一个朋友串一线”，这一套客户开发机制让宝荷加油站挺过新冠疫情。仅一年时间，宝荷加油站固定客户就得到了大力发展。度过一季度的疫情期，2020年他们成功开发了15家固定客户，如深圳地铁大宗采购的非油客户年消费6万元左右，柴油同比增加1205吨。

“现在我们的客户中有约20%~30%回头率，有些车主是特意从罗湖来这边加油。”陈丽说。

➢ 提升专业素养

在宝荷加油站附近5公里内，竞争对手高达9家，一些竞争对手时不时采取简单粗暴的降价促销，在李书敏眼里，这并非长远之计。

“一味地拼价格，既不利于市场发展，也不利于自身发展。客户的忠诚度除了要考验加油站的服务，还要考验是否专业。”

2020年，加油站通过多种渠道，开发了一家新客户——深圳市福鼎机械设备有限公司。这家公司专业做混凝土输送泵业务，共有26台车辆，年用油量达到700吨，是加油站的大客户。

2020年9月的一天，福鼎公司的老板突然给郝建虎打电话，语气颇为不悦："你们油站的油品内有水，我们的5台车辆在路上抛锚了，以前在别的地方加油从没遇到这样的情况！"

事态紧急！郝建虎立马对加油站的柴油罐进行检测，发现他们的油品没有问题。

问题出在哪里呢？郝建虎带着油站核算员赶到福鼎公司，希望能找出原因。半信半疑的老板安排该公司负责人到加油站，共同对柴油罐内的油品进行测水检验，经过再次检测，确定加油站的油品没有问题。

"要不，我们对所有车辆都检测一遍吧。"郝建虎带上试水膏，一一测试，共测出8辆油箱内有1~2毫米水高。他和维修人员观察一阵后，发现了问题症结：原来，由于那段时期深圳降雨较多，车辆加油时如有不慎，雨水便很容易顺势流进油箱，影响油品。

郝建虎和同事的专业赢得了对方的信任。为避免以后再出现类似情况，加油站提出几条预防的建议，老板当场给予了肯定。

"遇到问题一定不要躲避，也不要推诿，而是要利用我们的专业去解决问题，把损失降到最低。"通过这件事，老板认可了中国石油的服务态度和油品质量，决定以后所有车用润滑油、液压油、水箱宝等非油产品都在宝荷油站购买，到目前已采购18000元。

"我们把每次危机都当作一次宣传中国石油品牌的好机会！"随着市场竞争的日趋激烈，谁赢得顾客，谁就赢得市场，就能在市场竞争中立于不败之地。郝建虎认为，作为油站的经营和管理者，要有一定的分析市场和消费者的能力，细分客户群体，进行差异化经营策略，促销形式多样化，对固定的客户群体要进行定期拜访，挖掘潜在客户。抓住一些特殊的机会，加强宣传，提高中国石油在顾客心中的地位。

软实力制胜

员工的良好状态，是宝荷加油站制胜的软实力。

文/赵　玥

尽管竞争态势严峻，绩效考核重重，但宝荷加油站的员工更着眼顾客的长期培育。“我们做的不是一锤子买卖，只有用真诚换得顾客的信任，才能拥有忠诚度和黏性。”

➢ 定制服务

“真正优质的服务，不是我们提供什么顾客买什么，而是顾客需要什么我们提供什么。”

如今的加油站，油非互动、油非互促已成大势所趋。

陈丽说，服务顾客的重要一步，是引导顾客下车来、走进店。他们围绕客户需求，延伸服务内容，充分利用加油站区位优势，开展非油业务。

在加油站看来，要推销商品，就不能怕麻烦。他们往往是在和顾客的交流过程中，把便利店的商品销售出去。“有些顾客嫌整箱牛奶太多，怕喝不完，我们有时就把它拆开来销售，这样满足了部分客户的需求，也提高了便利店的销量。”

“现在我们便利店商品的品类有673种，未来还会不断增加。”李书敏介绍，他们的线上商城中还有更多商品，包括扫地机、冰箱等大小家电。

但真正体现加油站极致服务的是他们的定制服务。

李书敏说，有一位客户在他们这里加了很多次油，也因此积攒了大量积分。员工告诉他可以兑换商品，可他选来选去都没有中意的，最后表示想换一块名牌手表，而这个品牌的手表并不在加油站的商品品类里。加油站二话不说，订购了一块手表，扣除积分和税费，算好账给客户，客户痛痛快快地交钱购买了。

“过去，我们的加油积分总是送水、米、油这类商品，顾客就会没有新鲜感。如果兑换不到他真正想要的东西，他积攒积分就没有意义，以后也不会固定到你这里加油了，所以这种定制服务非常有效。”李书敏说。

这种灵活变通、为顾客真正着想的会员服务，让加油站赢得不少忠实顾客。

2021年，宝荷加油站在便利店内增加了现磨咖啡业务。试业当天，现磨咖啡就销售了81杯，得到了顾客的认可。“我们做过现场调查，在氤氲馥郁的咖啡香味中，顾客更愿意留在加油站，这样就有可能多卖出一份商品，吸引他们多加一次油。”郝建虎说。

为了更好地服务于顾客，加油站不断为顾客提供附加服务，如提供修车工具，雨季为顾客提供借伞服务，提供开水等等。不断丰富了加油站服务功能，拓展了加油站新业态，打造高价值的“人·车·生活”生态圈，培养顾客加油站消费意识。

疫情以来，为了提升油站汽油销量，油站还与车便捷公司洽谈合作，免费给油站提供洗车券1000张。

“通过洗车这样的配套服务，我们也吸引了不少新顾客。”郝建虎说，员工们一方面充分利用朋友圈、客户群宣传，一方面在现场向车主介绍，大力推广加注汽油满200元送洗车券活动。通过这一活动，促进了更多消费者进站加油和购物，实现了优势互补，客户共享的营销模式，达到油品与非油品共赢。

在加油站，员工们经常把“质量+服务=中国石油”挂在嘴边。郝建虎强调，首先要加强对员工服务意识的培养，要增强员工的危机意识，并逐渐提高员工的市场竞争意识，从“要我服务”向“我要服务”的转变。员工服务意识提高了，以顾客为导向的服务运作链才能得以发挥，以客为尊，使得顾客有了尊贵感，有了宾至如归的感受。“服务就是经营，服务就是效益。”

➤ 激发员工

员工是加油站的主要组成部分，是油站平稳运营的前提，也是开展工作的前提。

面对近年来的一系列变化与挑战，加油站越发意识到，市场情况变化和顾客的消费习惯他们无法控制，加油站唯一的出路就是改变自己。

为了激发员工的积极性，他们举办了劳动竞赛活动。“比”就是比销量，班组之间进行销量比拼，班组内部进行销量比拼，每月评选“服务之星”。

加油站以督导改变自身“不敢开口、不愿开口、不想开口”的问题。开口营销以陈丽为榜样，号召全体员工学习她的销售技巧和沟通表达能力，在和顾客的交流过程中，鼓励员工抓住时机对顾客开口营销。

“推销是有诀窍的。”陈丽向同事们传授经验：比如男性顾客来加油，你跟他说可以换多少积分，对他而言是很模糊的概念。如果你告诉他，加完油可以换某种商品，“你爱人一定会满意”！那就很容易说服他。

这种一对一的帮扶和培训，很快就带动了其他员工，形成了“人人开口，人人推销”的良好氛围。

作为站长，郝建虎肩上的担子不轻。他经常与员工谈心谈话，结合员工的实际问题进行有针对性的培训，内容包括安全管理、现场服务、开口营销，要保证提升落后员工的业务技能水平。

多劳多得是加油站一以贯之的准则。

“我们注重发挥薪酬和绩效考核的激励和引导作用，将公司开展的劳动竞赛的奖励情况和销售计划讲解给员工知晓，用好多劳多得的销售机制，带领全体员工在做好现场服务的基础上，开发维护客户和开口营销，帮助员工实现创效增收。”郝建虎开玩笑说，他最高兴的就是看到员工拿到的薪水比他还高，因为那意味着加油站的业绩提升了。

加油站通过制定班组目标，相互竞争比赛，利用劳动竞赛活动多劳多得的分配机制，调动员工主动销售积极性，2020年非油日均9733元，同比日均增长5585元。

另外，加油站也注重对员工的专业培训，对员工的服务进行精细化、量化、规范化。紧紧抓住公司开展职业技能鉴定和劳动竞赛活动的契机，对员工进行岗位练兵，提升服务水平。要求员工高标准、规范化做好加油服务“十三步”曲和收银“六步曲”，并且对每一个步骤的用时进行量化、动作精细化，做到微笑服务、礼仪服务、用心服务。让顾客从加油员熟练的操作、规范的动作上看到员工、加油站的服务水平。

“喊破嗓子，不如做出样子。”2020年，郝建虎带领领导班子，通过开展

"战严冬、转观念、勇担当、上台阶"主题教育活动，强化了全员节约意识。

为了提升油站的整体形象和顾客的满意度，全体员工利用休息时间，由站经理带队通过半个月的时间对油站周边的杂草进行清理，围墙粉刷、地面划线。"我们自己动手，维修费同比减少6万元左右。节约一切可以节约的成本，油站效益实现最大化，员工也更加体会到油站就是家的概念。"

一直以来，宝荷加油站在不断地摸索和探讨新的服务模式。自从2020年开展高标号汽油营销创新创效以来，全体员工不断创新工作方法，始终保持班前培训、班中监督、班后总结。2020年油品MMP检查平均得分为96.33分，非油MMP检查平均得分为98分，2020年获得省公司3次奖励。

➤ 高效合作

在深圳这块市场上，不仅有各家加油站的竞争，也有第三方平台的竞争。

曾经，在追求量的巨大压力下，无论是三桶油，还是外企、民企加油站，都对第三方平台敞开大门。

"最初合作时，我们经验不丰富，会随着第三方平台的节奏走。但后来发现，这不利于我们的提质增效。"李书敏进一步解释说，一开始为了增加加油量，他们同时和两三家平台合作，看似量增加了，但会员都间接让给了这些平台，还把价格市场搞乱了。

"这样被他们牵着鼻子走，长此以往受到损失的肯定是我们。"今年，深圳公司的加油站采取了新的模式：不再采取"广撒网"的形式，以前合作的第三方平台互相竞争，在保证量效的前提下才签订合同，进行合作。

"我们始终是以很开放的心态拥抱市场和其他企业，但也在合作的过程中学习，吸取经验。"

一段时间以来，互联网企业对于下游领域总是跃跃欲试，但开放合作极为成功的案例甚少。在加油站看来，其中一个重要原因在于双方的盈利模式不一样。"深圳经济发达，观念新潮，第三方平台一下子就遍地开花，到处和加油站合作，看似利好。"李书敏说，但他们很快意识到，这些互联网企业的盈利模式是做规模、做数据，他们背后往往有巨额投资，资本雄厚，可以烧钱，而加油站不能，加油站需要开放合作，但又不能完全按照对方的节奏走。

“我们要长远发展，最终还是要回归到自己的客户，把客户抓到自己手上。”也因为如此，他们不会为一时的数据增长盲目地进行合作。

高效竞争，高效合作，成为深圳公司下辖加油站的统一思路。

“我们当前要做的是，不去跟对手拼价格。”李书敏用一个事例来说明这种竞合关系。

有一次，附近的一家油站扛不住业绩压力，开始用降价吸引顾客。

我们要跟吗？李书敏他们多方探讨，最终决定不降价。相反，他还每天统计数据，找到对方，算账给他看。“我把我们油站每天的量算给他看，数据最直观，直降油价不如换成积分，他们一味地打价格战，最终从效益上来说未必能赢过我们。”

一段时间后，对方油站在他们不断的数据“攻势”下终于妥协，停下了价格战。李书敏表示，他们更愿意维持一个长远的、健康的市场环境和合作氛围。下一步，他们将继续探索怎样和竞争对手、互联网企业进一步加强合作，实现真正的双赢。

“时不我待”，这句话屡次出现在郝建虎以及他的同事的嘴里，这也是深圳——这个改革开放最前沿城市的鲜明注脚。在郝建虎看来，宝荷加油站要继续竞争发展，就要有开拓创新，有与时俱进的精神，以不断适应各个不同时期市场对加油站所提出的要求。

27

“阳光”，挡在风雨前

2020年，在新冠肺炎疫情的肆虐中，诞生了一座英雄的城市、一个个英雄的加油站。

对中海油华东销售湖北公司阳光加油站来说，疫情终将成为历史，荣誉也会留给过去。继续保持万吨站并持续提升销量，发扬英雄的抗疫精神，阳光站的下一站仍然阳光！

营销现场

守护阳光，守护你

疫情风暴和市场不利因素的影响，都没能阻止阳光站绽放万吨站风采。

文／郑　丹

到达武汉的那天晚上，春雨沥沥中，走在汉口有名的松源路小吃街上，两旁餐馆林立，美食飘香，熙熙攘攘的人流摩肩接踵，没有被丝丝的小雨影响到出行一览美食的兴致，恰是一幅雨中的人间烟火图……

武汉，这座英雄的城市“疫”后重生，几乎不见了疫情的阴霾。

“疫情后基本上恢复正常了。”中海油华东销售湖北公司（以下简称湖北公司）零管部副经理、阳光加油站原站长白登文说。

经历了疫情风暴的阳光站，也看似一切如常。

2020年，阳光站销量仍然保持万吨，并且连续3年稳居万吨站行列。

然而，白登文和阳光站的员工更为清楚，在武汉遭遇疫情的这一年中，阳光站是如何一面全力抗疫，一面保障疫情所需和社会供应，一面力保油站销量不掉下万吨的。

➢ 疫情突发

“我回不去了。现在这个情况，还不知道什么时候回去。”

“没关系，保护好自己，等你来娶我。”

2020年1月28日大年初四，妻子在视频中微笑着对白登文说。按照原计划，这天他们俩应该在湖北洪湖老家办婚宴。可是当天，他一直在加油站里忙得脚不沾地。

坐在记者面前，这位获得“全国抗击新冠肺炎疫情先进个人”“全国优秀共产党员”称号的抗疫英雄真的让人感觉非常沉稳、平和，仿佛找不到疫情风暴在他身上留下的痕迹。当他讲述和阳光加油站员工在惊心动魄的疫情中的经历时，更加让人感觉到他的谦逊和低调。

白登文任站长的阳光加油站地处武汉市吴家山地区，该地区是武汉市物流的集散地，所有进出武汉的物资运输车辆都要在这附近加油。

2020年1月23日，武汉封城。

“我离开加油站的时候是上午10点，那时一队队的车辆正在站内排队加油。”因为妈妈发烧了，阳光站出纳叶姗姗在封城前最后一刻离开加油站。而那时的她和许多人一样，还不知道这场疫情最终会演变成一场声势浩大的全国范围内的抗疫战争。

“1月23日半夜2点，我们就看到封城的消息了。虽然一晚上也没怎么睡觉，但说实话大家都没有太在意。”白登文说。

当天早上7点，阳光加油站正常交接班。

“那时的车流量非常大，大部分人都要加了油赶在10点封城之前出去。虽然来加油的人们是很慌张的，但我们的员工都像往常一样地在加油。”白登文说。

看到员工们提枪加油忙得不停，白登文马上到现场去帮忙。阳光加油站平时也是这样，员工忙不过来的时候管理人员都会去协助加油。

“一直在那儿加油，把那一阵子忙完了，突然发现到中午了。”白登文说。

“站长，我回老家的车票都订好了。”阳光站便利店主管董存说。当时已经封城了，她虽然不能出城，但她的家就在与阳光站一墙之隔的地方。她的两个孩子大的9岁、小的7岁，从来没有长时间和她分开过。

留在加油站的员工中，有好几位都是小孩子的妈妈。于是，白登文把她们叫到一起。

“我们是国有企业，越是在这种时刻越要负起责任。”

国有企业，关键时刻要负起责任。这句话让董存心里一下子明亮起来。“不能让白站长一个人守在这儿，我想那个时候即使我能回家在家里也坐不住。”董存说。

1月27日大年初三，中国海油集团总部快速反应，集团党组书记、董事长汪东进主持召开集团公司党组会，同时召开中国海油新型感染肺炎疫情防控工作领导小组第一次会议。强调坚决贯彻落实党中央决策部署，为打赢疫情防控阻击战贡献中国海油力量。

不管封城多长时间，坚守油站，履行央企保供责任，成为白登文和员工们必然的选择、无悔的选择。

➤ 坚守油站

白登文是长江大学石油工程学院2013级硕士研究生，2016年硕士毕业后进入湖北公司加油站工作。2019年1月1日，他被任命为阳光加油站站长。

“那时来加油站的车辆，白站长能给加油的就不让我们加。”这是疫情期间，白站长给董存留下印象最深的事。“而且，他经常晚上也不怎么睡觉，第二天一早又开始工作。”

为了让家里有小孩的员工安心工作，白登文主动负责起去超市帮她们给孩子买奶嘴、奶粉、尿不湿的工作。驻站员工都主动表示会安心地留下来，帮白站长把工作做好。

疫情肆虐中，不计其数的逆行者书写了人间大爱的最美故事。在阳光加油站，也有一位逆行者——阳光站后备站长万美循。这位武汉本地的“90后”让白登文觉得“这个小兄弟确实非常不一般，了不起”。

封城前一个星期，万美循被派往荆州一个高速路上的加油站帮忙。按照原定安排，1月23日他就可以回家过年了。当天，他坐火车回到汉口。那时，整个火车站内都是离汉的人群，他成为唯一一个出站的人。然而，出了站，他却没有回到武汉的家，而是返回了加油站。

“我都没有想到他回来了。”白登文说。

回到油站后，万美循和留在站里的员工一起坚守了76天，给车辆加油、给兄弟单位送物资、给雷神山送油……

封城期间，一辆“特殊”的小汽车总是出现在加油站，车上“方舱医院临时车”几个大字让董存和同事们觉得好奇又害怕。经过询问才知道司机是方舱医院的志愿者，帮忙搭载村子里的新冠患者，现在家里回不去了，实在是没有住的地方了。

了解情况后，白登文主动上前，先是把自己的车位让给了志愿者，又叮嘱董存和员工们要尽可能给志愿者提供便利。

就这样，几乎每晚这辆小汽车都会出现，很晚才来，很早就走。

除了留车位，董存还为这位志愿者送热水、偶尔和他聊聊天，他也来便利店消费，帮忙解决了额温枪的燃眉之急……

封城结束后，这位志愿者特意回到阳光加油站充值了5000元的海油卡，表达了对阳光站给他“临时之家”的感激之情。

虽然疫情使人与人隔离起来，但却阻不断人间大爱。

“你们有没有东西吃？”“你们需不需要青菜？”许多河南、山东来武汉运送防疫物资的车辆来到阳光站加油时，司机们都关心地问。

“他们经常主动把一些花生、土豆、蔬菜等留给我们，附近村子里的村民也经常给我们送一些蔬菜，湖北公司也给我们的员工提供了很多生活物资。”白登文说。全国各地都在支援他们，这是白登文和员工们感到非常高兴的一件事。

为了营造安全欢乐的氛围，白登文每天变着法子让大家保持轻松的心情。

每天，他会在群里就“想吃什么”征求大家的意见。大年初二，他带着大家一起包饺子。“加油站俨然成了大家的家，被困的心情已经被坚守的责任所取代。”万美循说。

疫情期间，之前只会煮面条的白登文还学会了炸花生米。除夕那天，几个员工去外面挖了野菜，有荠菜、上海青，白登文和他们一起准备年夜饭，一共准备了六七个菜。这让在家过节的叶姗姗非常羡慕，“我在家吃的年夜饭都是萝卜和白菜这样比较简单的，看到他们有这么多好吃的，真不错！”

董存、万美循、王盼、聂慧……76天的坚守，这些员工让白登文感受到了乐观和力量。

“一线员工是最伟大的，他们的力量是非常强大的，我只是带着他们一起去做一些事情。”白登文说。

1月23日至4月8日，在封城的那段日子里，白登文和8名员工连续坚守油站76天，成为武汉这座“英雄城市”中的英雄。

“封城结束后回到油站，我看到白站长的头发又掉了不少，他以前头发没有这么白……”叶姗姗忍不住笑着说。

➤ 不惧危难

平时，春节期间，位于武汉市东西湖区107国道出城方向的阳光站经常是车来车往的。

封城后，一夜之间，油站四周寂静无声，人烟稀少。

虽然每天在家里面，但叶姗姗醒来后第一时间就要看看手机上的疫情实时通报。“因为他们在站里坚守，很担心他们。”她说。

“其实，刚开始时还没有那么恐慌，我们只知道要去买些口罩。后几天，确诊病例的数据每天都在增加，我们才真正开始恐慌了。”董存说。“来加油的车主也恐慌。有人把加油卡包着好几层纸递给我，有的把车停得老远人也不下车。我说你不用下车，你就坐在车上，我拿着POS机给你扫码……”

在董存的记忆里，最恐慌的一次是，“我和白站长去离阳光站最近的中百超市给油站采购物资，10公里的路上一辆车都没见到。坐在车上，我哭了，有一种压力和恐怖的感觉，不知道是不是死亡明天就要来了。”

即使这样，阳光加油站的员工还是像平日一样保持24小时营业、便利店不打烊，加油车辆随到随加。

为了保障加油站员工的个人安全，疫情初期，早在1月20日，阳光站就从药店抢购了一批口罩发给驻站的员工。疫情期间，每天除了加油的班次之外，还安排了各个区负责消毒的人员，每隔一段时间就给员工们测量体温。站里还给所有员工发了防护服。

“初期，大家还是比较担心，但是我们根据公司的安排落实了疫情防控的各项要求。员工们虽然还是感觉有些害怕，但是他们在做好个人防护的同时都坚守在岗位上。”白登文说。

1月28日，湖北公司得到消息，雷神山医院因电线线路没有架到位，工地上暂时只能靠柴油发电机发电，工地周围的油库因疫情暂时封闭，柴油供应紧张。

阳光站是中国海油离雷神山工地最近的加油站。1月30日至2月1日，白登文带领几名员工3次为雷神山工地累计运送15吨柴油，为工地前期的电力供应保障做出了重大贡献。

“当时，雷神山工地是一天一个样。前两次去送油的时候，车都能够无障碍地进入工地开到卸油点。第3次送油的时候，工地里面的板房快建成了，各种车辆把场地里面塞得满满的，进不去的车在外面的路边排了有两三公里。当时正值中午，跟着排队的话，估计到晚上10点也不一定能进去。”白登文说。

他和员工们决定把车停在外围，用油桶把油提过去。他们3个人一人手提2个20升的油桶往来于油罐车和卸油点之间。来回两公里的路，他们一口气往返了25趟，在6小时内硬是用小油桶把3吨柴油运送到卸油点，施工单位的负责人和现场施工人员都连连称赞他们。

疫情期间，兄弟油站急需防疫物资。阳光站的中心仓平时就负责湖北公司所有加油站的物资配送。疫情当前，更是义不容辞。然而，封城期间，武汉市只允许运送物资的车辆通行。如何把防疫物资尽快送给兄弟油站，白登文和阳光加油站员工急在心上。正好董存家有一辆小货车，她的老公就开车带着白登文和几名员工一趟又一趟地跑在给兄弟油站送物资的路上。

2月1日，武汉封城仅过了一周，由阳光站员工自发组成的防疫物资运送小分队在多地封城的情况下，连续10日马不停蹄，9个城市、44个站点，前后跑了3000余公里，将防疫物资及时分送给兄弟站点，确保了疫情防控物资保障到位。

在白登文看来，平常工作中长期积累的一种责任感和工作习惯，让阳光加油站这个集体在危急关头能够撇下生死、不计得失。

➢ 保住万吨

疫情，对阳光加油站来说，意味着油品销量几乎一夜之间"清零"。

"虽然24小时我们都在营业，但是，封城后的一段时间根本没有几辆来加油的车。"董存说。

"封城的那几天我们一天就卖了1～2吨油。解封了之后，虽然销量慢慢回升了，但是到6、7月份也没有恢复到2019年时的销量。"叶姗姗说。

2020年4月8日，离汉通道开启。长达76天的封城，致使昔日这座晴川历历、芳草萋萋的名城百业凋零，经济萧条。

虽然完成了社会保供任务，然而，国际油价断崖式下跌、成品油价格触摸地板价、竞争对手无底线的降价促销、突然被抢占的市场份额，让阳光加油站猝不及防。比起2019年，员工们有时都不敢往下想了。

"我们站油品销售最好的时候是2019年白站长来的那一年，日销量从2018年的30多吨上涨到每天40多吨。"叶姗姗说。

谈起新官上任一年就取得的这个成绩，白登文非常谦逊。在他看来，这是许多因素促成的。

2019年，在武汉世界军运会前，武汉市的私人加油点被集中清理，同时阳光站推出的促销活动以及一些柴油大客户的支撑带动了年度销量同比增长34%。"油品销量最高的一天大概在60吨左右。"白登文说。

2020年，摆在白登文面前的是一个难以预估和不容乐观的年度业绩。

只剩下9个月的时间了，阳光加油站能否经受住这场考验，在疫情防控和低油价挑战的连续冲击之下，守住万吨站的目标？

困难重重！

然而，面对中海油华东销售"努力实现万吨站的销售目标"的任务，阳光加油站必须锚定目标任务不动摇，用干劲、冲劲和激情在风暴后绽放阳光。

风雨后，如何重现阳光？

白登文给员工们分析了市场形势。在疫情之外，存在着另外一些影响油品销量的原因。比如，军运会结束了，私人加油车重新出现；私人加油站柴油的价格低，每升能优惠1.4～1.5元，而阳光站最多每升优惠几毛钱。

“站长对我们说，要尽量去维护和发展一些大客户，用油品质量好、服务好和提供增值服务去稳定住他们。”叶姗姗说。

盯紧任何一个机会，不放过任何一个潜在的客户。

“来我们站加油的柴油车比较多，只要是没有在我们这里办卡的顾客，我们都会去问一下，看有没有机会发展成我们的海油卡客户。”叶姗姗说。

为了将疫情影响降至最低，武汉解封以后，阳光加油站青年先锋队发挥先进带动作用。他们上班时间坚持做好开口营销，主动服务顾客；下班时间在家附近发宣传单，提高阳光加油站的进站率。他们还对以往的顾客进行全面梳理和逐一拜访，主动出击寻找目标客户，促进销量回升。

为了让来阳光加油站的大车司机晚上能睡个好觉，青年先锋队成立了“司机之家”，24小时提供住宿场所，扩大非油品多达1600种，增加生活用品种类，冬备热咖啡、夏送酸梅汤。越来越多的司机开始认可阳光站，说在阳光站加油有一种“回家的感觉”。点滴关怀创造效益。自“司机之家”成立以来，阳光站油品销量每月最高时能达到991吨，比活动开展前增长了18%。

武汉封城令解除初期，很多企业想尽快复工复产，却受制于一些物资供应不能马上跟上。

白登文注意到，有一个不是他们客户的物流车队在微信上发了一条消息说急需车用尿素，就第一时间跟车队联系说可以供货。

“其实，我们当时也没有多少存货了。封城封了76天，没有进货的渠道。封城之前留的一两百箱基本上也已经卖完了。”白登文说。

机不可失，时不再来。白登文感觉一定要抓住这个机会。于是，他迅速联系公司，买到了车队所需的尿素。接下来，他马上制定了一个最优方案发给客户，问他们愿不愿意把加油点也定在阳光加油站。

阳光加油站的油品质量好、服务快捷、增值服务吸引人，加上白登文的诚意，车队同意先调7、8辆车来站里加油。

“我们又通过财务与这个客户进行对接，跟他讲对他实行‘一客一策’，解决了他不愿意费时、费事去做的事，还帮助他降低了人力成本。”白登文说。

在合作了半个月之后，这个车队终于成为阳光加油站的机构客户，每月加油量达到130吨。

5月和6月，这个客户和他带动的柴油销量就达到了每月200吨。

➢ 绽放阳光

2020年6月26日，员工们的白站长一拖再拖的婚礼终于举行了！

“很早我们就知道白站长要结婚，而且是他准备了好久的婚礼，可当我们要去参加婚礼的时候突然遇到了疫情……”董存说。

员工们都由衷地为和他们一起经历过生死考验的白站长高兴。

2020年9月8日，全国抗击新冠肺炎疫情表彰大会在北京人民大会堂举行，白登文获评“全国抗击新冠肺炎疫情先进个人”“全国优秀共产党员”。

“阳光站是我们的第一个加油站，从成立起到现在7年的时间里，零售销量从当初的年3000多吨到现在超过10万吨，实属不易。”湖北公司零管部经理王定华表示。

“爱国、担当、奋斗、创新”是新时代的海油精神。疫情中，白登文带领阳光加油站员工为这种精神做出了最佳诠释。

回望阳光站的万吨站历程——

2018年，成为万吨站，油品年销量10080吨；

2019年，油品年销量同比上涨34%达到13500吨，非油品销售额290万元，同比增长36%；

2020年，全年油品销量10800吨，与2018年持平，仅比2019年下降了20%。

阳光总在风雨后！

2020年，白登文带领全体员工守护住了阳光站，成功打造了油品销量过万吨、累积海油卡顾客超万人、非油品销量过百万的“三万站”，成为湖北省51座中国海油加油站的油品销量冠军。

“你获奖的照片可以挂在这里，这不仅仅是你个人的荣誉，而且是我们集体的荣誉。”在阳光加油站一层站长办公室，中海油华东销售党委副书记、工会主席彭涛对白登文说。

此时，白登文还是那么谦逊。

2021年5月，白登文上任湖北公司零管部副经理，张力来到这个英雄加油站担任第3任站长。1996年生人的他是阳光加油站历史上最年轻的站长。

面对新的工作和任务，张力带着年轻人的朝气和自信。“年轻人要不就不干，要干就把它干好。”他说。

接下来，阳光加油站会根据中海油加油站VI3.0计划进行相应改造，并且把油品年销量“2万吨”作为奋斗目标。对于阳光站的未来，无论从销量的提升还是员工的管理方面，张力已经有了一些想法和规划。“我们都会以白站长为榜样，去学习他的精神，把我们的工作做得更好。”他说。

继续保持万吨站并持续提升销量，发扬英雄的抗疫精神，阳光站的下一站仍然阳光！

管理秘笈

让工作充满阳光

一个充满阳光和干劲的团队，在市场、服务、管理方面深挖潜、促销量。

文/郑　丹

也许从来没有什么岁月静好，只不过是有人在为你负重前行。

白登文从北京人民大会堂参加颁奖仪式回来之后，集团公司的媒体记者问中海油华东销售湖北公司（以下简称湖北公司）零管部经理王定华：白登文这个人物产生的土壤是什么？

“这是一种精神，我们湖北公司从创立开始就强调的一种狼性文化，就是经营要‘争夺抢’、管理要‘盯关跟’。在这种文化贯穿下，我们向市场要销量，向服务要销量，向管理要销量。”作为湖北公司和阳光加油站从零做起发展至今的亲历者，王定华有几多感慨。

2014年5月28日，阳光加油站投运。

通过7年的运营，秉持着“争夺抢、盯关跟”的“六字真经”，向市场要销量，向服务要销量，向管理要销量，阳光站不仅成为湖北公司的首个万吨站，而且成为首个“三万”加油站——年销售油品万吨、非油收入百万元、海油卡3万张。

也许从来没有什么天生的万吨站，只不过是有一群为之奋斗不止的人。

➤ 向市场要销量

在阳光加油站，记者看到一辆车身很长的大型物流车正在加油，车身上有“天地华宇”四个字。

“这是一个国营物流公司，是我们的大客户，和我们保持了有4、5年的合作关系了。”中海油华东销售湖北公司零管部副经理、阳光加油站原站长白登文说。占地13亩（8671平方米）的阳光站被他称为“巨无霸加油站”，能让车身13米长的车辆在站内来去自如。

这样的大客户还有九州通物流公司。

“大客户是提升销量的主要手段。阳光加油站的大客户开发维护做得很到位，作为万吨站，它的成长也与大客户息息相关。”王定华表示。

建站初期，阳光加油站就在大客户开发方面开动脑筋。经过调研，他们决定找一个亮点即一个龙头企业。幸运的是，他们找到了九州通物流公司。这是一个医药物流上市公司，更为耀眼的是这个企业还是湖北民营企业的龙头，在湖北省具有很高的知名度和影响力。而且，这个企业就在阳光站附近。于是，他们当时花了很长的时间和精力把这个客户搞定了。

“一个月的加油量大概在30吨到40吨。”白登文说，“从我的前任开始到我这一任，再到我的下一任，我们一直维持了非常好的合作关系。”

九州通物流被阳光加油站称为“中流砥柱”，因为这个公司的车一停在阳光站就相当于给阳光站做了一次广告。

“这个客户发挥了一种带动效应，他们有100多辆车，上面有‘九州通’几个字。很多物流车一看，湖北省最大民营企业的车都在阳光加油站加油，就跟过来了。”王定华说。

大客户，抓龙头，品牌效应顿显，这是阳光加油站的成功经营方略之一。

阳光加油站的另一个经营方略是“8”系列会员营销。

常人眼中，8是个吉利数字。阳光站的优惠就把每个月的“8、18、28”三天悉数用上了。每月逢8日，海油卡充值1000元赠送50元便利店抵用券；每月18日，同时开展汽油会员日活动，每升直降0.88元。一句话，充值就送，以此锁定客户。

“每个月的18日是湖北公司加油站的会员日，8、18、28日都是充值日。我们希望顾客逢8就来。”王定华说。“8”系列会员营销最终要达到的目的是，“形成一条龙式的闭环营销——从顾客办理海油卡，到来加油站充值，到消费优惠券，最终达到油非互动。”他说。

为了让站内的非油商品更加吸引顾客，阳光加油站注重创新非油经营，便利店非油商品多达1600种，每年开展非油陈列活动，并且保持常新常变，以提升顾客的体验感。

在便利店内，记者看到店内专门设立了几个非油专柜，有汽服、苏泊尔、张小泉、粮油、冷饮等。

“这两年，我们引进了两大品牌——苏泊尔、张小泉。为什么？”王定华说，“因为考虑到顾客加油后会来便利店消费礼券，如果每次都来买吃的，也许他们会觉得没有新鲜感。所以，我们丰富了非油商品品类，不仅让顾客的选择更多，同时引入像百年老店张小泉这样的品牌入驻也提升了便利店的档次。”

➢ 向服务要销量

在阳光加油站对面，矗立着一座道达尔加油站；距离阳光加油站1000米以内还有两座加油站——中国石化康富加油站和中国油联三农加油站。

“我们对标的是道达尔和壳牌。目前，湖北市场上壳牌的加油站特别少，但是道达尔的加油站特别多，我们经常会学习他们的经验，如服务、场地建设、硬件的设备设施等。”白登文表示。

两年前，白登文曾在浙江的壳牌加油站学习过一段时间。给他印象最深的是一线员工的精神状态好、员工年轻。

“你能感受到他们员工的服务是真诚的、发自内心的。”他说。

所以，作为站长，他非常注重培养阳光加油站的员工用发自内心的真诚来为每一位顾客提供优质服务。

当客户来到阳光加油站，员工们会做好“加油六步曲”，保证加油快捷；站内提供的擦车和送水等增值服务有效提升了顾客体验。特别是针对柴油大客户多的情况，他们创新提出了“一客一策”方案。

何谓“一客一策”？

“我们致力于在财务方面为客户做好后勤服务。我们能够提供每一个大客户在阳光站的消费明细，而且会安排专人和客户对账；分析客户的实际用油情况，尽可能地为客户提出节约成本的方案；当客户在我们站达到一定加油量的时候，我们还会根据情况重新拟定合同，给出更加优惠的促销方式。”白登文表示。

实践证明，“一客一策”已经成为阳光加油站为客户所青睐的特色之一。

“阳光站作为中国海油在湖北地区的首个加油站，开始有很多客户对我们的品牌认知度和信任度还不是那么高。现在，通过与客户形成很好的合作关系，客户对我们的信任感增强了。”白登文高兴地说。

在重服务，抓质量，对标国外同行先进水平的过程中，阳光加油站强化了一线员工的服务意识，员工开口营销水平也进一步获得提升。

在阳光加油站，优质服务已经成为油站的一块招牌。谈及经验，可以用四个字概括——常抓不懈。

“我在这个行业15年了，对加油站行业来说，除了产品就是服务。我们的油品质量没有问题，所以比拼的就是服务了。”王定华表示。

根据湖北公司的要求，公司所有加油站坚持开展优质服务月（日）活动。每年3月的优质服务月活动主题紧扣服务提升、形式变幻多样，迄今已持续开展6届。2021年的主题是“蓝天碧海、快乐加油”，主题中巧妙地蕴含着“海”“油”两个字。另外，每月的18日和19日被定为优质服务日。

“我们的服务工作不是一阵风式地抓一下抓一阵子，而是连续的和一脉相承的。我们要在员工脑海里留下一个印记，一整年都要注重关心服务、提升服务。”王定华说。

经过持续的努力，近年来，在“神秘顾客”检查中，阳光加油站位列湖北公司、中海油华东销售和集团炼化公司前列。

➢ 向管理要销量

每天清晨，白登文起床后的第一件事就是从加油站的二楼看一看楼下的油站，然后带着充满阳光的心情开始一天的工作。

“以站为家，湖北公司的大部分站长都是这样。”白登文表示。

以站为家，阳光加油站的员工也是如此，全力做好自己能做的、该做的，共同把万吨油站建设得更好。

坚持打造“家文化”团队，倡导以站为家的工作理念，依靠团队、不单兵作战，成为阳光加油站的管理特色。在疫情暴发前，站里定期组织员工聚餐、举办运动会，不仅丰富了员工的业余生活，还加强的团队的凝聚力、向心力。

作为站长，白登文把阳光加油站的人员岗位职责划分得非常清晰。“大家各司其职，每一块的工作都有专人去负责和处理，这样有利于高效地开展各自的工作”。

阳光加油站的主要岗位职责分为中心仓、便利店和加油几个部分。

“阳光站的员工都是全能型的，上得了油罐车下得了操作井，每周还有一天要负责加油站的伙食。”董存笑称。从一开始接手便利店到成为便利店主管，她没数过自己搬过多少个箱子，码过多少商品，只记得当初盘点的时候每天要盘到凌晨一两点。

“平时主要是负责工服、台账、设备设施的管理，2020年疫情后还加了防疫物资（口罩、防护服、手套）。”阳光站中心仓主管袁嘉慧说。平时，兄弟油站向湖北公司发出申请，批复之后，中心仓会按公司批复把物资邮寄给他们。

“中心仓的工作也非常辛苦。”董存说，“袁嘉慧干的都是体力活，便利店进货了还会帮我搬货。你看她的手都变得好粗糙。”

封城之前，袁嘉慧按照休假安排已经离站回家了，“所有工作都是白站长和驻站员工做的。”她说。所以，武汉一解封，她就回来了，因为她知道站里需要她。

员工把油站当作家，白登文也把员工们当作家人来对待，这也是他带员工的心得。

在员工们眼里，白登文像一个大家长一样。因此，工作中有什么困难和想法，员工们都会找他商量。这也是白登文所希望的，和员工建立一种非常和谐的工作关系。

“同级也好，上下级也好，能够保持正常的、很普通的一种交流。大家都是平等地一起去开展一项工作，不是说我给你安排了工作，员工去干我看着。”白登文说，“另外，我强调做任何事情，管理人员都是带着一个团队去做，以团队的形式来开展工作。”

有了这样的“家文化”，团队协作，阳光站所以充满阳光，能够直面任何挑战和困难。

“这是我们站的培训教室，蛮大的。这台加油机是真机，员工们可以在这里进行实操训练。”现任阳光加油站站长张力介绍说。

2018～2021年，湖北公司连续开展了“蓝梦”“青蓝”“海蓝”“蔚蓝”为主题的“蓝系列”培训。“蓝系列”培训活动不仅具有鲜明的“海油蓝”主题，而且有计划、有跟踪，通过定期的培训使站长和员工们不断提升个人能力，不断激发个人潜能。

在王定华看来，“蓝系列”培训活动对湖北公司所有油站以管理促销量发挥了很大的作用。

您觉得我们加油站哪些工作还需要改进？还存在哪些问题？您对我们加油站在促销和经营方面还有哪些建议……每年湖北公司加油站要进行一次“顾客座谈会”，这些是顾客要回答的问题。

据介绍，“两会两比两善”，是湖北公司打造加油站品牌优势的管理强项之一。“两会”是每年10月的顾客座谈会和每年春节前的员工家属座谈会；“两比”是技能竞赛比武和文体竞赛比武；“两善”是每年六一儿童节和九九重阳节的公益活动。

“‘两会’正好在一年的一头一尾。”王定华说。对于每个加油站的核心顾客、忠实顾客，重要的是每年有一个时间让他们到加油站，像家人一样和加油站人员坐在一起，帮助油站出谋划策，拉近相互之间的距离。

员工家属座谈会是让家属来油站实地“参观”，看看自己孩子的工作地点和环境。

“我们非常理解家长们想知道自己的孩子在加油站干什么事情、吃得怎么样、住得怎么样。让他们来实地参观之后，家长们会觉得很放心孩子到这里来，也会很支持我们。员工和加油站建立了桥梁，流失率就会很低，油站经营就会很稳定。”王定华说。

像阳光加油站的一些老员工是从建站时就来了，现在也不断有一些新鲜血液补充进来。

战略规划

万吨站是怎样炼成的

——专访中海油华东销售湖北公司总经理陈国良

地理位置+品牌影响力+客户感知+合格的管理者=万吨站。

文/郑　丹

阳光加油站是中海油华东销售湖北公司（以下简称湖北公司）建站最早、历史最长，同时也是在湖北的唯一一座万吨站。

2020年11月底之前，湖北公司总经理陈国良还在中海油华东销售上海公司，旗下的宝山区月浦加油站也是中国海油的一座著名的万吨站。

一个万吨站应具备哪些要素？一个好的加油站管理者应该具备哪些素质……为此，记者对陈国良进行了专访。

➢ 万吨站的要素

Q 记　者：陈总，您好！中国海油在湖北有多少座加油站？

A 陈国良：在中海油网络布局的各个区域，湖北的份额不算多，目前在营56座，一年的零售规模——枪发销量在13万吨左右。整个湖北现有加油站数量大数在4000座左右，我们有不到60座，中国石化约有1800座，中国石油约有800座，其他的是民营和社会加油站。

中国海油进入湖北市场的时间偏短，真正进入市场是2013年开始的。尽管如此，中国海油的零售终端在湖北具有一定的品牌影响力，这在一定层面支撑了万吨站的诞生。

武汉阳光加油站是湖北公司的第一座加油站，历史最长，也是湖北公司的唯一一座万吨站。

Q 记　者：在您看来，一个万吨站应具备哪些要素？

A 陈国良：万吨站要具备几个核心要素。首先，地理位置。现在加油站行业的发展已经到了这样一个阶段，在开发油站、资源获取上就看取舍了。哪怕有的站价格的绝对值可能高一点，但是核心要看性价比，价格的绝对值不是唯一的标准。一个加油站，如果有好的地理位置，像广东深圳四海站，就会发展得很好。阳光加油站同样具备这个地理位置的优势，它位于城乡结合部，现在基本上已经城市化了。

其次，品牌影响力。比如规范性服务、油站外观形象包括正在推广的中国海油加油站VI3.0版、便利店商品品种丰富，等等，这些都对品牌的建设和树立、赢得全国消费者的认可具有推动作用，对油站的销售规模提升也有很大的帮助。

再次，客户的感知。以阳光加油站为例，它占地面积13亩，这么大的站如果没有进行有效规划和布置，客户的体验感会很差；反过来，如果站内的规划和布置能够做得很好的话，客户进站来感受到的加油和消费的相关过程就会有很好的体验感，也有助于提高客户的黏性。所以，一个好的万吨站应当换位思考，考虑到作为一个客户进了油站之后经过的各个不同的区域，哪些是他必须经过的区域、可经过和不经过的区域，他的感受是什么？再针对他的感受，有针对性地去进行相关的布置和安排以及提供相关的服务，这是保障客户能够在加油站里消费的重要环节。

中国海油对加油站规范服务的要求比较多，更加注重对服务环节的执行。所以，我们的加油站在服务方面可能做得更加到位一点，规范流程上更加人性化一些。

➢ 管理者的素质

Q 记　者：作为长期从事加油站行业管理的领导，在您看来，一个好的加油站管理者应该具备哪些素质？

A 陈国良：作为一个加油站的站长，首先要做好安全管理和规范管理要求到位的核心点工作。加油站是易燃易爆场所，站内资产属于国有资产，怎么样去确保油站的安全营运和资产保值增值都是一个站长首要的职责。另外，要能让加油站有好的效益，完成当年的效益指标，包括非油品和油品销量的提升。

其次，要具备良好的沟通能力。因为油站的管理工作经常会跟不同的政府部门、不同的区域或者不同的人打交道，虽然面临同样一件事但他们的诉求点不一样，这也非常考验加油站站长的能力。还有，面对一些客户的投诉，也需要沟通技巧和沟通水平。

再次，内部员工的管理技巧。怎么带领员工做好工作是有一套学问的。比如，站长根据核心点要求下达目标，目标要具体到每一个班组，然后班组下达到具体的员工。下达每一个目标的时候，要保证公平公正，否则员工可能会不服。另外，指标下达之后，对于完成的情况需要监督并给予相关的指导并提出具体的要求。

班与班之间加油员的调配是考验加油站站长的管理技巧的。因为油站对员工实行联量计酬，就是基于不同的员工一个月下来加了多少升油给计算提成。除了量化的指标之外，还有一些日常工作质量的考核和打分，有的打分可以量化，有的需要人为去衡量。比如，很多油站是四班两倒，每班12小时。这四个班每个班每个月上班的时间是不一样的，有的班可能只有2个人，有的班有3个人，相互之间会有交叉，尽管调配好了，但有时候可能这个班加油的量多，那个班碰到周末加油量少，怎么做到公平公正，都需要靠站长去管理。

站长还要对每个班的考评情况进行评价打分。对便利店来说，要看有没有顾客投诉，服务是否及时，服务流程有没有做得不到位的地方，负责卫生的区域是否干净清爽，有没有按相关流程操作等。

一个加油站的站长面临很多很琐碎的工作。特别是现在还面临疫情仍然没有结束、恶劣天气的影响等。

Q 记　者：在您看来，什么样的站长会受到员工的认可？

A 陈国良：肯定是能够带领员工多赚钱多创效的。因为加油站员工的收入和绩效挂钩，基本模式就是固定工资加提成。加油站站长要让员工的绩效好、收入高，做到这点是最难能可贵的。所以，他得调动起员工的积极性，想方设法让员工创造效益，给油站带来好的业绩。

➢ 未来的发展趋势

Q 记　者：您对加油站行业的发展有什么看法和预测？

A 陈国良：精细化和多功能化应该是未来加油站行业发展的一种趋势。

精细化。加油站是近20年来回报比较高的产业之一。基于这个背景，近十几年关于加油站行业发展的研究也是很多很快的。这些越来越多地集中于智慧化油站和相关的管理系统，还包括一些数据分析和研究等，都是为了让加油站的管理更加趋于精细化。

多功能化。国外的加油站现在已不把自己叫作加油站，而是叫服务站，加油站实际上变成了一个服务提供商或者服务提供的场所，它需要去提供作为一个受众对象不管是人也好还是车也好，其需求的方方面面的服务和功能，这是一种趋势。这种趋势除了跟一般概念所说的非油品相关之外，还更多地需要有新能源的同步匹配，比如加氢、充电、加气，都将是多功能油站的具体显现，也是未来加油站发展的一个核心点。中国海油也在朝着这方面做一些工作。

Q 记　者：湖北公司未来有什么发展规划？

A 陈国良：2021年，湖北公司要再建10个加油站，“十四五”时期油站数量计划达到152座。顺应行业发展，打造多功能服务站，将是发展的主要趋势。提升销量是例行的工作重点，也是永恒的工作。我们湖北公司有很多的油站并不具备地理优势，客户的群体也不是很广泛，如在一些偏僻的地区或者国道上的加油站客户本身较少，只有依靠员工跟客户建立一种密切的联系、点对点的服务，才能促进销量的提升。

28

来城北站加油，舒服！

以顾客为中心，在通过率、营销、便捷性方面发力，城北加油站成为绍兴分公司里的NO.1。

营销现场

文/周志霞　彭　雪

绍兴出名人。据说，绍兴走出的名人足以影响半部中国史。

今天要说的城北加油站，则影响了绍兴销售的节奏。这座油站坐落在绍兴市上虞百管街道梁祝大道旁，是中国石油浙江销售绍兴分公司一座实现领跑的加油站。

城北加油站，2013年初开业。开业5年的时候，油站日均销量从最初的9.8吨增量到33吨，增幅达236.7%。到了2018年，油站进入了万吨站行列。2020

年，虽受疫情影响，油站依旧完成了10585吨的销量。

这些数字增幅的背后，是什么样的力量推动城北加油站成为绍兴分公司的领跑冠军呢？

笔者带着疑问，来到了城北加油站……

➢ 倒车移库让通过率高一倍

2018年，经过改造后的城北加油站，加油机是最新型的，6台6枪加油机整齐划一竖立在加油站现场。考虑汽柴比为1∶0.03，6台加油机设置了34把汽油枪、2把柴油枪。

如此设置，是基于城北加油站的地理位置和客户需求。城北加油站地处绍兴上虞市中心，地理位置优越，周边是高档小区、大型商场、政府机构。一天进站加油的车辆多达1000多辆，而柴油车辆只有极少固定客户。

优越的地理位置，每天进站加油的车特别多，提升现场加油效率就显得格外重要。特别是对于城北加油站，经过现场全流程诊断，把原来加油现场“一字形”侧方停车改为了“倒车移库”停车加油。调整后，加油现场车辆的通过率大大提升，从而达到了增量的目的。

“受限于一字形加油现场，一台加油机对应只能停一辆车加油。不仅如此，还会影响后面进站车辆的视线，比如1号机、2号机前是空位，进站的车辆通常看不到，必须有人进行引导，否则车主以为前面堵住了，不愿意等候，就会流失开走。特别是加油高峰期，包括五一、十一等节假日期间，或是促销活动的时候，这种情况就更加明显。”城北加油站经理张铁梅说。

加大引导现场力度还不够。在张铁梅看来，加油机是怎么摆放的，车辆就要怎么停，现场加油率非常低，再怎样引导加油站销量还是会受到一定影响。

四五年前，张铁梅向上级部门提出，可以将加油站外车道改成倒车移库的加油划线。这样一来，就能从最初的一台加油机只能停放一辆车变成一台加油机可以停两辆车同时加油。

“当时，我们到城北加油站全流程诊断，确实存在这个问题。我们将以前24把油枪改成现在36把油枪，将侧方停车划线改成倒车移库划线。改进之后，车辆通过率提高了一倍。”绍兴分公司业务运作部主任王玉红说。

“加油现场改变停车方式，顾客会有一段适应的过程。只要员工们加强引导，基本没什么问题，现在顾客已习惯了。”张铁梅说，倒车移库停车有难度，对我们员工的引导工作提出了较高要求。只要员工引导到位、服务到位、解释到位，加油现场的秩序就会忙而不乱、井然有序。

加油枪的布局调整、加油现场停车方式的改变，是这几年销量因素增长的较为关键的因素。张铁梅告诉记者：“首先要把加油现场基础问题解决好，然后在高峰时段、调价时加派人手，加大引导力度，加油现场的通过率才能最大化地发挥作用。”

城北加油站的改变，不仅提高了加油现场的通过率，而且增强了客户进站的体验感和客户消费的黏性，为公司上量增效打下了坚实的基础。

➢ 舒适便捷让城北站快速圈粉

采访中，张铁梅多次谈到“舒适度”。她说：“对于服务业来说，舒适度对于消费者的消费冲动起着至关重要的作用。那么，怎样才能达到客户心里的舒适度呢？”

这里包含着太多需要改进的内容，比如：站容站貌破损不堪、加油现场整洁度不够、引导车辆积极性不高、加油设备经常出现故障、交接班工作拖沓缓慢、补办卡流程不熟悉、开具发票不及时、官方APP业务流程操作不娴熟等等。

“这其中的任何一项，都会影响客户进站舒适度的体验。别看很细微甚小，有时候直接打消了客户再来加油的念头。”张铁梅说。

为了给顾客打造一个舒适的消费环境，仅卫生间每天要清理12次。不仅如此，每天一早，张铁梅都会在全站溜达一圈，巡查加油站的角角落落，加油站的整体情况尽收眼底。

做好了这些工作还不够，想要真正达到客户的满意度和舒适度，还要支付方式灵活和便捷。

城北加油站和大多数的加油站一样，为了让顾客方便快捷，支付方式灵活多变。比如，疫情期间，为了实现不下车、付款不排队、全程零接触，绍兴分公司主推中油好客E站APP移动支付，支持加油卡移动支付、微信移动支付和支付宝移动支付等。

由于城北加油站企业客户比较多，在整个绍兴分公司来讲，城北加油站开具发票最多，每月5000张左右。为了不让顾客排队产生焦躁的情绪，忙时收银台需要增加1人，来缓解营业厅忙碌的现场。这一举措，不仅提高了顾客进入营业厅的次数，而且带动了非油销售收入。

“为了进一步提升顾客进入营业厅便利店内，加油站推出了多种支付方式引流，通过琳琅满目的商品充分调动顾客的消费欲望，真正实现以油促非、油非互动的良好局面。”张铁梅说。我们通过城北加油站顾客进站率，进一步激发顾客二次消费的冲动。

“根据目前的实际情况，我们还会不断调整和改变，来适应顾客的各种消费需求”。张铁梅说。

“以后我们还会尝试说服一些长期开具发票的固定客户，让他们办加油卡。这样名下有好几辆车的，开票就可以汇聚到一张发票上。这样一来，不仅方便顾客，而且提高了员工的工作效率。更重要的是，我们也有可能把一些客户从其他加油站吸引过来，不断为城北站圈粉。”张铁梅说。

➢ 开口营销赢在顾客心坎里

城北加油站地理位置优越，但附近并非只有这一家加油站，周边3公里之内还有3座中国石化和民营加油站。

怎样吸引顾客？近两年，城北加油站推出的加油卡和权益卡颇受顾客的喜爱。

对于城北加油站来讲，加油卡是一个常规战术。多年的老顾客都知道：中国石油特有“十惠日”充值送的活动，让顾客感受到了中国石油的实惠与真诚。通过办理加油卡充值送的活动，为城北加油站引流。凡是进站加油的顾客，都乐在其中地参与，不断地为城北加油站圈粉。

为了进一步加大客户的黏性，加油卡持续与交通银行、平安银行、工商银行开展合作。

“顾客下载加油卡和银行合作的APP，加油会有一定的折扣。城北加油站位于市中心，顾客相对比较稳定，通过这些措施可以进一步增加顾客的黏性。”

张铁梅说。目前，加油卡客户是城北加油站最为核心的顾客群体，持卡率能占到22%~24%。

除加油卡让利的手段外，效果最好的就是2020年推出的权益卡营销。

顾客消费198元就可以享受中国石油下发的一张权益卡，加油站就会分期送油品券24张，另外附加赠送100减30元或者50元减10元的非油券。

“权益卡有效期为一年。办了权益卡以后，至少这一年之内会在我们这里加油，一年时间顾客感受到我们的真诚服务，有可能成为我们长期而又稳定的客户。”张铁梅说。

“推出一项营销方案，话术很重要。以前我们管这个营销手段叫‘薅羊毛’，效果一点也不好。后来我们了解到，顾客认为羊毛出在羊身上，觉得自己得不到什么实惠。于是，我们站从顾客的角度出发，统一口径，称为权益卡，达到了非常好的效果。”王玉红说，去年公司推出权益卡活动以来，城北加油站一直领跑在前，创效排名全省第一。

对于销售公司来说，管理好加油站创造出更多的效益显得尤为重要。面对多变的市场环境，公司也在不断地调整营销方案和策略，既要攻好又要守好。制定营销措施，要先研究好顾客的消费喜好和习惯，能给顾客带来怎样的增值服务，顾客是否能够接受，综合考虑后测算出公司实现的效益账。

谈到这，王玉红告诉记者，城北加油站为什么做得好，有一个重要的原因就是张铁梅做过会计会算账。

2008年进入浙江销售绍兴分公司的张铁梅，2016年以前一直在核算中心做会计。后来，敢打敢拼的张铁梅觉得基层加油站更能施展她的能力，于是2016年通过竞聘调到上虞区加油站工作。

会算账的张铁梅，一方面会想到顾客的需求，另一方面会测算加油站促销的活动划不划算。

比如，一个大客户月度加油可以达到10吨，有的站经理就会和公司申请每升给该客户优惠两毛钱。而在张铁梅看来，每升最多优惠一毛钱。

“在优惠一毛钱的基础上，她会为顾客提供一些增值服务。比如：告诉客户单位用油量如何才能控制好，还会在客户没有要求前把发票开好，必要时还会给顾客送过去。”王玉红说，顾客就会比较，别的油站虽然优惠两毛，但他们担心在其他方面多花钱，所以顾客还是愿意在城北加油站加油，一来顾客适应了城北站的环境，二来张铁梅已经掌握了顾客的消费习惯。

沿着这样的思路，绍兴分公司还会做更进一步精准的营销。“未来我们在自身的职权范围内会进一步按照‘一站一策’‘一客一策’‘一卡一折’来营销。一方面要结合顾客的需求，另一方面要结合各个加油站周边的竞争情况，适当地开展一些互动。从这些角度看，营销方面会持续采取一些措施。”绍兴分公司党委副书记李进说。

➢ 精细管理激发员工销售热情

在公司同事的眼中，城北加油站销量一直处于领跑，不仅是员工努力的结果，还得益于张铁梅带队伍的能力。

“她的执行力特别强。每年初，绍兴分公司层面会根据各站的情况制定目标。当别的站经理还在为今年领到的任务是否合理的时候，张铁梅已经开始制定计划了，看如何完成这个目标。”绍兴分公司党委副书记李进说。

在制定目标计划的时候，张铁梅还会自我加压。比如，公司给她制定1.2万吨的目标，她会按1.3万吨来制定计划，来确保1.2万吨的任务量的完成。

近两年，受到疫情等外在因素的影响，基层油站的压力越来越大，绍兴分公司要持续加大对基层油站的激励政策。“完成任务进行奖励。奖励按照梯队划分，比如推介一张加油卡奖励5元；一张权益卡奖励5元；卖一支燃油宝奖励16元钱。”张铁梅说。

不仅如此，对于城北加油站来讲，还有二次激励政策。“利用内部我爱销售平台政策，激发员工的销售热情，对每月非油品推出相对滞销的20种商品的员工进行销售奖励。每天记录员工的销售小票，一个月进行兑现。”张铁梅说，包括油品方面每天提枪笔数多少，就能计算出销售多少油品。然后根据公司劳动竞赛活动方案，对排名靠前人员进行相应的奖励。

为了让员工的钱包鼓起来，张铁梅不断思考员工间的搭班问题。别看这小小的改变，它能激发出员工销售的潜能。

张铁梅认为，团队的凝聚力非常重要。城北加油站有17名员工，全部是女员工。为了更好地发挥职能，提高工作效率，她们被分成了3个小分队，即管理队、收银队和加油队。将城北加油站整体销售目标进行分解，倒推计算出月完成任务量、周完成任务量、日完成任务量，分配到各个班组。每名员工都清楚自己应该做什么，怎么做。

“要将强弱员工合理搭班，以强带弱，深挖潜能，实现双赢。”张铁梅说。因为只有这样，才能体现出团队的凝聚力。

为了充分调动3个队伍的积极性，张铁梅实行班组PK。每天将每组完成情况进行通报，一个月下来再进行整体排名。根据排名情况，对名次靠前的班组进行奖励。激发员工的销售热情，并提前做好培训，每次讲清楚营销政策，成功率才能高。

“加油站管理特别是万吨站，一定要紧绷这根弦，不能有一丝松懈。”张铁梅说。

“城北加油站，在张铁梅的带领下，不仅连年获得先进集体，她个人多次获得绍兴分公司先进个人荣誉。这不仅是对她个人的肯定，而且是对她积极工作、踏实肯干作风的嘉奖。公司多次邀请她分享管理经验，并向其他站复制推广。”王玉红说。

张铁梅告诉记者，顶着压力也要干。在此之前，她已经把今年制定的目标和压力层层分解给员工了。2021年，城北加油站员工将拧成一股绳，从抓服务、跑现场、要效益方面全力奔跑。

对于基层的困难和压力，公司也在积极分担解决。“目前，我们正在制定一个‘登高计划’实施方案。针对各加油站制定的生产经营目标任务计划，公司会根据该站实际情况进行分析，要突出各站的痛点和突破口，对症下药。公司会根据实际情况，给予政策支持。”绍兴分公司党委副书记李进说。

29

东方月浦之风

1993年，顶着耀眼的光环出生，月浦站成为中国海油的第一座加油站，2009年成为中国海油的第一座万吨站。

月浦站如何逆市寻求减量下的增量，如何布局未来的发展，如何引领行业和加油员的角色转换？答案，是一个“变”字。

营销现场

月浦站大变身

新站长、新观念、新角色、新设备，月浦加油站在不到两年中改变了很多……

文/郑　丹

说起中国海油的加油站，上海宝山区月浦加油站写下了绝对惊艳的一笔！

开业于1993年6月的月浦加油站，是中国海油的第一座加油站，成为中国海油“上岸”的起点。经过16年的努力，2009年，月浦加油站成为了中国海油的第一座万吨加油站。

翻开月浦站的历史，20世纪80年代后期，随着改革开放，月浦镇上的过往车辆猛增，但当时镇上还没有一座加油站。大家都希望镇上能有一座加油站。驻守在月浦基地的员工得知此事，立即汇报给了当时的中海油华东能源公司领导层。经过和当地政府协商，双方一拍即合，由月浦镇出土地、中国海油出资金建设一座加油站并负责日常管理和运营。

如今，28年过去了，历经改革开放的洗礼和上海国际金融中心城市的飞速发展，月浦加油站绽放出了明星站的风采。

1993年建站以来，月浦站分别多次获得中国海洋石油总公司、中海炼化、华东销售、上海公司等各级颁发的先进班组、先进集体和优秀加油站，2018年获得首届中国国际进口博览会“最美窗口”、2019年获得上海市加油站行业诚信计量单位等荣誉。

➤ 改变作息的站长

一个明星站的发展，必然离不开明星站长的带动。

当我们在上海市宝山区月罗路218号中海油华东销售上海公司（以下简称上海公司）月浦加油站二楼的站长办公室里见到原站长马峰的时候，他刚刚从他的新岗位——浙江省湖州市南浔风顺路加油站赶过来。2020年4月，用了不到两年时间就把月浦站做成明星站、成为明星站长的马峰被调到了风顺路加油站任站长。

虽然此时的他远比刚来月浦站的时候更加耀眼，但月浦站是他“梦开始的地方”。回到这里，这位1994年出生的“老”站长自然有许多感触。

2018年7月，马峰刚刚履职月浦站站长的时候，油站由于经历了半年多的改造，销量一直难以恢复，汽油和柴油客户流失了不少——柴油销量每天只有2~3吨；便利店年销售额约40万元；加油站卡销比约23%。

马峰心想，如果一直是这个状况，月浦站恐怕要失去2009年起保持了9年的万吨站称号。

“我们不就是加油工吗，加好油不就行了吗？”“站长，非得说‘你好，欢迎光临中国海油’吗？我和客户都很熟了，这么说话很别扭。”

“我们的便利店商品比超市贵，我今天推了10个，9个都被拒了。”

千头万绪，纵然有三头六臂，恐怕一时也觉得分身乏术。

白天，他抓好日常营运，制定了“7大项14小项”规则，包括加油、现场卫生、员工管理，每项都不放过。

对于员工们感觉神秘甚至防不胜防的“神秘顾客”评分，他找来视频，一个员工一个员工地陪着他们看视频，让员工找问题、对照考核表和员工一起分析应该怎么去做。他刚来的2018年，月浦站“神秘顾客”评分平均70分，2019年就上升了21分至91分，2020年上升到了92分。

“我来月浦站以后基本没睡过床了，累了就在办公室的桌子上趴一会儿或者在沙发上睡一会儿，天天凌晨3点、4点或者2点、3点就下楼到现场去看一看。”因为，只有把事情做完以后他心里面才觉得踏实。

面对这样一名“拼命三郎”式的站长，领导和员工们都劝他要好好休息。但马峰觉得这么大的一个站，几十口子人在等着他吃饭，一天不盯着就觉得不放心。就这样，来月浦加油站很长一段时间的夜里，马峰都是和衣而睡，以便遇到紧急情况能够迅速反应。在当站长的两年多时间里，他基本保持24小时在站。

人心都是肉长的，员工们看在眼里，终于触动到了心里。

本来觉得在便利店工作能拿个4000块钱就不错了的月浦加油站非油主管杨文，看到马峰没日没夜地在油站里忙，突然感觉“自己在便利店的工作想把它干好，因为人都想拼一下”，还有一些员工向马峰提出愿意主动加班、调班，为站里多做一些工作……

在马峰的指导、培训和管理下，月浦加油站形成了良性竞争相互促进的氛围，员工们在工作上更加积极主动、服务质量不断提高，班组长在应对各种状况时更加成熟，客户队伍基本稳定。但马峰仍然时刻绷着一根弦。“因为我们是一个大站，每天的成交笔数在那放着，遇到的问题总比小站要多一些。”他说。

如今，这座中国海油的明星加油站手中握着一份全新的成绩单——

柴油销量从最低日销2~3吨飙涨至20~30吨，目前稳定在十几吨，会员日甚至创出了日销超50吨的佳绩；成品油日均销量50吨，最高时可达百余吨，年营业收入超亿元；便利店销售额从两年前的40万元上升至2020年的149万元；

卡销比从23%跃升至2020年的80%，2019年办卡量相当于2012至2018年七年的总量。特别是2018年，新官上任的马峰带领月浦站以10064吨的数字一举锁住万吨站地位，并在后两年一直保持，2020年销量更是上升至16500吨。

回想当初到月浦站来之前，上海公司零管部经理张腾炜对他说："你这么年轻，做好了少奋斗5年，做不好的话重新做。"马峰觉得幸不辱使命。有人问他，两年来基本24小时驻站，健康有没有受影响？他笑称："现在还没有。目前开始坚持天天锻炼，两天跑一次步，不锻炼的话真吃不消的。"

➢ 转变三观的员工

离开月浦站之前，员工们请马峰吃饭。让他感到最开心的，不仅是员工们纷纷表示他来了之后油站销量增加可观，而且员工们说他影响到了他们很多人，改变了他们的世界观、人生观、价值观。

"月浦站的员工很有个性，我老是开玩笑地形容他们一个个跟狼似的。"

2018年7月到月浦站之后，马峰决定把解决员工的问题放在首位，然后再去解决市场开拓的问题。

在马峰看来，很多本地员工的家庭条件很好。单以工资来说，他们确实是不缺这点钱。所以，他们心里可能感觉一些服务做得不是特别到位也无所谓。不过，也有让他感觉轻松的地方——员工的整体水平和文化素质较高，特别是开口营销的水平较强，在推销便利店的商品和推销油卡方面确实有一套技巧。

为了让员工能发自内心地转变，爱上加油站工作，给消费者提供优质服务，他花了非常大的力气。"解决员工的问题，是最难的工作。"他说。

难，就要找抓手。从哪里入手？他总结了三个主要问题——思想问题、组织问题和生存问题。

在马峰看来，思想问题就是要清楚到底什么是加油站服务？

"我当时想了很长一段时间，到底什么是服务呢，怎么样把它向员工形容出来。为此，我在加油的时候特别注意体验到底什么是服务。"最后，他总结出一句话——"有报酬地做好人好事。"

每当有优惠活动时，员工都会马上联系客户，告诉他们充卡可以享受的优惠。"前段时间，我们的活动是充卡1000元赠1张便利店商品券、充3000元赠

1桶食用油。我联系到几个大客户，人家特别感谢我。有一个客户送了我4桶油，和我说：‘小姑娘，你下次有活动还要再联系我啊’，这让我感觉付出有了收获，石化客户很高兴，我每天的工作也充满了快乐。”杨文说。

在加油站服务就是为顾客做好人好事，而且是有报酬的。员工这么想的时候，自然很开心，会发自内心地去做好服务。这就解决了思想问题。

在和员工交流的时候，有员工和马峰说，别人问他在哪里工作时他不好意思说，因为收入不高……

怎么才能让员工以自己的工作为荣呢？

马峰告诉员工：“我们不是简单的加油员，虽然很累很辛苦，不论夏天多热冬天多冷都站在外面拿着重重的加油枪，但我们不能仅仅停留在辛苦上，认为做一个加油员只要加好油就行了。因为做好营销，才是最重要的工作。”员工们明白了，要扭转思想，不把加油员当作简单的苦力工作，而要做到像马站长说的成为一名销售员、业务员。

思想问题解决了，马峰还在继续思考。他觉得，要建立一个竞争体系。因为物竞天择，适者生存。“所以，每个月浦站的员工都应该考虑怎么样能更好地生存下去。这就是生存问题。”大道理有了，如何把这个听着高大上的理论让员工觉得可行，马峰决定找一条“鲶鱼”。

根据对油站4个班总体情况的了解和观察，他发现丁班有上升的空间，员工也有想做得更好的想法。他找来丁班班组长伍金凤谈话，伍金凤表示很愿意带领班组在油站打头做表率。

“加油、油卡、便利店……平时我怎么做、怎么推销，都教给她们。结果一个月的时间，丁班的销量和其他班组瞬间拉开了。”马峰说。在他到来后，伍金凤班组创出了一天办理111张海油卡的纪录。

丁班成为了核心班组。其他班组一看人家做得那么好，我们班为什么不行，加油干肯定也可以超过丁班。这样，4个班组都加入进来。其中，一个班组和丁班你追我赶排名交替第一，油站内形成了相互促进的氛围，带动了总体业绩的提升。

月浦站的员工很佩服马峰。“不管是过什么节或者举办什么促销活动，只要马站长带领我们在这里弄一下，在那里布置一下，立马能让人有眼前一亮的感觉。”月浦站加油员陈霞说。在她看来，2017年油站改造后来到月浦站的马峰是个很吃得起苦且任劳任怨的小伙子。天时地利人和，大家愿意跟着他一起干。

➢ 变通畅的加油岛

月浦加油站，一个星期二的上午，小汽车、大卡车井然有序地进入加油岛加油，在上海这样车影匆匆的大都市中显出了一种别样的安静、平和。

“那边是通到太仓的；这边是直接通往上海市市区然后上高架桥的；这边是可以通到宝钢的，那边离吴淞口很近，又是上海往外走的一个要道……”谈起月浦站的地理位置，马峰也认为算是好得没话说——地处周边物流、工业比较发达的地方，本地和外地人口很多，自然而然车辆也多。

月浦站占地3430平方米，在上海市寸土寸金的地段不算小。该站北侧出入口与月罗公路相接，西侧出入口与蕰川公路相接，属于城郊站，算是汽柴油并重的“双拼站”。但2017年站内改造完成后，柴油的销量急剧下降。

“2018年3月的时候，来加油的汽油车还不少，但柴油车一天顶多两三辆。”陈霞说。

大卡车、私家车，入城、出城，物流、客运、上下班……要在建筑面积701平方米的油站内腾挪顺畅，不是一件容易的事。特别是每到会员日、优惠活动日或者节假日时，进站加油的车辆经常排起长龙。

“大车从北面进，小车从南北两面都可以进，但从北面进的小车需要绕到南面。”马峰说。这是站里在两年前进行的一项改革。这样一改，站内一次性可以给4辆大卡车同时加油，而且大车之间留有空隙，进出加油岛的小车可以不被大车堵住而流转起来。

与此同时，小车和小车的问题也解决了。

“一个从这边来，一个从那边来，经常出现两个车主错不开车，影响了情绪。”在没来之前，马峰在站长会议上已经知道月浦站加油现场的拥堵需要改善的情况了。于是，到了月浦站之后，他就开始观察场地和进出车辆的情况，决定改变大车和小车同时从南北进出口的规则。

规则变了，还要统一规划。这需要把场地重新划定，引导车辆出入的线要重新画。为了不影响白天加油，马峰用了两个通宵在现场地面喷上白漆、黄漆，立上引导牌……

场地喷画一新以后，加油员们积极引导入场加油的车主，向他们解释说明，让现场车流保持顺畅。开始，有的车主有一些不适应，慢慢地常来加油的车主习惯了新的规则，不用加油员引导就能有秩序地进出加油岛。

当马峰和加油员们花了两个星期的时间做完这项改革的时候，油品日销量提升了2吨，成品油日销量最高时达到103吨。

➢ 变智慧的加油机

在月浦站加油岛中，4台簇新的白色加油机甚是抢眼。

走近一看，外壳的白色漆面微微泛着光泽，显得清新又干净，衬着蓝红两色的中国海油LOGO醒目而清晰。和以前不同的是，4枪4显的加油机上部矗立着一块屏幕。这是新近投用的智慧加油机。

加油机，智慧屏，听起来现代感、科技感十足。

3年前，当陈霞来到月浦加油站的时候，给她留下深刻印象的是加油岛边上贴着“逢8会员日，优惠5毛一升”的促销广告。“现在5毛1升的会员日优惠已经改为4毛1升了，我们站从5月1日又挂出新的广告了……”以后，这些促销政策和优惠活动将显示在加油机的智慧屏上。

“屏幕上既可以播放企业文化宣传片，也可以播放油站的最新促销活动。”

“控制面板上是加油员操作用的一些选项和参数，加油员可以看到相关的计量数据。”

“这里是红外感应区。”

4月刚刚上任月浦站站长的周兴田，站在一台智慧加油机前介绍说。此时，加油机上方的黄色灯亮着，显示在加油中。

以前，除非站在加油机旁边外，哪台加油机在加油中其他员工是看不到的。现在，即使人在前庭、在便利店，都能清晰地看到加油枪和加油机的工作状态。“便利店收银员在收银台一看到某把油枪的灯亮了，就知道这把枪已经在加油了，就可以准备为顾客结款了。”周兴田说。

以前，一名加油员一天常常走上上万步。

“引车入位，加油，向车主推卡，领顾客办卡，介绍油站优惠活动，推销便利店商品，有时还要带顾客进店交款、开发票……”杨文说。

“像有些顾客从便利店买了东西，我们经常帮忙给送到车上。有的顾客初次办卡，我们就教他下载海油行APP，绑定手机……”月浦站丙班组长张静说。

新投用的智慧加油机配置了语音对讲功能，加油机上的呼叫按钮与便利店收银台内的接收装置——一部专用电话联网，按钮后加油员就可以与便利店收银员直接对讲了。“比如我在这里说‘13号枪200元’，收银员在店内就能听到，避免了员工之间跑来跑去地沟通，在减轻工作量的同时提高了效率。”周兴田说。

智慧，还体现在这些加油机集节能和环保于一身。

例如，智慧加油机有一个红外感应区。没有人到达机位附近时加油机的显示屏是暗的，人到达机位后屏幕会自动亮起来；当人离开机位后，屏幕又会自动暗下来。

据悉，月浦加油站的这些智慧加油机是中国海油在上海地区率先投用的，未来将在其他地区逐步推广。

管理秘笈

月浦站：还要大变身

没有停留在过去的“功劳簿”上，面对新时代、新趋势、新要求，月浦站还要求新求变。

文/郑　丹

日中则昃，月满则亏。

这条法则放在加油站行业或多或少地适用。

“加油站是有饱和流量的，发展到一定的时候自然就饱和了。饱和了，就必须溢出。所以，不可能说一个日销油品30吨的加油站，我再轻易地把它变成日销60吨、80吨。”中海油华东销售上海公司（以下简称上海公司）副总经理曾栋材表示。

那么，月浦站这座头顶耀眼光环的中国海油明星加油站的未来之路在哪里呢？

➤ 创出中国特色

江南的黄金水道、中国共产党一大的革命历史积淀，以及上海“四个中心”定位和“上海精神”的厚植，这些，都是上海宝山区月浦加油站的肥沃土壤和深厚底蕴。

今年恰逢建党一百周年。站在这个光辉历程的节点上，上海公司计划结合表现突出的基层党员打造党员创新工作室，其中就有以月浦加油站原站长马峰命名的工作室。通过创新工作室带动解决油站管理和经营上的难点、痛点，充分发挥党员和劳模的示范作用、带头作用。

“我们在考虑做一些更深层次的尝试。因为这些基层党员、站长不仅通过个人给加油站带来了好的效益，而且让员工队伍发生了改变，重要的是在他们的带动下形成了一个油站的文化内涵。我们希望将他们的工作方法固化下来。”上海公司党委书记、总经理甘为民表示，“像月浦站的明星站长马峰现在被调到另外一个站去了，那个站的挑战比月浦站更大。那么，他的一些工作方法和形成的文化可以通过新站长去延续和传承。”

文化的延续和传承，是一个企业高质量可持续发展的重要保障。

“上海地区的加油站要做文化的阵地、创新的载体、示范的窗口。”曾栋材表示。这给月浦加油站指明了未来发展的一个路向。

上海公司下辖“申嘉湖”地区。一直在思考上海公司未来发展和布局的曾栋材提出：针对嘉兴可以打造红色引擎驱动，突出党建引领；针对湖州，可以贯彻“两山经济”理念，在“两山经济”核心区打造一个示范站。

创新，要紧扣中国特色。

“像上海这样的地方，现在到了一个大家把时间看得比金钱还要重的时期。”曾栋材指出，“月浦加油站做活动的时候，一天能卖70~80吨油，车辆从加油站门口排到马路上堵住了道路，交警经常要去维持秩序。所以，我们正在借助信息化手段不断提升服务的水平、质量和效率。”

据悉，中国海油正在准备推出信息化2.0系统，目前已率先在上海月浦和武汉铁桥路等加油站投用了一批智慧加油机。同时，通过采用线下加油线上微信、支付宝、海油行APP等多种付款方式，让加油更加方便快捷。

月浦站非油主管杨文说，员工们建立了客户微信群，一有促销活动或者客户青睐的商品到货就会立即通知客户。像前一段时间，便利店进了一批广式香烟，她就立即在微信中告知客户，客户立即前来购买，当天就销售一空。

下一步，中国海油的加油站将向着信息透明化的方向而努力。他们计划与第三方平台合作开发信息化系统，车主从手机上就可以提前了解到相关信息，如当天油价、自己常去的加油站加油的高峰时段，或者在某一时段附近几个加油站哪一个人更少一些等。这样一来，顾客就可以选择性地安排加油时间、避免排队等候。

“不管是价格还是服务都要透明，我们的加油站正在做这种尝试。包括月浦站在内，我们主推电商，油品交易未来可能会变成像卖白菜、卖鞋一样的淘宝式交易。客户全在线上，信息越来越透明，我们尽可能地为客户提供便利。”曾栋材表示。

当前，我国石油企业正在为实现“双碳”目标而努力奋斗。中国海油的加油站也在积极贯彻绿色油站、节能环保理念，打造智慧环保并重的油站。

➤ 把握非油脉搏

“5月10日，我们连夜进了很多货，因为便利店里面好多商品卖空了。”周兴田表示。在原站长马峰离开后，他来到月浦加油站接任站长。在他看来，和以前待过的很多个加油站相比，月浦站员工是最热衷于推销的。“月浦站的非油品卖得很好，平常可以达到每天8000~9000元，有活动的时候就更不得了了。”

在周兴田来之前，月浦站便利店销售曾创出一系列佳绩——茅台酒月最高销售额30多万元、酒类日最高销售额7万多元、香烟日销售额最高时达到1万多元。

“总的来讲，香烟卖得最好，其次是水。然后，要看是什么季节。冬天特别冷，所以防凝剂卖得好；夏天天热，矿泉水、可口可乐比较畅销。”周兴田说。

5月首轮推出的“惠享海油”，到5月31日活动结束又继续推出“夏日冰爽充值大优惠”。活动期间，来月浦站单次充值海油卡的客户，少到满1000元大到满10000元都可以享受到相应的优惠。

抓住非油销售，油非互促，是上海公司零管部提出的要求。

“在我国中西部人均GDP相对低一些的地方，吨油非油品销售额较低。但在上海这样人均GDP较高城市的加油站，应该有这个条件让非油销量产生一个爆发式的增长。”曾栋材指出。

“我一来就和员工们说，做好营销是最重要的，加油其实是辅助的。”马峰说，“因为在新能源的冲击下，加油会变成一个油站辅助的业务。做好非油，肯定是未来的方向。”月浦站现在正在进行薪酬制度改革，改革的重点之一是鼓励员工积极做好开口营销。“做得好的员工拿到的非油提成和奖励，比加油的提成还要高。”马峰说。

去年，月浦站开始了一些不同寻常的非油尝试。甘为民给上海公司加油站出了两个金点子。

一是让便利店变“高大上”。于是，月浦站尝试在便利店里卖茅台这样的奢侈品，提升了便利店的整体档次。“中国海油加油站的便利店里面能够卖茅台是什么概念？一个肯定是真品，再一个是大家都认为能卖茅台酒的便利店一定是好便利店。”甘为民说。

二是便利店里辟出一块面积销售鲜花和绿植。“以前我们的便利店难免让人感觉千篇一律，水、面包、香烟、酒……去年，甘总给我们提议销售鲜花、绿植等。说实话，当时我们还真没有这个意识。”上海公司零管部经理张腾炜说。让他们没有想到的是，当鲜花和绿植摆在闵行区的一个加油站里时，卖得还不错。

“尤其是一些女性顾客看到漂亮的鲜花，购物的愉悦感就增强了，愿意到加油站来了，油站的购物氛围和顾客的购物体验得到了提升。”张腾炜高兴地说。

➤ 乘风品牌时代

虽然中国海油在成品油零售市场是后来者，但“中国海油”作为国有企业的品牌价值优势已经深入人心。在零售终端，中国海油加油站要打出品牌、创出优势。

一路走来，辛苦自知。

曾栋材表示，海油是“三桶油”里面最小的那一桶，每一座成为万吨站的油站都是很厉害的，都经历了比较艰辛的发展。尽管如此，他到湖州后发现很多人还是不知道有中国海油品牌的加油站。“这是很现实的事情。”曾栋材说。

对中国海油加油站没有什么品牌认知度的地区，仍然需要跑出去赠礼品、发传单、找客户，马峰在浙江湖州南浔风顺路加油站的新岗位上就是这么做的。“我们基本上天天要去跑，把那边的小区、公园，晚上人流特别多的地方都摸透了。”马峰说。

对月浦站来说，在上海这样终端布局较早的地区，中国海油的品牌已经打响，强化品牌优势更多地体现在每时每刻每日的工作中。

为柴油大客户提供“管家式服务”，是月浦站不同于中国石油和中国石化加油站的一项服务。“客户只要充值办卡把票开走，其他的都不需要他们操心。”马峰说。

月浦站创新开展的“管家式服务”，为具有频繁加油需求的物流公司车队提供专门的财务报表服务，令不少车队老板觉得既省心又省力，因此成了加油站的忠实客户。随着这样的大客户数量的增多，加油站员工的收入也有所增长。“管家式服务”，成为了中国海油加油站树立独特品牌优势的一个范本。

“有的客户离我们很近，但是人家首选的是中国石化的加油站，因为人家在江浙地区把品牌做得根深蒂固了。我们把加油站从一个市场不太熟悉的品牌开始做成万吨站，确实有更加勤奋的地方，付出的可能更多。”曾栋材说。

另一个比较现实的品牌问题是，相比另外“两桶油”，中国海油的自有非油商品目前还不多。

“中国海油品牌的润滑油有海疆、海特宝两种。”马峰说，“在非油品牌上，我们提出打造特色商品、核心商品，就是说这个商品你要买就会想到要到中国海油或者月浦站来买。具体什么商品，需要自上而下的决策。”

“今年，我们开始推盘锦米，算是主打的中国海油便利店商品。我觉得，在这方面我们具有一定的优势。”曾栋材表示。在他看来，现在所有种种为品牌而付出的努力都相当重要和必要，因为“中国进入品牌时代了，这个大背景是不能忽视的”。

月浦站便利店的门楣上有一个醒目的黄色海星，这是中国海油便利店的标志。“月浦站的核心商品会和海星的品牌相结合……”马峰说。这听起来真的非常让人期待。

➢ 做精“三无”油站

目前，中国海油在上海地区约有10家万吨站。

“其实，许多加油站的位置挺好，但为什么没有做成万吨站呢？那是因为它没有做到无闲时、无闲地、无闲人，即‘三无’。”曾栋材表示。

无闲时，就是一天24小时没有闲的时段。

在月浦加油站工作了3年的丙班组长张静看来，自己的工作没有什么特别值得突出的，“就是做好每天的日常工作”。每天上班来，她先把准备工作做好，做好交接班，查一下昨天油品的销量和便利店商品的销售情况，上一个班未完成的事情也要交接清楚。

月浦站加油员的上班时间是早7点到晚7点，一个白班一个晚班，休息两天。

张静所在的丙班共有4名班员。她以外的3位员工，两个40多岁、一个30岁出头。“大家都能够把自己工作范围内的事情做好。如果工作中遇到突发的事情，也能够齐心协力地去解决。”尤其是当顾客说“你们这里的服务真是挺好的”“你不和我讲，我还不知道办了卡加油还可以有这么多优惠”时，她们都会觉得很快乐。

“碧海蓝天，快乐加油。”对工作的热爱和熟悉，让月浦站的员工们感觉到一天的工作并不是那么辛苦。但到了后期，随着销量增加和优惠活动的频繁推出，她们的工作忙碌了不少。

“现在，我们的油品销量和服务比以前还好。”张静说，“但确实累的时候可累了，像每个月逢8会员日有5毛钱一升的加油优惠活动，有时候一天得站12个小时，下班回家时小腿很酸痛，都不想走路了。”

白班12个小时，夜班会不会没有事干了？月浦站加油员陈霞解答了这个疑问。“我们夜班属于通宵的，一些大车和出租车常常这个时候来加油。”

据她介绍，不仅宝来、大众、强生等公司的出租车经常来月浦站加油，现在滴滴打车也加入了进来。“我们有两把加油枪专门给出租车加油，在标价基础上再优惠2毛，出租车经常排队排得蛮多的。”她说。2020年3月，站里开始实行对有上海地区从业资格证的出租车和网约车“每升5毛”的优惠政策，大大促进了92号汽油的销售量。

“上海、北京这些大城市的加油站，寸土寸金。在这样好的地段，如果一个加油站24小时都能保持均匀流量的话，这个加油站肯定能做到万吨站。”曾栋材说，“否则说明引流没有做到位，你很忙的时候要么车主不来，要么人家来了一看排长队就走了。”

无闲地，就是便利店内不能有空闲的地段。

“自从马站长来了之后，我们便利店里的东西是琳琅满目了。”陈霞说。

“原先我刚来的时候感觉这个店不算什么便利店，像个小卖部一样，商品就20~30种，现在有300多种。”杨文说。在她看来，“这个店最多10来平方米，而且是一个长方形的，不像有的店一进去就觉得挺开阔的。现在都摆满了，有很多想摆的东西摆不进去了。”这也从一个侧面说明了目前店内的场地利用得还不错。

无闲人，就是不能有没有事干的员工。

“对小一点的低销站来说，可能白天安排2个人上班就行了，但月浦站白天安排6位员工，包括便利店员1位、4位班组员工再加上1位长白班员工。这6个人，白天基本上没有闲着的时候。”马峰说。

“这个行业已经越来越走向专业化了，不专业的可能以后很难生存了。”曾栋材说。所以，在他看来，要想把一个加油站变成万吨站的话，真的是要做到“三无”加油站。

战略规划

争当未来主力军

——专访中海油华东销售上海公司党委书记、总经理甘为民

文/郑　丹

过去以勘采为主，未来销售可能成为石油企业的主力军。

2016年，国际油市巨震，油价一度暴跌至20多美元一桶。

由于资产减值和低油价环境，中国海洋石油总公司交出了上市以来的最差业绩单。然而，中海石油炼化有限责任公司当年利润超百亿元，赢来了成立以来的高光时刻。

“那一年是比较极端的情况。”中海油华东销售上海公司（以下简称上海公司）党委书记、总经理甘为民感叹道。

市场莫测，如何寻求后来居上？中国海油在炼销特别是下游布局方面一直在闷声发力。在甘为民看来，现在弱弱的加油站业务非常有希望在未来为中国海油做出更多的贡献、实现更多的效益、创造更多的社会价值。

“销售，要争当未来的主力军。”他说。

➢ 做好人的工作

Q 记　者：甘书记，您好！在您看来，一个好的加油站最重要的条件是什么？

A 甘为民：我以前是上海公司的党委书记，今年成为经营班子的一把手。重新审视以往的工作，我觉得我们原来的思路是对的——国有企业的优势在于以党建促经营，细化到现在的环境里面，就是要做好人的工作。

以月浦站为例，2017年改造完成后日销量仅为20多吨，这个状态维持了大约半年时间。2018年，我们招聘了一位新站长——他是1994年出生的，比我们站还年轻一岁。在到月浦站的两三年时间里，经过培训，他从见习站长成为一名合格的站长，把每天的销量从只有20吨变成了40多吨，最高的时候达到101吨。

让我感触最深的是在一次内部会议上，我们让他分享经验时他说：“我们不仅仅是做一个加油工，我们是在有报酬地做好人好事。”这说明，他把加油不仅仅当作一份工作，而且当作一个事业，当作一个实现自己人生价值的平台。他的个人魅力，也带动了身边的很多员工。

月浦站的变化，给我们公司带来的一个最大的启示是：原来大家都认为只要加油站的位置好就可以挣钱，现在我们看到了人的作用不可忽视。特别是我们作为国有企业，应该更加注重通过党建来做人的工作，让人带动企业经营和效益提升。这是一个非常好的思路，也是我们最大的收获。

Q 记　者：上海公司加油站如何更好地发挥人的作用呢？

A 甘为民：上海公司的加油站正在进行一系列的人事改革，现在已经出台了两三个人力资源配套制度，还有一些陆陆续续在酝酿中。每一个站的定编定岗、一些人员的配备也会重新调整变化。我的想法是，好人好马都上一线。如果我们加油站站长的年收入能够达到30万~40万元，那么我们所有的管理人员都会坐不住了。

在月浦站进行的改革也是如此，都是为了最大限度地激发员工的积极性、创造性，发挥人的主观能动性，为企业经营带来更多的效益。同时，员工在企业这个平台上也能实现自己的价值，获得收入的提升。

➤ 小油站大文章

Q 记　者：在您看来，加油站要如何通过管理来实现效益？

A 甘为民：思路的改变是最重要的。思路的改变不是自发的，必须通过管理去干预。这种管理干预包括制度干预、文化改造、薪酬体系的变化，还有更为重要的是对员工的培训。管理的价值，其实就在于能够贡献效益。像我们去年在月浦站开始做的一些非油的尝试，如便利店商品走高端路线卖茅台。开始，我们因为很难进到货，所以考虑要不要卖茅台酒。但是，我们还是找到进货渠道了，只不过价格高了一点。我说没问题，价格高我们就少挣点钱。我们要传达出去的概念是什么——中国海油的加油站里面能够卖茅台，一个肯定是真品，再一个能卖茅台酒的便利店一定是好便利店。事实证明，卖茅台之后，便利店里的其他的酒也跟着非常畅销，销售额提升得非常快。今年，月浦站便利店酒类销售增长非常明显，仅4月份茅台酒的销售额就达到30多万元。

Q 记　者：2021年，上海公司加油站业务有什么发展目标？

A 甘为民：我们现在要做的是改变加油站管理者的既有思维。加油站站长的角色要从管理者向经营者转变，每一个站长都是一个老板。说到底，观念的改变是最重要的。这也是月浦站今年的主要目标。另外，需要改变包括站长在内的所有管理人员的想法。2020年，月浦站的非油收入149万元，今年的目标是200万元，从4月单月数据看已经达到160多万元。思路的转变和工作重心的转变，一定会对我们后期的经营成果产生巨大的影响。对此，我是有信心的。

目前，我们非油业务的利润并不多，销售1000万元的非油可能利润也就几万元、几十万元，对整个加油站来说可能没有任何意义。但是，非油是一个抓手，反过来可以促进油品的销售、员工服务态度的提升、收入的提升，形成一个正循环。

➤ 经营思维反过来

Q 记　者：您对加油站行业未来的发展有怎样的看法和预判？

A 甘为民：到了21世纪，无论是经营企业还是能源企业都要改变思路。作为能源企业，我们要解决国家能源安全问题，但以后这个问题会越来越淡化。企业怎么转型升级、为国家贡献更多利润和实现社会效益，将是最大的一个责任。实现社会效益和创造经营利润，其实更多地在于销售。以前，海上采油和生产是中国海油业务的重中之重，这个是由其本身历史原因形成的。未来，要做出更多的贡献、实现更多的效益、创造更多的社会价值，销售是主力军。销售板块真正的重要性，未来会更多地凸显和提升。

未来的加油站将是“城市-汽车-生活”的节点，有许多加油之外的工作需要我们去做。比如，最早的时候手机的功能就是打电话，有了网络以后手机就什么都能干了。汽车也是一样。原来仅仅是一个代步工具，但当把汽车纳入互联网以后特别是自动驾驶成熟以后，汽车就变成了一个移动的办公空间、休息空间了。所有的功能，它都能具备。我们的加油站现在主要还是提供最基本的加油服务的，以后肯定会有一个延伸，把它变成一个场景。

Q 记　者：打造“城市-汽车-生活”节点，有什么具体的尝试吗？

A 甘为民：中国海油过去的经营思路是，海上采什么油炼厂就炼什么油，炼厂炼什么油销售就卖什么油。将来必须反过来——市场上需要什么样的服务，销售企业就提供什么样的服务，而我们会去寻找合适的资源来支撑提供这些服务。这是一个反向经营思维。换句话说，要将被动营销变为主动营销、精准营销。像风顺路加油站本身面积比较大，有平台可以去做类似的工作，具有中国海油加油站的品牌优势，价格又稳定、透明，所以在这方面可以做得更多。

不只是卖油，更多的是去卖服务，这是我们未来的经营思路。

➤ 寻求突破的阵痛

Q 记　者：上海公司将如何继续寻求网络终端的拓展？

A 甘为民：上海公司目前管辖3个区域——上海、嘉兴和湖州，共有21座加油站，包括上海7座、嘉兴5座、湖州9座，21座加油站里有14座是近几年发展的新站。因为中国海油相于对于中国石油和中国石化来说，是3个销售体系里面起步最晚的，现在在加油站行业寻求进一步的发展已经很难，会遇到许多瓶颈，对我们来说尤其如此。打个比方，中国石化的加油站现在是一棵大树，要做的是剪枝；我们的加油站现在是一棵小树，要看能不能活下来。下游市场本身的消费增量已经结束并且在慢慢往下走了，我们反而在逆势布局，要去抢夺这种减量下的增量难度是非常大的。在这个过程中，给我们带来了一些阵痛。虽然这对我们确实是比较难，但是我们具有后发优势，希望通过在有些方面的努力弯道超车。

另一个痛点是信息化。其实，这是一个两难的选择。信息化，未来要快速地适应市场，最好是自下而上的。比如，现在很多商业化的公司根据顾客需要或者周边消费环境的需要，推出一款APP把信息化对应起来，又接地气又迅速。但是，对中国海油这样的大集团，信息化必须是自上而下的。因为这涉及下面每一家公司的统一管理。目前，我们的信息化跟需求相差得比较多，需要的很多功能在目前的系统中没法实现。例如，我们需要收集汇总数据去分析某一个油站，给这个区域的客户画像——是什么样的客户，是年轻人吗，是90后还是80后，车型是什么……然后，我们可以据此制定有针对性的非油或者油品的促销方案，针对哪种油品进行促销都需要有数据来支撑。但现在我们掌握的数据是分散的，把它提取出来时效性很差、人工干预多。而且，目前的信息化是单向的，主要是数据收集功能，没有双向反馈功能。

30

滩尖子，黄河边上的“尖子生”

时刻端正自己的服务态度，是滩尖子加油站员工铭记于心的理念。

营销现场

文 / 杨琛薇　齐铁健

滩尖子，靠近黄河边。很久以前，兰州的筏子客们在出发的前一夜都要来到滩尖子，去龙王庙里长久地跪拜，为出行祈福，希望归途顺畅平安。如今在兰州提起滩尖子，知道的人不会太多，除了经常跑出租车的人之外，许多人觉得这一地名可能早已消失，被裹进了黄河，慢慢地去了远方。也有人认为，滩尖子被一座座高楼掩埋没了早年的气势。但相同的是，这个地方依然是出行平安的保障。

在如今的滩尖子，有一群人继承了维护出行安全的重担，坚守初心、持之以恒，牢记认真负责的服务理念，日复一日地努力为出行的人们保驾护航。他们就是中国石化甘肃石油兰州分公司滩尖子加油站的加油员们。

➢ 放弃柴油，打造汽油站

“以前这边也加柴油，碰到很多货车经过的时候就得排很久才能加上油。现在不加柴油了，我平时出行节省了好多时间。”滩尖子加油站内一名正在加油的司机反映说。

滩尖子加油站最初是柴油业务和汽油业务都在运营的，但在七年前决定取消了柴油的经营，改造成为了汽油加油站。

2017年，兰州市因为受到沙尘和本地污染叠加的影响，大气污染指挥部启动了臭氧污染应急预警预案，开始针对重型柴油货车进行管控。

除此之外，2017年“蓝天保卫战”打响，全国各地开始根据自身情况，陆续出台了一些相关政策，其中就包括了很多针对重型柴油类货车出行和工厂关停的管控措施。

柴油车不仅要面临限行甚至报废的局面，在工厂数量锐减、运输货源减少的情况下，业务量降低。这些处境带来的结果，就是柴油纯枪量下滑、柴油销量显著减少，对加油站总体销量的控制非常不利。

滩尖子加油站位于兰州市城关区，周边大多是高端小区。在雁滩市中心地带，滩尖子属于中心，附近居民和途经此地司机的加油重任大多落在了滩尖子加油站的身上。其加强经营管理水平的重要性可见一斑。

附近居民多，私家车、出租车和网约车是此地车流量的主要组成部分。根据附近客户的反映，为了帮助客户节省在加油站排队的时间、精力，也针对柴油车限行后柴油销量大幅度下降的定局，滩尖子加油站顺应销售趋势，决定取消柴油的运营，将站内全部改成了汽油站。这样一来，不仅能够给客户带来更良好的消费体验，也大大提升了员工的积极性。

取消柴油机后，公司组织相关部门对滩尖子加油站进行了科学改造。改造后的滩尖子加油站拥有两个92号汽油罐和两个95号汽油罐，由一机两枪改为了一机六枪，顺利解决了顾客排队时间长的问题。

省公司零售中心副经理秦艳娟表示，以前加油站在建设过程中，没有考虑到车辆行车路线的问题，具体表现为加油机的摆位。这很可能影响车辆的顺畅行驶，给客户带来不好的加油体验。这种细节缺陷，对加油站的发展不利。

随后，滩尖子加油站在改建过程中，针对行车路线的问题对加油机摆位进行了适当调整。“没改建之前加油机是并排的，现在是稍微偏一点有个角度。”秦艳娟描述了具体的改造结果。

➢ 油非互促赢顾客

清晨的第一缕阳光照进加油站，滩尖子已经车水马龙了。

走进滩尖子加油站的便利店内，已经人头攒动。“这个三炮台是我们兰州特有的茶，不仅祛肝火，而且能起到明目的作用，平时多喝一点儿，能有效缓解开车时用眼过度产生的眼睛疲劳、疼痛症状。”便利店内的工作人员正在给大家介绍柜台上的特色商品，随后走到了几名客户身边帮他们讲解加油卡的具体使用方法。从便利店出来的人收获满满的，跟加油员道谢之后，将“战利品”放好，关好车门系好安全带，踏上了各自的行程。

“如果遇见了现金客户，可以试着给他介绍加油卡，告诉客户加油卡里的优惠政策，帮助客户办卡，耐心讲解加油卡、电子券的优惠活动和使用方法。”滩尖子加油站站长马韶玮说。

加油卡有很多优惠措施，包括加油优惠、电子券低价购买商品等。滩尖子加油站的员工岗位技能熟练，在工作中能够敏锐地找到推销加油卡的机会。“有时候客户进了便利店以后，不知道这个电子券怎么用，我们这边很快就会有员工去解释，并根据那个客户拥有的电子券看看到底怎么买最划算。我昨天遇到一个客户拿着80减40块钱的券，我跟他说你现在买一袋米的话88块钱，最后您只用交48块钱，最后米就销售出去了。”马韶玮对于这种组合营销方法很是认同。

通过给客户推荐加油卡介绍优惠政策来增加客户进入加油站内便利店的机会、次数，提高了客户对站内非油品的兴趣，大大增强了非油品的销售工作进展，也帮助客户完成了更好的消费体验，提升了客户对加油站的满意度。

在吸引客户方面，滩尖子加油站最好的办法就是使用组合营销方式，在策划营销活动时，将油品、非油品、加油卡放一起统筹考虑，在营销力度更优的情况下搞好加油站的量。

中国石化总部每年都会在全国开展“易享节”这样的活动。滩尖子加油站根据自身情况细化活动内容，比如了解到自身在网点布局这块处于劣势，就尝试用一户一价的方式，适当提供优惠来吸引客户。

滩尖子加油站附近的兰州馆，专门卖非油品，采取一馆三站联合起来共同开展营销活动的策略。客户的消费主体为油品消费大客户，通过日常维系及营销推介的方法，大大增加了客户对非油品的了解、接触，挖掘了大客户的非油品消费潜力。对客户的油品优惠适度放窄，增加非油品返券，利用非油品毛利较高的特点，在增强盈利能力的同时提升非油品的销量。

滩尖子加油站加油员王建君说：“在我们这个站只能油非互促。这个站的销量基本上就保持稳定了，主要是在非油品方面和加油卡推荐方面，站长跟我们说要多给顾客一些耐心。前两天我们非油品的优惠活动，顾客不懂这些，我就给顾客耐心解释，推荐特色商品。顾客耐心听着我的讲解，最后购买了很多商品。”

除此之外，滩尖子加油站灵活运用非油品区域进行特别的规划。马韶玮表示，自己对非油品的销售工作相当重视，主要卖的是当地的甘肃特色——藜麦和玫瑰花。玫瑰酱和三炮台茶，也深受外地客户的喜爱。这些都是外地客户途经此地时必要询问的商品。这些带有甘肃特色的新颖非油品，为加油站非油品的销量提升做出了贡献。

➢ 好服务引来顾客

凌晨的滩尖子，万籁俱静，一阵引擎发动的声音中开来了一辆出租车，停在了加油机旁。值班加油员很快进入状态，按照程序一步一步完成加油工作，依旧保持着热情饱满的工作劲头儿。几分钟后，做完工作的加油员回到休息的位置，打了个哈欠，又迅速把出现的一丝疲意收起来，调整好自己的精神，为下一位深夜顾客的到来做好准备。

每时每刻都端正自己的服务态度，是滩尖子加油站的所有员工铭记于心的理念。

加油站作为服务行业，服务质量的优良程度是需要重点关注的地方。真诚对待顾客，无时无刻不在帮助顾客加好油，保障出行平安顺利，在滩尖子加油站员工的工作中得到了充分体现。

马韶玮表示希望能够以服务来争取客户、开发客户，除了加油作业外，掌握设备性能、推销商品、加油卡介绍等工作都展现了滩尖子加油站员工优秀的业务能力。这些是吸引客户的法宝。

“有时候有那些年龄大的顾客不擅长用手机，我们就会主动过去帮顾客绑卡，介绍电子券的使用方法，拿实物给顾客讲解。比如，一个原价100元的商品，告诉他们用了这个电子券之后只用70元就可以拿走，这样就很方便理解，顾客明白我们这个加油站的券不是骗人的，是确确实实地得到优惠。”加油员王建君描述了平时介绍加油卡的具体工作。

除此之外，通过客户回访的渠道，可以更好地了解客户的需求，改善之前工作中客户不满意的地方，及时统计客户需求的商品，按照历年消费节奏来进行要货规划，确保非油品类丰满度不会制约到销售能力。“维护客户这部分我们每年都会走访，省市站三级去拜访大客户，开展四进活动，给予一定的优惠，维护开发客户。”秦艳娟表示维护客户关系的重要性。

维护客户关系困难辛苦，马韶玮在客户开发方面下足了功夫。几年前，马韶玮费尽心思争取来的某个网约车公司，由于优惠问题在合作两年后草草离场。那次的维系客户工作没有成功，遇到很大的阻碍。面临客户的离开，马韶玮没有彻底放弃，下定决心一定把这个网约车公司再一次争取过来。他重新理清思路，了解对方的需要和条件，坚持不懈地找对方沟通，向顾客坚定表示自己的诚意，最后重新把网约车拉回来了。就是这种锲而不舍的精神，滩尖子加油站在维护客户关系这方面一直做得很好。

争取客户持续维持活力，维系客户保障稳定发展，两部分共同发力助力于销量的增长，对滩尖子加油站来说是两笔巨大的财富。

➢ 每天三万步，工作有盼头

“以前，卖40吨油和卖20吨油，加油员的工资没什么区别。现在实行联量计酬，多劳多得，多加一升油就多一点工资。销量高了，工资也就会多。这就从之前的固定工资，转变成了干得多拿得多的工资。”滩尖子加油站加油员杨琛薇尝到了工资改革的甜头。

联量计酬改革后，员工的收入增加了。以前员工的平均工资，在3000元至5000元。计酬改革之后，大部分员工一个月的工资在6000元左右。员工的工资增长空间大大扩张了，工作干劲就提高了，进一步促进了员工为客户提供良好的服务。

以前在加油站里工作，在没有进行计酬改革之前，加油站的升油提成比较低，基本上与死工资无异。在这样的情况下，员工在工作时工作动力比较小，无论干多干少都是固定工资。2017年，省公司开始对人事进行大量调整，减员提效，多劳多得，大大提升了员工们在工作上的热情与积极性，帮助加油站的经营和管理增添了活力。

加油站工作相对枯燥乏味，从前的固定工资使得很多的加油站员工逐渐没了“盼头”，工作动力下降、热情减少、服务耐心降低，在服务质量的保障与业务经营上是很大的隐患。工作上没了“盼头”，人员流动变大，不利于加油站的人员管理。计酬改革之后，无论是销量还是人员管理都得到了大大的改善。

“实际上我们好管了，人都积极地上去加油。一天他们跑三万多步，优化排班这一块已经在这个站做到极限了。你看车多的时候，他们跑来跑去很累了。不过，说实话他们也有精神食粮，把钱也挣上了。”马韶玮说。

为了挤出更多时间加油，加油站增加了专门厨房请厨师做饭。以前员工出去吃饭，排队需要一两个小时。这是让马韶玮最头疼的问题。实行联量计酬之后，员工自己觉得出去吃饭浪费时间，希望加油站能解决吃饭的问题，这样就能挤出更多的时间来加油。马韶玮克服重重困难，招来一名厨师。根据员工们的口味，厨师做出令员工满意的食物，既节约了员工的吃饭时间，加油站的加油效率也进一步提高了。

31

自贸港的万吨站

儋州东成站以销量为主导，积极顺应自贸港的新政，进行转型探索。

营销现场

销量为王

儋州东成站以销量为主导，积极顺应自贸港的新政，进行转型探索。

文/赵　玥

禁售燃油车后，传统加油站怎么发展？中国石油海南销售公司也许会率先遇到这个问题。

2021年4月，海南自贸区发布消息：海南省将作为中国第一个禁售燃油车的试验点，到2030年不再销售传统的燃油汽车。“大胆试、大胆闯、自主改”，习近平总书记的这一指示精神，给海南带来一系列新政，也给传统加油站带来挑战。

在2021年6月24日的中国石油海南自贸港的开放日活动上，海南销售副总经理、新闻发言人冯术坤给出了初步答案：公司将积极贯彻海南生态立省战略，加快绿色新能源转型，打造“油气氢电非”综合补给站，为保护碧水蓝天而不懈努力。

而位于海南西部交通枢纽的儋州东成加油站，作为中国石油的标准示范站，连续几年登上万吨站台阶后并未“躺平”，而是以销量为主导，更积极地顺应自贸港的新政，进行转型探索。

➤ 头脑风暴抢销量

2014年开站的东成加油站离高速路不远，周边没有住宅楼，也没有成熟商圈，客户多为过路车。“成为万吨站很艰难，2017年我们基本上达到了万吨销量，但在下一年遭遇了非常严重的掉量。”站长王秋霞说。

2018年，由于一体化改造，东成加油站停业了一个半月。“十一”再开张时，上门加油的车寥寥无几，油品销量大跌。王秋霞急出一嘴的泡，拉着油站上上下下找问题。答案其实也简单：关停期间，客户都被别的站抢走了。

被抢走的客户一时半会回不来，怎么办？大家开始头脑风暴，定下的策略是“把老客户拉回来，把新客户拉过来”，双管齐下把销量冲上去。

站里有几名员工是本地人，“卖面子攀交情”的任务就交给他们。“什么办法都用了，自掏腰包请朋友吃饭，找熟人介绍，总之就是要拉一批新客户来。”

另外，王秋霞带着员工印了1万多份传单，下班后都不休息，跑到城区发放。他们的朋友圈更成了宣传地，每天必发的内容就是：东成站又开业了，限时优惠！

就这样，靠着最后两个月的努力，他们硬是把销量拉了回来，向着万吨站冲刺。

“为了拼销量，我们经常进行头脑风暴，集思广益想办法。”王秋霞说。

如今，加油站在转型，怎样拉动非油的销量，实现油非互促，是东成加油站思考的重点。王秋霞认为，非油销售的重要吸引点就是各种优惠活动，一定要利用好。

每一次活动，王秋霞和员工都会在平时的畅销品里选两三种促销品集中推，一旦发现销量不佳，马上拉着员工讨论找原因。是推销方式有问题，还是促销品没有吸引力？他们会根据顾客反馈迅速调整。“如果较多顾客反映对促销品没兴趣，我们会立刻更换。”

这种完全针对市场的应变思路让他们在新冠疫情期间打了一个小小的“胜仗”。

2020年的疫情一度让加油站门可罗雀，便利店更是无人问津。“顾客不来，我们就主动出去。”恰逢国家提倡地摊经济，东成加油站便摆起了地摊。一开始按照惯性思维，摊点选在城区，来回两三个小时不说，还吆喝半天却销量不佳。

这样不行！王秋霞拉着员工又来了一次头脑风暴，讨论为什么卖不出货。大家七嘴八舌地发言，启发了王秋霞，最后一拍板：我们不去城区了，走乡村路子。下午四点多，正是家长集中在乡镇小学门口接孩子的时间。家长们一看他们穿着中国石油的工服，印象分就高了一大截，再一看卖的都是牛奶、面包等孩子爱吃的，纷纷掏钱。

“第一天就卖了4千多！”王秋霞得意地说。

后来，加油站全面复工，他们不去摆摊了，还有家长找上门，一来二去也成了老顾客。“你看，油非互促，就是这么简单。”

➢ 细节吸引客户

“自1999年进驻海南以来，我们就不断提升规模质量，超百座加油站遍布全省，千名员工常年坚守岗位，赢得了社会公众的普遍认可和广泛赞誉。”冯术坤说。

自贸港的建立，意味着海南将迎来更开放、更激烈的商业场景。而离市场越近，“服务”被提及的频率就越高。

究竟怎样算服务好，加油站也许没有定论，但优质服务往往蕴藏在细枝末节中。

东成加油站出名的一个原因，是比家里还干净的洗手间。“有客户特意到这儿来加油，就是因为我们的洗手间非常干净，跟沿途的其他油站不一样。”王秋霞说。

为了这份清洁，员工们每小时就要打扫一次卫生，如果遇到大巴车多的时段，打扫频率会更频繁。亏不亏呢？虽然工作量增加了，但顾客也增加了。

“站容站貌反映的是加油站的精气神，一点都不能放松。”王秋霞认为，保持站内干净整洁，是为了客户，而不是应付检查的“面子工程”。

所以，她上任后，把清扫任务分解开，定人定时，让员工把打扫卫生变成日常工作。这样一来，遇到卫生检查反而轻松了。以前需要集中大扫除，常常5+2，白加黑，现在无论什么时候来检查，加油站的卫生都拿得出手。工作环境好了，员工心情也很好。

因为这一点，东成加油站在儋州城市卫生检查中多次上了红榜，成为其他企业学习取经的对象。

让顾客觉得“被重视”，是体现优质服务的另一个细节。

在东成加油站，车辆多的时候，加油员都是跑着工作的。“我们提倡跑动服务，就是提高加油效率，别让司机久等。”王秋霞说。

东成加油站场地大，却只有13名员工，低于其他同规模加油站。由于消防要求，不能搭建遮凉棚，最热时地表温度高达50℃，员工穿着工服，很快衣服就会湿透。但没有一位员工抱怨，工作时更没人推诿。

王秋霞说，现场服务就像消防员一样，要用最快速度解决问题，用最佳方式灭火。“客户反映的问题你不解决，也不回应，客户就会流失。”

由于路过的长途车多，有些客户非常急躁，会因为一些小事发脾气。有一次，因为税控发票系统问题导致当场开不了发票，顾客气得火冒三丈。员工忍着骂好声好气地解释，自掏腰包买了一瓶饮料，让他“消消气”。这下顾客倒不好意思了，心里也清楚系统的事怪不到他们身上，约定下次再来取发票。

“这种事挺多的，但我们是服务业嘛，都习惯了。”加油员吴秀花说。她做了20多年加油员，早就练就了“不生气”的绝招，无论什么情况下都会把服务意识放在第一位。她打交道时间最长的客户，长达十几年。

小细节往往能赢得人心。

每年大年初一，王秋霞会自费给司机发个红包。“没多少钱，一个红包里就几块钱，但是大过年的，谁不想讨个吉利呢？”收到红包的司机大为感动，说开车这么多年，从来没收到过加油站站长的红包。冲着这份走心，以后都在这里加油了。

员工们说，在东成加油站，虽然过路车多，但仍然有不少忠实顾客，归根结底，全是冲着这些服务的细节来的。

➢ 吸引顾客靠专业

“看到大车就直流口水”，王秋霞这样夸张地形容自己对新客户的渴望。由于周边大多是村民，她把东成加油站的性质归纳为农村型、过路型。“高速路口距离我们大概3公里左右，周边还有其他加油站，客户为什么选择你？”

王秋霞坦言，就价格来说，他们不一定拼得过别人。比如有些乡镇的私人油站，价格低于他们，会用流动油罐车送油上门，甚至为了招揽顾客还允许赊账，这些在中国石油是不可能的。

因此，开发客户一直是东成加油站的大难题。

他们早就“瞄准”了附近的沥青厂，之前很多次上门拜访，都吃了闭门羹，但加油站并未放弃。“我们一直持之以恒，找机会约这些潜在客户聊聊天、喝喝茶，也许哪天就有机会了呢？”

机会总是敲响勤奋者的大门。

在一次和车队的聊天中，他们得知一个信息：对方加油想开增值税发票。

机会来了！

私人油站是不可能开增值税发票的。王秋霞主动找上门去谈生意，车队负责人一开口就要求他们大幅降价，她没同意。“我强调，第一中国石油的价格降不了这么低，第二我们正规专业，用我们的油更放心，还能开增值税发票。”经过几个回合，车队同意用他们的油。

既然车队松口了，沥青厂应该也有需求。王秋霞趁热打铁，大胆上门堵住了沥青厂的老板。经过一番介绍，对方也被她说服了，成了加油站直销的一个大客户，一天就进了9吨油。

随着自贸港相关法规越来越规范，在税收方面，未来势必会更严格，这给中国石油这样的“正规军”带来更大的空间，对油站的专业和规范会要求更高。

有一次，一位客户加油，油表却显示上不去，他便嚷嚷着加油站有问题。“我们有监控，加油员受过专业培训，设备也定期检查，我们有自信问题不会出在油站上。”于是，加油员礼貌地反复和客户解释，并给出了专业的处理意见，最后客户证实问题确实出在自己的油表上，心服口服，竖着大拇指说：中国石油的加油员，我服了！

这些年来，东成加油站的客户中，有因为不明技术问题抱怨的，但听完加油员的解释，多半都认同。“像附近的一个砖厂，从2014年开业至今都在我们这里加油，没离开过。”

不打价格战，不盲目追求售卡，东成加油站拼思路、拼服务，靠专业素养吸引了一批忠实客户。即使2020年深受新冠肺炎疫情的影响，销量依然位列全公司第二。

销量，是给他们最好的回报。

管理秘笈

一支能打的队伍

要赢得社会公众的普遍认可和广泛赞誉，离不开一支能打的队伍。

文/赵　玥

6月末的儋州酷热难耐，突如其来的大雨终于带来一丝凉爽。加油员吴秀花却在担心：下雨了，凉快了，可来加油的车也少了。

13名员工，如何撑起一个万吨站？归根结底，来源于“人人为油站，人人追销量”的动力。它既是企业文化的缩影，又是高效管理的结果。

“我们有一支能打的队伍。”采访中，王秋霞一直强调这一点。中国石油志在向综合性能源供应商转型，同时，以打造“人·车·生活”驿站为目标。要赢得社会公众的普遍认可和广泛赞誉，离不开这样一支能打的队伍。

➢ 全面培训

“后面那块空地，今年准备上LNG，未来加气会是我们的重要业务。”王秋霞指着便利店后面的空地说。

东成加油站占地面积10亩，具备向油氢气电综合服务站发展的硬件条件。虽然禁售令不会让燃油车突然消失，但大势所趋，搭上转型的列车显得迫在眉睫。

儋州分公司总经理杜志国说，加气和加油区别较大，安全性很重要，所以他们会对员工进行严格培训，并请专业人员进行指导，一切合格后才能上岗。

至于如今方兴未艾的氢能源，也在公司的考量之中。“我们的原则是鼓励员工跟上变化，跟上公司转型方向，通过培训、讨论、自学等方式，掌握更多技能。”杜志国说。

在东成加油站，培训是全方位的。

为了把非油销量拉上去，王秋霞以自己考察的经历为例，把商品特点、促销话术一一掰开揉碎讲给员工们听。“开口营销很重要，我去过不主动给顾客介绍商品的加油站，体验很不好，顾客不但享受不到促销优惠，还有强烈的被怠慢的感受。所以我们一定要换位思考——如果你是顾客，是不是也希望店员热情专业地接待你？”

2018年促销武夷山矿泉水前，她线上线下不断给大家做培训。结果销量大增，别的加油站抱怨“你们把全岛的水都卖光了吧！”

海南天气炎热，火灾隐患大，台风多，加油站隔三岔五地进行各种应急演练，消防的，台风的，暴雨的……平时演练到位，遇上这些突发情况才能游刃有余。

很多员工说，在东成加油站，人人都被培养成“多面手”，除了专业技能，生活技能也提高不少。疫情期间，为了避免过多人员接触，加油站安排员工自己做饭。一位年轻的女员工以前在家是饭来张口，两个月下来，愣是学会了买菜，几十块钱的菜金安排得妥妥当当，下厨更是一把好手。“在家都没学会的，在加油站都学会了。”

如今，手机让学习和培训方便很多。“年轻人爱看抖音，书本里枯燥的内容通过小视频生动许多，利用碎片时间，不知不觉就学会了。”王秋霞说。

中国石油的加油站，正在融入互联网思维，未来会将加油站打造成强大的商业平台和智慧终端。

学无止境，这是东成加油站员工的共同感受。

➤ 凝聚人心

做一个合格的站长，带一支团结的队伍，必须要了解员工关注什么，担心什么。

2020年新冠肺炎疫情刚开始，口罩脱销，员工们一下子意识到了疫情的严重性。再加上当时网上的信息众说纷纭，一些人的思想负担比较重。王秋霞见罢，和他们深入聊了一次。“首先告诉他们，现在公司实行什么抗疫政策。其次让他们不用担心防疫物资，虽然市场上暂时买不到，但是公司肯定会保证供应的。”

刚刚打消了这波疑虑，新的问题又来了：因为响应号召，附近很多村都封村封路，来加油的车辆锐减。员工们难得有了休息时间，心里却丝毫不轻松。

“我知道他们最担心收入——油都卖不出去了，工资还会发吗？”王秋霞告诉大家，按照海南销售的政策，即使2月份卖不了那么多油，加油站也工资不减，照常发放。

话一出口，员工便松了一口气，一扫阴霾。复工复产后，车辆慢慢多起来，油站士气大增，人人争着把之前掉的量抢回来。

其实，王秋霞很愿意了解员工对油站在管理方面的看法、意见，但一些员工不爱说话，平时有想法也不肯说。她就把奖金拿出来，请大家聚餐。饭桌上气氛轻松，员工们一开始还绷着，后来全放开了，把心里话一股脑倒出来。

“这种时候我就老老实实地做一个倾听者。加油站是一个集体，也是一个家，最好不要有什么隔阂。说开了，能解释的互相体谅，该改的改一下，这样便于工作。”

在东成加油站，员工已经形成一种共识：增加销量是大家的事，互相帮助责无旁贷。

加油站的顾客很复杂，有些人会趁人多员工忙不过来时进便利店顺走商品。除了店内员工不停地说欢迎用语，让顾客意识到知道他进来了，店外的加油员也会主动看一下店里的情况，以防万一。

有一次，新员工宣洲由于缺乏经验，给车辆加错油，发现错误后紧张得不行，只能求助别人。老员工二话不说马上过来帮助他处理，安抚顾客。“这种互帮互助的氛围让我也愿意主动去帮人，而且以后工作会更仔细，避免犯错，不要给同事添麻烦。”

有困难，找站长；有问题，齐努力。这样的氛围，让东成站的管理高质高效。

➢ 以身作则

作为市场营销专业的研究生，宣洲的专业和加油站是八竿子打不着。他之前在澳门和广东的酒店工作。从酒店到加油站，跨度大吗？宣洲笑称，都是服务业，有相通之处。站在烈日炎炎下，招呼着进站的车，宣洲说自己这才算"真正地融入油站"。

"有人觉得加油站不就是卖油的吗？其实没这么简单。做加油站工作，一定要接地气，不能浮于表面，一定要学会操心。"杜志国说，这对加油站的站长、班长、员工都提出很高要求。

宣洲刚来时也走过弯路，但后来看到站长、老员工以身作则，带头工作，渐渐地整个人沉下心来，适应了这份工作，现在越来越上手。

"我是党员，理应带头；我又是站长，应该以身作则。"王秋霞说，很多事情，她不能只张张口，吩咐别人做，"只要我做了，员工就会去做"。

其他油站逢年过节可以排班休假，但是东成加油站不一样，因为"逢年过节就是一场恶战"。一到节假日，油站销量就要增加5~10吨，2019年端午节甚至飚到过50吨。人手少怎么办？王秋霞理所当然地留岗不回家。春节不回家，节假日也在一线，搞得家属"抗议"不断。

员工有时打扫卫生不到位，她不会板着脸批评，而是自己卷起袖子上，下一次员工就记住了。

团队的执行力和奉献精神，就从他们的以身作则中培养起来。

王秋霞记忆中最感动的一次，是双层罐改造前，天降暴雨，油罐操作井进水，一旦淹没潜油泵电源，不但影响营业还会有安全问题。"一米六七的深度，两位男员工二话不说跳下去，女员工则淋着雨在外面协助。"雨下了三天，他们累了三天。手起泡了，身上起了红疹，可没有一个人叫苦。大家共同想的是保证油站正常营业。

站里有位林姓的老员工，做事特别细致。但因为过于较真，有时比较啰嗦，一些年轻员工不太服他。王秋霞仔细思考后，安排他专职负责油品接卸。

这下老林把"认真"二字发挥得淋漓尽致。每次卸完油，他都用毛巾擦干净卸油口。配送的运输公司司机都大为震撼，特地跑来和王秋霞说，你得给老林多发点钱，他这卸油口擦得蹭光瓦亮，一看就舒服，我在哪个站都没遇到过。

后来王秋霞把维修、监督卫生的工作也交给老林，放心又省心。他这份细致认真慢慢地带动了不少人，年轻人开始服他了。

“你先做到了，做好了，别人自然看得见。”王秋霞总结道。在东成加油站，人人都能讲很多故事，但人人不愿多说这些故事。“我们都是一步步走过来的，到现在我自己都觉得不容易。”王秋霞说。这几年来，无论是新修高速公路分流客源，还是疫情影响，他们这个团队始终任劳任怨。对于下发的各种任务，无论是油品的还是非油的，“欣然接受，不讲条件，不找借口”。

2017年，中国石油海南销售有限公司在海口市正式揭牌，标志着中国石油全国首家、也是目前唯一一家完成股权多元化的销售公司在海南落地。其面临的挑战和压力非同寻常。

成为这样一家企业的示范站，东成加油站自然有其过人之处。“每次开会我都说，我们是个战斗的团队，我们有迎难而上的优秀传统，之前任何困难我们都能克服，那么未来的挑战又算什么呢！”杜志国说。

如今，站在自贸港建设的时代巨轮前，轰隆隆的挑战汹涌而来。东成加油站面对大海，最终会迎来一片春暖花开！

32

连潘油站　连攀高峰

响应国家环保号召，连潘加油站不仅成为全省第一家“绿色企业示范站”，还是福建省销量排名第二的加油站。连潘加油站所取得的成绩，是福州分公司高质量管理的一个缩影。

营销现场

销量近2万吨

让顾客感受到最大的便捷，连潘油站连续两年年销量近2万吨。

文/周志霞　肖　京

连潘加油站，坐落在福建省福州市台江区连江中路。为了最大程度发挥该站的地理位置优势，中国石化森美（福建）石油有限公司福州分公司（以下简称福州分公司）连潘加油站不断在便捷上下功夫。支付手段烦琐汇集一个二维码；加油场地大，还要不断提高通过率；便利店与麦当劳相通，油非相互“沾光”……

以顾客为中心，不断提升顾客的消费体验。连潘加油站连续两年油品销量达到近2万吨——2018年汽柴油销量近1.8万吨；2019年约2万吨；尽管2020年受疫情影响，油品销量小幅降低，也达到了1.9万吨。

由此，连潘加油站成为福建石油销量排名第二的优质加油站。

➢ 方便快捷，顾客愿意来

3月的福州，不太容易有晴天。记者前往连潘加油站时，却感受到了暖暖的春意。

下车后，记者环顾四周，这座加油站场地大得少见，足有2000多平方米。与一些狭小的加油站相比，连潘站可谓“豪横”。

该站毗邻福州万达广场等大型商圈，背靠光明港公园，凭借优越的地理位置，每天进站的私家车有近2000辆，日销量约53吨，柴油车辆只有长期合作的几家车队客户，日销量只有5吨。

基于此，福州分公司及时优化油枪分布。目前，该站6台加油机是以加汽油车为主，沿街的2台加油机各配有2把加油枪，便于车队用户加注柴油。

“以前，我们做不到一台加油机上同时加三种油品，只能加两种。顾客需要加98号油品，就要将车开到另外的加油机上。车辆在过道里绕来绕去，非常不方便。现在则不一样了，柴油枪和油品种类都优化到位了。不仅我们加油工操作起来方便，而且方便了顾客！”连潘加油站站长曾敏说。

正说着，一辆奔驰车缓缓驶进加油站。车主见到站长曾敏热情地打着招呼：“站长，忙着呢？我先去洗车，一会儿过来加油哈！”

“去吧！刘总，一会儿过来我给您加油！”曾敏回应着。

提起洗车，曾敏告诉记者，连潘加油站的洗车业务也是一流的，可以带动一部分车过来加油。“这位刘总，就是因为感受到了洗车的快捷，后来就固定在站里加油了。”

连潘加油站的洗车设备是全自动的，每天洗车量可达350辆。关键是洗得既快又干净，几分钟搞定，洗车创造的增量在福建石油位列前茅。

除了洗车业务外，让顾客感觉更加便捷的就是支付方式。

前几年，加油只能用加油卡和现金支付，没带现金的顾客，需要下载“车

e族”APP关联支付，操作烦琐。后来，油站与时俱进，增加了微信、支付宝等支付功能。但真正操作起来，加油站要同时准备好几个支付码，顾客使用起来还是不够方便，且多渠道的支付手段后台处理还是比较烦锁。

2020年开始，连潘加油站推出了聚合支付。“任何线上渠道支付都没问题，一个二维码就可以快速扫码支付，极大地方便了客户。”曾敏说。

说着，曾敏向一辆已经加完油的车主递过具有安全防爆系统的可移动支付设备，车主轻轻一扫便完成了支付。

➢ 场地大，更要提高通过率

2018年该站开展双层罐改造时，事前充分考虑了站点的现场环境及车辆动线，以提高车辆通过率为目标，扩大了加油场地面积，配备了6台6枪加油机，当年就实现了销量同比增长11%的好成绩。

福州的夏天既热时间又较长，车辆使用空调则相对耗油。每到夏季，连潘加油站汽柴油日销量就由60吨左右提升至70多吨。在如此炎热的高温下工作，不仅对加油员是个考验，而且对提高加油效率、提升现场通过率提出了更高的要求。

车辆通过率的提高，一方面离不开前期加油机的布局。通过精心设计，连潘加油站的4把柴油枪均安装在离出站口最近的加油机。这样既方便加注柴油的大巴车和货车司机在完成加油后能够快速出站，又大大节省了其他小车司机排队加油的时间。

另一方面，车辆通过率的提高离不开员工对进出站车辆的引导。进口不能堵，出口更不能堵。场地再大，一旦拥堵，会影响加油效率。关键马路上的来往车辆，一见拥堵就不进来了。曾敏要求员工只要看到车辆开过来，要尽量先往出口的方向引导。

“连潘加油站位于2个拐弯路口的交汇处，负责引导的员工在看到车辆从桥上缓慢行驶下来时就开始挥动小红旗，否则车主很难注意到这里有路口可以进来加油。”曾敏告诉笔者，还有一个拐弯口就是像园路口。

记者注意到，这个路口的绿灯一亮，站里的加油车就急速增多，引车员的“小碎步”就自觉地换成了“慢跑”，加油员的提枪速度更快了。

➢ 与麦当劳相通，油非相互“沾光”

麦当劳“得速来”餐厅的知名度几乎是家喻户晓。这座与连潘加油站缔结姻缘的餐厅，月均营业额达到近40万元。

项目合作双方不仅将麦当劳和易捷便利店相互连通，而且在通道位置设立了燃油宝、大米等主打商品堆头，在提升便利店非油品销量的同时，油品销量也跟着“沾光”。

“很多人去麦当劳用完餐，就会顺便加个油或者来便利店来转转，买点大米、花生油、饮料等。”曾敏说。

曾敏告诉记者，疫情期间，福州分公司携手永辉彩食鲜开启了“穿梭式”卖菜服务，客户通过扫描二维码线上预约蔬果套餐，次日就可到站“即拿即走”。连潘加油站巧借麦当劳“得速来”通道的“东风”，试营业仅2天销售套餐就达近百份，实现销售额收入近万元。据悉，通过强强联手，该站非油品业绩完成率逐步提升，各项考核指标名列前茅，实现了油非双增长。

随着“朴朴超市”的出现——一个30分钟即时配送日常生活所需的移动互联网网购平台，优势明显，竞争力强，连潘加油站则适时调整了战术，暂时停止了销售蔬果套餐服务。

但是，曾敏并没有因此放弃尝试。她带领员工又开发了一种新的销售模式，依然可以较好地实现“油非互促”。只要有空，她就会带一些热销的商品去人流量大的社区摆摊。

“我们告诉社区的住户，每个月店里开展的主题活动，如加油满150元送生活用品等等，可以更好地吸引住户来站里加油或者买非油品。我们还邀请他们加入客户群，并时常发一些促销活动信息，进一步维护客户关系。”曾敏如是说。

连潘有“个性”

个性化十足，激励机制发挥到位，是连潘加油站实现油品年销量近2万吨的根本。

文/周志霞　肖　京

一座个性化的加油站，顾客更容易记住。

连潘加油站，就是一座这样与众不同的站。2014年，连潘站推倒重建。2019年，连潘站完成双层罐改造后，结合国家环保政策，有意识向“绿色”聚焦，成为全省第一家“绿色企业示范站”。

顾客能记住，加上别具一格的激励政策，站内员工的工作积极性高涨。2020年，连潘加油站荣获福州分公司季度“比学赶帮超”3面油品红旗、月度“比学赶帮超”5面非油品红旗。

➢ 绿色示范站，人人都知道

2014年，连潘加油站只是一座有4台加油机的老站点，设施设备较为陈旧。考虑到其优越的地理位置、较好的发展预期，当年年底对该站施行了推倒重建工程。

从方便顾客的角度考量，埋设了4个30立方米的双层油罐。其中92号、95号、98号汽油罐各1个，0号车用柴油罐1个。2018年，站内进行形象提升，不仅更换了6台6枪加油机，而且迈出了向“绿”而行的坚定步伐。

站内更换了LED灯并安装定时装置，实现了灯光智能化控制。“每天下午6点灯光定时开启，夜间10点罩棚顶灯自动关闭，早上7点全部灯光自动关闭。我们测算过，月均用电量可以减少8%。”曾敏告诉记者。

相较节能而言，连潘加油站洗车业务更显环保。

连潘站洗车场始建于2015年，原本采用纯人工洗车，洗车效率较低，未配置水资源循环利用设备，导致水资源浪费严重。2018年底，借着加油站改造的契机，连潘站安装了可进行水循环的全自动洗车设备。

“洗车水通过截水沟，汇聚到三级沉淀池进行沉淀后再通过水净化设备（纳米级的过滤网）进行过滤，最后重新进行循环使用。”曾敏说。连潘加油站洗车业务水资源的回收利用率高达90%。目前，连潘站日均洗车量350部，年营业额250万元，洗车业务位居福州分公司第一名。

光有“高大上”的洗车业务还远远不够。为了进一步打造集“美食、汽服、加油、易捷”为一体的汽车生活驿站，2018年连潘站对易捷便利店同步开展改造，店内营业面积增加到80平方米，销售的商品从几百种扩充至上千种。不仅如此，在加油站现场还设置了非油品堆头，将商品更为直观地展示给顾客。

与此同时，连潘加油站在便利店内增设了发卡充值网点，受理咨询、充值、开票、售卡等业务，月均接待顾客2300人次，进一步提高了易捷的进店率。

据悉，连潘加油站已连续多年协助福建石油举行公众开放日，邀请社区居民、企业员工和高校教师到加油站现场参观。油站在介绍油品质量的同时，为公众释疑解惑为什么加油会“跳枪”、车辆是否需要添加燃油宝等大众关注度较高的问题。

一个集“智慧、绿色、安全”为一体的加油站，连潘站在公众面前有了较好的品牌形象。较高的知名度，也吸引了大量的顾客来站里体验。

➢ 激励到位，有分红有持股

一座年销量近2万吨的加油站，是如何有效调动员工的工作热情的呢？这要归功于油站别出心裁的激励机制。

曾敏，在加油站工作20年有余。“我们站的加油员不仅有分红，而且有持股。”曾敏说，虽然福建石油大部分加油站都这样做，但连潘加油站的分红和激励措施还是和其他站点的做法不太一样。

“以前只有分红，大部分员工认为反正不管卖多少分红也就一两百块，所以积极性不高。”曾敏说。于是，她在福建石油普遍实行的占股比例上尝试创新。

省公司规定，加油站站长、领班分别占股25%，剩下占股比例由普通员工进行平均分配。这样一来，分到员工头上占股的比例不高。曾敏便将自己的占股比例调到14%，其余的再分配给员工。曾敏说："让员工占比多一点，把积极性提升上来，再把加油站整体销量做上来，大家都不亏。"

现在的连潘便利店，员工卖非油品的热情非常高。"卖什么商品都有抽成，大到一桶油，小到一桶水，都是当天兑现。"曾敏说，"比如今天一名员工卖了500元非油品，则根据分红比例抽成50块，当班在群里兑现。这样及时兑现的最大好处就是效果立竿见影。同时，一旦有什么问题可以马上进行整改。"

卖非油品的积极性提上来了，加油站现场更是忙得热火朝天。

一般情况下，一名员工负责2台加油机。他们均有自己的加油卡，一天提枪多少次加多少油，只需将该卡插入设备后台即可显示。

现在吨油联量的奖励比过去多了，加一吨油就奖励30元。多劳多得，加得越多工资越高，加油员全场跑，连去洗手间也是跑着去的。不仅如此，便利店员工不忙的时候，也到现场帮忙加油。

激励员工，在排班方面也有技巧。比如，这个月某个员工非油卖得好，油品加得也多，业绩做得高，就可以让这位员工上早班。因为早班车流量相对更大。做得相对差的，就调到晚班去。

这几年加油员虽然累但非常满足，因为干得多挣得也多。现在连潘加油站员工的联量工资，平均超过4000元。

➢ 党建作用大，员工流失少

从连潘加油站便利店一侧楼梯向二楼走，长长的走廊里各种党建宣传画进入笔者的视线。经询问，得知这是福州分公司市区东片党支部党建活动长廊。

党支部会议室墙面有序悬挂着入党誓词、党内的相关规章制度和支部历年获得的荣誉。在走廊的另一侧，员工宿舍、餐厅、浴室依次排开。最让人惊喜的是这里还有EAP活动室，将窗帘拉上，巨大的投屏电视占据了整面墙，对面是坐下就不想起身的舒适沙发。不难想象，员工休息的时候，走进EAP活动室，坐在沙发上，看会儿电视放松一下，是多么惬意的一件事。

这是公司为缓解员工的心理压力特地设立的EAP活动室。“早期是一个健身房，后来大家都说，天天满场跑着加油，‘健身效果’已经很明显，后来就改成EAP活动室，从情绪方面为员工排忧解难。”市区东片支部书记、片区经理李琳笑着说。

市区东片党支部，共有17名党员。为了更好地发挥党员的先锋模范作用和支部的战斗堡垒作用，该支部结合实际工作需要，定期组织支委到落后站点开展帮扶活动。

“3名支委轮流不定期巡站，特别对一些指标落后的加油站，主动帮其找出原因，并思考分析相应的提升措施，及时解决问题。”李琳说。有些不太好解决的问题，还要经过支委会或党员大会进行讨论，以汇聚大家的智慧，共同找到解决问题的办法。

不仅是分析问题、解决问题，有一些加油站好的做法，支委会会进行总结提炼，并结合实际在支部各站点进行学习推广。对于连潘加油站，改造后初期，站长一个人忙不过来，因为要做的事情太多，急需有人帮助其协调。

“规范化的事情，我组织支委来帮她做。她一心管好便利店走上轨道就可以。如果出现一些领班准备提拔成站长的，我会安排经验丰富的其他党员来带。”李琳说。

2020年初，为进一步发挥党员的模范带头作用，党支部成立了以“站”为单位的党员责任区。“别看党员少，有的站只有一两名党员，但只要带头作用发挥出来，就可以带动一大片。”李琳说，“特别是疫情严重的时候，我们要求党员和站长必须以身作则，24小时在岗值班。”

如今连潘加油站的员工幸福感很强。“虽然疫情期间比较艰难，但是我们真正能体会到公司领导是关心我们的，为工作多努力一些，也是为自己多挣钱。”员工小李说。

“两力”提升有秘诀

——专访中国石化森美（福建）石油有限公司福州分公司党委书记、总经理陈加彬

提升单站销量和人均零售量，是万吨站数量稳步增加的关键因素。

文/周志霞

作为福建省会城市，福州区域市场良好。经过多年的发展，福州分公司在营的117座加油站中，年销量达到万吨的油站就有18座。

2020年，福州分公司荣获了中国石化“百日攻坚创效”行动50强地市公司称号，在中国石化销售企业“两力”排名中，位列综合竞争能力第12名、发展进步能力第38名。

经营创效水平年年稳步提升，福州分公司是如何做到的呢？今后又将面临怎样的压力？对此记者专访了中国石化森美（福建）石油有限公司福州分公司党委书记、总经理陈加彬。

➢ 一站一策，万吨站稳步增加

Q 记　者：陈总，您好！据我了解，咱们福州分公司加油站目前有117座，其中有18座是万吨站，呈现稳步增加的态势。您觉得，我们的优势是什么？

A 陈加彬：总体来说，万吨站能做得好，首先要归功于作为省会城市，福州的经济发展好，区域的市场好，具有较多的车流量；其次，中国石化在福州有先发优势，较早地占据了优越地理位置，加油站周围的商圈比较好，用户具有一定的购买力。

Q 记　者：除了这些客观因素外，我们后期在发展的过程中，又采取了怎样的措施？

A 陈加彬：中国石化这几年一直在实行"一站一策"，福州分公司针对不同区域加油站周边的消费群体采取了不同的策略。比如，我们针对二环、三环或者高速公路上柴油销量较大的加油站，以差异化服务将柴油量做大；针对主城区的加油站，以提升汽油销量为主。

为了将汽油销量做大，福州分公司针对主城区的加油站做了三种优化。一是在加油站分布方面，尽量做到全品种，每台加油机均可加注92号、95号、98号油品，确保任何一台加油机都可以满足顾客的需求；二是对加油站机进行升级换代，配备了流速控制度较高的油枪，可以满足任何车型，一方面确保无安全隐患，另一方面有效提升加油站的通过率；三是优化库容，将一些加油站30吨的汽油罐更换为50吨，配送次数少了，进一步提升了加油效率。

➢ 追求目标，量利兼收

Q 记　者：相对来讲，我们在发展的同时对万吨站应该会有更高的要求吧？

A 陈加彬：销售企业衡量一个地市公司的战斗力，最重要的是看它的经营质量高不高，也就是零售销量。万吨站，是一个加油站综合竞争力的重要标志。我们对万吨站的要求，既要追求量的增长，又要追求质的提升。所以，在管理万吨站的时候，我们追求的核心目标是量利兼收、量效兼顾。也就是说，如果价格卖得很低，量上去了不行；但为了追求价格，毛利很高也不行，销量流失了。这两个极端都不行。我们追求的目标是，尽量以最低的折扣、最低的成本，实现最高的毛利。

Q 记　者：在经营过程中，你们是如何实现上述要求呢？

A 陈加彬：在经营过程中，如果要把量卖上去，可能价格就要降下来。如果不降价，可能量又提不上去。这确实比较矛盾。由此，我们针对一些万吨站，一些条件好的大站，从提升单站的销量和人均零售量入手。比如，福州分公司现在的平均单站销量近6000吨，人均零售量792吨，接近800吨。如何进一步提升单站销量和人均零售量，就需要从机制入手了。

第一，落实联量薪酬分配机制。员工每个班次加了多少油，工作卡上都能及时显示，通过联量来发挥多劳多得的即时激励作用，不断调动工作积极性与主动性，让奋斗者既有成就感又有获得感。

第二，从非油品的奖励中体现。卖多少非油品，按比例抽成，当天结算并在微信群里即刻兑现。

第三，排班也是一种按劳分配的方法。工作勤快的、熟练程度好的、营销能力强的员工，尽量安排在白天高峰期的班次上，能力一般的员工则安排上晚班。因为卖出去的油是与当天的工资挂钩的，所以公司提倡要将好刀用在刀刃上。

➢ 网点开发，压力倍增

Q 记　者：2020年经济形势受疫情影响很糟糕，今年相对来讲会好很多。今年，咱们公司完成任务目标会有一些压力吗？

A 陈加彬：今年总体来说，整个外部的形势和市场环境比去年好，但是各项任务指标水涨船高，由此，经营方面面临着较大的创效压力。这也是公司高质量发展的必然要求。另外，就是销量方面的压力。虽然福州石油近几年整体排名靠前，但每年都是顶着压力撑过来的，神经还是要时刻紧绷着。

Q 记　者：除此之外，大家都知道网络发展是企业的生命线。在这方面的工作，公司是否会有一定压力？

A 陈加彬：网络发展，是我们的生命工程以及饭碗工程。因为是省会城市，网络发展的难度也就更大，竞争也更激烈，政府监管的力度也更为严苛。所以，网络发展关键还是要找一条便捷之路。我们现在提出的发展目标是，轻资产、快落地、早见效。

轻资产方面有两种方式。一种是把闲置的土地跟政府置换。这样盘活了闲置资产增加了网络布点，同时政府实现了重新规划。这是双赢之举。另外一种是合资合作。我们与当地有土地资源的相关部门合作，租他们的地建加油站，这样成本相对还可以承受。我们今年计划开发8座加油站，但能不能如期投营，这是关键。

➢ 党建引领，克服困难

Q 记　者：在未来工作中，党建作用发挥将更为明显吧？

A 陈加彬：我们将按照习总书记提出的立足新发展阶段，贯彻新发展理念，打造新发展格局，实现企业的高质量发展。这就要求我们持续提高员工的工作积极性，重点抓提升单站销量和人均零售量，关键的则是党建引领。我们始终要求围绕经营抓党建，抓好党建促发展。近两年，福州分公司的党建工作始终围绕着六个字：务实、融合、创新。

以务实为工作的落脚点。不能为了党建而做党建，绝不能走形式。比如，近期我们开展助廉行动，包括加油站的“零违规”承诺等。通过这种高质量的监督，让廉洁从业的意识逐步建立起来，让广大员工做到思想统一、步调一致。

党建要与经营有效融合。党建工作一定和经营管理工作融合互促，绝不能两张皮。在这个过程中，要以问题为导向，让每一名党员发挥先锋模范作用，发挥党支部的战斗堡垒作用，让鲜红的党旗高高飘扬在经营一线。

抓创新不问“出身”。这是习近平总书记来闽考察调研时提出的要求。现在就看谁能抢抓机遇，谁有这样的担当和使命感，谁有这样的能力做好。对于油品销售企业，创新的方式有很多，营销可以创新，组织活动方面也可以创新。以前总是搞五一劳动竞赛这类活动，现在我们扩宽思路，把营销活动延伸到社区、延伸到客户。

Q 记　者：中央提出碳达峰和碳中和目标后，各行各业都在执行。中国石化集团公司对我们销售企业也会相应有所要求，这方面公司有怎样的进展？

A 陈加彬：公司时刻牢记“绿水青山就是金山银山”的发展理念，同时深刻领会集团公司“一基两翼三新”产业格局内涵的基础上，加氢站和光伏发电项目的建设是势在必行、大势所趋，其紧迫性、重要性亦不言而喻。福州石油今年的目标是建成一座加氢站，但目前仍然面临着几点困难。

第一，从政府层面，目前没有一个统一审批监管的办法。因为福建省还没有建成加氢站的先例，导致福州市相关政府部门在项目审批方面仍需理顺流程。由此，只能由我们牵头协同政府的审批部门，比如像应急管理、消防部门，去浙江、上海这些已经建成加氢站并投入运营的地方取经。

第二，从项目本身运营的角度来说，最大的问题是当下的投入产出不匹配，特别是如果单独建一座加氢站更是如此。由此，我们目前的思路是可以把加油站、油氢合建站做进去。这样一来，可通过加油站的利润来养活加氢站，通过加油站的员工把加氢监管起来，这样可以分摊加氢站的运营成本。

总之，在市场没有成熟之前，需要一个培育的过程，未来三五年能够见效应该算是比较快的。即便如此，我们也要放眼未来，拥抱能源革命，按照中国石化集团公司提出的能源产业转型要求，加快企业向“油气氢电服”综合加油站转型。我们切实履行央企社会责任，为实现习近平总书记提出的碳达峰、碳中和目标做出我们应有的贡献。

专家解读

多元化发展是必然

文/朱　和

未来，加油站的竞争将更加激烈。从加油站的人员管理方面来讲，一定要提高员工的劳动生产率。随着信息化、数字化的广泛应用，加油员的综合素质也要相应提高，以适应这一信息化高速发展的变化。同时，要进一步提高人均劳效和加油站的整体利润率，在保证销量增加的前提下不增加人员编制。

除了人员管理，还要重点关注加油站的安全管理问题。加油站进入数字化、信息化改造以后，位于诸如交通要道和城区人口密集区的加油站，要更加关注安全问题，毕竟油气氢等都属于高危产品，一定要做到万无一失。如，可以采用加油站安全监测自动报警系统等设备，保障油站的安全运营。此外，加油站在加油卡管理、支付方式多样、便捷方面还有潜力可挖。

非油方面，中国石化和中国石油等的加油站自2008年开展非油业务以来，虽然取得了一定的成绩，但还有上升空间。一定要多动脑筋，在提高非油品的销售收入上下功夫。

在非油服务方面，未来随着市场进一步开放，加油站除了国内的名牌产品之外，还可以引进一些优秀的进口商品，以丰富商品的品类。

未来，加油站一定要向着多元化的方向发展，打造拥有油气氢电服为一体的综合服务体。目前，油非业务方面发展得不错，但其他的短腿部分还要尽快补上。加油站的转型要加紧，要因地制宜地逐步进行。

2030年，我们国家要实现碳达峰的目标。今后，国内竞争将越来越激烈，加上产能过剩，加油站想在销量上大规模提高比较困难。所以，要走多元化发展的道路，全面布局油气电氢服非，以此来提高加油站的整体营业收入和利润率。

总而言之，中国的加油站还有很多工作要做。我们绝不能满足于目前达到的水平。虽然我们的万吨站已经运营得不错了，但毕竟山外有山，天外有天，我们还有很多事情可以进一步拓展，应该说进步无止境！

作者系中国石化经济技术研究院原副总工程师、
教授级高工、国务院特殊津贴获得者

多维度提质增效

文/丁少恒

目前来讲，万吨站要维持住现有的油品销量比较困难。因为现在网点多了，而且周边一些小型加油站单凭价格这个单一维度来竞争，直接大幅降价，就会导致大站很被动。这种情况下，大站就可以综合自身各方面优势，跟小站来进行博弈。

针对现在进站的客户，要尽量提高客单价。让进站客户尽可能加满，之后再多买点非油商品。加油站一定要把规模进一步做大，扩大客户群体，使得进站人数更多一些，提高进站率。同时，要开展一些有针对性的促销活动，真正让老百姓感觉到实惠。

未来，加油站要实现上量，包含油品销量和非油品销量。因此，一定要做好精准营销和开口营销。如，让进站的客户原来加150元油的，现在尽量加到200元。再比如，以前客户加完油就离开了，现在尽量留住他们，并进店消费一些非油商品。同时，要加强后台的数据分析，通过这些手段实现上量的目标。

加油站要实现提效，这个空间更大，因为万吨站的规模较大，所以可利用的资源较多，每次促销活动的规模也大。可以借助节假日搞一些主题营销活动，效果会比一般的小站要好。甚至说，可以通过自媒体或者互联网等信息渠道来传播这种活动。

在这个过程中，一定要考虑提高营销效率，花的每一分钱都要评估能带来多少增量和毛利。包括非油商品结构的优化，营销更精准，减少叠加优惠，实行差异化营销。一是可以把营销支出降下来，二是在商品定价上再做一些文章，如进一些非油的高档商品、大力推广98号汽油，再卖些添加剂商品等等。

通过这些商品来提高万吨站的毛利水平，加之刚才提到的降低营销支出费用，总体上来讲就实现了提效。另外，营销活动在策划上一定要保持连续性。如中石油的十惠活动目前就做得很好。

人员管理方面，目前，很多销售企业都在减员，但是减员的负面效应就是人员不够，无法兼顾油品和非油品销售，就会导致服务质量出现下降。解决的关键就是提高人均劳动效率，以此弥补人员不足的问题。

还有一个问题是，员工上升通道的问题。目前来讲，无论大站还是小站，都叫站经理。但是大站经理要承担的工作肯定更多，所以要给他们提供一个畅通的上升渠道，以培养和鼓励他们。

同时，可以把大站作为一个“黄埔军校”，后续可以把站里的副站长、核算员、记账员都慢慢培养起来。此外，要给大站经理更多的授权，积极鼓励他们发挥主观能动性。

此外，从长期来看，客户的忠诚度很重要。万吨站一定要打造自己的品牌，有自己的打法，节奏要把控好。

品牌的形成，一方面油品的数质量肯定是底线；另一方面，服务一定要跟上。万吨站的服务一定要标准化，制定有效的员工绩效考核方法，调动员工的积极性，让员工精神饱满地开展营销工作，客户才愿意来这个站。

作者系中国石油规划总院市场营销研究所副所长、高级经济师

销量并非唯一标准

文/李　熹

万吨站普遍具备地理位置佳、人员管理优、油非互促良好等优势。不过，油站的销量只是油站很多指标之一，甚至不是最重要的指标。

举个例子，就像我们去市场买玉，有的玉很贵但雕工很差，而有的玉卖得便宜但雕工很好。卖得好不好取决于两个因素，一个是它的雕工，还有一个是它的材质。

很多万吨站销量高，很大概率是因为它的地理位置优越。但是，这个位置比较笼统。实际上，加油站真正的价值并不是说这里有一个建筑，而是它创造效益的价值。这个效益靠的就是卖油。

所以，油站价值和油站销量确实密切相关，但我们要把它的价值分成两部分。

第一部分是它的基底价值，包括位置，即所在城市、商圈、道路，还有周边的行车文化或行车生态。

第二部分是它的品牌价值。同样的位置上，中国石油、中国石化或者壳牌的加油站，相比一些民营加油站来说，品牌认知度肯定更高。

这两个要素就构成了集体价值，类似房子的地基，一旦决定，中途无法改变。

除此之外，还有一个非常重要的系数，称之为放大系数，就是经营管理的水平。它的决定性因素是人，即加油站里有没有骨干员工。

很多公司把销量在3000吨以下的加油站称为低销站，3000～6000吨的称为高销站，1万吨以上的叫作万吨站，超过2万吨的叫双万吨站等等。

但是我的划分方法不同。我会用两个组把它分成4类。销量多少我不考虑，我会把油站的地理位置，就是基底价值作为一个轴，两端分别为基底价值突出和基底价值平凡。另外一个轴两端分别为运营管理水平卓越和运营管理水平平庸。这样画出轴线之后，我们对油站的看法才能更客观。

笔者接触过很多加油站，他们的位置其实并不好，但是同样完成了很好的销量。我们看实际指标可能有两个，一个是老客的留存别流失，另外一个就是不断有新客产生。具体表现在三个要素上，即客户、员工和制度。这是支撑一切加油站发展的三个支柱。要重视对客户需求的满足、挖掘、洞察。

作者系北京知油科技创始人、哈佛商学院DNH学者、G-Camp加油站管理训练营创始人

客户体验最重要

文/孙惠民

成为万吨站并不稀奇，关键还是要看它的盈利能力。目前，加油站基本上还是等客上门的形式，一直没有革命性的突破。

我认为，加油站理想的状态是，当车离加油站还有一定距离的时候，加油站通过进场感知或者大数据档案，就可以猜到车辆快没油了，应该主动提醒车主来加油。

在驶来加油站的路上，就已经告诉车主应该去几号加油机，有什么油非促销的信息。比如说，已经洞察到车主家里没有大米了，就给车主精准推送大米的促销信息。在进站之前，车主油非的费用都已经支付完毕。加油的同时，加油员会把已经支付的非油商品直接搬到后备厢，加完油后就可以直接开走了。

非油方面，加油站有线下的固定位置，如何利用线下的固定位置向周围进行非油品的辐射，实际上应该考虑这方面的事情。

多年前，中国石化福建森美就给加油站做出了快捷、舒适、便利的定位。如果以此为标准去衡量当下的加油站的话，有几个加油站真正能做到？所以，我认为加油站未来应该把提升客户体验放在重要位置上。

作者系思爱普（中国）(SAP中国）有限公司首席数字化转型专家

国内油站“三足鼎立”

文/刘炳娟

2020年，中国汽柴油消费总量超过3亿吨，依旧处于高位。其消费主体依旧以加油站为主，其中汽油消费几乎九成以上通过加油站零售，柴油最终消费也有七成左右通过加油站环节零售。

据统计，截至2020年，中国境内加油站总量达到119000座，其中两大主营加油站数量占据中国境内加油站总数量的45%左右，民营等加油站占据50%左右，中海油中化及外资加油站占据剩余的5%左右。但销量上，两大主营销量占据七成以上，其余不足三成的销量贡献者是中海油中化外资及民营加油站。

鉴于如此大的油品消费总量，可以说加油站行业还有潜力可挖。那么，加油站未来如何才能实现良性发展？为此，笔者专访了几位业内人士，听听他们的建议。

截至2020年底，中国两大集团加油站数量已经超过5.3万座，其中山东省、广东省、湖北省、河北省、江苏省、河南省主营加油站数量位于国内前列。

90年代后，成品油零售市场各项政策逐步放开，民营加油站快速扩张，截至2020年达到57092座，占据了中国加油站半壁江山。

近年来，政府审批及监管越来越严格，民营加油站数量的增速逐步放缓。2018年7月28日起施行的《外商投资准入特别管理措施（负面清单）（2018年版）》中表示，正式取消同一外国投资者设立超过30家分店、销售来自多个供应商的不同种类和品牌成品油的连锁加油站建设、经营，须由中方控股的限制。这表明，未来中国加油站布局会发生一定变化，或呈现主营、民营、外资企业鼎立之势。

2019年8月27日，国务院办公厅印发了《关于加快发展流通促进商业消费的意见》，提出扩大成品油市场准入等多项利好政策。成品油市场迎来战略发展机遇期。其中，成品油零售经营资格审批交由地方政府，管理层有意扩大成品油流通市场容量和消费规模。降低了零售准入门槛，加速了成品油市场化进程。

近几年，地方炼厂大力发展加油站零售终端，扩张零售市场，并且部分炼厂明确把布局终端作为战略发展的方向之一，已经具备较大的零售规模。我们对全国11万余座加油站为调研样本的数据统计分析发现，截至2020年底，加油站初步形成规模的地方炼厂企业有陕西延长、京博石化、万通石化、东明石化、富海集团、汇丰石化等。截至2020年底，地方炼厂企业加油站数量超过300座的为延长壳牌、京博石化和富海集团。

外资加油站方面，截至目前，中国的外资加油站品牌共有五个主流品牌，分别为壳牌、道达尔、BP、埃克森美孚、海湾石油。目前，壳牌、道达尔、BP、埃克森美孚在中国的加油站已经形成较大的规模，是目前加油站数量最多的中外合资加油站，详情如下。

壳牌在中国的加油站主要分布在陕西、四川、河北、山东、重庆、山西、天津、广东、北京、江苏等省份。其中，数量最多省份是陕西省600余座，四川省近300座，华北地区300余座，广东超百座，江苏200余座，重庆及浙江地区亦有几十座站。

埃克森美孚在中国的加油站主要布局在福建和湖南，是国内第二大中外合资加油站连锁品牌。目前，国内独资+合资的加油站数量在1000座左右，主要与中国石化合作，其中和福建石油合作的加油站已经超过800座。

BP在中国同样是采取合资的方式，但与壳牌专注于中国石化合作不同，BP在国内采取与中石油、中国石化两大集团同步合作的方式。其中，在广东省主要与中石油合作，在浙江省主要与中国石化合作。目前在营加油站数量800余座。其中，80%以上的加油站分布在广东地区，剩下的布局在浙江省和华北，其中和东明合资的站已有17座，扩张速度可圈可点。

道达尔在中国的加油站布局较广泛，主要在辽宁、河北、北京、天津、江苏、浙江、上海等7个区域，其中，河北、辽宁的加油站数量位于前列，在中国加油站总数300余座，包括自营及加盟（合资，独资公司）。

作者系隆众资讯成品油分析师